科学度量 One

杨新洪 编著

"九⁺ⁿ"中国统计改革落地深圳（中卷）

中国社会科学出版社

中卷目录

四 房屋租赁业调查核算方法 ·· (299)
 （一）房屋租赁业的概念、分类及与国民经济行业的对应关系 ············ (299)
 （二）当前制度中房屋租赁业增加值的核算方法及其局限性 ·············· (302)
 （三）美国居民房产租赁核算方法 ·· (304)
 （四）房屋租赁业增加值核算改进方法及深圳市房屋租赁业统计
    调查制度 ··· (306)
 （五）2016年房屋租赁业增加值核算结果及房屋租赁业调查数据分析 ····· (311)
 （六）与市场性房屋租赁业相关数据的变动关联分析 ···················· (334)
 （七）房屋租赁业增加值调查数据与现行核算制度数据的比对 ·········· (341)
 （八）房屋租赁业增加值不变价核算 ··· (347)
 （九）由调查队居民住户调查数据从收入法和支出法角度比对住房
    租赁增加值数据 ·· (350)
 （十）季度核算方法及测算 ·· (360)
 （十一）启示 ··· (369)
 附录4-1 深圳市房屋租赁业统计改革创新总体工作方案 ·············· (371)
 附录4-2 深圳市房屋租赁业统计报表制度 ····························· (373)
 附录4-3 深圳市房屋租赁业非调查年份统计调查办法 ················· (382)
 附录4-4 相关批复和肯定评价 ·· (383)

五 基本单位方法制度改革 ·· (387)
 （一）改革试点的主要内容 ·· (387)

（二）主要工作推进情况 ……………………………………………（388）
　　（三）现阶段改革试点成果 …………………………………………（393）
　　（四）深圳"四上"单位按季动态入库数据测算及影响分析 ………（394）
　　（五）存在的主要问题及应对 ………………………………………（396）
　　附录5-1　深圳市"准四上"企业统计报表制度（2016年定期报表）…（398）
　　附录5-2　肯定评价 ………………………………………………（403）

六　500万元以下固定资产投资抽样调查方法应用 …………………（407）
　　（一）调查范围、对象和内容 ………………………………………（407）
　　（二）调查方法、抽样方案设计 ……………………………………（407）
　　（三）调查的实施过程 ………………………………………………（409）
　　（四）调查结果 ………………………………………………………（410）
　　（五）数据分析 ………………………………………………………（416）
　　（六）几点启示 ………………………………………………………（419）
　　附录6-1　深圳市500万元以下固定资产投资项目抽样调查方案 …（420）
　　附录6-2　深圳市500万元以下固定资产投资项目调查表 ………（423）
　　附录6-3　深圳市基本单位数与投资调查样本量分配表 …………（424）
　　附录6-4　固定资产投资项目抽样调查样本名单 …………………（424）
　　附录6-5　肯定评价 ………………………………………………（464）

七　新三板股权资产负债核算方法研究 ………………………………（465）
　　（一）新三板市场综述 ………………………………………………（465）
　　（二）新三板股权估价研究 …………………………………………（466）
　　（三）新三板股权资产负债核算研究 ………………………………（468）
　　（四）相关结论及启示 ………………………………………………（472）
　　附录7-1　肯定评价 ………………………………………………（473）

八　债券债权资产负债核算方法研究 …………………………………（474）
　　（一）我国债券市场概要 ……………………………………………（474）

(二)债券债权范围的界定 …………………………………………… (475)
　　(三)债券的估价研究 ………………………………………………… (476)
　　(四)债券资产负债核算研究 ………………………………………… (478)
　　(五)基本结论及启示 ………………………………………………… (480)
　　附录8-1　2016年末我国债券市场个券估价数据 ……………… (481)

九　服务业生产指数测算 ………………………………………………… (532)
　　(一)测算方法和过程 ………………………………………………… (532)
　　(二)测算结果 ………………………………………………………… (536)
　　(三)简要评估 ………………………………………………………… (539)
　　(四)其他问题 ………………………………………………………… (546)
　　附录9-1　服务业生产指数测算方案(国统指南2015.09) ……… (548)
　　附录9-2　相关批复和肯定评价 …………………………………… (562)

十　未观测金融测算探索 ………………………………………………… (564)
　　(一)问题的提出 ……………………………………………………… (564)
　　(二)深圳市未观测金融调查方案设计 ……………………………… (565)
　　(三)深圳市未观测金融规模测算及简要评估 ……………………… (570)
　　(四)深圳个体户"未观测金融"增加值核算 ……………………… (574)
　　(五)结论和展望 ……………………………………………………… (576)
　　附录10-1　深圳市"未观测金融"内部统计专项试点调查方案 ………… (576)
　　附录10-2　个体户经营及融资情况调查表 ……………………… (581)
　　附录10-3　深圳市行业发展及金融活动调查问卷 ……………… (582)
　　附录10-4　肯定评价 ……………………………………………… (583)

十一　深圳市社会性别统计报告 ………………………………………… (584)
　　(一)人口特征 ………………………………………………………… (585)
　　(二)婚姻及家庭状况 ………………………………………………… (591)
　　(三)文化教育 ………………………………………………………… (595)

(四)就业与收入 …………………………………………………… (598)

(五)社会保障 ……………………………………………………… (600)

(六)卫生与健康 …………………………………………………… (606)

(七)参政议政 ……………………………………………………… (608)

(八)参与公共事务 ………………………………………………… (610)

(九)法律保护 ……………………………………………………… (612)

附录11-1 关于健全性别统计制度重要性的批示 ……………… (613)

附录11-2 社会性别统计报告编制情况解释 …………………… (614)

附录11-3 相关表格 ……………………………………………… (618)

附录11-4 主要指标诠释 ………………………………………… (660)

四 房屋租赁业调查核算方法

从 2010 年起,深圳在国家统计局直接指导下持续开展了房屋租赁业统计调查工作。2011 年,国家统计局下发通知将深圳列为全国房屋租赁业统计调查试点的唯一地区。2014 年,国家统计局要求开展房屋租赁业增加值核算专题研究。2016 年,宁吉喆局长先后两次会见深圳市党政主要领导,赋予深圳 9 项统计改革创新试点任务。作为 9 项试点任务之一,房屋租赁业统计调查试点被赋予新内容。为此,深圳市统计局和房屋租赁办公室等相关单位进行了认真组织,全面掌握了深圳市房屋租赁业经济活动的总量、结构、特征等情况,在现价及不变价增加值计算、季度核算等方面积累了一定的经验。

(一)房屋租赁业的概念、分类及与国民经济行业的对应关系

1. 房屋租赁业的概念

(1)定义:房屋租赁业是以房屋租赁为主要活动的总称。它是一个产业的概念,并不是国民经济行业中的某一个行业。

其中,房屋租赁是指房屋(住宅,办公用房、商业营业用房、仓库、厂房等非住宅房屋)的所有者(经营者)将其所有(经营)的房屋租赁给房屋的消费者,房屋消费者通过定期交付一定数额的租金,取得房屋使用权利的活动。此外,还包括居民居住自有住房所形成的住房服务。

(2)范围:房屋租赁业中的房屋分为住宅类和非住宅类房屋(见表 4-1)。

表 4-1　　　　　　　　　　　　房屋范围及定义

分类		定义
住宅		专供居住的房屋，包括别墅、公寓、职工家属宿舍和集体宿舍、职工单身宿舍和学生宿舍等。但不包括住宅楼中作为人防用、不住人的地下室等，也不包括托儿所、病房、疗养院、旅馆等具有专门用途的房屋
非住宅	办公用房	指企业、事业、机关、团体、学校、医院等单位使用的用于办公的各类房屋（如写字楼）
	商业营业用房	指商业、粮食、供销、饮食服务业等部门对外营业的用房，如度假村、饭店、商店、门市部、粮店、书店、供销店、饮食店、菜店、加油站、日杂等房屋
	厂房	指进行工业生产经营活动的房屋
	仓库	指用于保管、仓储物品的房屋
	其他房屋	是指不属于以上房屋租赁行为的有租赁活动的其他房屋

（3）居民自有自住住房服务：将居民居住自有住房所形成的住房服务价值纳入房屋租赁业，主要考虑国民账户体系（SNA）中将居民居住自有住房获得的住房服务纳入 GDP。对于居民居住自有住房来说，本身没有发生租赁行为，但是按照 SNA 2008 第 6 章第 117 条的规定，对所居住房屋拥有所有权的住户，在形式上被看作为自身消费提供住房服务的非法人企业的所有者。即居民购买或者建设的住房用于自己居住，住房就为这个居民户本身提供了一种住房生产服务。在核算居民自住服务的价值时，需要虚拟一笔租金，一方面作为住房服务生产者提供住房服务的收入，另一方面作为住房服务使用者对住房服务的支付。自住住房与租赁住房产生的服务流本质上是一致的。因此，住房租赁既包含有实际交易的市场租赁活动，也包含居民自住住房服务中虚拟的租赁活动。

2. 房屋租赁业的分类

按照房屋所有权的不同和房屋用途，可将房屋租赁业分为五类：单位产权非住宅租赁、单位产权住宅租赁、个人产权非住宅租赁、个人产权住宅租赁和居民自有自住住房服务。除居民自有自住住房服务外，其余有实际市场租赁活动的四类可统称为市场性房屋租赁业。房屋租赁业分类可见图 4-1。

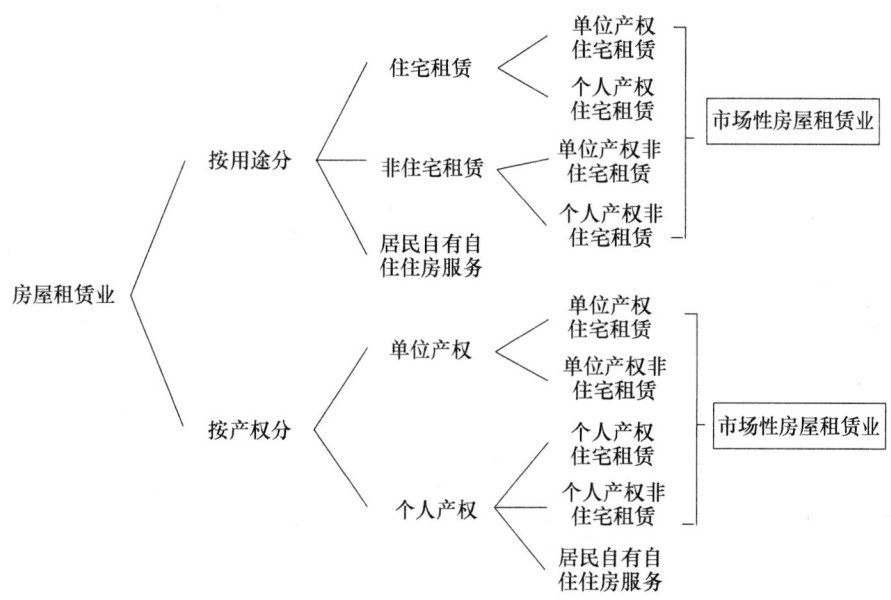

图 4-1 房屋租赁业分类

3. 房屋租赁业与《国民经济行业分类（2011）》的对应关系

房屋租赁业作为一个产业概念，与国民经济行业的对应关系可见表 4-2。

表 4-2　　　　　　　　房屋租赁业与国民经济行业的对应关系

房屋租赁业	对应的国民经济行业
不以房屋租赁为主营业务的单位产权房屋租赁	按照出租单位的主营业务归入国民经济相关行业（如工业、批发和零售业、服务业等）
主营业务为房屋租赁的单位产权房屋租赁	7040 自有房地产经营活动
个人产权的房屋租赁	7040 自有房地产经营活动
居民自有自住住房服务	7040 自有房地产经营活动

房屋租赁业与目前国民经济行业房地产业中的 7040 自有房地产经营活动既有区别也有联系。从主体的范围比较来看，房屋租赁业的主体是有房屋租赁活动（含居民自有自住住房服务）的所有单位和个人；而 7040 中单位的范围不包含

房地产开发商、房地产中介和物业公司，而对于个人产权的房屋（住宅和非住宅类）租赁和自有住房服务，都属于7040行业。从对象范围来看，7040中买卖和租赁的对象包括了土地（土地属于房地产）；而房屋租赁的对象只是房屋，不含土地。

理论上除房地产开发商、房地产中介和物业公司外的单位和个人的租赁活动产生的增加值都应纳入7040，但是一个单位从事经营的活动可能涉及很多行业，统计上按其主营业务占比最大的活动划分行业。单位房屋租赁产生的增加值本应属于房地产业，但是在实际核算中除主营业务为房屋出租收入的单位进入7040行业外，其他都分散到了其他行业。

（二）当前制度中房屋租赁业增加值的核算方法及其局限性

1. 当前单位产权房屋租赁核算方法

（1）对于不以房屋租赁为主营业务的法人单位而言，房屋出租收入作为其他业务收入纳入单位财务报表。房屋租赁产生的增加值进入到单位按其主营业务划入的行业当中。

（2）对于以房屋租赁为主营业务的法人单位，按照最新的国民经济行业分类标准，划入7040（自有房地产经营活动）。此类单位在经济普查中进入规模以下名录库，统计营业收入，从而纳入制度。

2. 当前个人产权房屋租赁核算方法

（1）对于个人产权非住宅租赁，在最新国民经济行业分类中属于7040。而实际上，我国目前尚未有关于个人产权非住宅租赁的统计制度和方法，这类活动产生的增加值未计入当前的GDP。

（2）对于个人产权的住宅租赁（包括自有自住住房服务）的核算方法。目前我国对于居民自有住房（无论是租赁还是自住）采用成本法核算。通过计算当期房屋的建筑成本价值乘以折旧率得到增加值，加上日常修理维护费、管理费用得到自有住房服务总产出。城镇居民自有住房增加值的计算公式如下：

城镇居民自有住房增加值 = 城镇居民自有住房虚拟折旧 = 城镇居民自有住房价值 × 折旧率（2%）

3. 当前核算方法存在的局限性

（1）目前统计制度中未包含个人非住宅租赁产生的增加值。随着国民收入的提高和个人资产的提升，部分居民通过购买非住宅房屋，将其对外出租获得收入。出租房屋所获得的收入属于生产活动收入，是创造增加值的。但是我国目前以生产收入法为基准的 GDP 核算中，除居民自有住房服务外，统计对象的主体是法人单位和个体户，对于个人非住宅租赁部分没有进行统计，现行的增加值中未包含个人产权非住宅租赁的增加值。

（2）以成本法计算的居民自有住房服务价值与市场实际交易价格差距较大。从居民自有自住住房服务增加值的核算来看，目前制度中采用的是成本法计算，而随着我国住房市场化改革的不断深化和城镇化进程的加快，房地产市场快速发展，房价、房租上涨较快，房屋建造成本明显低于市场房价。采用建筑成本价值与折旧率后计算的虚拟折旧作为增加值，与按市场出租收入计算的增加值差距较大，尤其是在外来人口较多、房屋租赁市场活跃的一线城市更为明显。

（3）国家的专业统计和经济普查中没有专门的房屋租赁统计内容。在专业统计和第三次全国经济普查基层表中，虽然在《房地产开发经营情况表》（X604-1 表）中设计了"房屋出租面积"指标，但其目的只是为了解竣工商品房屋的现状（与之对应的是销售面积和待售面积），没有设计相应的租金和收入等指标。在别的专业统计中，均没有设计与房屋租赁有关的统计内容和指标。对于 2011 年新国民经济行业中的"房地产业"（大类）下面新设了行业"7040 自有房地产经营活动"（中类），但在第三次经济普查中并没有设计适合房屋租赁业统计的调查表，统一按规模以下单位入库。对于没有进行个体户注册登记的个人出租房屋活动，第三次经济普查明确不列入调查。

综上所述，目前我国房屋租赁业主要存在以下几点局限性：一是无论是对单位还是个人目前统计制度中都没有专门的房屋租赁统计内容，从而无从掌握房屋租赁业的整体情况；二是现行制度中对个人租赁非住宅类房屋的增加值存在漏统；三是用成本法计算的自有住房租赁服务与目前一线城市活跃的市场租赁交易产生的增加值有一定的差距，存在低估增加值的可能性。

（三）美国居民房产租赁核算方法

住房是居民消费的最基本部分，只有准确合理地核算才能清楚掌握经济活动的规模和结构，才能为政策的制定提供真实可靠的依据。在联合国、世界银行、国际货币基金组织制定的国民经济核算的 SNA 体系中，对居民住房经济活动核算原则做了基本界定，美国经济分析局（BEA）在其国民收入与生产账户体系（NIPAs）中，对居民住房服务形成了完整的调查体系和核算方法。通过对美国居民房产租赁核算体系的研究，得出以下基本结论。

1. 居民住房租赁消费对居民消费率的提升有较大影响

在持续 50 余年的大都市化过程中，美国居民住房租赁消费占 GDP 比重形成了波动中持续上升的长期趋势。1944 年美国居民住房租赁消费占 GDP 的比重为 5.45%，2010 年上升到 10.9%。或者说，美国居民消费率同期提高 21 个百分点，其中 5.45 个百分点由住房消费支出提高引起（1944 年居民消费支出 10870 亿美元、GDP 21980 亿美元，居民消费率 49.5%；2010 年居民消费支出 102455 亿美元，GDP 145265 亿美元，居民消费率 70.5%）。其他发达国家也与美国相似，当城市化率超过 55% 以后，住房消费占居民消费的比重会超过 15%，居民消费率出现持续波动的稳步上升。2010 年美国居民家庭支出中，居住类支出占 19.19%，仅次于健康支出居第二位。

2. 居民自有住房的等效租金纳入国民经济核算

根据经济发展与合作组织（OECD）和 BEA 对 GDP 统计的界定，未经交易的产品和未经交易的住房服务应计入 GDP。住房的建设属于投资，新房价值计入 GDP 的投资账户。既有住房提供给居民居家、放松和休闲的效用，住房租金是对住房服务的支付，引起住房所有者收入的增加，同时引起住房使用者支出的增加。住房使用中产生的效用，虽然与耐用消费品类似，但由于其折旧期限长，发挥效用的时间更长，因此住房租赁的收入应当列入当年 GDP 核算。

BEA 关于居民租赁收入的定义为，个人的租金收入是从房地产出租中获得的纯收入，租赁收入包括以下两个部分，一是出租人从承租租用房产获得的纯收入；另一部分是估算的租赁收入。估算的原则与依据在于，由于在现实中可能出现的承租人购买房屋或是业主出售房屋转变为承租人情况。或者说,居住在自有住房的业主所居住的面积依市场价格折算为租金收入。

居民住房租赁消费分为市场租金及等效租金两部分。市场租金以市场交易为基础,真实发生在使用者与所有者之间;等效租金按照市场租金值进行估计,等同于居民购买自己的房屋服务。需要说明的是,在国民经济核算中,住房服务形成的租金可以按照生产、收入和支出三种核算方法计入GDP。等效租金既是业主个人可支配收入的一部分,也直接构成了业主的消费支出;市场租金是承租人的消费支出,同时也是业主的租金收入。房屋租赁收入合计加折旧以及房产税等是家庭部门的产出。SNA体系中采用了相同的居民住房租赁收入的定义,将居民自有住房的等效租金纳入国民经济核算。如果忽视等效租金部分,那么当居民由租赁转为购买住房时,将引起经济活动核算的减少,这与实际不符。

市场租金反映了租赁住房的规模,等效租金反映了自有住房的规模。2010年美国以现价计算的住房总租金为1.58万亿美元,其中市场租金0.36万亿美元,等效租金接近1.22万亿美元,分别为1980年的6.45倍、5.8倍和6.6倍。2010年美国住房租赁消费占GDP的比重为10.9%,其中等效租金占GDP比重从2001年开始超过8%。OECD主要经济体等效租金占GDP比重也普遍超过5%。值得注意的是,虽然承租人口和租金支出所占比重低,但是承租人的行为决定了整个住房租赁活动的市场价格。

3. 采用市场租金法,建立完善的基础数据调查体系

市场租金法是按照市场上同类型住房的市场租金来估算自有住房的等效租金,这是SNA体系推荐的核算方法。BEA也采用市场租金法来确定等效租金的水平,即将出租住房和业主自住房的面积(单元数量)乘以租金(或等效租金)的平均值来计算的。

其基础数据的获得包括美国商务部人口普查局(United States Census Bureau)每十年一度的人口普查、每十年一度的住宅金融调查(RFS),以及与美国住房和城市发展部(Department of Housing and Urban Development)共同进行的每两年一度的美国房屋调查(AHS),美国农业部关于农场住房的总租金价值调查,以确定人口、住房面积、质量、使用性质、空置率、租金、住房成本、抵押贷款等基础数据,并且使用美国劳动统计局(U.S. Bureau of Labor Statistics)提供的CPI分项数据进行价格调整。

4. 中国房屋租赁业核算方法改进的意义

我们基于深圳房屋租赁业统计调查的经验，借鉴美国的统计方法，对全国居民住房租赁情况进行了初步的研究估算。结果表明，我国公布的 2010 年的 GDP 为 394307.6 亿元，居民消费率为 33.8%。依据城镇居民住房租赁消费调整后的 GDP 应为 411735 亿元，居民消费率为 38.9%，上升 5.1 个百分点。全国城镇居民住房租赁消费占 GDP 比例为 6.5%，大致相当于美国 20 世纪 50 年代初的水平。在人口流动性和租赁人口规模较高的京沪穗深地区，加入城市居民住房租赁消费因素后，居民消费率上升幅度在 5—11 个百分点。

（四）房屋租赁业增加值核算改进方法及深圳市房屋租赁业统计调查制度

1. 现价增加值的计算方法

采用生产法计算房屋租赁业增加值的公式为：

$$房屋租赁业增加值 = 总产出 - 中间投入$$

（1）市场性房屋租赁业

总产出：按照国民账户体系，有实际市场租赁活动的产出是指以有显著经济意义的价格出售的货物和服务的价值。房屋租赁总产出用市场房租的价格计算，以房屋出租收入为总产出。

中间投入：是指生产过程中作为投入所消耗的货物和服务的价值，具体指出租方为了出租房屋而消耗的别的生产（或服务）部门提供的货物（或服务）的支出。其包含计入总产出（房屋出租收入）中所消耗的房屋招商推广费、出租代理佣金（房屋租赁中介费）、房屋保险费、日常修理维护费和为了房屋租赁而发生的律师费、员工置装费、差旅费、水费、电费、油费、清洁费等费用；不包含出租方单位工作人员的工资、固定资产折旧、生产税和利润，也不包含不计入房屋出租收入的水费、电费。

（2）居民自有自住住房服务

对于如何测度自有住房服务的价值，理论上当存在规范的房屋租赁市场时，自住住房服务产出可以参考市场上同类服务的销售价格，即根据承租人在市场上租住同一的住房所愿支付的租金来估价。而当不存在规范的房屋租赁市场或者仅仅只有一个非常有限的租赁市场，无法找到合适的价格参照的国家，SNA 提出可以使用成本法计算。

①对于居民自住住房服务价值，可以参考目前我国采用的成本法增加值计算，方法如下：

居民自有自住住房服务增加值（成本法）＝城镇居民自有自住住房虚拟折旧＝（居民人均住房建筑面积×城镇住宅单位面积造价×自有自住住房居民年平均人数）×折旧率（2%）

②市场租金法。理论上，SNA 推荐对居民自有自住住房服务的产出按市场价格估计，同时考虑住房的地理位置、邻里关系以及房屋本身的大小和质量等因素。目前美国就是采用市场租金法对居民自有住房的服务价值进行估算的。使用市场租金法首先要具备一个成熟规范的房屋租赁市场，此外如何对自有住房服务市场价值的估算一直也是国民经济核算中的一个难题（关于目前美国的居民自有住房服务价值的估算方法及国际比较，我们将另文探讨）。

在现有掌握的数据资料下，用市场租金法对深圳市居民自有自住住房服务价值增加值计算的公式为：

居民自有自住住房服务增加值（市场租金法）＝Σ［（居民人均住房建筑面积×住宅单位面积市场平均租金×自有自住住房居民年平均人数）×增加值率］

2. 不变价增加值的核算方法

不变价是把按当期价格计算的价值换算成按某个固定期（基期）价格计算的价值，从而剔除价格变化因素的影响，以使不同时期的价值可以比较。不变价核算方法主要有价格指数缩减法和相关物量指数外推法。

价格指数缩减法的计算公式为：

不变价＝现价÷价格指数

物量指数外推法：利用相关物量指标的增长速度推算不变价的增长速度，然后用上年同期不变价乘以推算出的不变价增加值得出当期不变价。其计算公式为：

不变价＝上年同期不变价×（1＋不变价增长速度）

（1）市场性房屋租赁业不变价增加值

因现价增加值等于现价总产出扣减现价的中间投入，考虑通过计算出总产出和中间投入的不变价计算房屋市场租赁不变价增加值，即

市场性房屋租赁业不变价增加值＝住宅租赁不变价增加值＋非住宅租赁不变价增加值＝（住

宅租赁不变价总产出－住宅租赁不变价中间投入）＋（非住宅租赁不变价总产出－非住宅租赁不变价中间投入）

因为租金收入（即总产出）的现价增长，一是因为出租面积，二是源于租金水平的上升，所以在可获得实际出租面积资料的情况下，可以考虑采用物量指数实际出租面积增速作为不变价总产出的增速。

中间投入的物量指数在当前资料和数据收集中较难得到，可以考虑采用价格指数直接对现价进行缩减。因目前调查队住户调查中有关居民水、电、燃气价格指数，物业管理价格指数，建房及装修材料价格指数，考虑采用上述三个指数的简单平均数作为缩减住宅租赁中间投入的价格指数。因目前统计调查系统中并无非住宅类支出的价格指数，考虑在非住宅租赁中间投入的价格指数同样采用住宅租赁中间投入价格指数。

市场性房屋租赁业不变价增加值 ＝ ｛[定基年份实际住宅出租收入 × （1 ＋ 物量指数实际住宅出租面积增速）] － 当年中间投入 ÷（调查队住户调查中有关居民水、电、燃气价格指数 ＋ 物业管理价格指数 ＋ 建房及装修材料价格指数）/3）｝＋｛[定基年份实际非住宅出租收入 × （1 ＋ 物量指数实际非住宅出租面积增速）] － 当年中间投入 ÷（调查队住户调查中有关居民水、电、燃气价格指数 ＋ 物业管理价格指数 ＋ 建房及装修材料价格指数）/3）｝

（2）居民自有自住住房服务

①如使用成本法，可以参考目前国家成本法制度中确定的增速5％。

居民自有自住住房服务不变价增加值 ＝ 定基年份居民自有自住住房服务增加值（不变价）×[（1 ＋ 5％）^{n}]

②如使用市场租金法，在目前可掌握的数据资料情况下，可考虑直接用调查队住房租金价格指数对增加值进行缩减。

居民自有自住住房服务不变价增加值 ＝ 居民自有自住住房服务增加值现价 ÷ 调查队住房租金价格指数

3. 市场性房屋租赁业调查方法

为科学、有效地取得房屋租赁业总产出、中间投入率的统计数据，2011—2016年深圳市开展了房屋租赁业调查工作，制定了深圳市房屋租赁业统计调查制度（此制度不含居民自有住房服务内容，调查数据只涉及市场性房屋租赁业活动）。

(1) 调查目的

调查目的是全面掌握深圳市房屋租赁业经济活动的总量、结构、特征及有关情况，为完善国民经济核算制度、评价各区经济结构提供基础数据，为全国推进房屋租赁业统计制度创新提供经验。

(2) 调查对象和范围

调查对象和范围是深圳市行政区划内所有从事经营房屋租赁业务活动的单位（已纳入现有统计制度的单位除外）和个人。这包括住宅办公房屋、综合商厦、展览馆展位、仓库库房和其他房屋等租赁活动，但不包括市场摊位出租活动。

(3) 调查方法

调查方法分全面调查年份和非全面调查年份。全面调查年份相隔五年，以2011年为起点。调查年份采用全面调查和抽样调查相结合的方法。

调查年份采用全面调查的指标有：可供出租房屋面积、实际出租房屋面积、房屋出租收入等；已纳入现有统计制度出租收入（比重）和中间投入（增加值率）指标采用抽样调查。非调查年份采用抽样调查或利用调查年份数据和租赁办行政记录变动进行统计计算的方法。

非调查年份的可供出租房屋面积、实际出租房屋面积、房屋出租收入和增加值率等指标，均采用抽样调查或利用调查年份数据和租赁办行政记录变动数据计算获得。

(4) 调查步骤

①调查年份：对所有实际出租房屋进行全面调查并填写《深圳市房屋租赁业统计调查过录表》。在街道内按随机原则抽选出分类的实际出租房屋进行逐一调查并填写《深圳市房屋租赁业单位属性统计调查表》和《深圳市房屋租赁业中间投入调查表》。根据调查数据计算生成《深圳市房屋租赁业统计基层表》，并逐级汇总生成各街道综合表、各区综合表和全市综合表。②非调查年份：抽样调查，是否需要进行抽样调查，可视非调查年份当年情况确定（如房屋租赁市场发生巨大变动、相关政策有较大变更等）。如确实需要，则抽样调查的方法和样本确定应依据当年实际情况制定。抽样调查应简单精练，减少大规模全面性调查安排。行政数据统计测算：第一步，市租赁办提供分区、分用途可供出租房屋面积、实际出租房屋面积、房屋出租收入等行政记录数据；第二步，了解相关政策是否有较大的变化；第三步，结合调查年份数据进行统计测算；第四步，组织专家评估；第五步，确定最终数据。

以上市场性房屋租赁业调查年份统计流程可见图4-2。

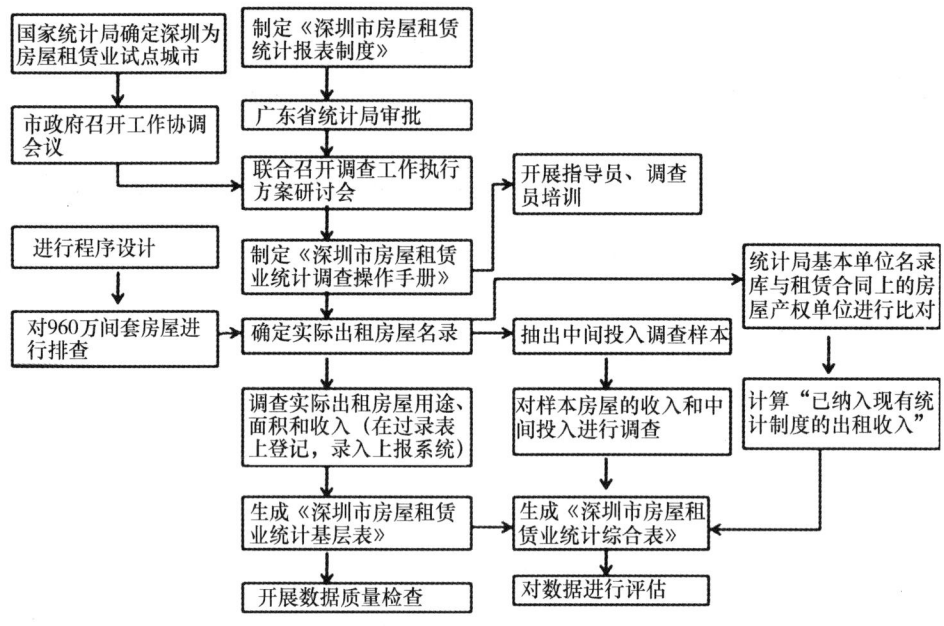

图4-2 市场性房屋租赁业调查年份统计流程

市场性房屋租赁业非全面调查年份(以2016年为例)统计流程见图4-3。

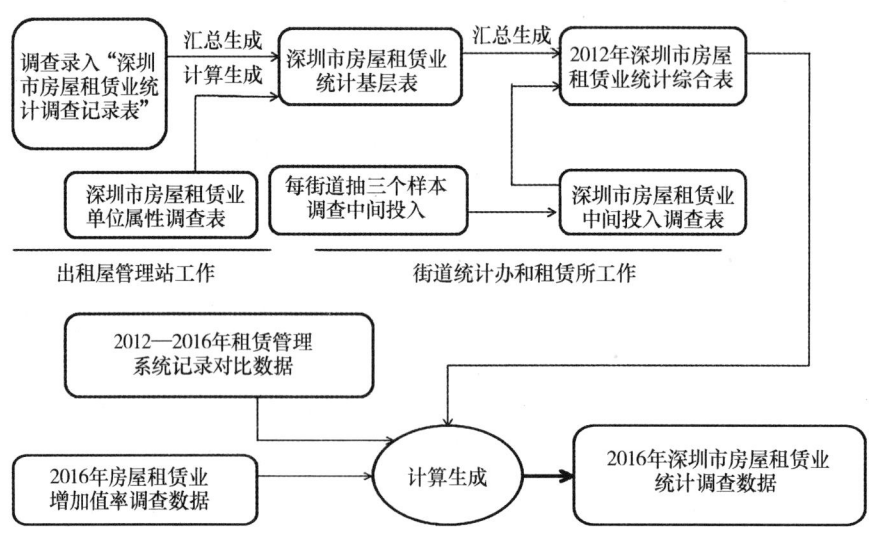

图4-3 市场性房屋租赁业非全面调查年份统计流程

4. 现行企业会计制度中房屋租赁的有关指标

在企业会计制度中,如果有房屋租赁行为,在有关账户和会计科目中可以计算出房屋出租收入、中间投入等指标数值。在主营业务收入(或其他业务收入)总账下的收入明细账中,可以统计出房屋出租租金贷方发生额,作为房屋出租收入;在主营业务成本或营业费用的有关费用明细中,可以计算中间投入;在营业税金及附加中,可以计算出租税金等指标。

(五) 2016 年房屋租赁业增加值核算结果及房屋租赁业调查数据分析

1. 房屋租赁业增加值核算过程及结果

2016 年深圳市房屋租赁业增加值采用生产法计算,计算公式为:增加值 = 总产出 – 中间投入。其具体分为市场性房屋租赁业增加值(单位产权和个人产权)和居民自有自住住房服务增加值。

(1) 市场性房屋租赁业增加值

对于单位产权房屋租赁增加值、个人产权房屋租赁增加值按市场租金法计算,总产出用实际房屋出租收入数据,中间投入按市、区、街道分用途类型调查中间投入率加权得出。

单位产权房屋租赁增加值的计算公式为:

单位产权房屋租赁增加值 = 总产出 – 中间投入

$\quad$ = 单位产权实际房屋出租收入 – Σ(单位产权实际房屋出租收入 × 中间投入率)

$\quad$ = 868.74 – 61.35 = 807.39(亿元)(见表 4 – 3)

表 4 – 3　　　　　　　2016 年深圳市单位产权房屋租赁增加值

分区	单位	租金收入	中间投入	增加值
合计	亿元	868.74	61.35	807.39
1. 罗湖	亿元	67.43	4.01	63.42
2. 福田	亿元	218.68	17.82	200.86
3. 南山	亿元	131.03	8.59	122.44

续表

分区	单位	租金收入	中间投入	增加值
4. 宝安	亿元	170.74	13.41	157.33
5. 龙岗	亿元	113.52	4.8	108.72
6. 盐田	亿元	10.3	0.62	9.68
7. 光明	亿元	27.41	1.99	25.42
8. 坪山	亿元	11.76	0.68	11.08
9. 龙华	亿元	115.86	9.29	106.57
10. 大鹏	亿元	2.01	0.14	1.87

个人产权房屋租赁增加值的计算公式为：

个人产权房屋租赁增加值 = 总产出 − 中间投入
= 个人产权实际房屋出租收入 − Σ（个人产权实际房屋出租收入 × 中间投入率）
= 909.29 − 59.89 = 849.4（亿元）（见表4 − 4）

表4 − 4　　　　　2016年深圳市私人产权房屋租赁增加值

分区	单位	租金收入	中间投入	增加值
合计	亿元	909.29	59.89	849.4
1. 罗湖	亿元	55.72	3.63	52.09
2. 福田	亿元	198.55	13.97	184.58
3. 南山	亿元	130.86	8.03	122.83
4. 宝安	亿元	203.09	14.53	188.56
5. 龙岗	亿元	124.09	4.92	119.17
6. 盐田	亿元	10.43	0.62	9.81
7. 光明	亿元	18.3	1.43	16.87
8. 坪山	亿元	7.28	0.51	6.77
9. 龙华	亿元	158.52	12.03	146.49
10. 大鹏	亿元	2.45	0.23	2.22

综合上述结果，2016年深圳市市场性房屋租赁业增加值采用生产法计算，得到的结果为1656.79亿元（见表4 − 5）。

四 房屋租赁业调查核算方法

表 4-5　　　　　2016 年深圳市市场性房屋租赁业增加值

分区	单位	租金收入	中间投入	增加值
合计	亿元	1778.03	121.24	1656.79
1. 罗湖	亿元	123.15	7.64	115.51
2. 福田	亿元	417.23	31.79	385.44
3. 南山	亿元	261.89	16.62	245.27
4. 宝安	亿元	373.83	27.94	345.89
5. 龙岗	亿元	237.61	9.72	227.89
6. 盐田	亿元	20.73	1.24	19.49
7. 光明	亿元	45.71	3.42	42.29
8. 坪山	亿元	19.04	1.19	17.85
9. 龙华	亿元	274.38	21.32	253.06
10. 大鹏	亿元	4.46	0.37	4.09

（2）居民自有自住住房服务增加值

对于居民自有自住住房服务增加值，分别采用成本法和市场租金法计算。

成本法计算公式为：

居民自有自住住房服务增加值（成本法）＝城镇居民自有自住住房虚拟折旧＝（居民人均住房建筑面积×城镇住宅单位面积造价×自有自住住房居民年平均人数）×折旧率（2%）＝107.45（亿元）（见表 4-6）

表 4-6　　　　2016 年深圳市居民自有自住住房服务
按成本法计算表

分区	居民人均住房建筑面积（平方米/人）	城镇住宅单位面积造价（元/平方米）	自有自住住房居民年平均人数（万人）	2015 年年末户籍人口（万人）	2016 年年末户籍人口（万人）	折旧率（%）	成本法增加值（亿元）
合计	—	—	369.75	354.99	384.5167	—	107.45
1. 罗湖	—	—	58.24	57.31	59.1796	—	16.93
2. 福田	—	—	92.18	89.00	95.3525	—	26.79
3. 南山	—	—	78.30	75.59	81.0194	—	22.75
4. 宝安	—	—	45.72	43.68	47.7509	—	13.28
5. 龙岗	19.60	7413	50.89	47.72	54.0588	2	14.79
6. 盐田	—	—	6.43	6.20	6.6632	—	1.87
7. 光明	—	—	6.48	6.18	6.7868	—	1.88
8. 坪山	—	—	5.31	5.15	5.4776	—	1.54
9. 龙华	—	—	22.30	20.29	24.3026	—	6.48
10. 大鹏	—	—	3.90	3.87	3.9253	—	1.13

市场租金法计算公式为：

居民自有自住住房服务增加值（市场租金法）= Σ[（居民人均住房建筑面积 × 住宅单位面积市场平均租金 × 自有自住住房居民年平均人数）× 增加值率] = 286.66（亿元）（见表4-7）

表4-7　　　　深圳市居民自有自住住房服务按市场租金法计算表

分区	居民人均住房建筑面积（平方米/人）	住宅单位面积市场平均租金（元/平方米·月）	自有自住住房居民年平均人数（万人）	2015年年末户籍人口（万人）	2016年年末户籍人口（万人）	住宅增加值率（%）	市场租金法增加值（亿元）
合计	—	—	369.75	354.99	384.5167	—	286.66
1. 罗湖	19.60	29.72	58.24	57.31	59.1796	93.3	37.98
2. 福田	—	56.86	92.18	89.00	95.3525	93.1	114.77
3. 南山	—	47.6	78.30	75.59	81.0194	95.0	83.28
4. 宝安	—	15.74	45.72	43.68	47.7509	92.5	15.66
5. 龙岗	—	15.18	50.89	47.72	54.0588	95.9	17.42
6. 盐田	—	27.36	6.43	6.20	6.6632	97.6	4.04
7. 光明	—	9.99	6.48	6.18	6.7868	92.8	1.41
8. 坪山	—	11.22	5.31	5.15	5.4776	93.8	1.31
9. 龙华	—	20.89	22.30	20.29	24.3026	92.5	10.13
10. 大鹏	—	7.76	3.90	3.87	3.9253	90.8	0.65

综合以上计算结果，如居民自有自住住房按成本法，2016年深圳市房屋租赁业增加值为1764.24亿元，比2015年增长7.2%。其中市场性房屋租赁活动形成的增加值为1656.79亿元（增长8.6%），居民自有自住住房服务按成本法计算所形成的增加值为107.45亿元，因住宅建设转向原特区外，房屋建设平均造价下降，居民自有自住住房服务按成本法计算所形成的增加值同比下降11.1%。如居民自有自住住房按市场租金法，则2016年深圳市房屋租赁业增加值为1943.45亿元，增长8.8%。其中房屋租赁活动形成的增加值为1656.79亿元，居民自有自住住房服务按市场租金法计算所形成的增加值为286.66亿元（增长10.0%）。具体见表4-8及表4-9。

四 房屋租赁业调查核算方法

表4-8　　　　　　　2015—2016年深圳市房屋租赁业增加值

年份	房屋租赁活动形成的增加值（亿元）①	居民自有自住住房服务按成本法（亿元）②	居民自有自住住房服务按市场租金法（亿元）③	房屋租赁业增加值按成本法（亿元）④=①+②	房屋租赁业增加值按市场租金法（亿元）⑤=①+③
2016年	1656.79	107.45	286.66	1764.24	1943.45
2015年	1525.25	120.92	260.49	1646.17	1785.74
2016年比2015年增长（%）	8.6	-11.1	10.0	7.2	8.8

表4-9　　　　　　　2016年深圳市房屋租赁业核算表

分类	实际房屋出租面积（亿平方米）①	增加值一（居民自有自住住房服务采用成本法）				增加值二（居民自有自住住房服务采用市场租金法）（亿元）⑥
		房屋租赁业总产出（亿元）②	中间投入（亿元）③	增加值率④	房屋租赁业总产出（亿元）⑤=②-③	
全市房屋租赁业	5.02	1902.39	138.15	92.7	1764.24	1943.45
一、单位产权	2.32	868.74	61.35	92.9	807.39	807.39
1.住宅租赁	0.48	127.36	8.38	93.4	118.98	118.98
2.非住宅租赁	1.84	741.38	52.97	92.9	688.41	688.41
二、个人产权	2.70	1033.65	76.8	92.6	956.85	1136.06
1.住宅租赁	1.83	481.04	30.61	93.6	450.43	450.43
2.居民自有自住住房服务	—	124.36	16.91	86.4	107.45	286.66
3.非住宅租赁	0.87	428.25	29.28	93.2	398.97	398.97

2016年深圳市房屋租赁业增加值如图4-4和图4-5所示（图中数据单位为亿元）。

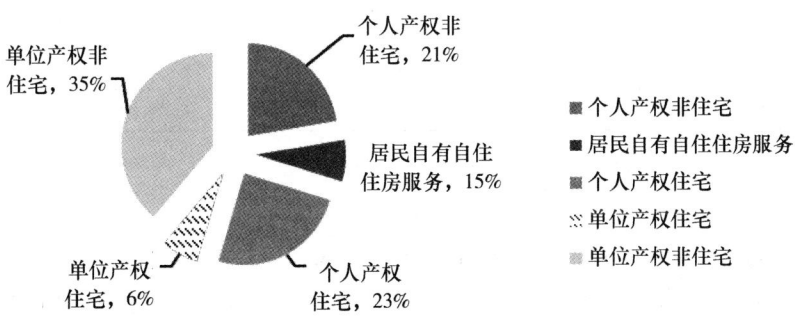

图4-4　深圳市房屋租赁业增加值分类结构（成本法）

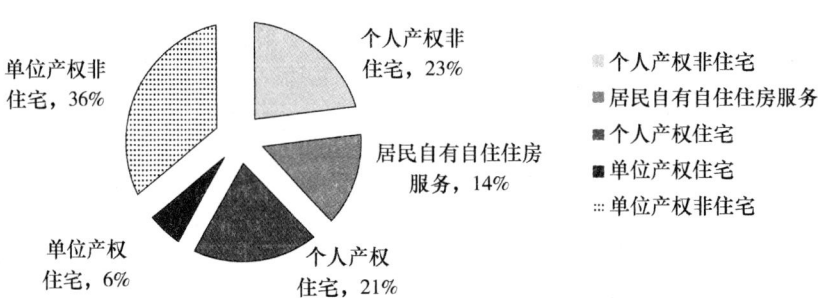

图 4-5 深圳市房屋租赁业增加值分类结构（市场租金法）

深圳市房屋租赁业核算结果如表 4-10 所示。

表 4-10　　　　　　　　　2016 年深圳市各区房屋租赁业核算表

分区	实际房屋出租面积（亿平方米）	房屋租赁业总产出（亿元）	中间投入（亿元）	房屋租赁业增加值一			房屋租赁业增加值二		
				增加值（亿元）	比2015年增长（%）	其中：房屋租赁活动（亿元）	增加值（亿元）	比2015年增长（%）	其中：房屋租赁活动（亿元）
全市	5.02	1902.39	138.15	1764.24	7.2	1656.79	1943.45	8.8	1656.79
1. 罗湖	0.18	142.74	10.30	132.44	1.5	115.51	153.49	4.1	115.51
2. 福田	0.35	448.24	36.01	412.23	5.9	385.44	500.21	7.7	385.44
3. 南山	0.33	288.22	20.20	268.02	6.6	245.27	328.55	9.6	245.27
4. 宝安	1.61	389.20	30.03	359.17	5.4	345.89	361.55	6.2	345.89
5. 龙岗	1.12	254.73	12.05	242.68	14.7	227.89	245.31	17.0	227.89
6. 盐田	0.04	22.89	1.53	21.36	2.5	19.49	23.53	3.8	19.49
7. 光明	0.33	47.89	3.72	44.17	0.9	42.29	43.7	1.7	42.29
8. 坪山	0.15	20.82	1.43	19.39	6.8	17.85	19.16	8.9	17.85
9. 龙华	0.87	281.88	22.34	259.54	10.7	253.06	263.19	11.4	253.06
10. 大鹏	0.04	5.77	0.53	5.24	-1.3	4.09	4.74	3.7	4.09

注：各区中房屋租赁业总产出、中间投入只对应增加值一。

2. 市场性房屋租赁业面积、租金、中间投入、增加值率等调查数据及特点

（1）实际房屋出租面积：2016 年深圳市实际房屋出租面积为 5.02 亿平方米，同比增加 0.9%，其中单位产权房屋出租面积为 2.32 亿平方米，同比增加 0.5%；个人产权房屋出租面积为 2.70 亿平方米，同比增加 1.2%。

从近六年房屋出租面积总量来看，2011—2016年深圳全市房屋出租面积分别为：4.17亿平方米、4.46亿平方米、4.73亿平方米、4.88亿平方米、4.98亿平方米、5.02亿平方米，呈逐年稳步递增趋势。这与深圳市近几年来常住人口逐年增长趋势相符。

①从所有权性质来看，个人产权房屋实际出租面积略占优势。从产权所占比重变化来看，2016年单位产权房屋实际出租面积占比46.2%，个人产权房屋出租面积占比为53.7%。个人产权的房屋出租仍比单位产权略多。与2015年相比，个人产权房屋出租比重上升0.17个百分点（2015年个人产权出租占比53.6%），单位产权房屋出租比重则下降了0.17个百分点。与2011年相比，个人产权房屋出租比重上升1.25个百分点（2011年个人产权出租占比52.5%），单位产权房屋出租比重则下降1.25个百分点（见图4-6）。

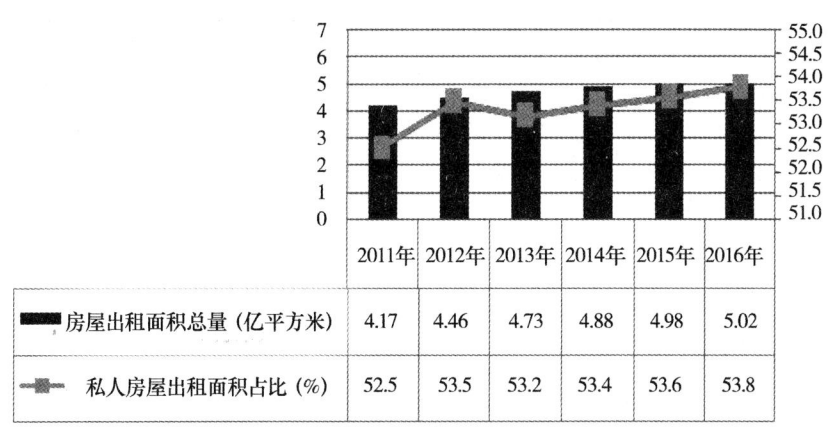

图4-6　2011—2016年深圳房屋出租总量图

②从使用用途来看，住宅实际出租面积占主导地位。如图4-7所示，从实际出租房屋使用用途来看，全市住宅出租面积占比最大，2016年住宅出租面积为2.32亿平方米，同比增长1.4%，占全市出租房屋面积比重为45%，与2015年情况相同。其次为厂房出租面积，为1.49亿平方米，同比下降0.2%，占全市租赁面积比重为29%。所占比重第三的为商业出租面积，为0.68亿平方米，同比上涨1.5%，占全市租赁面积比重的12%。全市实际出租面积按用途分数据情况如表4-11所示。

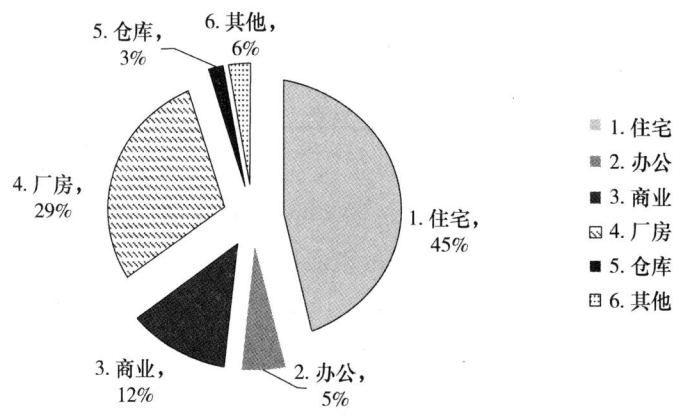

图 4-7 住宅实际出租面积使用用途

表 4-11　　　　　　　深圳市实际出租房屋面积按用途分汇总数据

用途	单位	2015年值（亿元）	2016年值（亿元）	同比增速（%）
实际出租房屋面积	亿平方米	4.98	5.02	0.9
#单位产权房屋	亿平方米	2.31	2.32	0.5
#私人产权房屋	亿平方米	2.67	2.70	1.2
1. 住宅	亿平方米	2.28	2.32	1.8
2. 办公用房	亿平方米	0.27	0.28	1.6
3. 商业营业用房	亿平方米	0.67	0.68	1.5
4. 厂房	亿平方米	1.50	1.49	-0.2
5. 仓库	亿平方米	0.11	0.10	-1.2
6. 其他	亿平方米	0.15	0.15	-0.4

观察深圳市近六年各用途房屋实际出租面积数据情况，房屋住宅出租面积每年均保持一定的增长，2011年住宅出租面积为1.81亿平方米，2012年住宅出租面积为1.97亿平方米，2013年住宅出租面积为2.14亿平方米，2014年住宅出租面积为2.15亿平方米，2015年住宅出租面积为2.28亿平方米，2016年住宅出租面积为2.32亿平方米。办公用房出租面积、商业用房及厂房出租面积在2015年及2016年均有一定程度的增长。仓库及其他类用房出租面积增速则稍有下降。近六年按用途分房屋出租面积对比情况如图4-8所示。

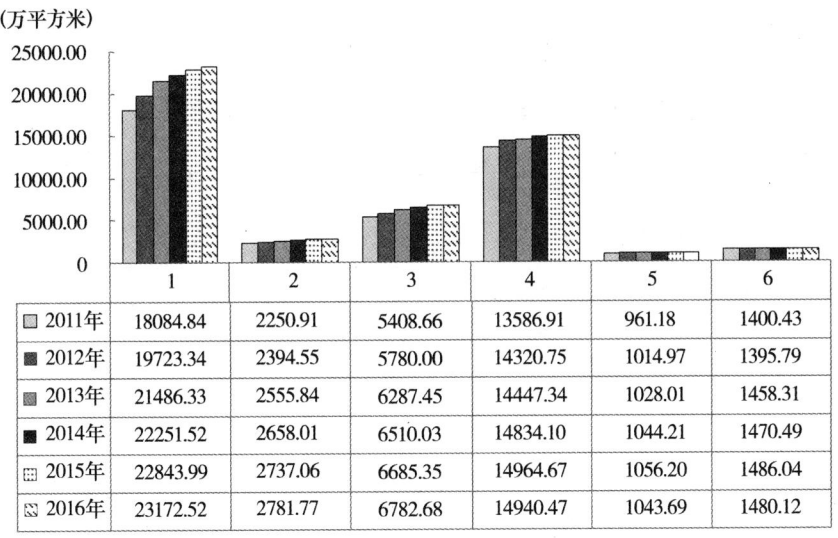

图4-8 按用途分房屋出租面积对比情况

③从地理区域来看,原关外区域房屋租赁业更为活跃。从出租面积总量来看,2016年全市十个区(含四个新区)中出租面积最大的仍是宝安区,为1.60亿平方米,占全市出租面积比重为32%。其次是龙岗区,出租面积为1.11亿平方米,占全市出租面积比重为22%。第三为龙华区,出租面积为0.89亿平方米,占全市出租面积比重为18%。这三个区的房屋出租面积占全市比重高达72%。2016年租赁区域整体结构上与2015年基本相同(见图4-9)。

龙岗区、宝安区和龙华区这三个区租赁市场活跃并为偶然,有历史的原因,有本地特色的原因,也有经济的原因。第一,这三个区存在较多的城中村,而由于深圳的本地特色,城中村中大量的农民房和小产权房并非由本地村民居住,而是被本地村民出租给外来人口以赚取租金,这就为房屋租赁市场提供了供给来源。而且这三个区经过多年发展,也有较为不错的相关生活配套。第二,深圳作为我国四大一线城市之一,而且城市本身又具有鲜明的移民特色,吸引了大量的外来务工人员。这些人员来深以后,首先要解决的就是住宿问题,因此,这就为深圳市房屋租赁市场提供了需求。第三,深圳市就业集中地区位于南山区、福田区和罗湖区,但是由于这三个区经过多年的发展,大部分城中村已经被旧城改造等措施改建为新时代现代化建筑,城市风貌清洁亮丽,周边配套完善,交通出行方便。这就使得这三个区的出租房屋租金较高,而且也很少有厂房、仓库等用途的房屋出租。因此,相对于

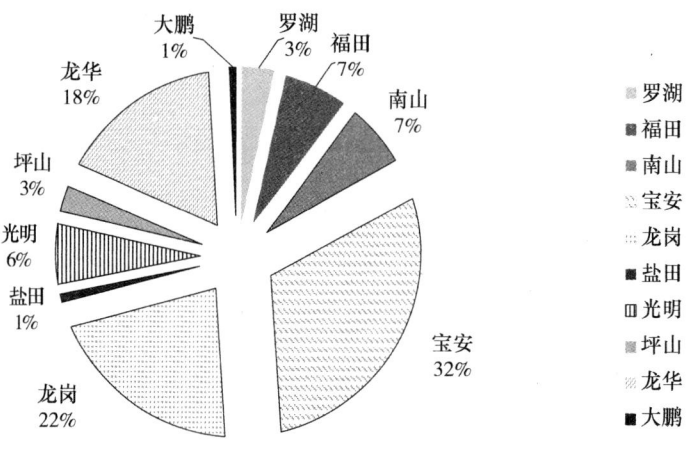

图 4-9　2016 年租赁区域整体结构

这三个区昂贵的租金,大部分外来务工人员都选择了离就业集中地区较近的龙岗区、宝安区和龙华区。第四,光明新区、坪山新区和大鹏新区等地区,由于地理位置的原因和本身生活配套不完善等问题,导致房屋租赁市场较为平淡。各区实际出租面积数据如表 4-12 所示。

表 4-12　　　　　深圳市实际出租房屋面积按区域分汇总数据

全市项目	单位	2015 年值（亿元）	2016 年值（亿元）	同比增速（％）
实际出租房屋面积	亿平方米	4.98	5.02	0.9
1. 罗湖	亿平方米	0.18	0.18	-0.5
2. 福田	亿平方米	0.34	0.34	1.6
3. 南山	亿平方米	0.33	0.33	0.3
4. 宝安	亿平方米	1.60	1.60	0.2
5. 龙岗	亿平方米	1.10	1.11	0.5
6. 盐田	亿平方米	0.04	0.04	5.5
7. 光明	亿平方米	0.33	0.33	-1.1
8. 坪山	亿平方米	0.15	0.15	-1.7
9. 龙华	亿平方米	0.86	0.89	3.7
10. 大鹏	亿平方米	0.04	0.04	4.8

从各区出租面积增速来看,最快的为盐田区,增速为 5.5%;其次为大鹏新区,增速为 4.8%;第三为龙华区,增速为 3.7%(见图 4-10)。

四 房屋租赁业调查核算方法

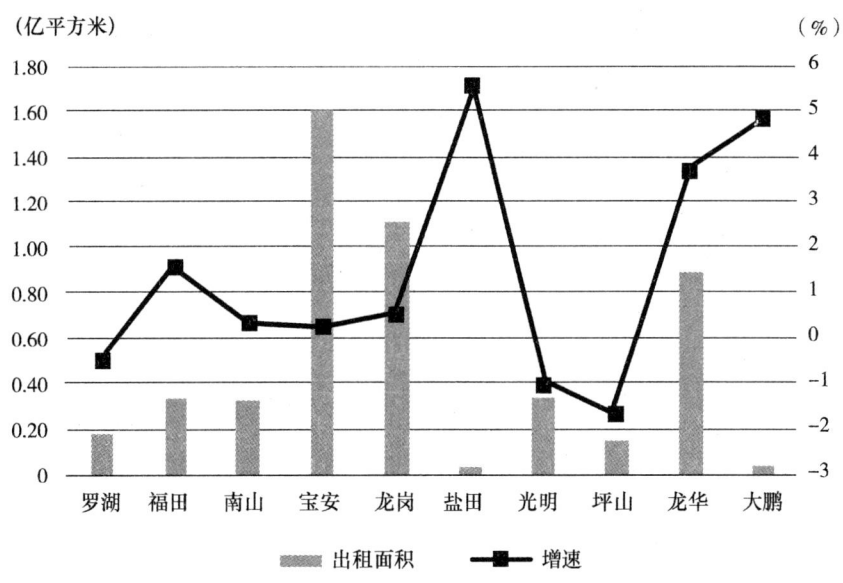

图 4-10 各区出租面积与增速

(2) 房屋出租租金收入

2016 年全市房屋租赁活动租金收入为 1778.03 亿元，同比增长 9.1%。其中，单位产权房屋租赁租金收入为 868.74 亿元，同比增长 8.9%；个人产权房屋租赁租金收入为 909.58 亿元，同比增长 9.3%（见表 4-13）。

表 4-13　　　　　　深圳市房屋租赁按用途分出租租金收入

分类	2015 年值（亿元）	2016 年值（亿元）	同比增速（%）
合计	1630.10	1778.03	9.1
#单位产权房屋	797.89	868.74	8.9
#私人产权房屋	832.21	909.58	9.3
1. 住宅	553.54	608.41	9.9
2. 办公用房	218.91	238.28	8.9
3. 商业营业用房	501.09	544.30	8.6
4. 厂房	287.72	312.32	8.6
5. 仓库	23.23	25.58	10.1
6. 其他	45.60	49.15	7.8

①2016年租金收入增长趋于平稳。从近六年全市租金收入总量来看，2011年全市租金收入为1118.63亿元；2012年全市租金收入为1215.92亿元，同比增长8.7%；2013年全市租金收入为1437.91亿元，同比增长18.3%；2014年全市租金收入为1529.08亿元，同比增长6.3%；2015年全市租金收入为1630.10亿元，同比增长6.6%；2016年全市租金收入为1778.03亿元，同比增长9.1%（见表4-14）。排除房屋实际出租面积的增长影响，近年租金收入涨幅较为平稳。

表4-14　　2011—2016年深圳市实际房屋出租收入与相关人口数据

指标	计算单位	2011年	2012年	2013年	2014年	2015年	2016年
1. 实际房屋出租收入	亿元	1118.63	1215.92	1437.91	1529.08	1630.10	1778.03
同比增长	%	—	8.7	18.3	6.3	6.6	9.1
2. 住宅出租收入	亿元	343.10	402.41	478.95	515.66	553.54	608.41
同比增长	%	—	17.3	19.0	7.7	7.4	9.9
3. 年末房屋租赁人口	万人	1425.00	1443.18	1463.30	1399.97	1667.69	1724.85
同比增长	%	—	1.3	1.4	-4.3	19.1	3.4
4. 年末房屋租赁人口中户籍人口	万人	75	89	98	109.3	171.3	194.1
同比增长	%	—	18.7	10.1	11.5	56.7	13.3

近几年深圳整体租金呈普涨态势，主要有以下原因。第一，随着外来务工人员不断涌入，以及大中专院校应届毕业生纷纷走出校门实习求职，为深圳市房屋租赁市场提供了新鲜需求。第二，商品房价格不断上涨，在一定程度上打压了人们的购房欲望，促使许多购房者暂时放弃购房计划转购为租，进一步促使价格上涨。第三，部分路段进行旧城改造，拆迁居民希望能在片区附近找到租赁房屋，以度过安置过渡期，也会造成部分区域供求关系失衡。第四，受小学一年级、初一学生申请学籍需要的影响，学校周边住宅类房屋租赁成为热点，促使租赁成交量上升的同时也导致租金上涨（见图4-11）。

四 房屋租赁业调查核算方法

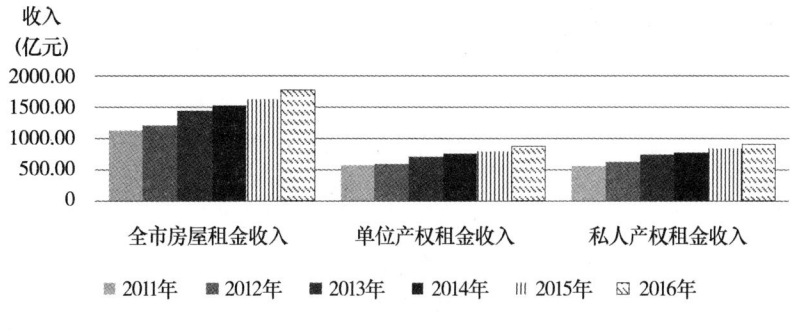

图 4-11 2011—2016 年全市房屋租金收入

②从产权角度看，个人产权租金收入比重逐年增加。从房屋出租收入产权所占比重来看，2011 年个人产权房屋出租收入 551.68 亿元，占同期全市比重 49.3%；2012 年个人产权房屋出租收入 623.68 亿元，占同期全市比重 51.3%；2013 年个人产权房屋出租收入 731.16 亿元，占同期全市比重 51.85%；2014 年个人产权房屋出租收入 779.89 亿元，占同期全市比重 51.0%；2015 年个人产权房屋出租收入 832.21 亿元，占同期全市比重 51.1%；2016 年个人产权房屋出租收入 909.58 亿元，占同期全市比重 51.2%。这表明深圳市房屋租赁单位产权与个人产权租金总收入差距不大，个人产权房屋出租收入略高于单位产权租金收入（见图 4-12）。

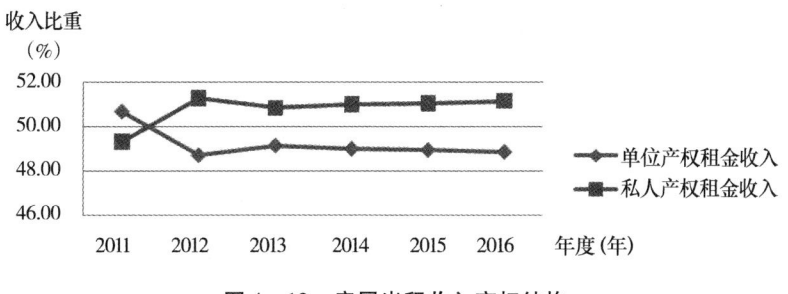

图 4-12 房屋出租收入产权结构

③从地理区域看，租金收入强区和弱区之间差距加大，但强区之间差异不明显。从各区房屋租赁租金总量上来看，全市各区中租金收入最多的是福田区，租金收入为 417.23 亿元，占全市出租租金比重为 24%。紧随其后的是宝安区，租金收入为 373.83 亿元，占全市出租租金比重也达到了 21%。南山区和龙华区的租金收入总量相近，都占全市出租租金比重的 15%（见图 4-13）。

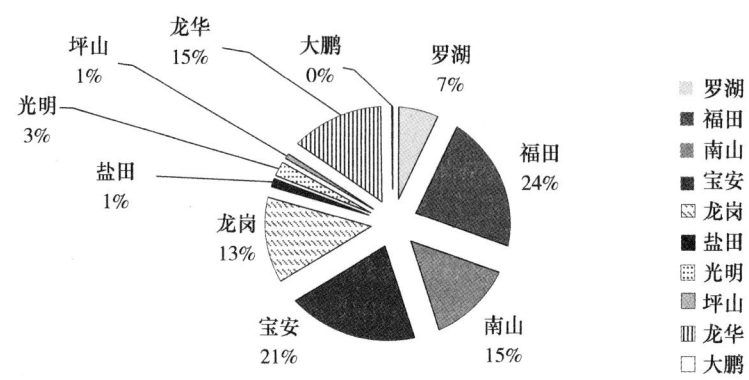

图4-13 2016年各区房屋租金收入比重

具体数据情况如表4-15所示。

表4-15　　　　　　深圳市出租租金收入按区域分数据汇总

分区	2015年值（亿元）	2016年值（亿元）	同比增速（%）
合计	1630.10	1778.03	9.1
1. 罗湖	117.28	123.15	5.0
2. 福田	386.05	417.23	8.1
3. 南山	242.16	261.89	8.1
4. 宝安	350.12	373.83	6.8
5. 龙岗	202.97	237.61	17.1
6. 盐田	19.34	20.73	7.1
7. 光明	44.74	45.71	2.2
8. 坪山	17.48	19.04	8.9
9. 龙华	245.77	274.38	11.6
10. 大鹏	4.19	4.46	6.4

值得注意的是，虽然福田区房屋实际出租面积占全市比重仅仅是6.8%，但是租金收入却占全市比重24%，说明福田区的租金水平远高于其他区的租金水平，这是由于福田区出租物业基本都是高档写字楼、高档住宅和精品商业营业用房等，使得租金水平较其他区高。与福田区相类似，南山区也有同样的情况，南山区房屋出租面积占全市比重是6.6%，但是租金收入却占全市比重15%（见图4-14）。

四 房屋租赁业调查核算方法

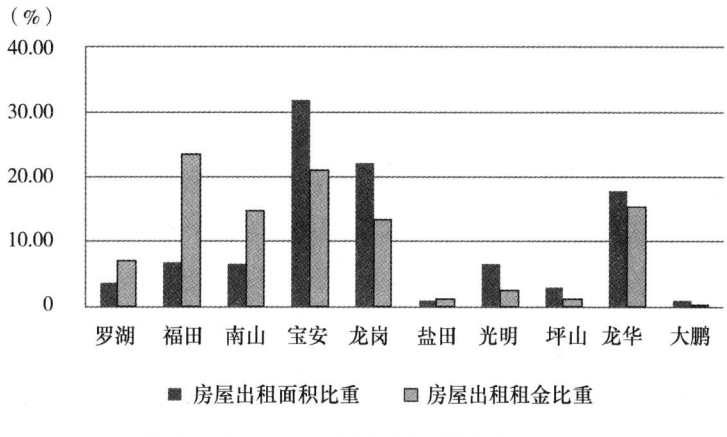

图 4-14 2016 年各区出租面积与租金比重

从各区租金水平来看，平均租金水平最高的区为福田区，租金水平达到了 100.82 元/平方米每月。南山区和罗湖区紧随其后，相对于原关内老区，原关外区的租金水平则较为低廉，这也和大量的小产权房、农民房以及政府廉租房在原关外区较多的情况有关，小产权房和农民房以及政府廉租房的低廉租金拉低了平均租金水平。各区平均租金水平数据如表 4-16 所示。

表 4-16 深圳市房屋租赁按区域分平均调查租金水平

分区	2015 年值（元/平方米·每月）	2016 年值（元/平方米·每月）	同比增速（%）
合计	27.29	29.52	8.2
1. 罗湖	54.63	57.68	5.6
2. 福田	94.76	100.82	6.4
3. 南山	60.95	65.74	7.9
4. 宝安	18.22	19.42	6.6
5. 龙岗	15.34	17.87	16.5
6. 盐田	37.93	38.52	1.6
7. 光明	11.25	11.62	3.3
8. 坪山	9.81	10.87	10.8
9. 龙华	23.75	25.58	7.7
10. 大鹏	8.96	9.10	1.5

从各区出租收入增速来看,最快的为龙岗区,增速为17.1%;其次为龙华区,增速为11.6%;第三为坪山新区,增速为8.9%(见图4-15)。

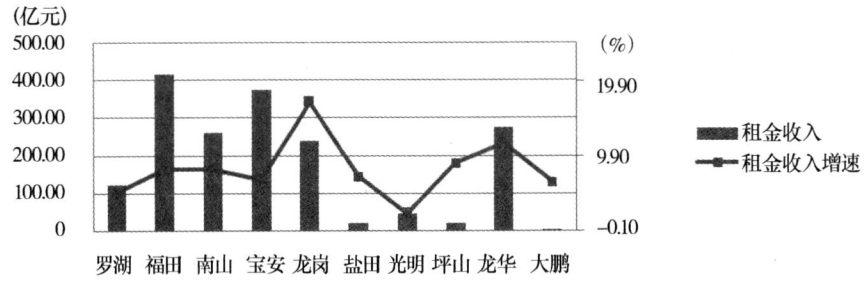

图4-15 2016年各区房屋租金收入与增速

从各区近六年租金收入情况来看,龙华区的收入增长迅猛,其于2011年成立,在市、区领导的指导下,加上其本身地理位置优势,最近几年发展势头强劲,吸引了许多寻租人在龙华区安家落户。其他各区近六年涨幅都略有变化,总体来说呈稳步上涨趋势(见图4-16)。

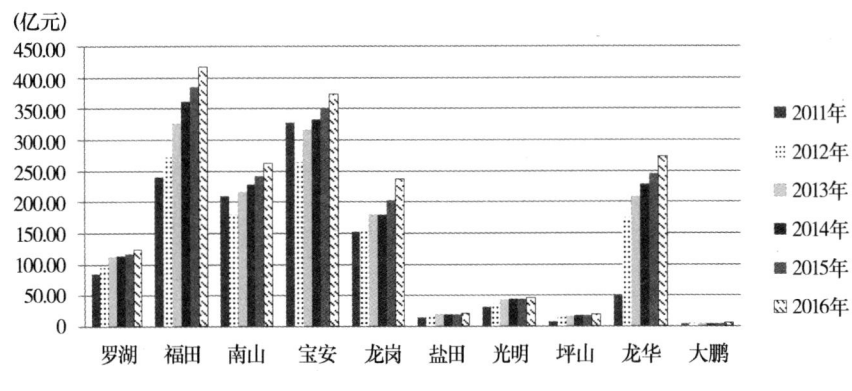

图4-16 近六年各区租金收入对比

④从使用用途看,住宅和商业营业用房租金总收入较高,办公用房和商业营业用房租金水平较高。从分用途房屋租金收入总量上来看,各用途中租金收入最多的是住宅出租收入,为608.41亿元,占全市出租租金比重为34.2%。紧随其后的是商业营业用房出租收入,为544.30亿元,占全市租金比重也达到了30.6%。如图4-17所示,具体数据见表4-13。

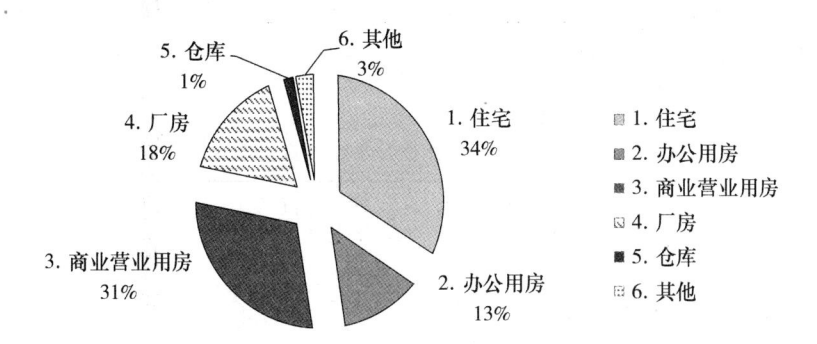

图 4-17 租金收入分用途占比

从近六年情况来看,住宅、办公楼和商业营业用房每年都保持一定幅度的增长,厂房、仓库和其他类用房则变动不大,总体来说都呈上升态势(见图 4-18)。

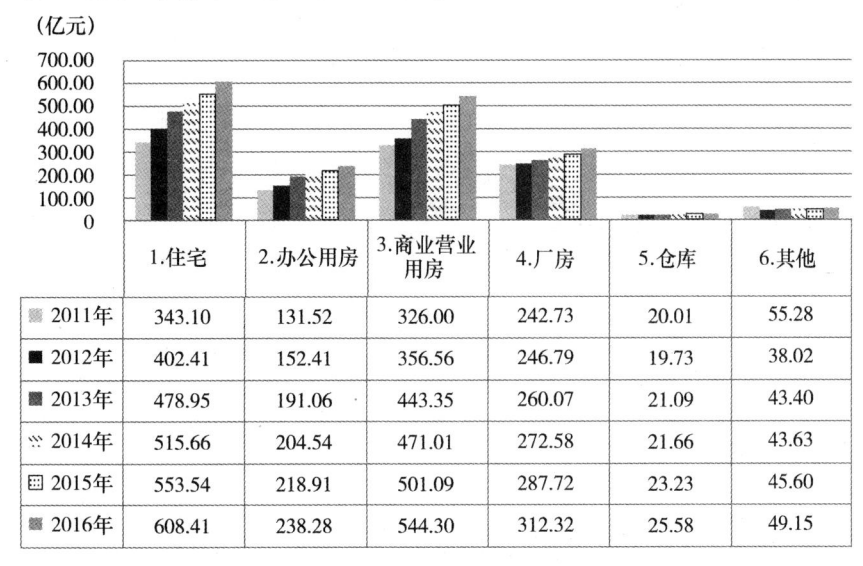

	1.住宅	2.办公用房	3.商业营业用房	4.厂房	5.仓库	6.其他
2011年	343.10	131.52	326.00	242.73	20.01	55.28
2012年	402.41	152.41	356.56	246.79	19.73	38.02
2013年	478.95	191.06	443.35	260.07	21.09	43.40
2014年	515.66	204.54	471.01	272.58	21.66	43.63
2015年	553.54	218.91	501.09	287.72	23.23	45.60
2016年	608.41	238.28	544.30	312.32	25.58	49.15

图 4-18 近六年分用途房屋租金收入情况

从平均租金水平来看(见表 4-17),办公用房和商业营业用房租金水平较高,都已经突破了 65 元/平方米每月,而住宅、厂房和仓库的平均租金水平相对来说较为便宜。这是因为深圳由于本地特色原因,存在大量的小产权房和农民房可以用作住宅、厂房和仓库用途,以及近几年政府大力开展廉租房建设,廉租房租金水平也较为低廉。总体来说,由于使用用途和本身装修、环境和交通等内在性质的不同,住宅、厂房和仓库的平均租金本来就要比办公用房和商业用房低，而小产权房和农民房以及政府廉租房的低廉租金也进一步拉低了住宅等用途的平均租金水平。

表 4-17　　　　　　　深圳市房屋租赁按用途分平均调查租金水平

分类	2015 年值 （元/平方米·每月）	2016 年值 （元/平方米·每月）	同比增速 （%）
房屋租金	27.29	29.52	8.15
1. 住宅	20.19	21.88	8.35
2. 办公用房	66.65	71.38	7.10
3. 商业营业用房	62.46	66.87	7.06
4. 厂房	16.02	17.42	8.72
5. 仓库	18.33	20.42	11.42
6. 其他	25.57	27.67	8.22

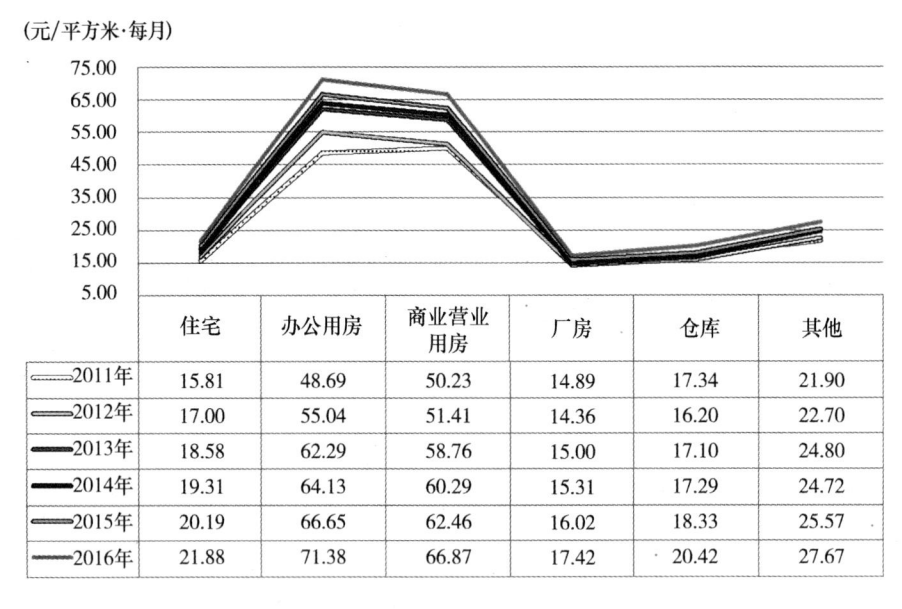

(元/平方米·每月)

	住宅	办公用房	商业营业用房	厂房	仓库	其他
2011年	15.81	48.69	50.23	14.89	17.34	21.90
2012年	17.00	55.04	51.41	14.36	16.20	22.70
2013年	18.58	62.29	58.76	15.00	17.10	24.80
2014年	19.31	64.13	60.29	15.31	17.29	24.72
2015年	20.19	66.65	62.46	16.02	18.33	25.57
2016年	21.88	71.38	66.87	17.42	20.42	27.67

图 4-19　近六年分用途房屋平均租金水平

如图 4-19 所示，近六年来平均租金水平涨幅较为明显的是办公用房和商业营业用房，而住宅平均租金水平略有涨幅，厂房和仓库的平均租金水平在 2012 年略有回落，在2013年又有所反弹，但其他类在2014年增长幅度稍有下降。总体来说，深圳市整体平均租金水平呈稳步上涨态势。

调查数据租金水平情况表、中介数据租金水平情况表和政府指导租金水平情况表如图4-20至图4-22所示。

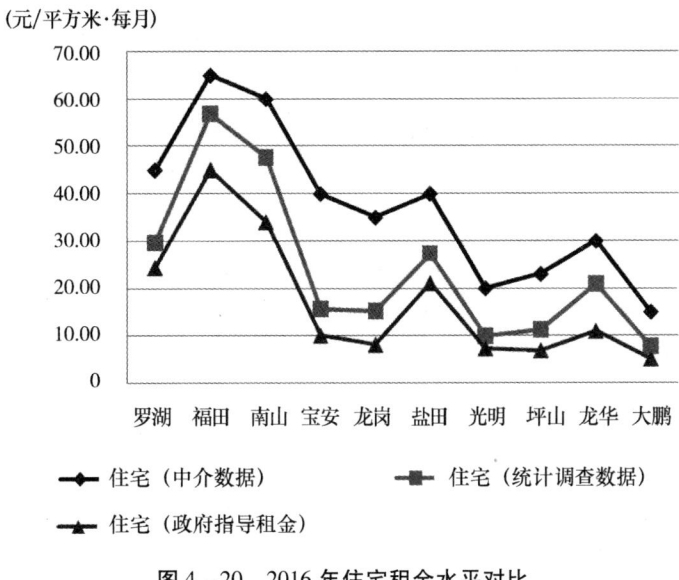

图4-20　2016年住宅租金水平对比

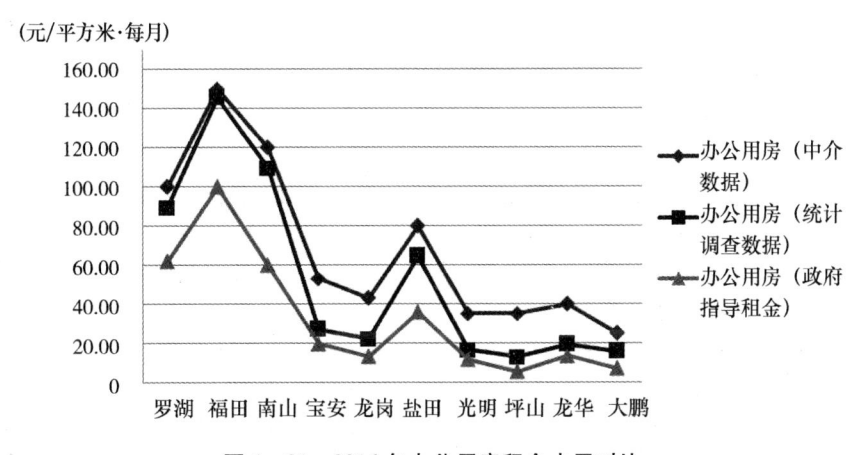

图4-21　2016年办公用房租金水平对比

(元/平方米·每月)

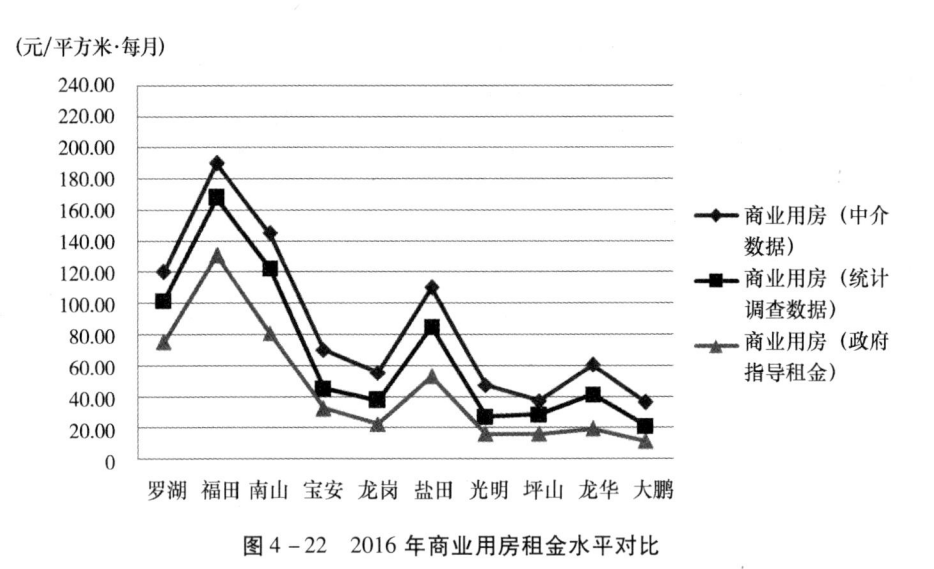

图4-22 2016年商业用房租金水平对比

（3）市场性房屋租赁业增加值

①用抽样调查法确定增加值率。为得到深圳市2016年的增加值率，深圳市统计局组织了各区统计局（新区统计机构）以深圳市辖区内具有租赁行为的所有建筑物为调查对象，进行了抽样调查和重点调查。调查目的是为了取得辖区内住宅租赁、办公楼租赁、商业营业用房租赁、厂房租赁、仓库租赁以及其他房屋租赁的增加值率。

抽样调查方法为对每个街道内房屋产权归属单位及个人所有的住宅、办公用房、商业营业用房、厂房、仓库、其他等六类用途房屋进行随机抽取，每类抽查3—5个样本进行调查。

得到的全市、各区增加值率及变化情况如表4-18所示。

表4-18　　　　　2011—2016年全市市场性房屋租赁业增加值率　　　　　单位：%

分区	2011年	2012年	2013年	2014年	2015年	2016年
全市	96.3	95.1	94.2	93.4	93.6	93.2
1. 罗湖	97.3	96.1	94.5	94.3	94.3	93.8
2. 福田	95.2	94.4	92.4	93.2	93.0	92.4
3. 南山	96.5	94.5	94.8	94.7	93.2	93.7
4. 宝安	96.8	96.1	95.2	93.2	93.1	92.5

续表

分区	2011年	2012年	2013年	2014年	2015年	2016年
5. 龙岗	96.4	96.3	93.8	91.7	96.4	95.9
6. 盐田	94.3	97.1	98.7	94.9	96.8	94.0
7. 光明	97.4	94.2	93.7	91.8	93.0	92.5
8. 坪山	94.7	95.6	94.3	93.2	94.2	93.7
9. 龙华	—	96.2	95.2	93.9	92.7	92.2
10. 大鹏	—	97.1	94.3	92.7	92.3	91.7

②市场性房屋租赁业增加值情况。由增加值率可得，按现价对比，2016年市场性房屋租赁业增加值为1656.79亿元，同比增长8.6%。对比近六年情况（2011年房屋租赁业增加值为1077.69亿元，2012年房屋租赁业增加值为1156.34亿元，2013年房屋租赁业增加值为1354.89亿元，同比增长5.4%，2014年市场性房屋租赁业增加值为1428.49亿元，同比增长5.43%，2015年市场性房屋租赁业增加值为1525.25亿元，同比增长6.8%），可以发现，房屋租赁业增加值呈稳步上升的态势，这说明深圳市的房屋租赁业发展稳定向好（见图4－23）。

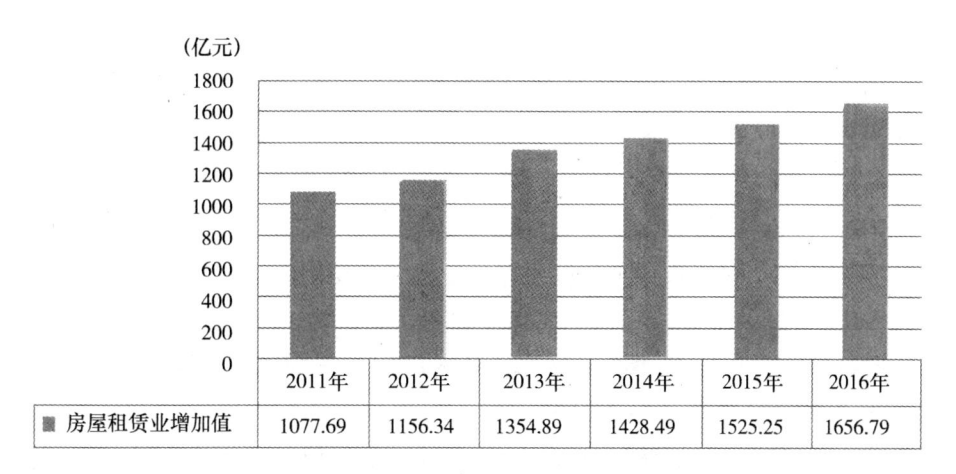

(亿元)	2011年	2012年	2013年	2014年	2015年	2016年
房屋租赁业增加值	1077.69	1156.34	1354.89	1428.49	1525.25	1656.79

图4－23 近六年房屋租赁业增加值

③分用途房屋租赁增加值情况。2016年各用途房屋租赁增加值中，总量最多的首先是住宅租赁增加值，为569.67亿元，占比34.4%；其次为商业营业用房租

赁增加值 507.59 亿元，占比 30.6%；第三为厂房租赁增加值 289.06 亿元，占比 17.4%。与出租租金总收入的主体结构基本一致。

观察近六年各用途房屋租赁增加值情况，可见住宅、办公用房、商业营业用房及厂房每年均有一定幅度上涨，仓库和其他类用房则变动较小。

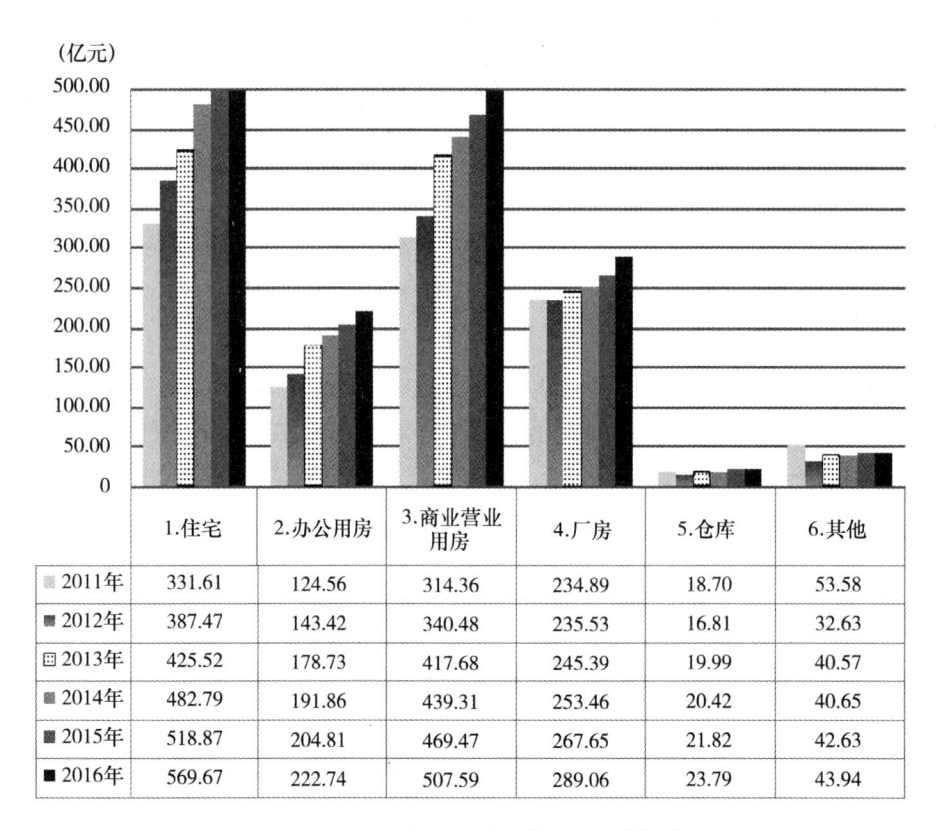

(亿元)	1.住宅	2.办公用房	3.商业营业用房	4.厂房	5.仓库	6.其他
2011年	331.61	124.56	314.36	234.89	18.70	53.58
2012年	387.47	143.42	340.48	235.53	16.81	32.63
2013年	425.52	178.73	417.68	245.39	19.99	40.57
2014年	482.79	191.86	439.31	253.46	20.42	40.65
2015年	518.87	204.81	469.47	267.65	21.82	42.63
2016年	569.67	222.74	507.59	289.06	23.79	43.94

图 4-24　近六年各用途房屋租赁业增加值

④各区域房屋租赁增加值情况。从各区房屋租赁增加值总量上来看，全市各区中房屋租赁增加值最多的是福田区，租金收入为 385.44 亿元，占全市出租租金比重为 23.3%。紧随其后的是宝安区，增加值为 345.89 亿元，占全市出租租金比重也达到了 20.9%。南山区和龙华区的房屋租赁增加值相近（见图 4-25）。

四 房屋租赁业调查核算方法

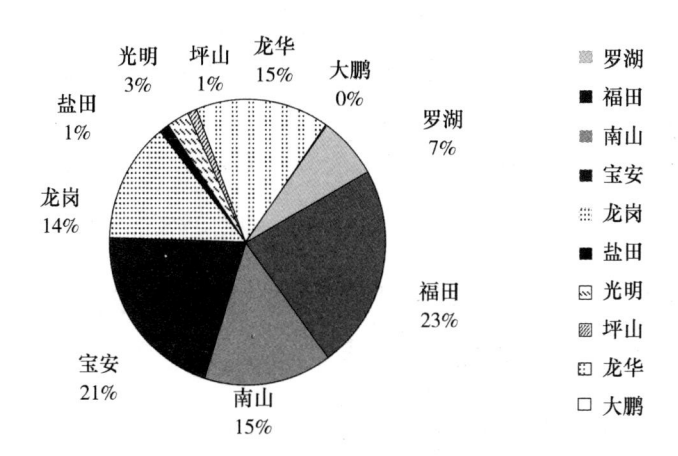

图4-25 各区增加值占比

各区增加值具体数据情况如表4-19所示。

表4-19　　　　　　2016年市场性房屋租赁业增加值

分区	2015年值（亿元）	2016年值（亿元）	同比增速（%）
全市	1525.25	1656.79	8.62
1. 罗湖	110.60	115.51	4.44
2. 福田	359.03	385.44	7.36
3. 南山	225.59	245.27	8.72
4. 宝安	325.78	345.89	6.17
5. 龙岗	195.64	227.89	16.49
6. 盐田	18.72	19.49	4.12
7. 光明	41.62	42.29	1.62
8. 坪山	16.47	17.85	8.35
9. 龙华	227.94	253.06	11.02
10. 大鹏	3.87	4.09	5.70

总体来说，各区房屋租赁增加值组成结构与各区的房屋租赁租金收入结构较为一致。从增加值总量上来看，福田、宝安仍然处于第一梯队，南山、龙

华、龙岗处于第二梯队,其他区处于第三梯队。从增速上来看,龙岗区的增加值增速最快,这得益于其房屋出租租金总量的较快增长,而租金总量的上涨是由于龙岗2016年新建房屋较多,提供了大量的房屋租赁供给,加上这几年龙岗区的整体环境设置、交通状况和周边配套的不断完善,使得其租金水平也水涨船高。

(六) 与市场性房屋租赁业相关数据的变动关联分析

1. 实际房屋出租收入增长情况

2011—2016年,深圳实际房屋出租收入从2011年的1118.63亿元增长到2016年的1778.03亿元,年均增长9.7%。

(1) 外来人口逐年增加带来房屋出租收入稳定增长。近年深圳经济的稳步发展,使其成为一个吸引各方人才的热土。外来人口的流入、迁入使得房屋租赁人口逐年增加,2011—2016年,年末房屋租赁人口均保持在1400万人以上,四年来净流入超过300万人。大量的外来人口和短期内无法购房的户籍人口为了解决生活问题而不得不租赁房屋居住,使得实际住宅出租收入从2011年的343.10亿元增加到2016年的608.41亿元。同时,人口的增加必定也会对其他房屋租赁市场带来活力,带来工业、服务业等各行各业对生产、商业、仓储和办公用房的需求,使得实际房屋出租收入从2011年的1118.63亿元增加到2016年的1778.03亿元(见表4-14)。

(2) 租金上升、出租面积增加均成为房屋出租收入增长的因素。2011—2016年的房屋出租收入年均增长量为131.88亿元。从因素分析上看,一个因素是实际房屋出租面积增加带来收入的增加:实际房屋出租面积从2011年的4.17亿平方米增加到2016年的5.02亿平方米,带来的房屋出租收入年均增长量为45.60亿元(利用拉氏物量指数法计算)。另一个因素是房屋租金的上涨:2011年深圳房屋月平均出租收入为每平方米22.35元;到2016年,随着原特区外整体环境的改善,交通,特别是轨道交通的便捷,租金上涨幅度较大,达到每平方米29.52元。利用帕氏价格指数法计算,单位面积租金的提高带来的房屋出租收入年均增长量为86.27亿元(见表4-20)。

表 4-20　　2011—2016 年深圳市实际房屋出租收入因素分析

指标	计算单位	2011 年	2016 年
1. 实际房屋出租收入	亿元	1118.63	1778.03
定基发展速度	%	—	58.95
累积增长量	亿元	—	659.40
2. 实际房屋出租面积	亿平方米	4.17	5.02
拉氏指数（Q1P0/Q0P0）	%	—	120.38
影响收入的增长量（Q1P0 - Q0P0）	亿元	—	228.02
3. 房屋年平均租金	元/平方米·年	268.26	354.19
帕氏指数（Q1P1/Q1P0）	%	—	132.03
影响收入的增长量（Q1P1 - Q1P0）	亿元	—	431.36
4. 房屋月平均出租收入	元/平方米·月	22.35	29.52
定基增长速度	%	—	32.06

（3）个人产权房屋、住宅对房屋出租收入增长的贡献率大。以 2011 年为基期，2016 年深圳实际房屋出租收入的定基增长速度为 59.0%。从房屋产权分类来看：单位产权的房屋出租收入定基增长速度的贡献率为 45.8%，拉动整体房屋出租收入增长 27.0 个百分点；个人产权的房屋出租收入贡献率为 54.2%，拉动整体房屋出租收入增长 32 个百分点（见表 4-21）。

表 4-21　　深圳市实际房屋出租收入增长按产权分类分析

指标	计算单位	2011 年	2016 年	贡献率（%）	拉动点数（%）
1. 实际房屋出租收入	亿元	1118.63	1778.03	—	—
定基增长速度	%	—	58.95	—	59.0
累积增长量	亿元	—	659.4	100	—
2. 按房屋产权分类	—	—	—	—	—
A. 单位产权	亿元	566.95	868.74	—	—
定基增长速度	%	—	53.23	—	27.0
累积增长量	亿元	—	301.79	45.8	—
B. 个人产权	亿元	551.68	909.29	—	—
定基增长速度	%	—	64.82	—	32.0
累积增长量	亿元	—	357.61	54.2	—

从房屋用途分类来看：住宅出租收入贡献率为40.2%，拉动整体房屋出租收入增长23.7个百分点；商业营业用房出租收入贡献率为30.1%，拉动点数为17.7个百分点；办公用房出租收入贡献率为16.2%，拉动点数为9.5个百分点；厂房出租收入贡献率为10.6%，拉动点数为6.2个百分点；仓库出租收入贡献率为0.8%，拉动点数为0.5个百分点；其他房屋出租收入贡献率为2.1%，拉动点数为1.2个百分点（见表4-22）。

表4-22　2011—2016年深圳市实际房屋出租收入增长按用途分类分析

指标	计算单位	2011年	2016年	贡献率（%）	拉动点数（%）
1. 实际房屋出租收入	亿元	1118.63	1778.03	—	—
定基增长速度	%	—	58.95	—	58.9
累积增长量	亿元	—	659.4	100	—
2. 按房屋用途分类	—	—	—	—	—
A. 住宅	亿元	343.10	608.41	—	—
定基增长速度	%	—	77.3	—	23.7
累积增长量	亿元	—	265.31	40.2	—
B. 办公用房	亿元	131.52	238.28	—	—
定基增长速度	%	—	81.2	—	9.5
累积增长量	亿元	—	106.76	16.2	—
C. 商业营业用房	亿元	346.00	544.3	—	—
定基增长速度	%	—	57.3	—	17.7
累积增长量	亿元	—	198.3	30.1	—
D. 厂房	亿元	242.73	312.32	—	—
定基增长速度	%	—	28.7	—	6.2
累积增长量	亿元	—	69.59	10.6	—
E. 仓库	亿元	20.01	25.58	—	—
定基增长速度	%	—	27.8	—	0.5
累积增长量	亿元	—	5.57	0.8	—
F. 其他房屋	亿元	35.27	49.14	—	—
定基增长速度	%	—	39.3	—	1.2
累积增长量	亿元	—	13.87	2.1	—

2. 市场性房屋租赁业增加值增长情况

2011—2016 年,深圳市市场性房屋租赁业活动增加值(现价,不含居民自有自住房服务,下同)从 2011 年的 1077.70 亿元增加到 2016 年的 1656.79 亿元,年均增长速度为 9.0%。以下是对近六年深圳的房屋租赁活动所形成的增加值的分析。

(1) 出租收入增加带来房屋租赁活动增加值增加。2011—2016 年,深圳市房屋租赁活动增加值年均增加 115.82 亿元。从因素分析上看,因素之一是实际房屋出租收入增加带来的房屋租赁业增加值年平均增加 127.05 亿元(利用拉氏数量指数法计算),贡献率为 109.7%。但另一个因素是增加值率从 2011 年的 96.3% 降为 2016 年的 93.2%,拖累房屋租赁业增加值年均增量,使得增量减少 11.24 亿元(利用拉氏数量指数法计算)(见表 4-23)。

表 4-23　　　　深圳市市场性房屋租赁活动增加值增长因素分析

指标	计算单位	2011 年	2016 年
1. 市场性房屋租赁业增加值	亿元	1077.70	1656.79
定基发展速度	%	100	53.73
累积增长量	亿元	—	579.09
2. 实际房屋出租收入	亿元	1118.63	1778.03
拉氏指数(Q1P0/Q0P0)	%	—	158.95
影响收入的增长量(Q1P0 - Q0P0)	亿元	—	635.27
3. 房屋租赁业增加值率	%	96.34	93.18
帕氏指数(Q1P1/Q1P0)	%	—	96.72
影响收入的增长量(Q1P1 - Q1P0)	亿元	—	-56.18

(2) 房屋租赁活动总产出中中间投入率上升。2011—2016 年房屋租赁活动总产出中中间投入率分别为 3.7%、4.9%、5.8%、6.6%、6.4% 和 6.8%,逐年上升。主要原因是:近三年由于城市现代化进程加快,城市更新改造力度加大,房屋租赁市场要求品位的提高,使得更多的业主去维修、装修房屋和配置家具。

另外,统计方法越来越科学也有一定的原因:由于 2011 年深圳市开展房屋租赁调查的时间较短,在计算中间投入时统计范围还不够全面,方法也不成熟、不科学，难免有所疏漏；对有些企业单位的实际调查存在困难，对于房屋更新换代、装修等方面的核算还不太规范。因此造成同样收入中计算的中间投入数据相差较大。相信随着房屋租赁统计的成熟进步，对于全市房屋的出租使用情况能有更全面的了解，使数据更精确、更具有说服力。

3. 市场性房屋租赁业调查数据与相关部门数据相对吻合

（1）房屋租赁租金与商品房售价关系密切。2011—2016年深圳商品房销售均价每平方米从20441元增长到45497元，定基增长122.6%。2011—2016年房屋租赁平均租金每月每平方米从22.37元上升到29.52元，定基增长32.0%。当2012年商品房销售均价同比下降1.9%的时候，房屋租赁平均租金增长只有1.5%；当2013年商品房销售均价同比上升18.6%的时候，房屋租赁平均租金增长11.7%；当2016年商品房销售均价同比上升34.0%的时候，房屋租赁平均租金增长8.2%（见表4-24）。

表4-24　　　　　　　　历年深圳商品房销售均价与租赁平均租金

指标	分区	2011年	2012年	2013年	2014年	2015年	2016年	2012年同比增长（%）	2015年同比增长（%）	2016年同比增长（%）
以房屋租赁面积为权数的平均租金水平（元/平方米）	全市	22.37	22.70	25.35	26.13	27.29	29.52	1.5	4.4	8.2
	1. 罗湖区	43.26	47.47	53.39	53.67	54.63	57.68	9.7	1.8	5.6
	2. 福田区	69.02	74.17	86.73	91.94	94.76	100.82	7.5	3.1	6.4
	3. 南山区	53.05	48.08	56.07	58.33	60.95	65.74	-9.4	4.5	7.9
	4. 宝安区	15.68	15.51	17.01	17.57	18.22	19.42	-1.1	3.7	6.6
	5. 龙岗区	12.09	12.36	13.74	13.79	15.34	17.87	2.2	11.3	16.5
	6. 盐田区	28.31	33.4	36.79	38.43	37.93	38.52	18.0	-1.3	1.6
	7. 光明区	9.91	10.27	11.22	11.24	11.25	11.62	3.6	0.1	3.3
	8. 坪山区	8.18	8.63	9.17	9.17	9.81	10.87	5.5	7.0	10.8
	9. 龙华区	—	21.19	23.1	23.16	23.75	25.58	—	2.5	7.7
	10. 大鹏区	—	7.79	8.4	9.14	8.96	9.10	—	-1.9	1.5

续表

指标	分区	2011年	2012年	2013年	2014年	2015年	2016年	2012年同比增长（%）	2015年同比增长（%）	2016年同比增长（%）
以销售面积为权数的商品房销售均价（元/平方米）	全市	20441.29	20042.90	23776.24	24723.39	33942.16	45497	-1.9	37.3	34.0
	1. 罗湖区	26117.53	29928.64	34715.12	40132.27	46156.20	52502	14.6	15.0	13.7
	2. 福田区	39481.04	33852.87	42842.51	41287.25	53433.38	70422	-14.3	29.4	31.8
	3. 南山区	35936.31	34923.56	41636.28	42890.90	61059.40	72781	-2.8	42.4	19.2
	4. 盐田区	20869.08	29924.53	25964.15	28089.23	37585.88	46822	43.4	33.8	24.6
	5. 宝安区	18236.07	18288.60	21616.26	22564.79	30169.62	55364	0.3	33.7	83.5
	6. 龙岗区	15010.42	14526.68	17620.62	17373.83	23126.32	34243	-3.2	33.1	48.1

（2）房屋租赁调查租金与市场指导租金的走势吻合。2016年房屋出租收入的增加，有直接受租金尤其是商业营业用房、办公用房租金大幅提高的影响。通过各区政府网站上公布的房屋租赁市场指导租金，分片区、用途以房屋实际出租面积为权重计算得到全市市场指导平均租金数据。从数据上看，2011—2016年房屋租赁调查所取得租金与市场指导租金都是向上的走势（见表4-25）。

表4-25　　　　　　2011—2016年深圳市房屋租赁租金变化比较

指标	计算单位	2011年	2012年	2013年	2014年	2015年	2016年
1. 房屋租赁调查平均租金	元/月·平方米	22.35	22.70	25.35	26.11	27.29	29.52
同比增长	%	—	1.6	11.5	3.0	4.5	8.2
2. 市场指导租金平均租金	元/月·平方米	20.93	21.33	21.96	22.40	23.18	25.20
同比增长	%	—	1.9	3.0	2.0	3.5	8.7

（3）住宅的租存比逐年上升。住宅的租存比是用房屋租赁调查的住宅实际出租面积与市规划国土委提供的住宅存量数据的比较。

2011年深圳住宅的租存比为34.9%，2016年上升到41.1%。6年住宅的租存比、实际房屋出租面积、住宅存量均逐年上升，说明住宅租赁市场热烈，房源稳定（见表4-26）。

表4-26　　　　　　　2011—2016年深圳市住宅房屋租存比数据

指标	计算单位	2011年	2012年	2013年	2014年	2015年	2016年
1. 市规土委行政记录年末住宅存量	亿平方米	5.19	5.43	5.55	5.59	5.61	5.65
2. 房屋租赁业调查住宅实际房屋出租面积	亿平方米	1.81	1.97	2.15	2.23	2.28	2.32
3. 住宅房屋出租与房屋存量之比	%	34.9	36.3	38.7	39.9	40.6	41.1

4. 住宅租赁增加值使深圳居民消费率得到明显提高

发达国家大都市化和超大都市化的经验表明：大规模住房租赁活动的形成，日益增长的住房租赁支出推动了居民消费能力的增长。对比发达国家经验，进入城市化国家后的大城市居民住房租赁消费一般占GDP的比重在12%—15%。2006年美国为10%，2013年为10.6%。根据深圳市房屋租赁业调查数据，深圳市房屋租赁业增加值2016年为1943.45亿元（市场租金法），其中住宅租赁增加值为856.06亿元，住宅租赁消费占GDP的比重仅为4.4%左右，与发达国家的水平还有一定的差距（见表4-27）。

表4-27　　　　　　　住宅租赁数据与居民消费率的变化

	完全扣除住宅租赁增加值（含虚拟折旧）	完全纳入住宅租赁增加值（市场租金法）
居民消费支出（亿元）	6416.42	7272.48
其中：住宅租赁增加值（亿元）	0	856.06
GDP（亿元）	18930.67	19786.73
居民消费率（%）	33.9	36.8
影响居民消费率的点数（%）	—	2.9

从居民消费率的变化情况来看，根据估算的2016年深圳市支出法数据，目前深圳市居民消费率预计为35.8%，其中包含已纳入的部分房屋租赁业增加值因素。若扣减已纳入的住宅租赁增加值因素，深圳市的居民消费支出为6416.42亿元，居民消费率为33.9%。若考虑采用市场租金法的住宅租赁增加值吸纳进来因素，居民消费支出为7272.48亿元，居民消费率将提高到36.3%，比不含房屋租赁因素提高2.9个百分点。

2016年深圳市居民消费率估算为35.8%，低于全国水平（38.0%，2015年）2.2个百分点。主要原因在于目前的支出法测算中，市一级居民消费支出主要是通过统计调查得到的居民人均各项消费支出数据乘以深圳市当年的年均常住人口,而深圳市常年有着大量的非常住流动人口,消费支出按照常住人口计算,使得深圳市居民消费支出数据被低估。

(七) 房屋租赁业增加值调查数据与现行核算制度数据的比对

如居民自有自住住房服务按成本法计算(以下简称增加值一),2016 年深圳市房屋租赁业增加值为 1764.24 亿元,按现行统计制度能实际统计到的增加值为 1005.38 亿元,仍需统全、补充进入深圳 GDP 的增加值为 762.91 亿元 [有 4.05 亿元误差是因深圳市多年的房屋租赁业创新调查,居民自有住房增加值中部分纳入了房屋租赁业统计调查结果,故仍需统全、补充进入深圳 GDP 的增加值一中个人产业住宅租赁(含居民自有自住住房服务)数据为 0,本为 -4.05 亿元];如居民自有自住住房服务按市场租金法计算(以下简称增加值二),2016 年深圳市房屋租赁业增加值为 1943.45 亿元,则仍需统全、补充进入深圳 GDP 的增加值为 938.07 亿元(见表 4-28)。

表 4-28 2016 年深圳市房屋租赁业仍需统全、补充进入深圳 GDP 的增加值   单位:亿元

分类	增加值		现行统计制度中的增加值	仍需统全、补充进入深圳 GDP 的增加值	
	一	二		一	二
全市房屋租赁业	1764.24	1943.45	1005.38	(762.91)	938.07
一、单位产权	807.39	807.39	443.45	363.94	363.94
1. 住宅租赁	118.98	118.98	26.81	92.17	92.17
2. 非住宅租赁	688.41	688.41	416.64	271.77	271.77
二、个人产权	956.85	1136.06	561.93	(398.97)	574.13
1. 住宅租赁	450.43	450.43			
2. 居民自有自住住房服务	107.45(成本法)	286.66(市场租金法)	561.93	(0)	175.16
3. 非住宅租赁	398.97	398.97	0	398.97	398.97

注:因深圳市多年的房屋租赁业创新调查,居民自有住房增加值中部分纳入了房屋租赁业统计调查结果,故仍需统全、补充进入深圳 GDP 的增加值一中个人产业住宅租赁(含居民自有自住住房服务)数据为 0。

2016年深圳市房屋租赁业增加值之间的关系如图4-26所示。

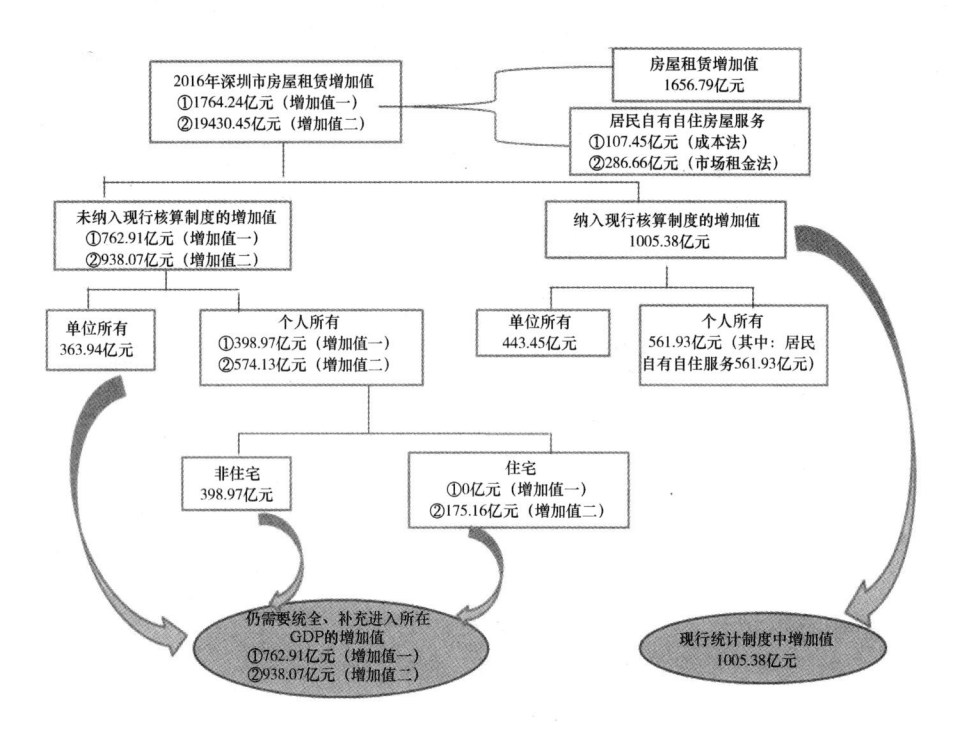

图4-26 2016年深圳市房屋租赁业增加值之间的关系

2016年仍需统全、补充进入深圳GDP的增加值情况：（1）单位产权租赁统计的增加值有807.39亿元，在现行统计制度中能统计到的增加值有443.45亿元，剩余的363.94亿元仍需进一步采取措施，加强统计工作将其统全以能被纳入到深圳GDP中。（2）个人产权住宅租赁及居民自有自住住房服务增加值共有512.88亿元（如居民自有自住住房服务按市场租金法计算共有737.09亿元），现行统计制度按成本法计算的居民自有住房虚拟折旧561.93亿元，仍需补充进入GDP的增加值为0（-4.05亿元）（如居民自有自住住房服务按市场租金法计算仍需补充进入175.16亿元）。（3）个人产权非住宅租赁形成的增加值398.97亿元在现行统计制度中没有统计，需全部补充进入GDP。

综上所述，2016年深圳市房屋租赁业增加值中按现行统计制度能实际统计到的增加值1005.38亿元，仍需统全、补充进入深圳GDP的增加值762.91亿元（居民自有自住住房服务按成本法）。如居民自有自住住房服务按市场租金法计算则仍需统全、补充进入深圳 GDP 的增加值为 938.07 亿元。

单位产权中增加值未能统计全面的原因如下。

在单位产权房屋租赁产生的增加值中，有 363.94 亿元仍需进一步采取措施，加强统计工作将其统全以能被纳入到深圳 GDP 中。这部分目前没能包含在 GDP 中，主要原因是在深圳经济快速发展过程中，单位经济成分复杂，房屋产权不够清晰导致难于统计，同时也可能与统计专业涉及的统计范围和统计力量有关。为了确定在房屋租赁业调查中单位属性的统计对象有多大的比例没有被纳入现有统计制度范围，我们将租赁办系统内的租赁单位库与统计局所有的单位名录库进行了对比匹配，得到了一批可能未纳入现有统计制度范围的单位。

经分析，可能未纳入现有统计制度的单位有：（1）房屋的所有者为军队系统的单位；（2）部分村民自治组织、非营利机构（NPI）；（3）购置房屋的业主为市外、省外企业及在深办事处；（4）净增企业或单位。具体的单位（部分）如表 4-29 所示。

表 4-29　　未纳入现有统计制度范围的房屋产权所属单位名单

房屋产权所属 单位分类	单位 数量 （个）	房屋租赁 增加值估算 （亿元）	房屋产权所属单位名称（部分）
合计	6880	363.94	
一、市外企业、单位和组织	3068	100.21	
1. 境外企业	149	6.55	AGIO INTERNATIONAL COMPANY LIMITED AMSUA TRADING COMPANY LIMITED BEGHELLI S. P. A 股份公司 CAMPANA　DEVELOPMENT　LIMITED ……
2. 香港企业	516	19.92	香港百盈发展有限公司深圳代表处 香港宝晶有限公司深圳代表处 香港宝菱有限公司深圳代表处 ……
3. 省外企业	1243	35.74	安钢集团国际贸易有限责任公司 安徽叉车集团公司 安徽国元投资有限责任公司 安徽省畜产进出口公司 安徽星马汽车股份有限公司

续表

房屋产权所属单位分类	单位数量（个）	房屋租赁增加值估算（亿元）	房屋产权所属单位名称（部分）
			北京市大兴区粮油总公司
			北京市海淀区国有资产投资经营有限公司
			北京市九达纺织集团公司
			……
4. 省内市外企业	246	9.11	东港实业发展（深圳）有限公司
			东莞东兴商标织绣有限公司
			东莞凤岗万利塑胶制品厂
			广州市欧林家具有限公司
			广州市绅辉贸易有限公司
			广州市顺记饮食管理服务有限公司
			广州市威利斯经济发展有限公司
			惠阳区利可得实业有限公司
			惠州大亚湾纳盟实业有限公司
			惠州汉基房地产开发有限公司
			……
5. 外省驻深办	386	11.62	最高人民检察院驻深圳办事处
			中央人民政府驻香港特别行政区联络办公室深圳办事处
			福建省福州市人民政府驻深圳办事处
			新疆维吾尔自治区乌鲁木齐市人民政府驻深圳办事处
5. 外省驻深办			上海市人民政府第八办公室
			……
6. 省内驻深办	241	7.56	广东河源市人民政府驻深圳办事处
			广东省南海市人民政府驻深圳办事处
			广东省南雄县人民政府驻深圳联络处
			揭阳市人民政府国有资产监督管理委员会
			……
			中国人民解放军广州军区政治部深圳接待站
			中国人民解放军海军广州联络工作站
			广东省公安边防总队深圳经济特区检查站布吉分站
			广东省公安边防总队深圳经济特区检查站后勤处
			……

续表

房屋产权所属单位分类	单位数量（个）	房屋租赁增加值估算（亿元）	房屋产权所属单位名称（部分）
7. 市外事业单位	191	7.71	北京石油化工学院 中国建筑工业出版社 中国建筑科学研究院 广东人民广播电台 ……
二、市内企业、单位及组织	3812	263.48	
1. 村民集资合作组织	1191	146.06	爱联陂头背经济合作社 爱联村陂头背经济合作社 宝安区观澜镇福民村南木崋经济合作社 盐田三村新围居民小组 ……
2. 业委会	283	12.06	盐田区诗宁大厦业主委员会 罗湖区机关物业办天地产业业主委员会 深圳市福田区聚豪园业主委员会 ……
3. 新成立企业和单位	2338	105.36	
（1）工业企业	816	24.48	
（2）商贸企业	437	26.02	……
（3）物流企业	152	6.16	
（4）建筑企业	96	3.08	
（5）物业管理公司	375	18.08	……
（6）其他服务企业	463	27.55	……

从表 4-29 可看出，363.94 亿元房屋租赁增加值未能被纳入到深圳 GDP 中，主要原因。（1）无法纳入本市 GDP：3068 家单位由于法人单位不在深圳（市外企业、单位和组织），其产生的 100.21 亿元不能在深圳统计。（2）在实际工作中难以统计纳入：1474 家村（居）民集资合作组织、业委会及工会组织是属于不规范的生产经营单位。在经济普查制度中规定：村（居）民集资合作组织如与村（居）委会统一核算的，并入村（居）委会调查；如与村（居）委会分别核算的，

无论是否办理工商登记,均单独作为一个法人单位调查。但在实际普查时,大多村(居)委会以没有房屋产权为由拒绝将其租赁收入纳入统一核算,而村(居)民集资合作组织又难以作为一个法人单位调查。在经济普查制度中还规定,各单位内部工会组织不单独作为普查对象。但在实际中,以工会组织名义进行的房屋租赁收入没有并入到单位的财务报表中。由于这种复杂关系导致有146.06亿元在实际经济普查或常规报表中难以统计,需要进一步加强统计工作。(3)不能及时统计纳入:2338家当年新成立企业和单位由于大都是小微企业(营业收入小于统计上大中型企业划分标准,不满足常规统计全面调查的条件),有105.36亿元可由各专业按常规统计制度加以发现,给予相应计入GDP。具体统计上大、中、小微型企业划分标准见表4-30。

表4-30　　　　　　　统计上大、中、小微型企业划分标准(节选)

行业名称	指标名称	计量单位	大型	中型	小型	微型
工业*	从业人员(X)	人	X≥1000	300≤X<1000	20≤X<300	X<20
	营业收入(Y)	万元	Y≥40000	2000≤Y<40000	300≤Y<2000	Y<300
建筑业	营业收入(Y)	万元	Y≥80000	6000≤Y<80000	300≤Y<6000	Y<300
	资产总额(Z)	万元	Z≥80000	5000≤Z<80000	300≤Z<5000	Z<300
批发业	从业人员(X)	人	X≥200	20≤X<200	5≤X<20	X<5
	营业收入(Y)	万元	Y≥40000	5000≤Y<40000	1000≤Y<5000	Y<1000
零售业	从业人员(X)	人	X≥300	50≤X<300	10≤X<50	X<10
	营业收入(Y)	万元	Y≥20000	500≤Y<20000	100≤Y<500	Y<100
交通运输业*	从业人员(X)	人	X≥1000	300≤X<1000	20≤X<300	X<20
	营业收入(Y)	万元	Y≥30000	3000≤Y<30000	200≤Y<3000	Y<200
仓储业	从业人员(X)	人	X≥200	100≤X<200	20≤X<100	X<20
	营业收入(Y)	万元	Y≥30000	1000≤Y<30000	100≤Y<1000	Y<100
物业管理	从业人员(X)	人	X≥1000	300≤X<1000	100≤X<300	X<100
	营业收入(Y)	万元	Y≥5000	1000≤Y<5000	500≤Y<1000	Y<500

注:带*项为行业组合类别,其中,工业包括采矿业、制造业,电力、热力、燃气及水生产和供应业;交通运输业包括道路运输业,水上运输业,航空运输业,管道运输业,多式联运和运输代理业、装卸搬运,不包括铁路运输业。

（八）房屋租赁业增加值不变价核算

以2011年为基期，2012—2016年深圳市房屋租赁业增加值不变价的计算分为市场性房屋租赁业不变价增加值和居民自有自住住房服务不变价增加值，两者相加可得深圳市房屋租赁业增加值不变价。

1. 市场性房屋租赁业不变价增加值的计算

2016年市场性房屋租赁业不变价增加值为1210.35亿元，比上年增长0.4%，不变价增速与现价增速（8.6%）相比相差较大，表明深圳市市场性房屋租赁业受价格变动影响较大。有关计算数据如表4-31所示。

表4-31　市场性房屋租赁业不变价增加值（以2011年为定基）

分类	计算单位	2011年	2012年	2013年	2014年	2015年	2016年
市场性房屋租赁业增加值（现价）	亿元	1077.70	1156.39	1354.89	1428.49	1525.25	1656.79
增长速度（现价）	%	—	7.3	17.2	5.4	6.8	8.6
市场性房屋租赁业增加值（2011年不变价）	亿元	1077.70	1102.55	1143.76	1189.15	1206.07	1210.35
增长速度（不变价）	%	—	2.3	3.7	4.0	1.4	0.4
1. 住宅租赁增加值（现价）	亿元	331.6	387.53	452.52	482.79	518.87	569.41
住宅租赁增加值（不变价）	亿元	331.6	358.81	381.53	388.79	395.96	399.58
增长速度（不变价）	%	—	8.2	6.3	1.9	1.8	0.9
a. 实际住宅出租收入（现价）	亿元	343.1	402.41	478.98	515.66	553.54	608.41
实际住宅出租收入（不变价）	亿元	343.1	373.29	406.52	421.56	430.83	438.58
住宅出租面积增速	%	—	8.8	8.9	3.7	2.2	1.8
b. 住宅中间投入（现价）	亿元	11.5	14.88	26.46	32.87	34.67	39.00
住宅中间投入（不变价）	亿元	—	14.48	24.99	32.77	34.87	39.00
中间投入价格指数			102.73	103.07	100.3	99.4	100.0
居民水、电、燃气价格指数	%		102.4	101.4	99.9	96.7	99.6
物业管理价格指数			103.8	103.7	100	100	100
建房及装修材料价格指数	%	—	102.0	104.1	101.1	101.6	100.3
2. 非住宅租赁增加值（现价）	亿元	746.1	768.9	902.4	945.70	1006.38	1087.38

续表

分类	计算单位	2011年	2012年	2013年	2014年	2015年	2016年
非住宅租赁增加值（不变价）	亿元	746.1	743.74	762.23	800.36	810.11	810.77
增长速度（不变价）	%	—	-0.3	2.5	5.0	1.2	0.1
a. 实际非住宅出租收入（现价）	亿元	775.53	813.51	958.93	1013.42	1076.55	1169.62
实际非住宅出租收入（不变价）	亿元	746.10	787.20	815.65	867.85	880.68	893.01
非住宅出租面积增速	%	—	5.5	3.6	6.4	1.5	1.4
b. 非住宅中间投入（现价）	亿元	29.44	44.65	56.56	67.72	70.17	82.24
非住宅中间投入（不变价）	亿元		43.46	54.88	67.50	70.57	82.24
中间投入价格指数		—	102.73	103.07	100.33	99.4	100.0
居民水、电、燃气价格指数	%	—	102.4	101.4	99.9	96.7	99.6
物业管理价格指数	%	—	103.8	103.7	100.0	100	100
建房及装修材料价格指数	%	—	102.0	104.1	101.1	101.6	100.3

其计算公式为：

市场性房屋租赁业不变价增加值 = ｛[2011年实际住宅出租收入 × （1 + 物量指数实际住宅出租面积增速）] - 当年中间投入 ÷ （调查队住户调查中有关于居民水、电、燃气价格指数 + 物业管理价格指数 + 建房及装修材料价格指数）/3)｝+ ｛[上年实际非住宅出租收入 × （1 + 物量指数实际非住宅出租面积增速）] - 当年中间投入 ÷ （调查队住户调查中有关于居民水、电、燃气价格指数 + 物业管理价格指数 + 建房及装修材料价格指数）/3)｝

2. 居民自有自住住房服务不变价增加值的计算

使用成本法计算的居民自有自住住房服务增加值可用国家成本法制度中确定的增速5%计算每年的不变价。如使用市场租金法，因无直接资料或行政记录得到居民自有自住住房物量数据，可以考虑直接使用调查队住户调查中自住住房价格指数对市场租金法计算的增加值进行缩减。

（1）如居民自有自住住房服务增加值使用成本法，则用目前国家成本法制度中确定的增速5%计算不变价。2011年居民自有自住住房服务的增加值按照我们调整的公式后结果为57.37亿元，按照年增长5%的定速计算，2012年居民自有自住住房服务增加值（不变价）为57.37 × （1 + 5%） = 60.24亿元，2013年居民自有自住住房服务增加值（不变价）为 60.24×（1+5%）=63.25 亿元，2014 年居民自有自住住房服务增加值（不变价）为 63.25×（1+5%）=66.41 亿元，2015 年居民自有自住住房服务增加值（不变价）为 66.41×（1+5%）=69.73 亿元，2016 年居民自有自住住房服务增加值（不变价）为 69.73×（1+5%）=73.22 亿元。

（2）如居民自有自住住房服务增加值使用市场租金法，则用调查队住房租金价格指数进行缩减。2011 年居民自有自住住房服务的增加值按照 {居民自有自住住房服务增加值（市场租金法）=Σ[（居民人均住房建筑面积×住宅单位面积市场平均租金×自有自住住房居民年平均人数）×增加值率]} 公式计算结果为 205 亿元；2012—2016 年居民自有自住住房服务不变价增加值 = 居民自有自住住房服务增加值现价÷调查队历年住房租金价格指数连乘积；2012 年居民自有自住住房服务增加值现价为 236.89 亿元，不变价增加值为 236.89÷102.7%＝230.66 亿元，比 2011 年增长 12.5%；2013 年居民自有自住住房服务增加值现价为 275.61 亿元，不变价增加值为 275.61÷（109%×102.7%）=246.2 亿元，比 2012 年增长 6.7%；2014 年居民自有自住住房服务增加值现价为 242.10 亿元，不变价增加值为 242.10÷（104.7%×109%×102.7%）=206.56 亿元，比 2013 年下降 16.1%；2015 年居民自有自住住房服务增加值现价为 286.66 亿元，不变价增加值为 260.49÷（104.7%×109%×102.7%×108.8%）=204.28 亿元，比 2014 年下降 1.1%；2016 年居民自有自住住房服务增加值现价为 286.66 亿元，不变价增加值为 286.66÷（104.7%×109%×102.7%×108.8%×104.6%）=214.91 亿元，比 2015 年增长 5.2%。

综上所述，2011—2016 年深圳市房屋租赁业不变价增加值及增长速度如表 4-32 所示。

表 4-32　2011—2016 年房屋租赁业现价及不变价增加值（以 2011 年为定基）

分类	计算单位	2011 年	2012 年	2013 年	2014 年	2015 年	2016 年
一、房屋租赁业增加值一（现价）	亿元	1135.07	1231.8	1457.68	1513.13	1646.17	1764.24
增长速度（现价）	%	—	8.5	18.3	3.8	8.8	7.2
房屋租赁业增加值一（不变价）	亿元	1135.07	1162.79	1207.01	1255.56	1275.08	1283.57
增长速度（不变价）	%	—	2.4	3.8	4.0	1.6	0.7
1. 市场性房屋租赁业（不变价）	%	1077.7	1102.55	1143.76	1189.15	1206.07	1210.35

续表

分类	计算单位	2011年	2012年	2013年	2014年	2015年	2016年
增长速度（不变价）	%	—	2.3	3.7	4.0	1.4	0.4
2. 居民自有自住住房服务（不变价，成本法）	亿元	57.37	60.24	63.25	66.41	69.73	73.22
增长速度（不变价）	%	—	5	5	5	5	5
二、房屋租赁业增加值二（现价，市场租金法）	亿元	1282.7	1393.28	1630.5	1670.59	1785.74	1943.45
增长速度（现价）	%	—	8.6	17.0	2.5	6.9	8.8
市场性房屋租赁业增加值（现价）	亿元	1077.7	1156.39	1354.89	1428.49	1525.25	1656.79
居民自有自住住房服务（现价，市场租金法）	亿元	205	236.89	275.61	242.10	260.49	286.66
房屋租赁业增加值二（不变价，市场租金法）	亿元	1282.7	1333.21	1389.96	1395.71	1410.35	1425.26
增长速度（不变价）	%	—	3.9	4.3	0.4	1.1	1.1
1. 市场性房屋租赁业（不变价）	%	1077.7	1102.55	1143.76	1189.15	1206.07	1210.35
增长速度（不变价）	%	—	2.3	3.7	4.0	1.4	0.4
2. 居民自有自住住房服务（不变价，市场租金法）	亿元	205	230.66	246.20	206.56	204.28	214.91
增长速度（不变价）	%	—	12.5	6.7	-16.1	-1.1	5.2

（九）由调查队居民住户调查数据从收入法和支出法角度比对住房租赁增加值数据

随着城市化进程的加快和居民财富的增加，居民住宅租赁支出和房租收入逐渐成为居民支出和收入的重要组成部分。在国民经济核算中，承租者租赁房屋付出房租与所有者出租房产获得出租收入是分别从使用和收入角度反映国民经济活动中的房屋租赁活动。深圳市开展房屋租赁业调查核算的增加值从生产法的角度得到（见表4-33）。

表4-33　　　　2016年深圳市房屋租赁业增加值二生产法核算结果　　　　单位：亿元

分类	房屋租赁业总产出	中间投入	增加值二 （居民自有自住住房服务 采用市场租金法）
全市房屋租赁业	2084.29	140.84	1943.45
一、单位产权	868.74	61.35	807.39
1. 住宅租赁	127.36	8.38	118.98
2. 非住宅租赁	741.38	52.97	688.41
二、个人产权	1215.55	79.49	1136.06
1. 住宅租赁	481.04	30.61	450.43
2. 居民自有自住住房服务	306.26	19.60	286.66
3. 非住宅租赁	428.25	29.28	398.97

表4-33中，从"增加值二（居民自有自住住房服务采用市场租金法）"列来看，2016年住宅租赁用生产法产生的增加值为856.07亿元（118.98＋450.43＋286.66），其中市场性住宅租赁的增加值为569.41亿元（单位产权的住宅租赁为118.98亿元，个人产权的住宅租赁增加值为450.43亿元），居民自有自住住房服务按市场租金测算的增加值为286.66亿元。

以下试图从收入法和支出法角度对住宅租赁增加值进行核算、探讨和比较，以进一步验证住宅租赁增加值数据。

1. 收入法

收入法也称分配法，从生产过程形成收入的角度，对常住单位的生产活动成果进行核算，由劳动者报酬、生产税净额、固定资产折旧和营业盈余四个部分组成。其计算公式为：

增加值（收入法）＝劳动者报酬＋生产税净额＋固定资产折旧＋营业盈余

以下试从收入法角度计算住宅租赁增加值：

劳动者报酬是指劳动者从事生产活动所应得的全部报酬。它主要包括劳动者应得的工资、奖金和津贴，既有货币形式的，也有实物形式的，还有劳动者所享受的公费医疗和医药卫生费、上下班交通补贴和单位为职工缴纳的社会保险费等。对于个体经济来说，其所有者所获得的劳动报酬和经营利润不易区分，这两部分统一作为劳动者报酬处理。对市场性住宅房屋租赁，特别开展了专项调查，以得到每月每平方米劳务费用数据以计算总的劳动者报酬。

生产税净额是指生产税减生产补贴后的差额。用市租赁办实际代征的住宅房屋租赁税数据作为生产税净额。

固定资产折旧是指一定时期内为弥补固定资产损耗按照核定的固定资产折旧率提取的固定资产折旧，或按国民经济核算统一规定的折旧率虚拟计算的固定资产折旧。它反映了固定资产在当期生产中的转移价值。利用住宅实际出租面积×房屋造价×50年折旧率计算。

营业盈余是指常住单位创造的增加值扣除劳动者报酬、生产税净额和固定资产折旧后的余额。可根据2016年调查队城乡一体化住户调查居民可支配收入资料，其中含有居民出租房屋收入数据，此数据为净收入，不含劳动者报酬、生产税净额、固定资产折旧。

（1）调查队住户调查有关数据

在2016年国家统计局深圳调查队居民住户调查中，居民可支配收入表中含有出租房屋收入数据（见表4-34）。

表4-34　　2016年调查队住户调查居民可支配收入表（T302表节选）　　单位：元/人·年

分类	数值
…	
二、经营净收入	5950.04
第三产业经营净收入	5198.22
房地产业经营净收入	9.85
三、财产净收入	4843.86
出租房屋收入	1747.44

表4-34中有关指标解释如下。

可支配收入是指调查户在调查期内获得的、可用于最终消费支出和储蓄的总和，即调查户可以用来自由支配的收入。可支配收入既包括现金，也包括实物收入。按照收入的来源，可支配收入包含五项，分别为：工资性收入、经营净收入、财产净收入、转移净收入和自有住房折算净租金。其计算公式为：

可支配收入 = 工资性收入 + 经营净收入 + 财产净收入 + 转移净收入 + 自有住房折算净租金

经营净收入是指住户或住户成员从事生产经营活动所获得的净收入，是全部经营收入中扣除经营费用、生产性固定资产折旧和生产税净额（生产税减去生产补贴）之后得到的净收入。其计算公式具体为：

经营净收入 = 经营收入 − 经营费用 − 生产性固定资产折旧 − 生产税净额（生产税 − 生产补贴）

（2）住宅租赁劳务费用专项调查数据

为了研究收入法四个部分结构情况，特别开展了专项调查工作，选择了深圳市绿景房地产开发有限公司、深圳市华丰实业有限公司等八家企业对住宅租赁相关指标进行分析，得到每月每平方米劳务费用 2.05 元（见表 4-35）。

表 4-35　　　　　　　　　　房屋租赁劳务费用调查表

单位名称	项目	单位	数值
深圳市绿景房地产开发有限公司、深圳市华丰实业有限公司等八家企业住宅租赁相关指标加权数	出租面积	平方米	509088.55
	出租租金年收入	元	143115640.74
	相关成本	元	23342177.19
	相关税金	元	10779611.72
	劳务工资	元	12523578.33
	相关折旧	元	54141605.52
	营业盈余	元	42328667.98
	增加值	元	119773463.55
	每平方米劳务费用	元/平方米·月	2.05

（3）收入法四个构成具体测算

2016 年住宅租赁用收入法计算的增加值为 1016.83 亿元。在具体测算收入法四个构成中，劳动者报酬根据上述调查每月每平方米 2.05 元劳务报酬计算得 57.07 亿元；生产税数据来源于市租赁办的行政记录实际代征的税 11.48 亿元；固定资产折旧 = 市场性住宅固定资产折旧 + 居民自有自住住房服务虚拟折旧 = 451.42 亿元；市场性住宅租赁营业盈余按调查队住户调查取得的可支配收入中人均每年出租屋收入 × 深圳市管理人口 = 317.65 亿元。居民自有自住住房服务中劳动者报酬与营业盈余合并。四个构成测算结果如表 4-36 所示。

表 4-36　　　2016 年深圳市房屋租赁业住宅增加值收入法数据核算

	住宅租赁（亿元）	比重（%）	(1) 市场性（亿元）	比重（%）	市场性住宅租赁计算依据	(2) 居民自有自住住房服务（亿元）
收入法增加值	1016.83	100	730.17	100		286.66
（一）劳动者报酬	57.07	5.6	57.07	7.8	2.05 元/月·平方米×2.32 亿平方米×12 月	—
（二）生产税净额	11.48	1.1	11.48	1.6	市租赁办的行政记录实际代征税 11.48 亿元	—
（三）固定资产折旧	451.42	44.4	343.97	47.1	房屋造价 7413 元/平方米×2.32 亿平方米×50 年折旧	107.45
（四）营业盈余	496.86	48.9	317.65	43.5	可支配收入中出租屋收入 1747.44 元/人·年×1817.78 万深圳市管理人口	179.21

2. 支出法

居民租房消费支出是属于支出法最终消费支出项下居民消费的一部分。如需进一步验证住宅租赁增加值数据，可以考虑从居民租房消费支出法看住宅租赁的增加值数据。

根据 2016 年现有的调查队住户调查居民消费支出资料，其中含有居民租赁房房租等数据（见表 4-37）。

表 4-37　　　调查队住户调查居民消费支出表（T305 表节选）

分类	指标代码	计算单位	数值
…			
三、居住	33	元	
（一）租赁房房租	331	元	
1. 租赁公房房租	331111	元	
2. 租赁私房房租	331211	元	
（二）住房维修及管理	332	元	
1. 住房装潢	332111	元	
2. 住房维修	332211	元	
3. 物业管理费	332311	元	
4. 其他	332911	元	

续表

分类	指标代码	计算单位	数值
（三）水、电、燃料及其他	333	元	
1. 水	333111	吨·元	
2. 电	333211	度·元	
3. 燃料	3333	元	
4. 取暖费	333411	元	
5. 其他	333911	元	
（四）自有住房折算租金	3334	元	

需要特别说明的是：居民住户消费支出调查的租赁房房租是指调查户实际支付的房租，不含居民用于住房装潢、住房维修、物业管理费用以及水费、电费、燃料费等住房相关支出。

从支出法角度，住宅租赁增加值可以采用以下公式计算：

市场性住宅租赁增加值（支出法）＝租赁人口人均租赁房房租×租赁人口年平均人数

居民自有自住住房增加值（支出法）＝居住在自有产权房屋人口人均自有住房折算净租金×居民自有自住住房年平均人数

2016 年国家统计局深圳调查队计划调查户数为 1420 户，实际调查总户数 1284 户（主要原因是抽样时允许空宅的存在，因此每个月的调查户数都不确定，约 1067 户家庭户和 217 户集体户被成功调查）。调查户在各区的分配情况如表 4－38 所示。

表 4－38　　　　2015 年深圳市居民住户调查各区分配　　　　单位：户

地区	计划调查户数	实际调查户数	1. 家庭户	2. 集体户
全市	1420	1284	1067	217
1. 罗湖	166	149	149	0
2. 福田	166	166	146	20
3. 南山	164	140	135	5
4. 宝安	146	138	134	4
5. 龙岗	158	135	125	10
6. 盐田	108	101	86	15

续表

地区	计划调查户数	实际调查户数	1. 家庭户	2. 集体户
7. 光明	134	130	66	64
8. 坪山	118	102	69	33
9. 龙华	178	152	90	64
10. 大鹏	82	71	67	4

调查的1284户居民住户中，有683户是居住在租赁房屋内的，租赁房屋建筑面积共25074平方米；有383户是居住在自有房屋内的，房屋建筑面积共38503平方米；另有218户居住在其他类（注：租赁房屋包括租赁公房和租赁私房；自有住房包括自建住房、购买商品房、购买房改房、购买保障性住房、拆迁安置房、继承或获赠住房；其他包括免费借用房、雇主提供免费住房、其他）。全年居民调查住户中，经过加权的租房居住人口占调查户总人口的54.7%，居住在自有产权房屋人口占调查户总人口的34.9%，余下的人口居住在其他类（大部分为集体户人口居住在集体宿舍里，交纳少许租金，以下计算视同租房居住人口）。所取得的原始资料如表4-39所示。

表4-39 2016年居民人均消费支出（T305表节选）

分类	计算单位	数值
……		
三、居住	元	10005.62
（一）租赁房房租	元	3003.51
（二）住房维修及管理	元	480.44
（三）水、电、燃料及其他	元	1663.87
（四）自有住房折算净租金	元	4857.80

根据表4-39，从居民房租支出法计算住宅租赁增加值为1069.84亿元（804.05+265.79）。具体计算过程如下。

市场性住宅租赁增加值（支出法）=（调查队调查户总人口人均租赁房房租÷调查队租房居住人口占调查户总人口比重）×[（租赁办年初租赁人口数+租赁办年末租赁人口数）÷2]=[3003.51÷（54.7%+10.4%）]×[（1667.69+1817.78）÷2]=804.05（亿元）

居民自有自住住房增加值（支出法）=（调查队调查户总人口人均自有住房折算净租金÷调查队居住在自有产权房屋人口占调查户总人口比重）×[（年初居民自有自住住房居住人数即全市户籍人口减租赁办统计的租赁户籍人口+年末居民自有自住住房居住人数）÷2]=（4857.80÷34.9%）×[（354.99-171.3+384.52-186.3）÷2]=265.79（亿元）

3. 支出法与生产法增加值的数据差异

根据调查队居民居住消费支出数据测算，2016年居民住宅租赁的增加值总量为1069.84亿元，与用生产法核算（居民自有自住住房服务采用市场租金法）的增加值（856.07亿元）相差213.77亿元。其中市场性住宅租赁增加值计算支出法比生产法多111.67亿元，居民自有自住住房服务支出法比生产法少了35.67亿元（见表4-40）。

表4-40　　　　　2015年居民住宅租赁生产法与支出法增加值

分类	生产法增加值（亿元）（房屋租赁业调查，居民自有自住住房服务采用市场租金法）①	支出法增加值（亿元）（调查队居民居住消费支出调查数据）②	生产法增加值与支出法增加值计算结果之差（亿元）③=②-①	生产法与支出法计算结果差异率（%）④=③÷①
全市住宅租赁业	856.07	1069.84	213.77	25.0
一、市场性住宅租赁	569.41	804.05	234.64	41.2
1. 单位住宅租赁	118.98	—	—	—
2. 个人产权住宅租赁	450.43	—	—	—
二、居民自有自住住房服务	286.66	265.79	-20.87	-7.3

从支出法计算的住宅租赁增加值为856.07亿元，与房屋租赁业调查中生产法（居民自有自住住房服务采用市场租金法）计算的213.77亿元数据有差异，显示出国家统计局深圳调查队采用城乡一体化抽样方法后对租赁户居民租赁房房租支出的数据整体大于深圳市房屋租赁群体的房租均值支出。

调查队采用城乡一体化抽样方法之前，主要调查600户原特区内样本居民，有关数据：2011年租赁住房人口比例为21.3%，自有住房比例为77.0%，其他住房比例为1.7%，人均租赁房房租支出929.82元；2012年租赁住房人口比例为21.5%，自有住房比例为75.7%，其他住房比例为2.78%，人均租赁房房租支出1037.93元。由于600户调查中没有设计"自有住房折算净租金"指标，因此无法计算居民自有自住住房服务支出的增加值。计算的市场性住宅租赁增加值：2012年市场性住宅租赁增加值（支出法）=（调查户总人口人均租赁房房租÷租房居住人口占调查户总人口比重）×［（年初租赁人口数×年初特区内人口比重+年末租赁人口数×年末特区内人口比重）÷2］=（1037.93÷21.5%）×［（1443.18×34.1%+1425.00×34.1%）÷2］=236.08亿元。2011年市场性住宅租赁增加值（支出法）=（调查户总人口人均自有住房折算净租金÷居住在自有产权房屋人口占调查户总人口比重）×［（年初居民自有自住住房居住人数×年初特区内人口比重+年末居民自有自住住房居住人数×年末特区内人口比重）÷2］=（929.82÷21.3%）×［（1425.00×34.1%+1400.00×34.2%）÷2］=210.57亿元。2011—2012年原特区内市场性住宅租赁生产法与支出法增加值数据差异情况如表4-41所示。

表4-41　　　　　2011—2012年原特区内市场性住宅租赁
生产法与支出法增加值

分类	2011年		2012年	
	生产法	支出法	生产法	支出法
1. 租赁房房租（元/人·年）	—	929.82	—	1037.93
2. 租房人口比重（%）	—	21.3	—	21.5
3. 原特区内市场性住宅租赁增加值（亿元）	107.71	210.57	152.10	236.08

由表4-41可见，2011—2012年原特区内市场性住宅租赁增加值用支出法计算的均比用生产法计算的大很多，主要原因是被抽中的600户住户中居住在租入房屋内的住户（约120户），其居住地几乎都是在正式住宅区内的（即没有居住在城中村的），这些房子的租赁价格一般较高。

2013年国家统计局深圳调查队将调查总户数扩大到878户，增加了特区外住户的调查。当年居民住宅租赁的增加值按支出法计算为698.36亿元，比生产法核算的增加值（728.13亿元）小29.77亿元。2014年国家统计局深圳调查队再将调查总户数扩大到计划调查户数为1420户，实际调查总户数为1236户。此后居民住宅租赁的增加值按支出法计算比按生产法核算的增加值大（见表4-42）。

表 4-42　　2013—2016 年居民住宅租赁生产法与支出法增加值

分类	生产法增加值（亿元）（房屋租赁业调查，居民自有自住住房服务采用市场租金法）①	支出法增加值（亿元）（调查队居民居住消费支出调查数据）②	生产法增加值与支出法增加值计算结果之差（亿元）③=②-①	生产法与支出法计算结果差异率（%）④=③÷①
一、2013 年全市住宅租赁业	728.13	698.36	-29.77	-4.1
1. 市场性住宅租赁	452.52	418.74	-33.78	-7.5
2. 居民自有自住住房服务	275.61	279.62	4.01	1.5
二、2014 年全市住宅租赁业	724.9	855.98	131.08	18.1
1. 市场性住宅租赁	482.8	378.63	-104.17	-21.6
2. 居民自有自住住房服务	242.1	477.35	235.25	97.2
三、2015 年全市住宅租赁业	779.36	855.36	76.00	9.8
1. 市场性住宅租赁	518.87	630.54	111.67	21.5
2. 居民自有自住住房服务	260.49	224.82	-35.67	-13.7
四、2016 年全市住宅租赁业	856.07	1069.84	213.77	25.0
1. 市场性住宅租赁	569.41	804.05	234.64	41.2
2. 居民自有自住住房服务	286.66	265.79	-20.87	-7.3

4. 生产法、收入法和支出法住宅增加值核算对比表

2016 年深圳市住宅租赁增加值按生产法、收入法和支出法核算对比表如表 4-43 所示。

表 4-43　　2016 年深圳市住宅租赁增加值核算

	住宅租赁	（1）市场性租赁	（2）居民自有自住住房服务
一、生产法增加值	856.07	569.41	286.66
（一）总产出（亿元）	914.66	608.4	306.26
（二）中间投入（-）（亿元）	58.59	38.99	19.6
二、收入法增加值	1016.83	730.17	286.66
（一）劳动者报酬（亿元）	57.07	57.07	—
（二）生产税净额（亿元）	11.48	11.48	—
生产税	11.48	11.48	—
生产补贴（-）	—	—	—
（三）固定资产折旧（亿元）	451.42	343.97	107.45

续表

	住宅租赁	（1）市场性租赁	（2）居民自有自住住房服务
（四）营业盈余（亿元）	496.86	317.65	179.21
误差绝对值（亿元）	160.76	—	—
误差相对数（%）	18.8	—	—
三、支出法增加值	1069.84	804.05	265.79
（一）最终消费（亿元）	1069.84	804.05	265.79
居民消费	1069.84	804.05	265.79
住房服务	1069.84	804.05	265.79
（1）市场性	804.05	804.05	—
（2）居民自有自住住房服务	265.79	—	265.79
（二）资本形成总额（亿元）	—	—	—
固定资本形成总额	—	—	—
存货增加	—	—	—
（三）净出口（亿元）	—	—	—
出口	—	—	—
进口（-）	—	—	—
误差绝对值（亿元）	213.77	—	—
误差相对数（%）	25.0	—	—

表4-43中，2016年深圳市住宅租赁增加值按生产法计算为856.07亿元；按收入法计算为1016.83亿元，比生产法计算的多160.76亿元，多18.8%；按支出法计算为1069.84亿元，比生产法计算的多213.77亿元，多25%。按收入法（1016.83亿元）与按支出法计算（1069.84亿元）相差不大。

（十）季度核算方法及测算

1. 季度现价核算公式与测算结果比较

（1）核算公式

①市场性房屋租赁业：

季度增加值 = 季度房屋出租收入 × 季度增加值率 = （季度行政记录房屋出租收入同比发展速度 × 上年同季行政记录房屋出租收入占上年比重 × 上年全年房屋出租收入）× 上年房屋租赁增加值率 = [（本年本季租赁办行政记录房屋出租收入 ÷ 上年同季租赁办行政记录房屋出租收入）×（上年同季租赁办行政记录房屋出租收入 ÷

上年全年租赁办行政记录房屋出租收入）×上年全年市场性房屋出租收入］×上年市场性房屋租赁增加值率

②居民自有自住住房服务：

成本法季度增加值＝上年居民自有自住住房服务成本法增加值÷4×上年居民自有自住住房人口年发展速度×城镇住宅单位面积造价发展速度

市场租金法季度增加值＝上年居民自有自住住房服务市场租金法增加值÷4×上年居民自有自住住房人口年发展速度×本年本季租赁办行政记录住宅平均租金同比发展速度

（2）测算结果

2011—2016年各季度现价核算结果见表4－44和表4－46。

表4－44　　　　　　2016年深圳市房屋租赁业季度现价核算增加值

	第1季度	第2季度	第3季度	第4季度	季度核算	年度核算	相差（％）
房屋租赁业增加值一（亿元）	373.91	390.92	432.90	511.56	1709.29	1764.24	3.2
环比增长（％）	—	4.55	10.74	18.17	—	—	
房屋租赁业增加值二（亿元）	421.71	436.55	477.34	554.32	1889.91	1943.45	2.8
环比增长（％）	—	3.5	9.3	16.1	—	—	
一、市场性房屋租赁业现价增加值（亿元）	345.68	362.69	404.68	483.33	1596.38	1656.79	3.8
环比增长（％）	—	4.9	11.6	19.4	—	—	
1. 本年本季租赁办行政记录房屋出租收入（亿元）	185.05	194.15	216.62	258.73	854.55	—	
2. 上年同季租赁办行政记录房屋出租收入（亿元）	181.57	191.06	204.9	238.96	816.49	—	
二、居民自有自住住房服务增加值（亿元）							
1. 成本法	28.23	28.23	28.23	28.23	112.91	107.45	－4.8
2. 市场租金法	76.03	73.86	72.66	70.98	293.53	286.66	－2.3
环比增长（％）	—	－2.9	－1.6	－2.3			

注：1. 市场性房屋租赁业季度增加值＝［（本年本季租赁办行政记录房屋出租收入÷上年同季租赁办行政记录房屋出租收入）×（上年同季租赁办行政记录房屋出租收入÷上年全年租赁办行政记录房屋出租收入）×上年全年市场性房屋出租收入（1630.1）］×上年市场性房屋租赁增加值率（0.9357）。

2. 居民自有自住住房服务成本法季度增加值＝上年居民自有自住住房服务成本法增加值（120.92）÷4×上年居民自有自住住房人口年发展速度（1.076）×城镇住宅单位面积造价发展速度（0.8678）。

3. 居民自有自住住房服务市场租金法季度增加值＝上年居民自有自住住房服务市场租金法增加值（260.49）÷4×上年居民自有自住住房人口年发展速度（1.076）×本年本季调查队住房租金同比价格指数（见表4－45）。

表 4-45　　　　　　　　　　　　　　2016 年调查队住房租金

	第 1 季度	第 2 季度	第 3 季度	第 4 季度	年度
季度同比价格指数（%）	108.5	105.4	103.7	101.3	104.6

表 4-46　　　　　　　　　深圳市房屋租赁业季度现价核算增加值（续）

2015 年	第 1 季度	第 2 季度	第 3 季度	第 4 季度	季度核算	年度核算	相差（%）
房屋租赁业增加值一（亿元）	385.66	404.20	431.23	497.77	1718.86	1646.17	4.4
环比增长（%）	—	4.8	6.7	15.4	—	—	—
房屋租赁业增加值二（亿元）	422.11	443.95	472.47	537.91	1876.44	1785.74	5.1
环比增长（%）	—	5.2	6.4	13.8	—	—	—
一、市场性房屋租赁业现价增加值（亿元）	354.69	373.23	400.27	466.80	1594.99	1525.25	4.6
环比增长（%）	—	5.2	7.2	16.6	—	—	—
1. 本年本季租赁办行政记录房屋出租收入	181.57	191.06	204.9	238.96	816.49	—	—
2. 上年同季租赁办行政记录房屋出租收入	178.16	188.02	193.81	194.11	754.10	—	—
季度同比价格指数（上年为100）	104.2	109.3	111.6	109.9	—	—	—
二、居民自有自住住房服务增加值（亿元）							
1. 成本法	30.97	30.97	30.97	30.97	123.87	120.92	2.4
2. 市场租金法	67.42	70.72	72.21	71.11	281.45	260.49	8.0
环比增长（%）	—	4.9	2.1	-1.5	—	—	—
2014 年	第 1 季度	第 2 季度	第 3 季度	第 4 季度	季度核算	年度核算	相差（%）
房屋租赁业增加值一（亿元）	375.61	372.90	394.48	398.27	1541.26	1513.13	1.9
环比增长（%）	—	-0.7	5.8	1.0	—	—	—
房屋租赁业增加值二（亿元）	426.93	421.65	444.88	449.88	1743.34	1670.59	4.4
环比增长（%）	—	-1.2	5.5	1.1	—	—	—
一、市场性房屋租赁业现价增加值（亿元）	347.93	345.22	366.80	370.59	1430.54	1428.49	0.1
环比增长（%）	—	-0.8	6.3	1.0	—	—	—
1. 本年本季租赁办行政记录房屋出租收入	156.38	155.16	164.86	166.57	642.98	—	—
2. 上年同季租赁办行政记录房屋出租收入	146.62	150.38	156.4	155.6	609	—	—
二、居民自有自住住房服务增加值（亿元）							
1. 成本法	27.68	27.68	27.68	27.68	110.72	84.64	30.8
2. 市场租金法	79.00	76.43	78.08	79.29	312.80	242.10	29.2
环比增长（%）	—	-3.3	2.2	1.6	—	—	—

续表

2013 年	第1季度	第2季度	第3季度	第4季度	季度核算	年度核算	相差（%）
房屋租赁业增加值一（亿元）	354.19	362.64	376.16	374.36	1467.35	1457.68	0.663
环比增长（%）	—	2.4	3.7	-0.5	—	—	—
房屋租赁业增加值二（亿元）	397.17	405.99	421.20	416.81	1641.17	1630.50	0.654
环比增长（%）	—	2.2	3.7	-1.0	—	—	—
一、市场性房屋租赁业现价增加值（亿元）	329.27	337.72	351.24	349.44	1367.67	1354.89	0.9
环比增长（%）	—	2.56	4.00	-0.51	—	—	—
1. 本年本季租赁办行政记录房屋出租收入	146.62	150.38	156.4	155.6	609.00		
2. 上年同季租赁办行政记录房屋出租收入	125.27	127.83	131.34	130.46	514.90		
二、居民自有自住住房服务增加值（亿元）							
1. 成本法	24.92	24.92	24.92	24.92	99.68	102.79	-3
2. 市场租金法	67.9	68.27	69.96	67.37	273.5	275.61	-0.8
环比增长（%）	—	0.54	2.48	-3.70	—	—	—
2012 年	第1季度	第2季度	第3季度	第4季度	季度核算	年度核算	相差（%）
房屋租赁业增加值一（亿元）	304.16	304.16	312.03	310.06	1230.41	1231.80	-0.11
环比增长（%）	—	0.0	2.6	-0.6	—	—	—
房屋租赁业增加值二（亿元）	342.64	343.19	351.61	348.54	1385.99	1393.28	-0.52
环比增长（%）	—	0.2	2.5	-0.9	—	—	—
一、市场性房屋租赁业现价增加值（亿元）	286.86	286.86	294.74	292.77	1161.24	1156.39	0.42
环比增长（%）	—	0.0	2.7	-0.7	—	—	—
1. 本年本季租赁办行政记录房屋出租收入	127.83	127.83	131.34	130.46	517.46		
2. 上年同季租赁办行政记录房屋出租收入	117.12	121.31	121.30	120.30	480.03		
二、居民自有自住住房服务增加值（亿元）							
1. 成本法	17.29	17.29	17.29	17.29	69.17	75.41	-8.27
2. 市场租金法	55.78	56.32	56.87	55.78	224.75	236.89	-5.12
环比增长（%）	—	1.0	1.0	-1.9	—	—	—

续表

2011年	第1季度	第2季度	第3季度	第4季度	季度核算	年度核算	相差（%）
房屋租赁业增加值一（亿元）	272.64	281.85	281.82	279.62	1115.93	1135.07	-1.69
环比增长（%）	—	3.4	0.0	-0.8	—	—	—
房屋租赁业增加值二（亿元）	305.78	315.46	315.43	312.28	1248.95	1282.7	-2.63
环比增长（%）	—	3.2	0.0	-1.0	—	—	—
一、市场性房屋租赁业现价增加值（亿元）	257.23	266.43	266.41	264.20	1054.27	1077.7	-2.17
环比增长（%）	—	3.6	0.0	-0.8	—	—	—
1. 本年本季租赁办行政记录房屋出租收入	117.12	121.31	121.30	120.30	480.03	—	—
2. 上年同季租赁办行政记录房屋出租收入	109.46	112.34	114.33	112.46	448.59	—	—
二、居民自有自住住房服务增加值（亿元）							
1. 成本法	15.42	15.42	15.42	15.42	61.66	57.37	7.48
2. 市场租金法	48.55	49.03	49.03	48.08	194.69	205.00	-5.03
环比增长（%）	—	1.0	0.0	-1.9	—	—	—

（3）季节因素分析

把2011—2016年季度核算得出的数据利用季节指数法进行的季节因素分析表如表4-47所示。

表4-47　　2011—2016年深圳市房屋租赁业增加值现价季节因素分析表　　单位：亿元

	年度	第1季度	第2季度	第3季度	第4季度	合计
房屋租赁业增加值一	2011	272.64	281.85	281.82	279.62	1115.93
	2012	304.16	304.16	312.03	310.06	1230.41
	2013	354.19	362.64	376.16	374.36	1467.35
	2014	375.61	372.9	394.48	398.27	1541.26
	2015	385.66	404.2	431.23	497.77	1718.86
	2016	373.91	390.92	432.90	511.56	1709.29
	合计	2066.17	2116.67	2228.62	2371.64	8783.10
	季节平均数	344.36	352.78	371.44	395.27	365.96
	季节比例	94.1	96.4	101.5	108.0	400.0

续表

	年度	第1季度	第2季度	第3季度	第4季度	合计
房屋租赁业增加值二	2011	305.78	315.46	315.43	312.28	1248.95
	2012	342.64	343.19	351.61	348.54	1385.98
	2013	397.17	405.99	421.2	416.81	1641.17
	2014	426.93	421.65	444.88	449.88	1743.34
	2015	422.11	443.95	472.47	537.91	1876.44
	2016	421.71	436.55	477.34	554.32	1889.91
	合计	2316.34	2366.79	2482.93	2619.74	9785.79
	季节平均数	386.06	394.47	413.82	436.62	407.74
	季节比例	94.7	96.7	101.5	107.1	400.0

从表4-47可以看出,深圳市房屋租赁业增加值受季节因素的影响不大,第三、四季度稍高,第一、二季度稍低。

2. 季度不变价核算公式与测算结果比较

(1) 核算公式

①市场性房屋租赁业:

市场性房屋租赁业季度不变价增加值 = 市场性房屋租赁业季度现价增加值÷[调查队住房租金季度同比价格指数(2012年×2013年×2014年×2015年×2016年季度)]

②居民自有自住住房服务:

成本法 = 上年年份居民自有自住住房服务增加值(不变价)×(1+5%)÷4;市场租金法 = 居民自有自住住房服务季度增加值现价÷[调查队住房租金季度同比价格指数(2012年×2013年×2014年×2015年×2016年季度)]

(2) 测算结果

2011—2016年各季度不变价核算(以2011年为基期)结果见表4-48和表4-49。

表 4-48 2016 年深圳市房屋租赁业季度不变价核算增加值（以 2011 年为基期）

	第1季度	第2季度	第3季度	第4季度	季度核算	年度核算	相差（%）
房屋租赁业增加值一（亿元）	282.26	289.29	314.01	382.97	1268.54	1283.57	1.2
环比增长（%）	—	2.5	8.5	22.0	—	—	—
房屋租赁业增加值二（亿元）	322.02	327.39	351.18	418.87	1419.46	1425.26	0.4
环比增长（%）	—	1.7	7.3	19.3	—	—	—
一、市场性房屋租赁业增加值（亿元）	263.96	270.99	295.70	364.67	1195.32	1210.35	1.3
环比增长（%）	—	2.7	9.1	23.3	—	—	—
二、居民自有自住住房服务增加值（亿元）							
1. 成本法	18.3	18.3	18.3	18.3	73.22	73.22	0.0
2. 市场租金法	58.06	56.40	55.48	54.20	224.14	214.91	-4.1
环比增长（%）	—	-2.9	-1.6	-2.3	—	—	—
基础资料：							
1. 2012 年调查队住房租金季度同比价格指数（%）	100.0	100.5	105.3	105.2	—	—	—
2. 2013 年调查队住房租金季度同比价格指数（%）	105.4	110.2	110.1	110.3	—	—	—
3. 2014 年调查队住房租金季度同比价格指数（%）	109.9	104.9	102.0	102.6	—	—	—
4. 2015 年调查队住房租金季度同比价格指数（%）	104.2	109.3	111.6	109.9	—	—	—
5. 2016 年调查队住房租金季度同比价格指数（%）	108.5	105.4	103.7	101.3	—	—	—

注：1. 市场性房屋租赁业季度不变价增加值 = 市场性房屋租赁业季度现价增加值 ÷（调查队住房租金季度同比价格指数 2012 年 × 2013 年 × 2014 年 × 2015 年 × 2016 年季度）。

2. 居民自有自住住房服务：成本法 = 上年年份居民自有自住住房服务增加值（不变价）÷ 4 ×（1 + 5%）= 69.73 ÷ 4 × 1.05；市场租金法 = 居民自有自住住房服务季度增加值现价 ÷（调查队住房租金季度同比价格指数 2012 年 × 2013 年 × 2014 年 × 2015 年 × 2016 年季度）。

表 4-49 深圳市房屋租赁业季度不变价核算增加值（续）（以 2011 年为基期）

2015 年	第1季度	第2季度	第3季度	第4季度	季度核算	年度核算	相差（%）
房屋租赁业增加值一（亿元）	311.30	311.36	320.73	374.21	1317.59	1275.08	3.3
环比增长（%）	—	0.0	3.0	16.7	—	—	—
房屋租赁业增加值二（亿元）	349.72	349.62	358.01	411.12	1468.47	1410.35	4.1
环比增长（%）	—	0.0	2.4	14.8	—	—	—

四 房屋租赁业调查核算方法

续表

2015 年	第 1 季度	第 2 季度	第 3 季度	第 4 季度	季度核算	年度核算	相差(%)
一、市场性房屋租赁业增加值（亿元）	293.86	293.92	303.30	356.78	1247.86	1206.07	3.5
环比增长（%）	—	0.0	3.2	17.6			
二、居民自有自住住房服务增加值（亿元）							
1. 成本法	17.43	17.43	17.43	17.43	69.73	69.73	0.0
2. 市场租金法	55.86	55.69	54.71	54.35	220.61	204.28	8.0
环比增长（%）	—	-0.3	-1.8	-0.7	—	—	—
基础资料：							
1. 2012 年调查队住房租金季度同比价格指数（%）	100.0	100.5	105.3	105.2	—	—	—
2. 2013 年调查队住房租金季度同比价格指数（%）	105.4	110.2	110.1	110.3	—	—	—
3. 2014 年调查队住房租金季度同比价格指数（%）	109.9	104.9	102.0	102.6	—	—	—
4. 2015 年调查队住房租金季度同比价格指数（%）	104.2	109.3	111.6	109.9	—	—	—
2014 年	第 1 季度	第 2 季度	第 3 季度	第 4 季度	季度核算	年度核算	相差(%)
房屋租赁业增加值一（亿元）	316.97	313.75	326.78	327.88	1285.38	1255.56	2.4
环比增长（%）	—	-1.0	4.2	0.3	—	—	—
房屋租赁业增加值二（亿元）	368.57	362.93	376.21	377.88	1485.59	1395.71	6.4
环比增长（%）	—	-1.5	3.7	0.4	—	—	—
一、市场性房屋租赁业增加值	300.37	297.15	310.18	311.28	1218.98	1189.15	2.5
环比增长（%）	—	-1.1	4.4	0.4	3.67		
二、居民自有自住住房服务增加值（亿元）							
1. 成本法	16.60	16.60	16.60	16.60	66.40	66.41	0.0
2. 市场租金法	68.20	65.78	66.03	66.60	266.61	206.56	29.1
环比增长（%）	—	-3.5	0.4	0.9	—	—	—
基础资料：							
1. 2012 年调查队住房租金季度同比价格指数（%）	100.0	100.5	105.3	105.2	—	—	—
2. 2013 年调查队住房租金季度同比价格指数（%）	105.4	110.2	110.1	110.3	—	—	—
3. 2014 年调查队住房租金季度同比价格指数（%）	109.9	104.9	102.0	102.6	—	—	—
2013 年	第 1 季度	第 2 季度	第 3 季度	第 4 季度	季度核算	年度核算	相差(%)
房屋租赁业增加值一（亿元）	328.22	320.75	318.77	316.96	1284.70	1207.01	6.4
环比增长（%）	—	-2.3	-0.6	-0.6	—	—	—
房屋租赁业增加值二（亿元）	376.82	366.58	363.30	359.21	1465.91	1389.96	5.5
环比增长（%）	—	-2.7	-0.9	-1.1	—	—	—

续表

2013 年	第1季度	第2季度	第3季度	第4季度	季度核算	年度核算	相差（%）
一、市场性房屋租赁业增加值（亿元）	312.40	304.93	302.96	301.15	1221.44	1143.76	6.8
环比增长（%）	—	-2.4	-0.6	-0.6	—	—	—
二、居民自有自住住房服务增加值（亿元）							
1. 成本法	15.81	15.81	15.81	15.81	63.25	63.25	0.0
2. 市场租金法	64.42	61.64	60.34	58.06	244.47	246.20	-0.7
环比增长（%）	—	-4.3	-2.1	-3.8	—	—	—
基础资料：1. 2012年调查队住房租金季度同比价格指数（%）	100.0	100.5	105.3	105.2			
2. 2013年调查队住房租金季度同比价格指数（%）	105.4	110.2	110.1	110.3			
2012 年	第1季度	第2季度	第3季度	第4季度	季度核算	年度核算	相差（%）
房屋租赁业增加值一（亿元）	301.92	300.49	294.96	293.36	1190.73	1162.79	2.4
环比增长（%）	—	-0.5	-1.8	-0.5	—	—	—
房屋租赁业增加值二（亿元）	342.64	341.47	333.91	331.32	1349.35	1333.21	1.2
环比增长（%）	—	-0.3	-2.2	-0.8	—	—	—
一、市场性房屋租赁业增加值（亿元）	286.86	285.43	279.91	278.30	1130.50	1102.55	2.5
环比增长（%）	—	-0.5	-1.9	-0.6	—	—	—
二、居民自有自住住房服务增加值（亿元）							
1. 成本法	15.06	15.06	15.06	15.06	60.24	60.24	0.0
2. 市场租金法	55.78	56.04	54.01	53.02	218.85	230.66	-5.1
环比增长（%）	—	0.5	-3.6	-1.8	—	—	—
基础资料：1. 2012年调查队住房租金季度同比价格指数（%）	100.0	100.5	105.3	105.2			
2011 年	第1季度	第2季度	第3季度	第4季度	季度核算	年度核算	相差（%）
房屋租赁业增加值一（亿元）	272.64	281.85	281.82	279.62	1115.93	1135.07	-1.69
环比增长（%）	—	3.4	0.0	-0.8	—	—	—
房屋租赁业增加值二（亿元）	305.78	315.46	315.43	312.28	1248.95	1282.7	-2.63
环比增长（%）	—	3.2	0.0	-1.0	—	—	—
一、市场性房屋租赁业增加值（亿元）	257.23	266.43	266.41	264.20	1054.27	1077.7	-2.17
环比增长（%）	—	3.6	0.0	-0.8	—	—	—
二、居民自有自住住房服务增加值（亿元）							
1. 成本法	15.42	15.42	15.42	15.42	61.66	57.37	7.48
2. 市场租金法	48.55	49.03	49.03	48.08	194.69	205.00	-5.03
环比增长（%）	—	1.0	0.0	-1.9	—	—	—

（3）季节因素分析

把 2011—2016 年季度核算得出的数据利用季节指数法进行的季节因素分析表如表 4-50 所示。

表 4-50　　　　**深圳市房屋租赁业增加值不变价季节因素分析**　　　　单位：亿元

	年度	第1季度	第2季度	第3季度	第4季度	合计
房屋租赁业增加值一	2011	272.64	281.85	281.82	279.62	1115.93
	2012	301.92	300.49	294.96	293.36	1190.73
	2013	328.22	320.75	318.77	316.96	1284.7
	2014	316.97	313.75	326.78	327.88	1285.38
	2015	311.3	311.36	320.73	374.21	1317.6
	2016	282.26	289.29	314.01	382.97	1268.54
	合计	1813.31	1817.49	1857.07	1975.00	7462.88
	季节平均数	302.22	302.92	309.51	329.17	310.95
	季节比例	97.2	97.4	99.5	105.9	400.00
房屋租赁业增加值二	2011	305.78	315.46	315.43	312.28	1248.95
	2012	342.64	341.47	333.91	331.32	1349.34
	2013	376.82	366.58	363.3	359.21	1465.91
	2014	368.57	362.93	376.21	377.88	1485.59
	2015	349.72	349.62	358.01	411.12	1468.47
	2016	322.02	327.39	351.18	418.87	1419.46
	合计	2065.55	2063.45	2098.04	2210.68	8437.72
	季节平均数	344.26	343.91	349.67	368.45	351.57
	季节比例	97.9	97.8	99.5	104.8	400.00

从表 4-50 可以看出，深圳市房屋租赁业增加值不变价受季节因素的影响也不大，第 1、2、3 季度低于 100，第 4 季度较旺。

（十一）启示

1. 经济意义上的启示

房屋租赁市场是房地产行业平稳健康可持续发展的重要力量，是发展房地产市场的重要环节和盘活闲置资源的有效途径，促进房屋租赁市场建设也是完善住房保障体系的重要举措。下一步，深圳市统计局将严格贯彻落实国家统计局宁吉喆局长指示精神，继续深入推进试点工作开展，结合如何有利于房地产长期健康发展加强研究，把统计工作与经济实践、调控内容结合起来，为今后在全国推开积累经验。

2. 从统计业务上的启示

（1）尽快建立房屋租赁业统计报表制度

鉴于房屋租赁业的快速发展状况，在国民经济中的影响越来越大，建议国家统计局尽快建立房屋租赁业统计报表制度。可考虑分步建立。

第一步：在国家统计系统"统计联网直报平台"上增设房屋租赁业产业活动调查（试点）表或问卷，要求"一套表"企业填报房屋租赁活动情况。

第二步：在《调查单位基本情况》（表号：101-1表）和各专业的产业活动单位（个体经营户）情况调查表中增设"房屋租赁收入"指标。

第三步：在各专业年报和定期报表的《财务状况》表中增设"房屋租赁收入"和"租赁房屋支出"指标，统计法人单位因租赁行为而产生的收入与支出费用。

第四步：在经济普查年份，可设计专门房屋租赁业普查表调查单位和私人房屋租赁活动规模、结构及所形成的增加值情况。

（2）改进居民自有住房服务价值核算方法

房屋租赁市场相当成熟，房屋租赁活动交易活跃，居民自有住房增加值仍用居民自有住房虚拟折旧特别是采用成本法计算已不合时宜。为准确测度自有住房服务的价值，建议改进居民自有住房服务价值核算方法：采用市场租金法核算居民自有住房服务增加值，市场租金情况可采用统计调查数据或有关指导价格。

（3）研究调查队系统居民住户调查数据与住房租赁增加值数据之间的关系

随着城市化进程的加快和居民财富的增加，居民住宅租赁支出和房租收入逐渐成为居民支出和收入的重要组成部分。在国民经济核算中，承租者租赁房屋付出房租与所有者出租房产获得出租收入是分别从使用和收入角度反映国民经济活动中的房屋租赁活动。在国家统计局调查队系统居民住户调查中，居民可支配收入表中含有出租房屋收入和居民租房消费支出数据。这些数据与住房租赁增加值数据之间有一定的关系，值得进一步研究。

3. 对深圳核准地区生产总值的启示

从深圳多年房屋租赁调查试点结果发现，现行核算制度在房屋租赁业增加值核算方面还是有所遗漏，主要应纳入以下三个方面的内容：一是在现行 GDP 核算制度中应补充纳入尚未覆盖的个人办公用房、商业用房、厂房、仓库等非住宅类的个人房屋租赁活动的核算；二是将个人住宅出租增加值与现行用虚拟折旧计算的居民自有住房出租增加值的差额补充计入房地产业增加值；三是以房屋租赁调查为基础，允许将深圳市外法人单位在深圳租赁行为产生的增加值归入到深圳 GDP 中。

附录 4-1 深圳市房屋租赁业统计改革创新总体工作方案

深圳市房屋租赁业统计改革创新总体工作方案

为了科学、有效地组织实施全市房屋租赁业统计调查，保障房屋租赁业统计数据的准确性、及时性和连续性，根据近年房屋租赁业统计报表制度试点工作经验，结合房屋租赁业统计的特点，特制定本工作方案。

一　调查目的

全面掌握深圳市房屋租赁业经济活动的总量、结构、特征及有关情况，为完善国民经济核算制度，评价各区经济结构提供基础数据，为全国推进房屋租赁业统计制度创新提供经验。

二　调查对象和范围

深圳市行政区划内所有从事经营房屋租赁业务活动的单位（已纳入现有统计制度的单位除外）和个人。包括：住宅租赁活动、办公房屋租赁活动、综合商厦租赁活动、展览馆展位出租活动、仓库库房出租活动、其他房屋出租活动等，但不包括市场摊位出租活动。

三　调查方法

房屋租赁业统计调查每五年进行一次，以 2012 年为起始年，标准时点为调查年份的 9 月 30 日。

调查年份采用全面调查和抽样调查相结合的方法。非调查年份采用抽样调查或利用调查年份数据和租赁办行政记录变动进行统计计算的方法。

调查年份采用全面调查的指标有：可供出租房屋面积、实际出租房屋面积、房屋出租收入等；已纳入现有统计制度出租收入（比重）和中间投入（增加值率）指标采用抽样调查。

非调查年份的可供出租房屋面积、实际出租房屋面积、房屋出租收入和增加值率等指标均采用抽样调查或利用调查年份数据和租赁办行政记录变动数据计算获得。

四　调查步骤

（一）调查年份

对所有实际出租房屋进行全面调查并填写《深圳市房屋租赁业统计调查过录表》。在街道内按随机原则抽选出分类的实际出租房屋进行逐一调查并填写《深圳市房屋租赁业单位属性统计调查表》和《深圳市房屋租赁业中间投入调查表》。根据调查数据计算生成《深圳市房屋租赁业统计基层表》并逐级汇总生成各街道综合表、各区综合表和全市综合表。

（二）非调查年份

（1）抽样调查：是否需要进行抽样调查，可视非调查年份当年情况确定（如房屋租赁市场发生巨大变动、相关政策有较大变更等）。如切实需要，则抽样调查的方法和样本确定应依据当年实际情况制定。抽样调查应简单精练，尽量减少经费开支。

（2）行政数据统计测算：第一步：市租赁办提供分区、分用途可供出租房屋面积、实际出租房屋面积、房屋出租收入等行政记录数据。第二步：了解相关政策是否有较大的变化。第三步：结合调查年份数据进行统计测算。第四步：组织专家评估小组进行评估。第五步：确定最终数据。

五　组织实施

为确保调查工作的顺利开展，成立市房屋租赁统计改革创新领导小组，领导小组下设办公室，负责房屋租赁调查的日常组织和协调。

各区（新区）设立相应的调查领导小组及其办公室，按照市领导小组及其办公室的统一规定和要求，具体组织实施本区的调查工作。

街道办事处和房屋租赁所应认真做好房屋租赁调查的登记工作。

六　责任分工

（一）调查年份责任分工

调查工作由深圳市统计局和市房屋租赁管理办公室具体组织实施。主要依托市房屋租赁管理办公室分布在全市的房屋租赁管理站（组）来完成。具体责任分工是：

1. 深圳市统计局负责房屋租赁统计报表制度的设计、业务培训、检查指导和审核评估，联合市房屋租赁管理办公室进行报表布置。

2. 市房屋租赁管理办公室系统负责房屋租赁统计报表制度的调查登记、录入、汇总工作。

3. 区统计局（新区统计机构）、区（新区）租赁办、街道统计站、租赁所负责辖区内的相应工作。

（二）非调查年份责任分工

非调查年份统计工作主要由深圳市统计局完成，市房屋租赁管理办公室系统和区统计局（新区统计机构）负责提供统计工作所需要的行政记录和数据支持。如在非调查年份需要进行抽样调查，则由深圳市统计局负责组织实施，市房屋租赁管理办公室系统协助完成。由房屋租赁管理办公室系统加强行政记录的管理，使其可分类为住宅租赁活动、办公用房租赁活动、商业营业用房租赁活动、厂房租赁活动、仓库租赁活动和其他房屋租赁活动，并且根据产权不同细分为单位产权房屋和私人产权房屋两类。

七　经费保障

调查年份由市和各区（新区）财政共同负担，并列入相应年度的财政预算，按时拨付，确保到位。

调查普查经费应当统一管理、专款专用，从严控制支出。

市级财政负责报表印刷、业务培训、审核、汇总、检查指导、单位属性、中间投入等抽样调查和8个直属出租屋管理站的调查等费用。区级财政负责辖区内全面调查的登记和录入费用。

非调查年份，由深圳市统计局负责房屋租赁业统计工作的相关费用。

附录4-2　深圳市房屋租赁业统计报表制度

一　总说明

（一）为全面掌握全市房屋租赁业活动的总量、结构和特征及有关情况，为各级政府制定政策和计划、进行经济管理与调控提供依据。同时为使房屋租赁统计工作逐步纳入正常统计制度的轨道，为国家建立完整的"房地产业"统计制度提供参考，完善国民经济核算制度，依据《中华人民共和国统计法》的规定，特制定本统计报表制度。

（二）本制度的统计对象

统计对象是指具有租赁行为的所有建筑物。具体包括：住宅、办公用房、综合商厦营业房、仓库库房、其他房屋等，也包括已纳入出租屋管理（已登记和核查）的房屋和没有纳入出租屋管理的房屋。

（三）本制度的统计范围

1. 空间范围是：深圳市行政区划范围内的上述对象；

2. 时间范围是：时期指标是指 2011 年 10 月 1 日—2012 年 9 月 30 日；时点指标是 2012 年 9 月 30 日。

（四）本制度报表填报单位：基层表以出租屋管理站（组）作为填报单位。综合表以区、街道作为填报单位。

（五）本制度报表填报内容：见《深圳市房屋租赁业统计综合表》《深圳市房屋租赁业统计基层表》《深圳市房屋租赁业统计调查过录表》《深圳市房屋租赁业单位属性统计调查表》《深圳市房屋租赁业中间投入调查表》。

（六）本制度报表调查方式：《深圳市房屋租赁业统计调查过录表》《深圳市房屋租赁业单位属性统计调查表》采用全面调查方式，《深圳市房屋租赁业中间投入调查表》采用抽样调查方式。

（七）《深圳市房屋租赁业单位属性统计调查表》：此表承接《深圳市房屋租赁业统计调查过录表》，对《深圳市房屋租赁业统计调查过录表》内产权归属单位所有的房屋进行调查。

（八）《深圳市房屋租赁业中间投入调查表》抽样调查方法：对每个街道内房屋产权归属单位及私人所有的住宅、办公用房、商业营业用房、厂房、仓库、其他等六类用途房屋进行随机抽取，每类至少抽查 3 个样本，每个街道共抽查 36 个样本进行调查。

（九）本制度为年报制度。各报表的报送时间及报送方式按规定执行（见报表目录）。各填报单位必须按规定及时、准确、全面地填报，不得虚报、瞒报、拒报、迟报，不得伪造、篡改。各填报单位填报的综合表及基层表的数据来源必须有根据，调查过录表、单位属性统计调查表和中间投入调查表必须归档。

（十）报送要求：各出租屋管理站于调查年份规定截止时间前完成过录表、单位属性调查表、中间投入调查表数据录入及报送。各区、各街道填报的辖区内的综合表于调查年份规定截止时间前通过数据采集系统报送。

（十一）本报表制度由市局投资与建筑业统计处负责解释。

二　报表目录

表号	表名	填报范围	填报单位	报送日期和方式
深X101表	深圳市房屋租赁业统计综合表	辖区内出租房屋	各区统计局、各街道统计办	由市统计局于调查年份确定
深X102表	深圳市房屋租赁业统计基层表	辖区内出租房屋	各出租屋管理站	由市统计局于调查年份确定
数据采集表	深圳市房屋租赁业统计调查过录表	辖区内出租房屋	各出租屋管理站（组）	由市统计局于调查年份确定
数据采集表	深圳市房屋租赁业单位属性统计调查表	辖区内单位产权出租房屋	各出租屋管理站（组）	由市统计局于调查年份确定
数据采集表	深圳市房屋租赁业中间投入调查表	辖区内代表性出租房屋	各街道统计办和租赁所	由市统计局于调查年份确定

三　调查表式

深圳市房屋租赁业统计综合表

表　　号：深X101表

2012年度　　制定机关：深圳市统计局

批准机关：广东省统计局

批准文号：粤统制表字（2012）22号

综合单位名称：　　　　有效期至：2013年3月

项目	代码	可供出租房屋面积（万平方米）	实际出租房屋面积（万平方米）	实际房屋出租收入（万元）	已纳入现有统计制度出租收入（万元）	中间投入（万元）	增加值率（%）
甲	乙	1	2	3	4	5	6
合计	01						
一、住宅	02						
1. 房屋产权归属单位所有	03						
2. 房屋产权归属私人所有	04						

续表

项目	代码	可供出租房屋面积（万平方米）	实际出租房屋面积（万平方米）	实际房屋出租收入（万元）	已纳入现有统计制度出租收入（万元）	中间投入（万元）	增加值率（%）
二、办公用房	05						
1. 房屋产权归属单位所有	06						
2. 房屋产权归属私人所有	07						
三、商业营业用房	08						
1. 房屋产权归属单位所有	09						
2. 房屋产权归属私人所有	10						
四、厂房	11						
1. 房屋产权归属单位所有	12						
2. 房屋产权归属私人所有	13						
五、仓库	14						
1. 房屋产权归属单位所有	15						
2. 房屋产权归属私人所有	16						
六、其他	17						
1. 房屋产权归属单位所有	18						
2. 房屋产权归属私人所有	19						

统计负责人： 填表人： 电话： 填报日期：

资料来源：辖区内各出租屋管理站填报的基层表（深X102表）、单位属性统计调查表（深X104表）和中间投入调查表（深X105表）。通过数据采集系统报送。

注：此表由各区统计局、各街道统计办填报。

四 房屋租赁业调查核算方法

深圳市房屋租赁业统计基层表

2012 年度

表　　号：深 X102 表
制定机关：深圳市统计局
批准机关：广东省统计局
填报单位名称：批准文号：粤统制表字（2012）22 号
区划代码：□□□□□□-□□□-□□□ 有效期至：2013 年 3 月

项目	代码	可供出租房屋面积（平方米）	实际出租房屋面积（平方米）	年度实际房屋出租收入（万元）	年度中间投入（万元）	备注
甲	乙	1	2	3	5	丙
合　　计	01					
一、住宅	02					
1. 房屋产权归属单位所有	03					
2. 房屋产权归属私人所有	04					
二、办公用房	05					
1. 房屋产权归属单位所有	06					
2. 房屋产权归属私人所有	07					
三、商业营业用房	08					
1. 房屋产权归属单位所有	09					
2. 房屋产权归属私人所有	10					
四、厂房	11					
1. 房屋产权归属单位所有	12					
2. 房屋产权归属私人所有	13					
五、仓库	14					
1. 房屋产权归属单位所有	15					
2. 房屋产权归属私人所有	16					
六、其他	17					
1. 房屋产权归属单位所有	18					
2. 房屋产权归属私人所有	19					

统计负责人：　　　　　填表人：　　　　　电话：　　　　　填报日期：

注：此表由各出租屋管理站（组）填报。通过数据采集系统报送。

深圳市房屋租赁业统计调查过录表

2012 年度

表　　号：深 X103 表
制定机关：深圳市统计局
批准机关：广东省统计局
批准文号：粤统制表字（2012）22 号
调查单位名称：有效期至：2013 年 3 月

可供出租房屋名称（或地址）	可供出租房屋用途	房屋产权归属（单位/私人）	2012年9月30日可供出租房屋面积（平方米）	实际出租房屋面积（平方米）	年度实际房屋出租收入（元）	年度中间投入（元）	每平方米月租金（元）	备注
甲	乙	丙	1	2	3	4	5	丁

调查员姓名：　　　　联系电话：　　　　调查日期：201　年　月　日

注：1. 同用途和产权归属的房屋可合并填写一条记录。

2. 可供出租房屋用途分为住宅、办公用房、商业营业用房、厂房、仓库和其他。

3. 每平方米月租金＝年度实际房屋出租收入÷（实际出租房屋面积×12）。

深圳市房屋租赁业单位属性统计调查表

2012 年度

表　　号：深 X104 表
制定机关：深圳市统计局
批准机关：广东省统计局
批准文号：粤统制表字（2012）22 号
调查单位名称：有效期至：2013 年 3 月

可供出租房屋名称（或地址）	可供出租房屋用途	归属单位名称	单位组织机构代码	年度实际房屋出租收入（元）	是否已纳入现有统计制度 "是"填"1" "否"填"0"	备注
甲	乙	丙	丁	1	2	戊

调查员姓名：　　　　联系电话：　　　　调查日期：201　年　月　日

注：1. 本表承接过录表（深 X103 表），对过录表内产权归属单位所有的房屋进行调查，通过数据采集系统报送。

2. 通过询问该单位是否已纳入现有专业统计范围来判断该单位房屋出租收入是否已进入现有 GDP 核算内，"是"填"1"，"否"填"0"。

深圳市房屋租赁业中间投入调查表

2012 年度

表　　　号：深 X105 表
制定机关：深圳市统计局
批准机关：广东省统计局
批准文号：粤统制表字（2012）22 号
调查单位名称：有效期至：2013 年 3 月

可供出租房屋名称（或地址）	可供出租房屋用途	房屋产权归属（单位/私人）	年度实际房屋出租收入（元）	中间投入（元）	增加值率（%）	备注
甲	乙	丙	1	2	3＝(1－2)÷1	丁

调查员姓名：　　　　　联系电话：　　　　　调查日期：201　年　月　日

注：1. 本表由各街道统计办和租赁所组织调查人员填报。同用途和产权归属的房屋可合并填报一条记录。通过数据采集系统报送。

2. 可供出租房屋用途分为住宅、办公用房、商业营业用房、厂房、仓库和其他。

3. 中间投入是消耗的外购的非固定资产的货物和服务的价值。包括因房屋出租而对外支付的水电油费、律师费、员工置装费和差旅费等，不包括员工工资、固定资产折旧、税费和利润。

四　指标解释

（一）房屋租赁：是由房屋的所有者或经营者将其所有或经营的房屋交给房屋的消费者使用，房屋消费者通过定期交付一定数额的租金，取得房屋的占有和使用权利的行为。房屋租赁是房屋使用价值零星出售的一种商品流通方式。具体来说，房屋租赁是指出租人（一般为房屋所有权人）将房屋出租给承租人居住或提供给他人从事经营活动及以合作方式与他人从事经营活动，由承租人向出租人支付租金的行为。

（二）填报单位名称：指填报统计报表的单位名称。综合表填报单位名称是指区统计局或街道统计办的全称。基层表填报单位名称指租赁站的全称。

（三）区划代码：按国家统计局最新公布的统计用区划代码填写。

（四）可供出租房屋面积：是指辖区内2012年9月30日所有业主可用于出租的房屋建筑面积，不包括业主自用的建筑面积。即：

可供出租的房屋面积＝辖区内全部房屋建筑面积－辖区内主自用的房屋建筑面积

（五）实际出租房屋面积：是指辖区内已签订房屋租赁合同并交付承租方使用，或虽没有签订租赁合同但实际租赁行为已经发生的房屋建筑面积，不包括可用于出租但没有租赁行为的空置建筑面积。即：

实际出租的房屋面积＝辖区内所有业主可用于出租的房屋建筑面积－可用于出租但没有租赁行为的空置建筑面积

（六）实际房屋出租收入：是指辖区内上年10月1日至调查年9月30日实际出租房屋而取得的租金收入。也可以用调查年份9月当月租金收入×12个月计算。

（七）住宅：是指专供居住的房屋，包括别墅、公寓、职工家属宿舍和集体宿舍、职工单身宿舍和学生宿舍等。但不包括住宅楼中作为人防用、不住人的地下室等，也不包括托儿所、病房、疗养院、旅馆等具有专门用途的房屋。

（八）办公用房：指企业、事业、机关、团体、学校、医院等单位使用的用于办公的各类房屋（又称写字楼）。

（九）商业营业用房：指商业、粮食、供销、饮食服务业等部门对外营业的用房，如度假村、饭店、商店、门市部、粮店、书店、供销店、饮食店、菜店、加油站、日杂等房屋。

（十）厂房：指进行工业生产经营活动的房屋。

（十一）仓库：指用于保管、仓储物品的房屋。

（十二）其他房屋：是指不属于以上租赁行为的其他房屋租赁活动。

（十三）房屋产权归属单位所有：指出租房屋的业主是属于单位性质的。

（十四）房屋产权归属私人所有：指出租房屋的业主是属于私人性质的。

（十五）已纳入现有统计制度的出租收入：是指在单位出租的房屋活动中已经在现有专业统计报表中填报了相关指标的收入。

（十六）中间投入：指出租方为了出租房屋而消耗的别的生产（或服务）部门提供的产品（或服务）的支出。含出租方为了出租活动而消耗的水费、电费、油费、律师费、员工置装费和差旅费等；不含出租方单位的工资、固定资产折旧、有关税费、利润。本指标由街道统计办和租赁所组织专门人员采用抽样调查方式取得。

附录 4-3 深圳市房屋租赁业非调查年份统计调查办法

一 可供出租房屋面积

街道、分用途可供出租房屋面积=调查年份可供出租房屋面积×（当年行政记录可供出租房屋面积÷调查年份行政记录可供出租房屋面积）

各区、分用途可供出租房屋面积=街道、分用途可供出租房屋面积之和

全市、分用途可供出租房屋面积=各区、分用途可供出租房屋面积之和

行政记录同比增加超过50%的，对比行政记录前后数据和调查年份数据，可进行增长率的适当调整，去除奇异值。

二 实际出租房屋面积

街道、分用途实际出租房屋面积=调查年份实际出租房屋面积×（当年行政记录实际出租房屋面积÷调查年份行政记录实际出租房屋面积）

各区、分用途实际出租房屋面积=街道、分用途实际出租房屋面积之和

全市、分用途实际出租房屋面积=各区、分用途实际出租房屋面积之和

三 房屋出租收入

街道、分用途房屋出租收入=调查年份房屋出租收入×（当年行政记录房屋出租收入÷调查年份行政记录房屋出租收入）

各区、分用途房屋出租收入=街道、分用途房屋出租收入之和

全市、分用途房屋出租收入=各区、分用途房屋出租收入之和

四 房屋租赁业增加值

街道、分用途房屋租赁增加值=调查年份房屋租赁增加值率×（当年行政记录房屋出租收入÷调查年份行政记录房屋出租收入）

各区、分用途房屋租赁增加值=街道、分用途房屋租赁增加值之和

全市、分用途房屋租赁增加值=各区、分用途房屋租赁增加值之和

单位产权增加值=街道、分用途房屋租赁增加值×调查年份单位产权增加值比重

私人产权增加值=街道、分用途房屋租赁增加值×调查年份私人产权增加值比重

以上数据，如行政记录数据同比增加超过50%的，对比行政记录前后数据和调查年份数据，可进行增长率的适当调整，去除奇异值。

五 房屋租赁业增加值率

由各区统计局对本辖区进行抽样调查和重点调查相结合的调查方式进行增加值率调查。调查对象是辖区内具有租赁行为的所有建筑物。调查目的是取得辖区内住宅租赁、办公楼租赁、商业营业用房租赁、厂房租赁、仓库租赁以及其他房屋租赁的增加值率，调查时间范围是非调查年份全年，各区需要因地制宜，选取具有代表性的租赁建筑进行调查。可参考调查年份房屋租赁业统计调查的抽样方法和调查结果。

附录 4-4 相关批复和肯定评价

1. 国家统计局关于深圳市建立房屋租赁业调查制度试点的批复

中华人民共和国国家统计局

国统函〔2011〕70号

**国家统计局关于深圳市
建立房屋租赁业调查制度试点的批复**

广东省统计局：

你局《关于在深圳市建立房屋租赁业调查制度试点的请示》（粤统字〔2011〕17号）收悉，现批复如下：

一、深圳市统计局对当前出现的新情况，积极进行探索和研究的做法值得肯定。房屋租赁活动的调查方法在新情况下如何更全面、科学，需要实践。

二、试点工作由深圳市统计局继续进行。国家统计局服务业司作为联系单位，将给予关注和支持。

三、试点的重点是如何科学开展房屋租赁活动调查，试点数据是否纳入GDP核算，有待于全国GDP核算方法的统一和确定。

2. 国家统计局宁吉喆局长的批示

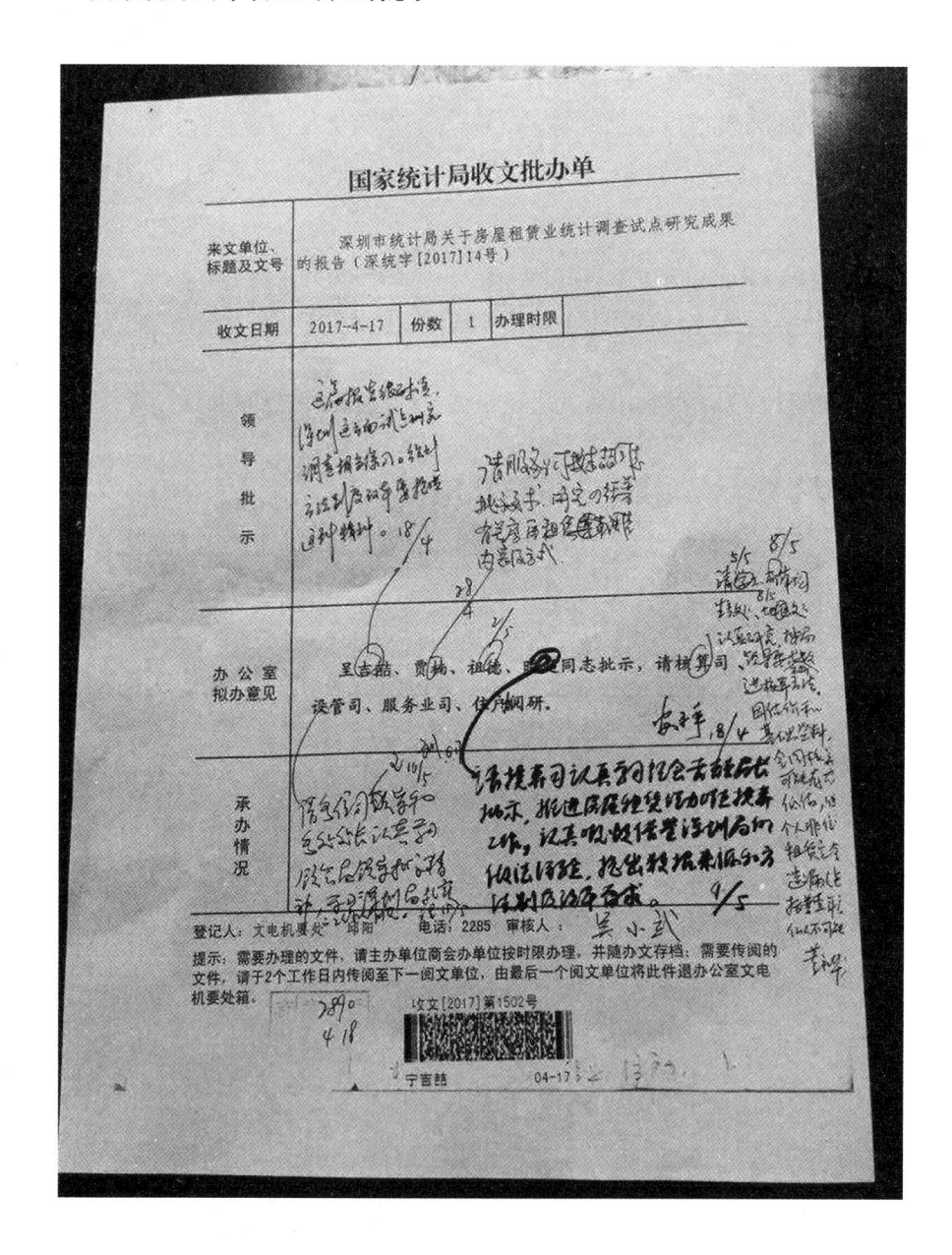

3. 国家统计局办公室关于开展新型服务业态增加值核算专题研究的通知

国家统计局办公室

关于开展新型服务业态增加值核算专题研究的通知

广东省统计局：

为进一步加强和改进服务业增加值核算，更好地反映服务业特别是新型服务业态发展状况，根据国家统计局领导批示精神，我司拟请你局开展房屋租赁业增加值核算专题研究。

一、研究内容

（一）房屋租赁业的发展情况，特别是商业房屋租赁（办公房屋、综合商厦和其他自有商业房屋租赁等）、单位和个人自有住房租赁等。研究包括业态界定、行业规模、发展态势、业务特点、经营模式及营利模式。

（二）房屋租赁业的发展状况及对增加值核算的影响。

（三）相关行业统计和会计制度现状，基础资料来源情况和数据质量，当前增加值核算中存在的问题，是否客观反映相关行业的真实情况及其发展变化。

（四）相关行业增加值核算的改进方法及有关建议，包括季度核算和年度核算。

二、工作要求

（一）以改进国家层面核算为着眼点。即要针对该行业全国的整体情况进行专题研究，同时也可对地区核算提出相应的测算方法。

（二）以专题报告体现研究成果，报告提交时间为9月底。

请予支持。

联系人：江永宏　010-68782505

2014年7月10日

4. 广东省统计局办公室关于开展新型服务业态增加值核算专题研究的通知

广东省统计局办公室文件

粤统办字〔2014〕30号

关于开展新型服务业态增加值核算专题研究的通知

广州、深圳市统计局：

现将国家统计局核算司布置的《关于开展新型服务业态增加值核算专题研究的通知》转发给你们，请按照要求做好相关的准备工作，落实调查的具体事项，保证调查数据的质量。调查工作结束后，请各自撰写专题调查报告，于2014年9月20日前报省统计局核算处。

省统计局核算处联系人：梁晓燕　电话：83134426

广东省统计局
2014年7月15日

五　基本单位方法制度改革

根据2016年8月18日国家统计局宁吉喆局长在座谈会上的有关指示、《国家统计局关于同意深圳开展统计改革创新试点的批复》（国统设管函〔2016〕164号）文件精神以及深圳市主要领导的要求，在国家统计局普查中心和广东省统计局的指导下，深圳市统计局深入开展基本单位方法制度改革试点工作，取得了阶段性成果。

（一）改革试点的主要内容

深圳的入库单位统计制度改革试点主要涉及以下三个方面的内容。

1. "准四上"单位季度调查统计报表制度

充分利用"五证合一、一照一码"登记制度改革成果，建立"准四上"单位统计调查报表制度，按季维护更新全市"准四上"单位库。

2. 研究按季动态入（退）"四上"单位库及专业统计数据测算

充分利用税务、人社、住建等部门的行政登记资料，进一步简化一套表调查单位的"入库"手续，研究"四下"转"四上"及退出单位审核纳入一套表调查单位季度审核的可行性，初步测算对专业统计数据的影响。

3. 提高数据处理能力

充分利用即将投入使用的深圳市统计"外单内共"数据采集生成系统，提高部门登记数据的处理效率，使之成为各级统计部门对新成立和变更单位开展跟踪调查的强有力的助手。

（二）主要工作推进情况

按照国家统计局批复的试点工作方案，深圳市统计局主要开展了以下工作。

1. 积极争取市领导支持和部门协作

深圳市统计局主动汇报，获得了市领导的高度重视和支持。市委书记专题会议进行了布置，时任市长许勤多次批示，副市长艾学峰带队赴国家统计局进行专题汇报。

主动出击，推进部门协同合作。为加强"四上"企业入库工作，确保"四上"企业按季动态入库数据来源，从源头上确保达到"四上"标准的企业应统尽统，深圳市统计局主要领导多次带队到各相关部门、行业协会调研。相继走访了市交通运输委、住建局、国税局、地税局、海关、国资委、邮政管理局、金融办、健康产业促进会、服务贸易协会、手机行业协会等部门或行业协会，积极争取部门数据支持，达成共识，打通了数据来源共享机制，为年度调查单位审批数据来源打下了强有力的基础。深圳市各行业主管部门加大了与统计部门的信息交换力度，部分部门已定期将其掌握的业绩好、成长快、符合入库标准的企业名录及经营情况等信息与统计部门共享（如住建局已将深圳市拥有建筑业资质的企业名单反馈给深圳市统计局，并按月报送前一个月新增建筑业资质企业信息）。

2. 加强"准四上"单位库建设和维护

现行基本单位统计报表制度下，对现有的在库单位，非经济普查年份无法进行及时成长监测、更新经营信息。对实际已成长为接近甚至达到"四上"入库标准的企业（简称"准四上"企业），在无法掌握实际经营状况的情况下，往往未能及时通过申报流程进入"一套表"。"要有数，先入库"，只有做到及时、全面地入库，才能保证统计数据符合实际。

为科学、准确地反映深圳市尚未纳入"一套表"调查单位库企业的真实状况，根据《深圳市"准四上"企业统计报表制度》的要求，深圳市统计局建立准"四上"单位库，主要采取部门经营状况信息作为依据。因此，首要解决的是基础数据来源的问题。为完成此项工作，2016年6月初，深圳市统计局先后通过发函到市市场监管委、市地税局、市国税局,分别商请提供 2015 年年报公示的商事主体(不包含个体)有关数据、2015 年正常纳税单位的有关数据、2016 年 1—6 月营业收入前 5 万名单位有关数据。

以"四上"企业入库标准为门槛,通过对市市场监管委年报数据、市地税部门正常纳税数据、基本单位名录库数据的整合梳理,筛选出拟达"四上"标准的企业名录,通过比对分析,剔除最新的月度调查单位名录,形成第 2 季度的"准四上"单位库(见表 5-1)。

表 5-1　　深圳市"准四上"单位情况(2016 年第 2 季度)　　单位:个

地区	总计	工业	建筑业	批零业	住餐业	房地产开发经营业	服务业
全市	4544	1638	510	678	271	16	1431
罗湖区	421	31	—	118	38	2	232
福田区	950	50	164	268	68	9	391
南山区	762	128	103	106	71	1	353
宝安区	1271	837	102	95	42	2	193
龙岗区	510	212	138	38	24	—	98
盐田区	70	6	3	8	2	1	50
光明新区	141	113	—	10	2	—	16
坪山新区	47	25	—	6	3	—	13
龙华新区	358	231	—	27	18	1	81
大鹏新区	14	5	—	2	3	—	4

注:1. "准四上"单位数据的来源主要是市监管委、地税、名录库及住建局数据。

2. "准四上"单位的认定以 2015 年营业收入达到"四上"标准作为依据且不在 2016 年最新的定报调查单位名录中。

3. 能否入库以实际核查结果为准。

2016 年 7—9 月,深圳市统计局先后到市国资委、市住建局、市交委、深圳海关、市邮政局、软件协会、手机协会、健康产业促进会、电子商务协会、服务贸易协会等业务部门、协会调研,并获取这些部门、协会掌握的重点企业数据。在第 2 季度准四上单位库的基础上,通过将市国税局、各业务部门、协会再度整合、筛选、比对、剔重,形成 3 季度的"准四上"单位库(见表 5-2)。

表5-2　　　　　　深圳市"准四上"单位情况（2016年第3季度）　　　　　　单位：个

地区＼专业	总计	工业	批零业	住餐业	房地产开发经营业	服务业
全　市	7029	1901	2852	305	5	1966
罗湖区	718	40	419	45	—	214
福田区	1458	60	831	74	4	489
南山区	1311	106	429	92	—	684
宝安区	1867	997	574	40	—	256
龙岗区	662	197	306	28	1	130
盐田区	63	12	20	4	—	27
光明新区	245	173	47	3	—	22
坪山新区	80	47	22	3	—	8
龙华新区	610	264	203	12	—	131
大鹏新区	15	5	1	4	—	5

注：1. "准四上"单位库的来源主要是国税数据与第2季度"准四上"单位库，补充国资委、软件协会、涉企等其他来源的单位。

2. "准四上"单位的认定，国税以2016年上半年的营收，其他部门一般是去年的营收达到"四上"标准作为依据且不在2016年最新的定报调查单位名录中。

3. 能否入库以实际核查结果为准。

2016年10月，年度"一套表"调查单位审核确认工作开始，深圳市统计局迅速下发了第3季度整理的"准四上"单位7029家到各区统计机构，并圈定其中营业收入较大的3443家企业作为重点核查对象，确保"大"企业不漏（见表5-3）。

表5-3　　　　　　深圳市"准四上"单位情况（重点核查）　　　　　　单位：个

地区＼专业	总计	工业	批零业	住餐业	房地产开发经营业	服务业
全　市	3443	993	1413	150	5	882
罗湖区	349	23	225	26	—	75
福田区	796	44	465	40	4	243
南山区	683	78	223	43	—	339
宝安区	833	496	224	14	—	99

续表

专业 地区	总计	工业	批零业	住餐业	房地产开发 经营业	服务业
龙岗区	311	89	151	16	1	54
盐田区	29	10	9	1	—	9
光明新区	121	90	21	1	—	9
坪山新区	37	22	11	1	—	3
龙华新区	275	138	83	7	—	47
大鹏新区	9	3	1	1	—	4

注：工业标准：营收3000万元以上；批零业标准：营收3000万元以上；住餐业标准：营收500万元以上；房地产开发标准：营收1亿元以上；服务业标准：营收2000万元以上。

在第二次年度审核确认工作再次开始后，深圳市统计局继续梳理，从市市场监管委、市国税局、市交委、市科创委、前海管理局、涉企数据管理中整合出仍有潜力的企业名录，通过比对剔除已下发的"准四上"单位、一套表调查单位，再次下发第二批"准四上"单位共1883家供各区统计机构作为线索，查找达标的"四上"企业入库（见表5-4）。

表5-4　　　　　　　　　　第二批"准四上"单位　　　　　　　　　　单位：个

部门 专业	总计	市市场 监管委	市国 税局	市交委	市科 创委	前海 管理局	涉企
合计	1883	1156	242	17	9	179	280
服务业	702	379	—	17	9	179	118
工业	426	302	—	—	—	—	124
商业	755	475	242	—	—	—	38

3. 创新基本单位统计系统

在创新基本单位名录库管理、运用大数据手段精准分析方面，主要对基本单位管理流程进行优化，实质是优化了基本单位管理流程，提高了基本单位管理的成效和效率。管理流程集成应用了多个数据管理系统工具。应用的系统主要包括以下功能模块。

传统的基本单位管理流程一般是整合了各部门的单位数据，然后按注册地进行清查核实，建立简单的名录库。我们的创新点在于以下几个方面：一是进一步整合更多部门的数据，包括租赁办和社保部门的数据，并爬取了网络数据，数据量更大。二是按建筑楼宇进行清查，效率更高。三是应用的采集辅助系统，为采集员提供了技术支持，实现一机在手，采集无忧，采集更加便利。四是建立了部门数据交换的机制，激发了部门数据交换的积极性，和部门交换更多翔实的数据，改变了统计部门弱势的地位。同时，采集的基础数据也得到了充分利用。五是加入了智能计算功能，确保数据的完整和准确。主要模块功能包括以下几个方面。

部门数据整合共享模块。该模块以统计部门为中心，支持任何涉企工作部门参与数据整合和共享工作，可以新增一个部门或用户，并设定该用户上传涉企指标数据的权限，同时还可设定该用户浏览数据的权限，为避免统计数据泄露，还支持通过计算给部门用户反馈非敏感数据，或经过脱敏后的数据。这样既满足部门管理工作的需要，又不泄露企业隐私。如社保部门可上传企业最新社保人数的数据，税务部门可上传企业缴税数据，两个部门虽然不能相互查看对方数据，但是可设置条件，比如社保可以查看有税无社保的企业名单，税务部门可查看有社保无税的企业名单。应用部门数据整合共享模块，和部门分享数据，有利于数据交换机制化。

网络数据爬取模块。该模块能够快捷爬取主流网站的数据，包括企业名称、行业、所在地、联系人、企业人员等数据，这些数据的优点是时效性较强，部分数据的准确性较高，如招聘网站的数据，不仅数据较为详细，且具有较高的准确性。这些数据均是南山区基本单位库的重要数据来源。

企业地址数据标准化处理模块。传统的清查需要进行片区划分，并按片区开展企业摸底，其中地址的核对工作量较大。目前，深圳市统计局组织独立开发地址标准化切分模块，能对任何地址标准化划分为街道、社区、园区、楼宇等，节省了大量人力物力，也为企业数据进一步标准化应用奠定了基础。

数据采集模块。以上数经过整合合并后，形成毛数据库，这些数据主要来源于部门和网络，数据的可靠性有待进一步核实。从深圳市统计局核实的情况看，部分部门数据的准确性在30%以下，因此，需要开展实地清查，确认企业是否存在及登记基本属性指标数据等。深圳市统计局从管好基本单位库的角度出发，要采集的数据比经济普查工作还细，比如需要明确企业具体经营的产品、主要材料等。因此，采集任务非常艰巨，提高采集的效率非常关键。目前应用的数据采集模块具备以下功能：一是支持增加调查员。二是支持建立调查任务，并分配调查员实施。三是支持调查员进行智能采集数据，比如输入关键字即可获得企业名称，即可分辨企业是否注册，即可推送该企业可能属于的行业类别及产品代码等，完成调查后还能提醒调查员是否已经完成调查。四是支持按一定比例抽查企业，由审核员进行审核。五是支持实施查看调查员的工作绩效情况。

智能计算模块。该模块对较难采集的指标进行科学推算，并给出计算结果的可靠度指标，主要是基于企业的经营流程所涉及的产品、机器及原材料等指标，建立了算法模型，计算企业的营业收入、缴税等指标，既提高了数据采集的效率，又为提高数据的准确性提供了支持。

（三）现阶段改革试点成果

1. 2016 年入库审批情况

由于国家统计局于 11 月反馈改革试点意见，正值全市年度审批入库时期，试点改革工作结合年度审核工作同时展开。截至目前，2016 年全市"四上"企业入库审核工作已经结束，深圳市取得了突破性的好成绩，入库单位量多质优，改革创新和转型升级成果得到初步展现。

入库单位数继续居全省首位，在库单位总量增加净增数超过前两年。2016 年全市由于企业规模扩大、新增项目等原因纳入"四上"调查单位库的企业有 3522 个（年度审核纳入 3250 个，月度审核纳入 272 个）；由于破产、不符合"四上"统计标准等原因退出调查单位库的企业有 872 个；组织机构代码或名称改变的企业有 319 个。

2014—2016 年，全市"四上"企业入库单位数分别是 1833 个、2010 个和 3522 个；退库企业数分别是 1313 个、1100 个和 989 个。2016 年入库单位数达到爆发式增长，全年新纳入"四上"单位库的企业数量比 2015 年增加了 1520 个，增长 75.9%；全年净增单位数（纳入单位-退出单位）达到 2533 个，超过 2014 年和 2015 年净增单位的总和。

2016 年年度和月度进（退）库单位审核后，2016 年年报全市一套表调查单位数达到 19077 个（不含投资），比 2015 年年报调查单位数增长一成半左右。

2. 基本单位统计系统创新进展情况

截至目前，已结构化处理的在深圳市经营的活跃企业信息 23 万家（具有增长潜力的企业），比如南山区，经营的企业及产业活动单位 17201 家。17201 家企业及产业活动单位中，深圳市注册的 11078 家，注册地址在南山区的 6535 家。另外，整合社保局提供的 16656 家企业数据及租赁办提供的 58882 家企业数据，经过综合分析，预计达到"四上"企业标准且处于增长通道的企业还有 500 多家。创新应用在以下几个方面。

一是实时监测全区的基本单位情况。优化了基本单位的管理方式和流程，初步建立一套科学的管理制度，确保基本单位库实时动态更新。每天、每一刻，均在记录全区基本单位库的最新变化。

二是实时掌握可入库"四上"企业情况。管好基本单位数据库，可更好满足各种统计工作的需要。如"四上"企业入库，可随时掌握达到"四上"标准的企业，并掌握企业目前的发展态势，决定是否进一步纳入统计。

三是全方位掌握企业生老病死情况。对全部在地经营企业形成时间序列的数据，全方位掌握企业的发展情况。

四是支持开展楼宇经济核算。由于掌握了楼宇的数据，还可以对楼宇的 GDP 和税收、单位面积 GDP 及税收进行计算和展示。

五是建立经济地理信息地图。整合经过标准化处理的地理位置信息和企业的数据信息，可建立地理信息地图，供各领导参考。

六是完成上级布置的各种任务。基于目前的基本单位数据库，基本可以完成各级部署的大部分调研工作任务，如 2015 年省统计局部署的企业迁移情况调查，又如近期市委、市政府部署的低端企业调查等，均有现成数据支持。

七是科学管控基层统计员队伍。基层统计员以外勤调查为主，通过采集 APP 软件，可实时掌握采集员位置图及工作数据，以便精准评价统计员的工作绩效。

（四）深圳"四上"单位按季动态入库数据测算及影响分析

1. "准四上"企业的行业数据测算

根据深圳市 2016 年 6 月底"准四上"单位库和国税部门交换匹配的企业经

营数据来看,全市"准四上"单位库中各专业已达"四上"标准的企业有2671家。采用新增单位的年报数据进行初步测算,并与专业快报数据进行比对,结果如下。

2016年上半年已达标的2671个"准四上"企业中,共有2595个企业(工业、批零住餐和服务业)经2016年年度审核纳入企业一套表,达标率为97.2%。其中部分企业在年度审核时有专业变更,如从服务业变更到商业。2016年年报显示,这部分企业2016年主营业务收入达到4767.83亿元,企业增加值初步测算为439.99亿元(见表5-5)。

表5-5　　　　　　　　2016年上半年达标企业数据测算

专业	单位数（个）	2016年主营业务收入（万元）	2016年达标企业增加值（万元）	2016年行业增加值（快报）（万元）	占比（%）
合计	2595	47678263.3	4399923.2	136313338.8	3.23
工业	749	7796522.4	1534867.7	71994675.8	2.13
批发业	980	30770178.4	820746.2	12086475	6.79
零售业	108	2021502	197310.3	8944023	2.21
住宿业	15	30977.4	8730.2	716563	1.22
餐饮业	68	114121.7	30268.8	2877002	1.05
服务业	675	6944961.4	1808000	39694600	4.55
其中:3+2	401	4827443.8	1173000	22481200	5.22

注:达标企业为上半年主营业务收入已到"四上"标准且在年度审批中已入库的"准四上"单位,且为年报初步测算数据。

(1)工业半年达标"准四上"企业中,有749家企业年度审批被纳入"四上"单位库,占全市"四上"工业企业的比例为11.3%。2016年主营业务收入为779.65亿元,增加值初步测算为153.49亿元,占行业增加值(快报数,下同)的比例为2.1%。

(2）商业半年达标"准四上"企业中，批零住餐业共纳入1171个，占全市"四上"商业企业的比例为21.1%。2016年主营业务收入为3293.68亿元，增加值为105.72亿元，占该行业增加值的比重为4.3%。

(3）规模以上服务业2016年上半年达标企业共675家（主要集中在软件业和商务服务业），占规上服务业企业总数的12.8%。初步测算，2016年这些企业增加值为180.8亿元，占该行业增加值比重为4.6%。

2. 深圳"四上"单位按季动态入库的影响分析

通过对深圳2016年上半年达标，在年度审核入库的"四上"单位数据测算，实行"四上"单位按季动态入库的审核机制，对深圳经济总量影响较小，但实际意义重大。

(1）就深圳来看，"四上"企业进出库单位数量变化大，但对行业增加值影响不大。从全年的进退库企业数来看，深圳市全年进退库企业总数达到了4569家（进库+退库），占2016年年报"四上"在库企业的比例为24.3%。从2016年上半年达标企业的年报数据测算看，深圳达标企业对行业及总体增加值的影响较小，均在5%以下。若实行按季入库不会对增加值及增速造成大的波动。

(2）深圳部分专业达标企业规模较大，按季入库更能真实反映经济运行状况。以批发业为例，2016年上半年达标批发业企业980家。从规模来看：年主营业务收入在2000万—3000万元的企业有121家，占12.3%；3000万—5000万元的有284家，占29.0%；0.5亿—1亿元的企业有307家，占31.3%；1亿—5亿元的企业有201家，占20.5%；5亿元以上企业有67家，占6.9%。将这些达标企业季度纳入限上统计，才能真实地反映深圳商品流通市场的运行状况。

(3）从国家现有制度看，一方面，规模以上工业、限额以上商业以及规模以上服务业的"下转上"企业每年只有年度审批能够入库，入库单位统计数据不能在快报中反映。另一方面，上述专业规模以下（限额以下）企业在抽样调查中实行按季退库（如规下工业企业营收超过2000万元则强制升规模退库）。总体来看，规上规下、限上限下企业进退库制度衔接存在一个时间差，一定程度上影响了统计数据的全面准确。

(五) 存在的主要问题及应对

一是一套表单位与基本单位调查的冲突问题。

两项工作时间上的重叠。深圳市商事登记制度改革两年多来，企业数量逐年增加，商事主体数由2009年全年新增2.6万家单位到2016年全年新增37.6万家单位，增长幅度达到十余倍之多。变更和注销单位更是一个庞大的数字。一套表调查单位增减变动审批又是以年度审核时"规下"转"规上"单位量为多。2016年度审批纳入单位3000多家，而月度入库100多家，工作量高度集中在年度审核时。大量的新增入库，变更信息和核实删除企业工作让基层工作难度加大。一些在平时基本单位调查工作中发现符合一套表单位标准的单位不能及时审核入库，要等到年底年度审核时才能申请。这样，该类单位年底入库时，统计机构要进行二次调查，增加了工作量。

二是部门数据信息资源不能有效共享。

于部门取得大单位名录困难，且不及时，造成可入库单位的遗漏。因数据保密意识的加强，现在各部门取数困难，还由于各部门都有其独立性和特殊性，各自使用的信息系统不一致。各部门资料信息的不规范、不统一，导致信息对比困难，使得部门信息难以有效利用。

三是一套表单位审批系统的局限，增加了审核难度。

现有的国家一套表调查单位进退库审核系统不能随时更新信息，也不能同时容纳大批统计人员同时操作。我们用深圳市的服务器操作，数据信息要两天以后才能交换到国家服务器，这样一些设置好的审核条件就不能正确审核，需要人工比对审核，增加了操作人员的负担。另外，审核条件不完善，错误录入未能及时提示，容易出错。

四是企业入库报送资料负担重。

一家企业纳入一套表调查单位库往往要准备很多资料，盖很多个章，频繁奔走于工商、税务、发改等部门。一些与审批关系不大的资料如资产负债表、建设项目现场照片等，其他部门审核发放的资质证书材料、批复备案文件、纳税申报材料等，甚至是企业的营业执照、税务登记证和组织机构代码证等证照材料，都可以通过部门信息审核验证企业的真实性。这些资料的收集无形中增加了企业负担，影响了企业入库的积极性。

针对这些问题，深圳市统计局也在逐步改进，如充分利用部门资源共享，解决企业入库报送资料负担重的问题。但若能从国家调查单位入库制度层面加以改进，将会大大提高企业的配合度和入库率。目前深圳已具备按季动态入库的制度和技术条件。2016年2月，《深圳市政府办公厅关于印发加强"四上"企业按季动态入库工作的通知》（深府办函〔2017〕30号）文件印发，标志着深圳统计工作在政府各部门资源共享方面迈上了一个新台阶。根据文件精神，建立起"四上"企业入库的部门工作机制，深圳市国税、地税等部门需按季将"四上"企业的有效信息报送深圳市"外单内共"统计数据应用系统，通过对各部门的数据比对，系统能够准确获取达标的"准四上"企业信息。

附录 5–1　深圳市"准四上"企业统计报表制度（2016年定期报表）

深圳市统计局

《中华人民共和国统计法》相关规定

第七条　国家机关、企业事业单位和其他组织以及个体工商户和个人等统计调查对象，必须依照本法和国家有关规定，真实、准确、完整、及时地提供统计调查所需的资料，不得提供不真实或者不完整的统计资料，不得迟报、拒报统计资料。

第九条　统计机构和统计人员对在统计工作中知悉的国家秘密、商业秘密和个人信息，应当予以保密。

一　总说明

（一）为实时了解、进一步掌握接近"四上"标准的企业（简称"准四上"企业）的经营生产情况，为市委、市政府及有关部门制定扶持企业梯级培育发展的政策和管理提供科学统计信息依据。依照《中华人民共和国统计法》，以及《深圳经济特区统计条例》的规定和上级统计报表制度的要求，结合深圳市政府及有关部门的需求，特制定本统计报表制度。

(二）本制度为定期报表，表式为：《企业基本情况调查表》。

(三）统计单位及统计范围确定

1. 统计单位

本报表制度的统计单位为深圳市内"准四上"的法人单位。

法人单位是指有权拥有资产、承担负债，并独立从事社会经济活动（或与其他单位进行交易）的组织。法人单位应同时具备以下条件：（1）依法成立，有自己的名称、组织机构和场所，能够独立承担民事责任；（2）独立拥有（或授权使用）资产或者经费，承担负债，有权与其他单位签订合同；（3）具有包括资产负债表在内的账户，或者能够根据需要编制账户。

2. 统计范围

（1）年营业收入预计在2000万元以上的工业法人单位。

（2）年主营业务收入预计2000万元以上的批发企业；年主营业务收入预计500万元以上的零售企业；年主营业务收入预计200万元以上的住宿餐饮法人单位。

（3）年营业收入预计1000万元以上或者从业人员50人以上的服务业法人单位，其中O、R两门类年营业收入预计为500万元以上或从业人员50人以上。

(四）统计原则

统计调查法人单位按照在地原则进行统计。

(五）数据采集

1. 调查单位统一采取发表调查方式，可视实际情况结合税务等部门经营状况信息进行覆盖更新，严格按照本制度报表规定的上报时间报送数据。

2. 本制度采用统一的统计分类标准和编码，统计机构和调查单位必须严格执行，不得自行更改。

二 报表目录

表号	表名	报告期别	填报范围	报送日期及方式
	企业基本情况调查表	季报	符合"准四上"调查标准的全部样本单位	季后20日前完成调查

三 调查表式

企业基本情况调查表

20　　年　　季

101	组织机构代码　□□□□□□□□—□	102	单位详细名称：
103	行业类别（GB/T 4754—2011） 主要业务活动（或主要产品） 1　　2　　3 行业代码（统计机构填写）　□□□□		
104	报表类别□ B 工业　　　　　　　C 建筑业　　E 批发和零售业 S 住宿和餐饮业　　　X 房地产开发经营业　F 服务业		
105	单位所在地及区划 省（自治区、直辖市）　　　　　　　地（区、市、州、盟）　　县（区、市、旗） 乡（镇）街（村）、门牌号 单位位于：　　　　　　　　　　　　街道办事处社区（居委会） 区划代码（统计机构填写）　□□□□□□□□□		
192	从业人员　从业人员期末人数（人）		
193	企业主要经济指标 营业收入（千元）　　其中：主营业务收入（千元）　　资产总计（千元）		
201	法定代表人（单位负责人）	202	开业（成立）时间　年　月
203	联系方式 　固定电话　□□□□□□□□－□□□□□□ 　移动电话　□□□□□□□□□□□ 　传真号码　□□□□□□□□－□□□□□□ 　邮政编码　□□□□□□	电子邮箱 网　　　址	

单位负责人：　　　统计负责人：　　　填表人：　　　报出日期：20　年　月　日
联系电话：　　　　联系电话：　　　　移动电话：

说明：1. 统计范围：辖区内"准四上"的法人单位。

2. 本表涉及的填报目录：《国民经济行业目录及代码》（GB/T 4754—2011）和2012年《统计用区划代码》。

四 指标解释

组织机构代码 指根据中华人民共和国国家标准《全国组织机构代码编制规则》（GB11714—1997），由组织机构代码登记主管部门给每个企业、事业单位、机关、社会团体和民办非企业等单位颁发的在全国范围内唯一的、始终不变的法定代码。组织机构代码共9位，无论是法人单位还是产业活动单位，组织机构代码均由8位无属性的数字和1位校验码组成。

单位详细名称 按工商部门登记的名称填写，并与单位公章所使用的名称完全一致。凡经登记主管机关核准或批准，具有两个或两个以上名称的单位，要求填写一个单位名称，同时用括号注明其余的单位名称。

行业类别 根据其从事的社会经济活动性质对各类单位进行的分类。第一部分：主要业务活动（或主要产品），所有单位均填写本项。填写各单位的一至三种主要业务活动（或主要产品）名称，并按其重要程度或总产值所占比重，从大到小顺序排列。第二部分：行业代码，基层单位免填。由所在地统计机构根据各单位填写的主要业务活动（或主要产品名称），对照《国民经济行业分类》（GB/T 4754—2011）填写行业小类代码。

报表类别 指企业需要填报某一行业报表的类别，包括工业、建筑业、批发和零售业、住宿和餐饮业、房地产开发经营业、其他服务业。企业通过报表类别来确定需要填报的报表内容。此项由统计机构统一填写，填报单位免填。

单位所在地及区划 指单位实际所处的详细地址、区划代码等。第一部分：区划代码，指单位所在地区的区划代码。按统计设计管理部门最新更新的统计用区划代码填写，由所在地统计机构统一填写，填报单位免填。第二部分：单位实际所在地的详细地址。所有单位均填写本项。要求写明单位所在的省（自治区、直辖市）、地（区、市、州、盟）、县（区、市、旗）、乡（镇）以及具体街（村）的名称和详细的门牌号码，不能填写通讯号码或通讯信箱号码。第三部分：单位所在地归属的街道办事处、社区（居委会）。所有位于城市的单位均填写本项。位于城市内的单位填写所在街道办事处、社区（居委会）的名称。

从业人员期末数 指在报告期末最后一日在本单位工作，并取得工资或其他形式劳动报酬的人员数，不包括最后一日当天及以前已经与单位解除劳动合同关系的人员，是在岗职工、劳务派遣人员及其他从业人员之和。

法定代表人（单位负责人） 指依照法律或者法人组织章程规定，代表法人行使职权的负责人。

联系方式 包括长途区号、固定电话、电话分机号、移动电话、传真号码、传真分机号、邮政编码、电子信箱和网站地址。所有单位均填写本项。在填写电话号码时，将号码以左顶齐方式从左向右填写。

开业（成立）时间 除筹建单位外，所有单位均填写本项。

营业收入 指企业经营主要业务和其他业务所确认的收入总额。营业收入合计包括"主营业务收入"和"其他业务收入"。根据会计"利润表"中"营业收入"项目的本期金额数填报。

主营业务收入 指企业确认的销售商品、提供劳务等主营业务的收入。根据会计"主营业务收入"科目的期末贷方余额（结转前）填报。执行2006年《企业会计准则》或2011年《小企业会计准则》的企业，如未设置该科目，以"营业收入"代替填报。

资产总计 指企业过去的交易或者事项形成的、由企业拥有或者控制的、预期会给企业带来经济利益的资源。资产一般按流动性（资产的变现或耗用时间长短）分为流动资产和非流动资产。其中流动资产可分为货币资金、交易性金融资产、应收票据、应收账款、预付款项、其他应收款、存货等；非流动资产可分为长期股权投资、固定资产、无形资产及其他非流动资产等。根据会计"资产负债表"中"资产总计"项目的期末余额数填报。

执行2006年《企业会计准则》的企业：资产总计＝流动资产合计＋非流动资产合计；未执行2006年《企业会计准则》企业的资产包括流动资产、长期投资、固定资产、无形资产和其他资产等。

附录 5-2 肯定评价

1. 国家统计局宁吉喆局长的批示

国家统计局收文批办单

来文单位、标题及文号	深圳市统计局关于基本单位改革试点情况的补充报告（深统字[2017]12号）				
收文日期	2017-4-11	份数	1	办理时限	

领导批示： （手写批示）

办公室拟办意见： 呈吉喆、贾楠、祖德、有丰同志批示，请普查中心、设管司、工业司、贸经司、服务业司阅研。

承办情况：

登记人：文电机要处 邱阳　　电话：2285　　审核人：吴小武

提示：需要办理的文件，请主办单位商会办单位按时限办理，并随办文存档；需要传阅的文件，请于2个工作日内传阅至下一阅文单位，由最后一个阅文单位将此件退办公室文电机要处箱。

收文[2017]第1430号

宁吉喆　　04-11

2. 时任深圳市委书记许勤的批示

深圳市人民政府办公厅文件呈批表

紧急程度：	平件	办文编号：	SZ2017000597		密级：	
来文单位	深圳市统计局	办文条码	*SZ2017000597*		收文日期	2017-01-17
来文字号	许勤批 6041 号				备 注	
文件标题	市领导在《深圳市统计局关于征求〈深圳市人民政府办公厅关于加强"四上"企业按季动态入库工作的通知（征求意见稿）〉意见的函》上的批示					
送达日期	01-16	01-17				
姓名/单位	许勤	艾学峰				
返回日期	01-17					

拟办意见/领导批示：

　　此项工作抓得有意义，请学峰同志抓紧抓实。各区各部门都必须动起来。

许勤　2017 年 01 月 16 日

联系人：　　联系电话：　打印人：林伟萍　打印日期：2017-01-17　第 1 页共 1 页

深圳市人民政府办公厅文件签批表

紧急程度:	平件		办文编号:	SZ2017000604		密级:	
来文单位	深圳市统计局	办文条码	*SZ2017000604*			收文日期	2017-01-17
来文字号	许勤批 6040 号，深统字(					备 注	
文件标题	深圳市统计局关于 2016 年全市"四上"企业入库情况的报告						
送达日期	01-16	01-17					
姓名/单位	许勤	张虎					
返回日期	01-17						

拟办意见/领导批示：

  这项工作抓得好，这是解决统计不全的一个重要办法，各区党政一把手要高度重视，亲自检查一下本区的情况，应该仍有遗漏可寻。亦请市统计局对我市各行业增加值率工作实事求是的评估，力求反映我市结构优化、完善提升的实际。请张虎、学峰同志阅处。

许勤 2017 年 01 月 16 日

六 500万元以下固定资产投资抽样调查方法应用

为了解全市计划总投资500万元以下固定资产建设项目及设备购置项目规模、构成以及分布情况,2016年8—9月深圳市统计局组织开展了500万元以下固定资产投资项目抽样调查工作。根据调查数据推算出全市、分区和分行业投资数据,并分析了调查数据对全市投资率和工业投资占比变化的影响程度。

(一) 调查范围、对象和内容

本次调查范围和对象是深圳市辖区内计划总投资500万元以下固定资产投资项目及在深圳市注册登记的法人单位、产业活动单位的500万元以下设备购置项目,不包括已列入计划总投资500万元以上固定资产投资项目中的设备购置,不含个体户生产性设备购置和私人建房投资项目。

调查内容为500万元以下固定资产投资项目的计划总投资、完成投资及设备购置金额等,专门设计了合法的500万元以下固定资产投资项目调查表。时期指标为2015年及2016年上半年。

(二) 调查方法、抽样方案设计

本次调查采用抽样调查方式,主要采取发放和回收统计报表方法收集数据。抽样方案按照科学、便利、可推算分层总体原则设计,要求样本对分类指标有代表性,样本统计量均可推算出全市各行业、各区参数。

1. 抽样总体和抽样框

目标总体为在深圳市内所有500万元以下固定资产投资项目。由于目标总体的抽样框无法取得，本次调查把深圳市内的所有基本单位（不含个体户及住户）作为调查总体，每一基本单位为调查单位。以2016年8月19日深圳市统计普查中心记录的基本单位（共331105家）作为抽样框。

2. 样本单位的抽取方法

本次抽样采用多阶分层抽样。具体为：第一阶：按区域分罗湖、福田、南山、盐田、光明、龙华、坪山和大鹏10层（区层）；第二阶：各区层按统计行业再分工业、建筑业、批零业、住餐业、房地产开发业、服务业和其他行业7层（行业层）；第三阶：在行业层中采用系统抽样（即等距抽样）抽选出调查单位。

3. 样本容量的确定和分配

由于无法知道总体方差和有关经验值，本次调查无法按公式计算样本容量。再由于无法知道总体单位值的分布状况，同时也为了样本统计量均可推算出全市各行业、各区参数，因此在层中采用大样本（n≥30）抽样，各层样本量均参考层内总体量并按比例确定。

4. 总体参数的估计

全市投资额等指标按区层推算的总体参数与按专业层推算的总体参数平均后取得。总体总值参数和方差计算公式如下：

$$\hat{Y}_{st} = \sum_{h=1}^{L} \hat{Y}_h = \sum_{h=1}^{L} N_h \hat{\bar{Y}}_h$$

其中，$\hat{Y}_h$表示第h层的总体均值，h下标，表示第h层；N_h表示第h层的单位总数。

各层投资额参数采用点估计公式为：

$$\hat{Y}_h = N_h \cdot \bar{y}_h$$

其中，N_h表示第h层的单位总数，$\bar{y}_h$表示第h层的样本均值。

为了解投资项目及设备购置项目投资完成额的离散程度，总体方差的计算公式为：

$$v(\hat{Y}_{st}) = \sum_{h=1}^{L} N_h (N_h - n_h) s_h^2 / n_h$$

其中，N_h表示第h层的单位总数，n_h表示第h层的样本数，S_h^2是第h层的总体方差。

总体参数的区间估计，采用的上、下限公式（95%置信水平）分别为：

六 500万元以下固定资产投资抽样调查方法应用

$$\hat{Y}_{st} + u_{0.025} \cdot \sqrt{v(\hat{Y}_{st})} \quad \hat{Y}_{st} - u_{0.025} \cdot \sqrt{v(\hat{Y}_{st})}$$

按总体分层抽样情况，可以计算出全市及各区总体参数、全市的主要行业（工业、建筑业、批零业、住餐业、房地产开发业和服务业）总体参数，但各区不能计算出主要行业的参数。

（三）调查的实施过程

1. 立即行动，及时设计调查方案和抽选样本

2016年8月19日，深圳市统计局杨新洪局长从北京回来后，即召集局内有关人员部署此项调查工作，要求尽早出调查方案。

8月24日，深圳市统计局专门召开了第二十六次统计专业委员会会议，会议对500万元以下固定资产投资项目抽样调查工作方法进行了研讨。杨新洪局长出席并提出了四点工作要求。一是出好方案。方案要有科学性、可行性，要有技术含量。二是要选好样本。严格按概率抽样方法抽选出样本，样本量要合理。三是调查要合法进行，制定的调查表要有合法标识。四是快速行动。要快速做好调查工作，尽早完成国家交与的任务。

8月25日完成了调查方案、调查表、过录表的设计；8月26日完成了样本单位的确定，深圳市统计局投资处与市统计普查中心按多阶分层并系统抽样抽选出样本单位1215家。

2. 市政府领导高度重视调查的部署工作

8月25日，深圳市统计局下发了《关于开展500万元以下固定资产投资项目抽样调查工作的通知》。

8月29日，深圳市统计局召开专题会议对500万元以下投资项目抽样调查工作进行了部署。各区统计机构分管领导及投资统计人员参加会议。深圳市统计局杨新洪局长出席会议并针对调查工作提出了"快""简""好"三点要求。

深圳市许勤市长、主管统计工作的艾学峰副市长也高度重视调查的部署工作。许勤市长在《关于召开2016年500万元以下固定资产投资抽样调查工作会议的通知》上批示："市统计局此项工作部署快，望抓出成效。"艾学峰副市长也批示要利用此次调查研究工业投资和技改投资情况。

3. 采用灵活方法进行数据采集

8月30日—9月9日各区统计机构、街道统计办和社区工作站开展了样本数据的采集工作，主要利用下文布置填报统计调查表方式收集数据。也有采用其他灵活方法收集的，如集中会议填写、电话调查访问、实地走访、发送邮件、发送传真与上门调查相结合等。

由于统计对象涉及多专业，各区局基本由各专业共同负责，将样本单位分配给各专业布置、催报和审核。9月8日前完成了全部样本数据采集。

4. 召开统计专业委员会会议对数据进行认真审查

9月12日，深圳市统计局杨新洪局长动议发起主持召开了第33次统计专业委员会会议，谢军徽副局长，投资处、工交处、贸外处、服务业处有关委员和专员参加了会议。会议就此次抽样调查的样本数据质量、抽样推断的科学性、严谨性和专业性等问题进行了细致的审查，特别就样本中消亡单位的数据处理和总体推算提出具体修订意见和建议。

（四）调查结果

1. 样本的分布和置换样本情况

（1）样本量的分配。以2016年8月19日深圳市统计普查中心记录的基本单位（共331105家）作为抽样框，按分层后系统抽样抽出样本1215家，总抽样比为0.37%。样本量分配原则为：①保证层内样本量大于等于30；②小层样本量最少为2；③为了减轻调查时间成本负担，小层样本量最大为80。经过调整的样本容量在参数估计时视同等概率抽样。总体单位数量与样本量见表6-1。

表6-1　　　　　深圳市基本单位数与投资调查样本量分配

基本单位数 N　　　　　　　　　　　　　　　　　　　　单位：个

行业	全市	宝安区	福田区	龙岗区	龙华新区	南山区	罗湖区	光明新区	坪山区	盐田区	大鹏新区
合计	331105	71583	70469	45499	43968	45415	29744	12555	5859	4314	1699
工业	69196	27863	1149	13910	10443	3944	883	7836	2493	337	338

续表

行业	全市	宝安区	福田区	龙岗区	龙华新区	南山区	罗湖区	光明新区	坪山区	盐田区	大鹏新区
建筑业	5907	1132	1423	770	1084	699	381	147	158	61	52
批零业	120513	24772	29471	15512	19467	14218	12410	2319	1329	792	223
住餐业	6934	992	1734	825	582	1211	1163	95	75	175	82
房地产开发业	1452	136	579	211	99	155	156	30	17	57	12
服务业	115356	15285	32977	12895	11545	22588	13477	1784	1510	2599	696
其他	11747	1403	3136	1376	748	2600	1274	344	277	293	296

样本量 n

行业	全市	宝安区	福田区	龙岗区	龙华新区	南山区	罗湖区	光明新区	坪山区	盐田区	大鹏新区
合计	1215	197	190	185	175	160	141	56	43	38	30
工业	280	80	10	50	50	20	5	30	15	10	10
建筑业	36	5	5	5	5	5	3	2	2	2	2
批零业	377	50	80	60	60	50	50	10	10	5	2
住餐业	41	5	5	5	5	5	8	2	2	2	2
房地产开发业	45	5	8	2	2	10	10	2	2	2	2
服务业	403	50	80	60	50	60	60	8	10	15	10
其他	33	2	2	3	3	10	5	2	2	2	2

（2）样本的置换情况。如果出现样本单位不配合调查情况（如拒报、提供不真实数据或找不到联系人）需更换样本，更换原则是在原样本后一位置选取，保证同区域同行业不变。但以下情况不更换样本：①报告期没有建设项目和设备购置的样本；②消亡（关张）的样本；③迁出深圳市的样本。实际调查中，有15个样本单位不配合调查，市统计普查中心及时抽出新样本单位进行了代替。

2. 样本标志值的分布

（1）样本的建设项目数量。1215个样本经过调查，有93家基本单位消亡（关张），占比为7.7%。其中：批零业48家，服务业27家，工业8家，住餐业3家，房地产业3家，建筑业2家，其他2家。消亡单位不替换样本，在计算样本均值时按0投资处理。由于无法知道总体中哪些单位消亡，在推算总体参数时接纳消亡单位的计算。

2015年有500万元以下固定资产投资建设项目118个，设备购置项目318个；2016年上半年有建设项目69个，设备购置项目263个。具体情况见表6-2。

表6-2　　　　500万元以下固定资产投资项目调查样本回收结果　　　　单位：个

分类	样本量	2015年建设项目个数	2015年设备购置项目个数	2016年上半年建设项目个数	2016年上半年设备购置项目个数
全市合计	1215	118	318	69	263
1. 工业	280	43	74	29	75
2. 建筑业	36	4	12	1	7
3. 批零业	377	28	90	10	75
4. 住餐业	41	3	11	3	12
5. 房地产开发业	45	1	8	2	6
6. 服务业	403	37	111	23	79
7. 其他	33	2	12	1	9

由表6-2可见，2015年有1097个样本单位没有500万元以下建设项目，有897个单位没有500万元以下设备购置项目（比重为73.8%）；2016年上半年有1146个样本单位没有建设项目，有952个单位没有设备购置项目（比重为78.3%，扣除消亡单位为70.6%）。

（2）样本标志值的分布。采用等距组距式分组编制的1215个样本2015年投资额标志值次数分布见图6-1 [全距取500万元，组数计算公式：1 + （log nlog 2）调整为10组，组距为50万元]。

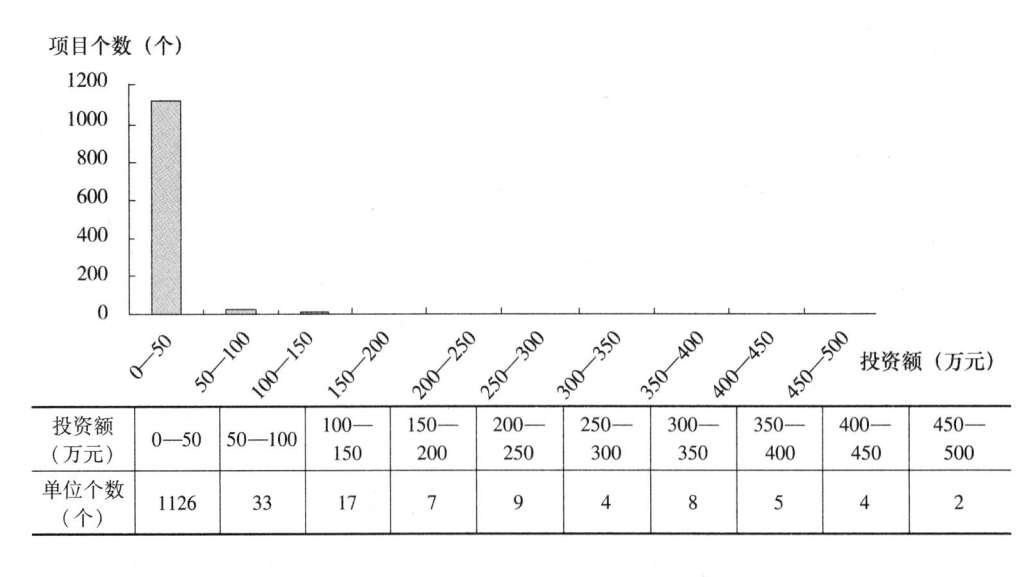

投资额（万元）	0—50	50—100	100—150	150—200	200—250	250—300	300—350	350—400	400—450	450—500
单位个数（个）	1126	33	17	7	9	4	8	5	4	2

图6-1　500万元以下项目单位分布

由图 6-1 可见，2015 年的样本中完成 50 万元固定资产投资的单位占比为 72.7%；50 万—100 万元的占比为 2.7%，项目投资额越多单位个数越少。不呈正态分布，考虑投资额为 0 的单位数量多（占比为 73.8%），计算出来的样本均值也会小。

3. 各层统计值的计算结果

1215 个样本经过调查，计算各层的统计值结果见表 6-3。

表 6-3　　　500 万元以下固定资产投资项目完成额各层统计值

分层	样本量 n（个）	2015 年			2016 年上半年		
		样本总值（万元）	样本均值（万元）	标准差 s（万元）	样本总值（万元）	样本均值（万元）	标准差 s（万元）
一、按区分	1215						
宝安	197	2642	13.41	86.88	999	5.07	24.63
福田	190	2727	14.35	59.75	1777	9.35	41.82
龙岗	185	2637	14.26	58.71	1468	7.93	33.01
龙华	175	2560	14.63	52.99	1839	10.51	41.44
南山	160	2237	13.98	69.23	1569	9.81	54.55
罗湖	141	1877	13.31	55.42	1218	8.64	43.20
光明	56	693	12.37	35.59	574	10.26	35.98
坪山	43	554	12.88	34.96	495	11.52	34.56
盐田	38	439	11.56	35.83	402	10.57	49.75
大鹏	30	462	15.38	32.89	441	14.71	42.98
二、按行业分	1215						
工业	280	5928	21.17	69.73	3995	14.27	51.76
建筑业	36	1169	32.48	85.61	633	17.58	57.21
批零业	377	2785	7.39	42.84	1991	5.28	29.74
住餐业	41	194	4.74	17.84	260	6.33	31.21
房地产开发业	45	355	7.89	70.08	136	3.01	8.61
服务业	403	4345	10.78	44.18	3516	8.72	41.83
其他	33	2037	61.73	202.72	238	7.20	28.40

由表 6-3 可见，区层的样本均值相对集中，方差大；按行业分，行业特性显示：每个工业企业 2015 年平均投资（21.17 万元）比批零（7.39 万元）、住餐

（4.74万元）的高，这是由于工业企业更需要设备更新和技术改造。

4. 总体参数

根据总体总值参数的计算公式（各层投资额参数采用点估计），计算各层的总体参数结果见表6-4。

表6-4　500万元以下固定资产投资项目完成额各层总体参数

分层	总体单位数N（个）	2015年		2016年上半年	
		总体参数（万元）	样本均值（万元）	总体参数（万元）	样本均值（万元）
一、按区分合计	331105	4600852		2814201	
宝安	71583	960012	13.41	362904	5.07
福田	70469	1011320	14.35	659078	9.35
龙岗	45499	648657	14.26	360926	7.93
龙华	43968	643176	14.63	462101	10.51
南山	45415	634957	13.98	445405	9.81
罗湖	29744	395954	13.31	256938	8.64
光明	12555	155319	12.37	128756	10.26
坪山	5859	75454	12.88	67488	11.52
盐田	4314	49866	11.56	45614	10.57
大鹏	1699	26136	15.38	24992	14.71
二、按行业分合计	331105	4560176		2866770	
工业	69196	1464880	21.17	987368	14.27
建筑业	5907	191881	32.48	103828	17.58
批零业	120513	890164	7.39	636376	5.28
住餐业	6934	32877	4.74	43904	6.33
房地产开发业	1452	11452	7.89	4373	3.01
服务业	115356	1243768	10.78	1006307	8.72
其他	11747	725153	61.73	84614	7.20

注：表中样本均值隐含有多位小数。

全市投资额等指标按区层推算的总体参数与按行业层推算的总体参数平均后可得：2015年完成投资458.05亿元，2016年上半年完成投资284.05亿元。

5. 总体参数的区间估计

总体总值区间估计结果见表6-5。

表6-5　　500万元以下固定资产投资项目完成额区间估计

	置信水平(%)	2015年					
		点估计（万元）	下限（万元）	上限（万元）	标准误（万元）	概率度	抽样误差
一、按区分层计算	95	4600852	3294630	5907074	666440	1.96	1306222
二、按行业分层计算	95	4560176	3325950	5794402	629707	1.96	1234226
平均值		4580514	3310290	5850738	—	—	—
	置信水平(%)	2016年上半年					
		点估计（万元）	下限（万元）	上限（万元）	标准误（万元）	概率度	抽样误差
一、按区分层计算	95	2814201	2065650	3562752	381914	1.96	748551
二、按行业分层计算	95	2866770	2120880	3612660	380556	1.96	745890
平均值		2840486	2093265	3587706	—	—	—

由表6-5可知，2015年全市500万元以下项目完成投资额最少为331.03亿元，最多到585.07亿元；2016年上半年全市500万元以下项目完成投资额最少为209.33亿元，最多到358.77亿元。

6. 样本量研究

根据调查所取得的有关经验数据和样本量（按不回放简单随机抽样）计算公式：

$$n = \frac{N z_{\alpha/2}^2 \sigma^2}{N \Delta^2 + Z_{\alpha/2}^2 \sigma^2}$$

式中，n 表示所求的样本容量；N 表示总体单位数，为331105；Δ 表示抽样极限误差；$Z(\alpha/2)$ 表示标准正态分布的 $\alpha/2$ 分位数［在置信度 $100(1-\alpha)\%$ 下标准正态分布的临界值］；σ^2 为总体方差，这里用样本方差代替，总体均值为13.83万元，1215个样本2015年投资额的方差为3844。再设置信水平分别为80%、90%、95%和均值的极限误差分别为2万元、5万元、10万元等不同情况计算的样本量如表6-6所示。

表 6-6　　　　　　　　　　2015 年投资额的总体方差

极限误差 \ 置信水平	80%（1.28）	90%（1.645）	95%（1.96）
2 万元	n = 1567	n = 2574	n = 3651
3 万元	n = 698	n = 1149	n = 1633
5 万元	n = 252	n = 415	n = 590

由表 6-6 可见，抽样调查对样本量的要求较高，以 95% 的置信水平为例，总体均值为 13.83 万元（平均每个基本单位 2015 年投资 13.83 万元）时如抽样误差为 3 万元（平均每个单位），则样本量为 1633 个；如提高精度，抽样误差为 2 万元，则样本量为 3651 个。

（五）数据分析

1. 分区与行业分类数据

全市 500 万元以下固定资产投资项目完成额按比例计算的分区与分行业见表 6-7。

表 6-7　　　500 万元以下固定资产投资项目完成额分区分行业情况

分类	总体		2015 年		2016 年上半年	
	单位数（个）	比重（%）	完成投资额（万元）	比重（%）	完成投资额（万元）	比重（%）
合计	331105	100.0	4580514	100	2840486	100
一、分区						
宝安	71583	21.6	955768	20.9	366294	12.9
福田	70469	21.3	1006849	21.9	665234	23.4
龙岗	45499	13.7	645790	14.0	364297	12.8
龙华	43968	13.3	640333	13.9	466417	16.4
南山	45415	13.7	632150	13.7	449565	15.8
罗湖	29744	9.0	394204	8.6	259338	9.1
光明	12555	3.8	154632	3.4	129959	4.6
坪山	5859	1.8	75120	1.6	68118	2.4
盐田	4314	1.3	49646	1.1	46040	1.6

续表

分类	总体		2015年		2016年上半年	
	单位数（个）	比重（%）	完成投资额（万元）	比重（%）	完成投资额（万元）	比重（%）
大鹏	1699	0.5	26020	0.6	25225	0.9
二、分行业						
工业	69196	20.9	1471413	32.1	978315	34.4
建筑业	5907	1.8	192737	4.2	102876	3.6
批零业	120513	36.4	894134	19.5	630541	22.2
住餐业	6934	2.1	33024	0.7	43501	1.5
房地产	1452	0.4	11503	0.3	4333	0.2
服务业	115356	34.8	1249315	27.3	997080	35.1
其他	11747	3.5	728387	15.9	83838	3.0

表 6-7 显示，全市 500 万元以下固定资产投资项目的分区与分行业完成投资额的大小，分区的主要受基本单位数多少的影响，分行业的不但与基本单位数多少有关，还与行业内的投资特点有关。

2. 行业投资结构情况

全市固定资产投资项目完成额（500 万元以下 + 国家口径 500 万元以上）分行业见表 6-8、表 6-9。

表 6-8　　　　　2015 年固定资产投资项目完成额分行业情况

	固定资产		1500 万元以下		2500 万元以上国家口径	
	完成额（亿元）	比重（%）	完成额（亿元）	比重（%）	完成额（亿元）	比重（%）
合计	3756.36	100	458.05	100	3298.31	100.0
1. 工业	737.94	19.6	147.14	32.1	590.8	17.9
2. 建筑业	19.52	0.5	19.27	4.2	0.25	0.0
3. 批零业	119.90	3.2	89.41	19.5	30.49	0.9
4. 住餐业	18.60	0.5	3.30	0.7	15.3	0.5
5. 房地产开发业	1332.18	35.5	1.15	0.3	1331.03	40.4
6. 服务业	1454.75	38.7	124.93	27.3	1329.82	40.3
7. 其他	73.46	2.0	72.84	15.9	0.62	0.0

表6-9　　　2016年上半年固定资产投资项目完成额分行业情况

	固定资产		1500万元以下		2500万元以上国家口径	
	完成额（亿元）	比重（%）	完成额（亿元）	比重（%）	完成额（亿元）	比重（%）
合计	1893.60	100	284.05	100	1609.55	100.0
1. 工业	304.66	16.1	97.83	34.4	206.83	12.9
2. 建筑业	11.05	0.6	10.29	3.6	0.76	0.0
3. 批零业	73.16	3.9	63.05	22.2	10.11	0.6
4. 住餐业	7.66	0.4	4.35	1.5	3.31	0.2
5. 房地产开发业	754.65	39.9	0.43	0.2	754.22	46.9
6. 服务业	734.01	38.8	99.71	35.1	634.3	39.4
7. 其他	8.40	0.4	8.38	3.0	0.02	0.0

表6-8和表6-9显示，加入500万元以下项目完成投资数据，2015年深圳工业投资比重提高1.7个百分点；2016年上半年工业投资比重提高3.2个百分点。

3. 投资率变动情况

加入500万元以下项目完成额后，2015年深圳市固定资产投资增加到3756.36亿元，2016年上半年增加到1893.60亿元（见表6-10）。

表6-10　　　深圳市固定资产投资额情况

	2015年	2016年上半年
全社会投资额（亿元）	3756.36	1893.60
一、500万元以下的投资额（亿元）	458.05	284.05
比重（%）	12.2	15.0
二、500万元以上国家口径的投资额（亿元）	3298.31	1609.55
比重（%）	87.8	85.0

加入500万元以下项目完成额后，深圳市固定资产投资率被改变，2015年由国家口径的18.8%上升到21.5%；2016年上半年由国家口径的18.7%上升到22.0%。计算情况见表6-11。

表 6-11　　　　　　　　2015 年深圳固定资产投资率情况

	2015 年	2016 年上半年
一、含 500 万元以下的投资率（%）	21.5	22.0
1. 固定资产完成投资（亿元）	3756.36	1893.6
2. 地区生产总值（GDP）（亿元）	17500.00	8608.88
二、500 万元以上国家口径的投资率（%）	18.8	18.7
1. 固定资产完成投资（亿元）	3298.31	1609.55
2. 地区生产总值（GDP）（亿元）	17500.00	8608.88

固定资产投资与 GDP 的关系不仅体现了一个国家或地区资本利用率的高低，也从另一方面体现了科技发达水平。固定资产投资率（全社会固定资产投资与 GDP 之比）与资本形成率（资本形成占 GDP 的比重）有高度的相关性，近年世界各国资本形成率平均约为 25%，发达国家约为 22%。以固定资产投资约占总资本形成的 95% 推算，发达国家的固定资产投资率（国外没有开展固定资产投资统计）约为 21%。按国家口径计算的深圳市固定资产投资率近年一直偏低，如加入 500 万元以下项目完成额后，深圳市固定资产投资率达到发达国家的正常水平。

（六）几点启示

（1）在 5 年一次的经济普查时设计专门的 500 万元以下固定资产投资项目报表进行全面调查项目的投资情况，由基本单位填写和上报。利用全面调查资料可准确统计完成投资总量的同时，计算出总体的方差。取得总体有关数据可为今后的抽样调查提供样本量和参数区间估计的计算依据。

（2）国家制定全国统一的 500 万元以下固定资产投资项目抽样方案，采用分层抽样或 PPS 等抽样方式，利用灵活的调查方法。每年做一次抽样调查，推算年度投资额等指标。

（3）把 500 万元以下固定资产投资项目完成的投资额纳入到全社会固定资产投资额中，以更好地为计算投资率和资本形成率提供依据。

附录6-1 深圳市500万元以下固定资产投资项目抽样调查方案

一 调查目的、范围和对象

1. 调查目的

了解深圳市计划总投资500万元以下固定资产投资项目及设备购置项目规模、构成以及分布情况，为市、区政府制定政策和进行宏观管理提供依据。

2. 调查范围

深圳市辖区内。

3. 调查对象

计划总投资500万元以下固定资产投资项目及在深圳市（注册登记）的法人单位、产业活动单位的500万元以下设备购置项目（不包括已列入计划总投资500万元以上固定资产投资项目中的设备购置），不含个体户生产性设备购置和私人建房投资项目。

二 调查内容和时间

1. 调查内容

调查内容为500万元以下固定资产投资项目及设备购置项目的计划总投资、完成投资及设备购置金额等，专门设计500万元以下固定资产投资项目调查表。

2. 调查时间

时期指标为2015年及2016年上半年，调查的时点指标为2016年6月30日。

三 抽样方案设计

1. 设计原则

抽样方案按照科学、便利、可推算原则设计。首先，作为一项全市抽样调查，整体方案必须是严格的概率抽样，应使调查精度尽可能高，也即目标量估计的抽样误差尽可能小。其次，方案必须有较强的可操作性，不仅便于具体抽样的实施，也便于后期的数据处理。最后，要求样本对各区（新区）及各行业均有代表性，样本统计量均可推算出全市各行业、各区（新区）参数。

2. 抽样总体和抽样框

目标总体为在深圳市内所有500万元以下固定资产投资项目及在深圳市（注册登记）的法人单位、产业活动单位的500万元以下设备购置项目。

由于目标总体的抽样框无法取得，把深圳市内的所有基本单位（不含个体户及住户）作为调查总体（被抽中的样本单位不调查计划总投资 500 万元以上固定资产投资项目及设备购置项目），每一基本单位为调查单位。

以 2016 年 8 月 19 日深圳市统计普查中心记录的基本单位（共 331105 家）作为抽样框。

3. 抽样类型和样本单位的抽取方法

抽样方案采用多阶分层抽样。具体为：

第一阶：按区域分罗湖、福田、南山、盐田、光明、龙华、坪山和大鹏 10 层（区层）；

第二阶：各区（区层）按统计行业再分工业、建筑业、批零业、住餐业、房地产开发业、服务业和其他行业 7 层（行业层）；

第三阶：在行业层中采用系统抽样（即等距抽样）抽选出调查单位。

4. 样本容量的确定和分配

由于无法知道总体方差和有关经验值，本次调查无法按公式计算样本容量。再由于无法知道总体单位值的分布状况，同时也为了样本统计量均可推算出全市各行业、各区（新区）参数，因此在专业层中采用大样本抽样，各层样本量均参考层内总体量并按比例确定。

5. 系统抽样的具体操作方法

在各专业层中采用随机起点的等概率系统抽样抽出样本单位，具体操作步骤为：

第一步：在统计专业管理的基本单位中按单位代码从小到大排列并从 1 开始相继编号；

第二步：计算抽样距离 $K = N/n$，式中 N 为总体单位总数，n 为样本容量；

第三步：在 1—K 中抽一随机数 S（为了便于操作由计算机抽取），作为样本的第一个单位；

第四步：计算出样本的其他单位编号：$S + K$，$S + 2K$，$S + 3K$，…，直至抽够 n 个单位编号为止。

第五步：利用样本单位编号找出对应的单位。

6. 目标量（总体参数）的估计及其方差估计

全市投资额总体参数计算公式为：

$$\hat{Y}_{st} = \sum_{h=1}^{L} \hat{Y}_h = \sum_{h=1}^{L} N_h \hat{\bar{Y}}_h$$

其中，$\hat{Y}_h$ 表示第 h 层的总体均值，h 下标，表示第 h 层；N_h 表示第 h 层的单位总数。

各层投资额参数采用点估计公式为：

$$\hat{Y}_h = N_h \cdot \bar{y}_h$$

其中，N_h 表示第 h 层的单位总数，$\bar{y}_h$ 表示第 h 层的样本均值。

全市投资额按区层推算的总体参数与按专业层推算的总体参数平均后取得。

确定全市投资额后，按比例推算全市各行业、各区（新区）500 万元以下固定资产投资项目及设备购置项目投资完成额。

为了解投资项目及设备购置项目投资完成额的离散程度，总体方差的计算公式（按区分层）为：

$$v(\hat{Y}_{st}) = \sum_{h=1}^{L} N_h (N_h - n_h) s_h^2 / n_h$$

其中，N_h 表示第 h 层的单位总数，n_h 表示第 h 层的样本数，S_h^2 为第 h 层的总体方差。

层内方差公式为：

$$s^2 = \frac{\sum_{i=1}^{n_h} (y_{hi} - \bar{y}_h)^2}{n_h - 1}$$

总体参数的区间估计，采用的上、下限公式（95% 置信水平）分别为：

$$\hat{Y}_{st} + u_{0.025} \cdot \sqrt{v(\hat{Y}_{st})}$$

$$\hat{Y}_{st} - u_{0.025} \cdot \sqrt{v(\hat{Y}_{st})}$$

按总体分层抽样情况，可以计算出全市及各区总体参数、全市的主要行业（工业、建筑业、批零业、住餐业、房地产开发业和服务业）总体参数，但各区不能计算出主要行业的参数。

四 调查的组织形式

1. 调查方案、调查表、过录表的设计、解析和各总体参数、方差计算由深圳市统计局投资处负责。

2. 等概率系统抽样随机数 S 及确定样本单位由深圳市统计局投资处与市统计普查中心负责。

3. 单位调查工作由各区各专业或街道统计办负责，调查可采用灵活方式（集中会议填写、上门调查或电话调查)开展。

4. 工作时间:

8月24日前完成调查方案、调查表、过录表的设计;

8月26日前完成样本单位的确定;

9月9日前完成调查数据采集;

9月15日前完成目标量(总体参数)的估计及其方差估计;

9月23日前完成调查报告;

9月28日前上报国家统计局。

五、调查报告的内容

1. 全市2015年度及2016年上半年500万元以下固定资产投资项目及设备购置项目投资完成额状况。

2. 结构状况:分区、主要行业分类。

3. 500万元以下、500万—5000万元及5000万元以上项目完成情况的方差及离散情况对比。

4. 500万元以下固定资产投资项目统计方法的建议。

附录6-2 深圳市500万元以下固定资产投资项目调查表

深圳市500万元以下固定资产投资项目调查表如下所示。

深圳市500万元以下固定资产建设项目调查表

单位名称:　　　　表　　号:临调01表
单位代码:　　　　制表机关:深圳市统计普查中心
行业代码:　　　　文　　号:深统法字(2016)10号
　　　　　　　　　有效期至:2016年10月

	建设项目		项目外的设备购置完成投资额(万元)	
	计划总投资(万元)	完成投资额(万元)		
		2015年	2016年上半年	2015年	2016年上半年
项目1					
项目2					
项目3					

说明:1. 表中的建设项目是指计划总投资500万元以下的项目,500万元以上的建设项目不在此调查范围内;

2. 按一个总体规划书为一个项目,表中项目名称可不填;

3. 表中的设备购置是指不含在建设项目中的设备购置。

联系人:　　　　　　联系电话:

附录6-3 深圳市基本单位数与投资调查样本量分配表

深圳市基本单位数与投资调查样本量分配表如下所示。

深圳市基本单位数与投资调查样本量分配表

行业	基本单位数（个）										
	全市	宝安区	福田区	龙岗区	龙华新区	南山区	罗湖区	光明新区	坪山区	盐田区	大鹏新区
合计	331105	71583	70469	45499	43968	45415	29744	12555	5859	4314	1699
工业	69196	27863	1149	13910	10443	3944	883	7836	2493	337	338
建筑业	5907	1132	1423	770	1084	699	381	147	158	61	52
批零业	120513	24772	29471	15512	19467	14218	12410	2319	1329	792	223
住餐业	6934	992	1734	825	582	1211	1163	95	75	175	82
房地产开发业	1452	136	579	211	99	155	156	30	17	57	12
服务业	115356	15285	32977	12895	11545	22588	13477	1784	1510	2599	696
其他	11747	1403	3136	1376	748	2600	1274	344	277	293	296

行业	样本量（个）										
	全市	宝安区	福田区	龙岗区	龙华新区	南山区	罗湖区	光明新区	坪山区	盐田区	大鹏新区
合计	1215	197	190	185	175	160	141	56	43	38	30
工业	280	80	10	50	50	20	5	30	15	10	10
建筑业	36	5	5	5	5	5	3	2	2	2	2
批零业	377	50	80	60	60	50	50	10	10	5	2
住餐业	41	5	5	5	5	5	8	2	2	2	2
房地产开发业	45	5	8	2	2	10	10	2	2	2	2
服务业	403	50	80	60	50	60	60	8	10	15	10
其他	33	2	2	3	3	10	5	2	2	2	2

附录6-4 固定资产投资项目抽样调查样本名单

固定资产投资项目抽样调查样本名单如下所示。

固定资产投资项目抽样调查样本名单

样本单位编号	单位所在区	单位所属行业	单位代码	单位名称
1	罗湖区	房地产	088500500	深圳市依迪斯新能源环保技术有限公司笋岗公司
2	罗湖区	房地产	19221546X	深圳市金洲房地产开发有限公司
3	罗湖区	房地产	279267158	深圳市中富田房地产开发有限公司
4	罗湖区	房地产	311956587	深圳市万兴祥置业有限公司
5	罗湖区	房地产	326615806	深圳金满园投资发展有限公司
6	罗湖区	房地产	574764966	深圳市富钿房地产投资发展有限公司
7	罗湖区	房地产	618845152	深圳国贸天安物业有限公司
8	罗湖区	房地产	687566165	深圳市富驰房地产开发有限公司
9	罗湖区	房地产	736272615	新旺实业发展（深圳）有限公司
10	罗湖区	房地产	778757979	深圳市安业置业发展有限公司
11	罗湖区	服务业	052784492	深圳市乐信投资管理有限公司罗湖分公司
12	罗湖区	服务业	055149515	深圳中盈通泰投资合伙企业（有限合伙）
13	罗湖区	服务业	058975011	深圳市李丰钊西医内科诊所有限公司
14	罗湖区	服务业	063852294	深圳市中拓国际物流有限公司
15	罗湖区	服务业	066324649	深圳国信融投顺翔股权投资基金企业（有限合伙）
16	罗湖区	服务业	069254500	上达国际货物运输代理（上海）有限公司深圳公司
17	罗湖区	服务业	071770504	深圳奇偶科技有限公司
18	罗湖区	服务业	075168721	深圳市昂途文化发展有限公司
19	罗湖区	服务业	078007026	深圳市鑫恒沙投资有限公司
20	罗湖区	服务业	080139810	深圳市蔚蓝海洋贸易有限公司
21	罗湖区	服务业	082483869	深圳市智慧禅科技有限公司
22	罗湖区	服务业	085939315	白亮口腔诊所
23	罗湖区	服务业	088398040	深圳项链投资控股有限公司
24	罗湖区	服务业	19217117X	深圳信中出口食品工贸公司
25	罗湖区	服务业	192297610	深圳市顺海实业有限公司
26	罗湖区	服务业	279383351	深圳市物业工程建设监理有限公司
27	罗湖区	服务业	30625904X	深圳市喜婚电子商务有限公司

续表

样本单位编号	单位所在区	单位所属行业	单位代码	单位名称
28	罗湖区	服务业	312022225	深圳顺天亿科技有限公司
29	罗湖区	服务业	319649039	深圳欧森亚生物技术有限公司
30	罗湖区	服务业	326578558	深圳市君悦城装饰艺术设计有限公司
31	罗湖区	服务业	342600356	深圳瀚唐国际艺术品拍卖有限公司
32	罗湖区	服务业	45574847X	深圳思达培训中心
33	罗湖区	服务业	552128141	中原地产代理（深圳）有限公司湖景花园分公司
34	罗湖区	服务业	557166948	深圳金歌宴娱乐有限公司
35	罗湖区	服务业	561500793	深圳市中航运物流有限公司
36	罗湖区	服务业	564242179	深圳市中汇晟投资有限公司
37	罗湖区	服务业	568534427	住化电子材料科技深圳有限公司
38	罗湖区	服务业	573142225	深圳市骏富文化传播有限公司
39	罗湖区	服务业	577698554	深圳市易凯商务国际旅游有限公司
40	罗湖区	服务业	582723355	德勤管理咨询（上海）有限公司深圳分公司
41	罗湖区	服务业	58674468X	骏田信息咨询（深圳）有限公司
42	罗湖区	服务业	591863640	美博芸科技（深圳）有限公司罗湖分公司
43	罗湖区	服务业	595678661	深圳市家安阁投资咨询有限公司
44	罗湖区	服务业	599094436	深圳市昱特国际货运代理有限公司
45	罗湖区	服务业	662679892	深圳市风光国际旅行社有限公司
46	罗湖区	服务业	667053936	深圳市普华世联商务服务有限公司
47	罗湖区	服务业	671855069	深圳大未来企业财务代理有限公司
48	罗湖区	服务业	674846256	卓越国际旅行社有限公司
49	罗湖区	服务业	68037200X	深圳市锦泉昌进出口贸易有限公司
50	罗湖区	服务业	683790389	好明国际物流（上海）有限公司深圳分公司
51	罗湖区	服务业	689419783	深圳爱稻草科技有限公司
52	罗湖区	服务业	693958763	深圳市佳斯达投资有限公司
53	罗湖区	服务业	699061236	深圳市永源兴诚进出口贸易有限公司
54	罗湖区	服务业	708572864	凯阳国际货运代理有限公司深圳分公司
55	罗湖区	服务业	724718958	深圳市中德康医药科技服务有限公司
56	罗湖区	服务业	732054696	深圳市文德源汽车维修有限公司
57	罗湖区	服务业	738838192	深圳市泽木文化传播有限公司
58	罗湖区	服务业	746634659	深圳市莲塘物业管理公司景福花园二期停车场

六 500万元以下固定资产投资抽样调查方法应用

续表

样本单位编号	单位所在区	单位所属行业	单位代码	单位名称
59	罗湖区	服务业	755650247	深圳市金汇典当有限公司
60	罗湖区	服务业	761955469	深圳市莲塘物业管理有限公司聚福花园停车场
61	罗湖区	服务业	766399502	深圳市旭永航实业有限公司
62	罗湖区	服务业	771626781	深圳市罗丹形象策划有限公司
63	罗湖区	服务业	775593948	普华永道国际贸易咨询（上海）公司深圳办事处
64	罗湖区	服务业	781381685	深圳市汇积丰实业发展公司草埔汽车服务中心
65	罗湖区	服务业	786555162	深圳市罗湖区佳佳幼儿园
66	罗湖区	服务业	790489364	深圳市泰顺达进出口有限公司
67	罗湖区	服务业	795409394	菱电国际（上海）有限公司深圳分公司
68	罗湖区	服务业	797997230	深圳市天腾广告有限公司
69	罗湖区	服务业	892353628	深圳华业物业管理公司太平洋商贸大厦停车场
70	罗湖区	服务业	X18904550	深圳东兴帝豪酒店有限公司停车场
71	罗湖区	工业	27941295X	深圳市恒发日用织品实业有限公司
72	罗湖区	工业	576357117	深圳天裁服装有限公司
73	罗湖区	工业	685378566	深圳市瑰凡琦珠宝有限公司
74	罗湖区	工业	755655283	深圳市名宝行珠宝首饰有限公司
75	罗湖区	工业	X18900250	深圳质保眼镜光学器材有限公司生产厂
76	罗湖区	建筑业	312011884	深圳市圳中装饰设计工程有限公司
77	罗湖区	建筑业	678553717	沪智机电工程（上海）有限公司深圳分公司
78	罗湖区	建筑业	892296133	河南城建建设集团有限公司深圳分公司
79	罗湖区	批零业	052791473	深圳市贝伦斯珠宝有限公司
80	罗湖区	批零业	057851316	深圳宜宽商贸有限公司
81	罗湖区	批零业	061422266	深圳市宝瑞福珠宝有限公司
82	罗湖区	批零业	066306766	广东国金贵金属经营有限公司深圳鼎胜分公司
83	罗湖区	批零业	069296559	深圳市金艺彩宝有限公司
84	罗湖区	批零业	073364112	深圳市优创互联电子商务有限公司
85	罗湖区	批零业	077518238	万足金首饰有限公司
86	罗湖区	批零业	080777038	深圳美和酒窖文化传播有限公司
87	罗湖区	批零业	083872436	深圳市世胜服饰有限公司
88	罗湖区	批零业	087917320	深圳市宝源华宇电子数码科技有限公司
89	罗湖区	批零业	192173159	深圳市金钟电池有限公司

续表

样本单位编号	单位所在区	单位所属行业	单位代码	单位名称
90	罗湖区	批零业	279284708	深圳市新乐贸易发展有限公司
91	罗湖区	批零业	306034027	深圳百岁金珠宝有限公司
92	罗湖区	批零业	311801622	深圳福雅福珠宝有限公司
93	罗湖区	批零业	319406061	深圳金狮泰生物科技有限公司
94	罗湖区	批零业	319795212	深圳市国联康实业有限公司
95	罗湖区	批零业	335066925	深圳市金祥瑞珠宝有限公司
96	罗湖区	批零业	398468657	深圳市晟通达国际供应链有限公司
97	罗湖区	批零业	552134138	深圳市南北药行连锁公司南北药行泥岗二分店
98	罗湖区	批零业	555441483	深圳市轩伟鑫投资有限公司
99	罗湖区	批零业	559852597	深圳市触想网络科技有限公司
100	罗湖区	批零业	562799715	深圳市御美数码科技有限公司
101	罗湖区	批零业	567092022	深圳市鹏海隆贸易有限公司
102	罗湖区	批零业	571975522	深圳市周至福珠宝首饰有限公司
103	罗湖区	批零业	576364958	深圳环球维尔安科技有限公司
104	罗湖区	批零业	580084596	深圳久久酒业有限公司
105	罗湖区	批零业	585629487	深圳市亿华玻璃制品有限公司
106	罗湖区	批零业	590706264	深圳恒达通进出口有限公司
107	罗湖区	批零业	594333311	深圳市雅怡园酒业有限公司
108	罗湖区	批零业	599053263	深圳市树茂园林绿化有限公司
109	罗湖区	批零业	664176543	深圳市金嘉玉珠宝有限公司
110	罗湖区	批零业	670015527	深圳市裕尔源贸易有限公司
111	罗湖区	批零业	674835936	深圳市盛世金典商行
112	罗湖区	批零业	680383753	深圳市鹏湾通进出口有限公司
113	罗湖区	批零业	685370409	深圳市天香佳贸易有限公司
114	罗湖区	批零业	691167386	深圳市世爵百年珠宝首饰有限公司
115	罗湖区	批零业	695567504	深圳市博拓贸易有限公司
116	罗湖区	批零业	708435819	深圳市埃孚石化有限公司
117	罗湖区	批零业	723016743	深圳市德铭盾实业发展有限公司
118	罗湖区	批零业	731094370	深圳市南北药行连锁有限公司布心分店
119	罗湖区	批零业	738833447	深圳市长丰盛实业有限公司
120	罗湖区	批零业	74664630X	深圳市维达领带有限公司

续表

样本单位编号	单位所在区	单位所属行业	单位代码	单位名称
121	罗湖区	批零业	757600788	深圳市凯普特实业有限公司
122	罗湖区	批零业	764973857	深圳市白马服装有限公司
123	罗湖区	批零业	771646184	超霸电池（深圳）有限公司
124	罗湖区	批零业	778767528	深圳市新相约美丽商行
125	罗湖区	批零业	785265956	深圳美派店商贸有限公司
126	罗湖区	批零业	790497639	华润（深圳）有限公司第四分公司
127	罗湖区	批零业	796623325	深圳市鑫兴洲雅贸易有限公司
128	罗湖区	批零业	X18913625	华润万家有限公司国都分店
129	罗湖区	其他	279434913	华泰联合证券有限责任公司
130	罗湖区	其他	574776561	深圳市罗湖区兰花社区老年人协会
131	罗湖区	其他	691159351	深圳市罗湖区金鹏社区老人协会
132	罗湖区	其他	782792953	深圳农村商业银行股份公司（深圳农村商业银行）
133	罗湖区	其他	X19117962	中国工商银行股份有限公司深圳东门支行
134	罗湖区	住餐业	08010620X	深圳市隆丰餐饮管理有限公司
135	罗湖区	住餐业	326648069	样样好餐饮管理（深圳）有限公司罗湖东门第六分公司
136	罗湖区	住餐业	573110549	深圳华发顺蒸饺店
137	罗湖区	住餐业	662655129	深圳市嘉旺餐饮连锁有限公司人民桥嘉旺城市快餐店
138	罗湖区	住餐业	69252674X	深圳市罗湖区漓江乡情桂林米粉店红宝店
139	罗湖区	住餐业	745155787	深圳市罗湖区城景招待所
140	罗湖区	住餐业	781352147	深圳市华神龙餐饮管理有限公司
141	罗湖区	住餐业	X18929010	百胜餐饮（深圳）有限公司肯德基新园餐厅
142	福田区	房地产	093931508	深圳市金众置业有限公司
143	福田区	房地产	279354753	深圳市中国茶宫房地产开发有限公司
144	福田区	房地产	311828948	中稷环海房地产投资开发（深圳）有限公司
145	福田区	房地产	34277118X	深圳君圣房地产开发有限公司
146	福田区	房地产	581598951	深圳市卓越康华贸易有限公司
147	福田区	房地产	676698701	深圳市中航华城置业发展有限公司
148	福田区	房地产	741236504	嘉里置业（深圳）有限公司
149	福田区	房地产	796616854	深圳市金建房地产开发有限公司
150	福田区	服务业	051543224	深圳市创域多元商务有限公司
151	福田区	服务业	053986571	深圳市众信德信息科技有限公司

续表

样本单位编号	单位所在区	单位所属行业	单位代码	单位名称
152	福田区	服务业	056176937	深圳英橡文化传播有限公司
153	福田区	服务业	058967222	深圳市汇智有方文化传播有限公司
154	福田区	服务业	061427841	深圳市大千视界微影博网络有限公司
155	福田区	服务业	063897847	深圳市深蓝喷绘广告有限公司
156	福田区	服务业	066329984	深圳市山海泽投资咨询企业（有限合伙）
157	福田区	服务业	068561090	深圳市华优知识产权代理事务所（普通合伙）
158	福田区	服务业	07039616X	深圳市天联新动科技有限公司第一分公司
159	福田区	服务业	072527004	深圳市海汉投资发展有限公司
160	福田区	服务业	07517024X	深圳市乐亨科技有限公司
161	福田区	服务业	077501137	深圳市福田区鑫铂睿服饰有限公司
162	福田区	服务业	079802224	深圳市大悦印象文化传播有限公司
163	福田区	服务业	081254626	深圳市程楠科技有限公司
164	福田区	服务业	082492570	深圳市帝景艺术设计有限公司
165	福田区	服务业	084621049	深圳市中物新材料应用科技有限公司
166	福田区	服务业	08700218X	深圳市快迩科技有限公司
167	福田区	服务业	088287922	深圳市云雅文化传播有限公司
168	福田区	服务业	093459426	深圳市惠仁新能源有限公司
169	福田区	服务业	19218398X	深圳市航运集团有限公司
170	福田区	服务业	192361096	深圳市华江实业有限公司
171	福田区	服务业	279384282	深圳市天翼投资发展有限公司
172	福田区	服务业	305978800	深圳市约伯信息咨询有限公司
173	福田区	服务业	310500780	助立管理咨询（深圳）有限公司
174	福田区	服务业	311803302	深圳市中建宝龙劳务派遣有限公司
175	福田区	服务业	312044678	深圳鹏晨信人力资源有限公司
176	福田区	服务业	319481985	深圳市长城智慧能源科技有限公司
177	福田区	服务业	319705766	深圳市岁海信息咨询有限公司
178	福田区	服务业	326344436	深圳市智链金服科技有限公司
179	福田区	服务业	326551945	深圳市白塔集团投资控股有限公司
180	福田区	服务业	334981128	深圳市通厚长投资有限公司
181	福田区	服务业	335273174	深圳中盟汇银资本管理有限公司
182	福田区	服务业	342649475	深圳市动客体育发展有限公司

六 500万元以下固定资产投资抽样调查方法应用

续表

样本单位编号	单位所在区	单位所属行业	单位代码	单位名称
183	福田区	服务业	35914924X	深圳市优呈展示有限公司
184	福田区	服务业	398588544	深圳高科融智经济咨询有限公司
185	福田区	服务业	552104625	深圳市华宇福保半导体有限公司
186	福田区	服务业	555402986	深圳市丰友投资股份有限公司
187	福田区	服务业	558668106	深圳市天宁皇朝商务咨询有限公司
188	福田区	服务业	562750559	深圳禾木资产管理有限公司
189	福田区	服务业	565717260	深圳市非凡丽致婚纱摄影有限公司福田分公司
190	福田区	服务业	568527411	中原地产代理（深圳）有限公司科技大厦分公司
191	福田区	服务业	57198754X	深圳市中科探数码科技有限公司
192	福田区	服务业	574797207	深圳市富海银涛号肆号投资合伙企业（有限合伙）
193	福田区	服务业	57881967X	深圳市拓润市场营销策划有限公司
194	福田区	服务业	58270033X	深圳市全峰宇轩货运代理有限公司
195	福田区	服务业	585622162	深圳市易美讯信息咨询服务有限公司
196	福田区	服务业	587948115	深圳市雅诚美礼品包装有限公司
197	福田区	服务业	591871085	深圳力泽财富资产管理有限公司
198	福田区	服务业	595650511	深圳市鑫汇成会议策划有限公司
199	福田区	服务业	597785137	深圳优游信息咨询有限公司
200	福田区	服务业	661021300	深圳市尺度房地产经纪有限公司
201	福田区	服务业	665857201	深圳市中建南方建筑工程劳务有限公司
202	福田区	服务业	668536884	华视传媒集团有限公司深圳分公司
203	福田区	服务业	672964064	深圳市当代骏盛投资有限公司
204	福田区	服务业	676687236	深圳市瑞普瑞达企业管理顾问有限公司
205	福田区	服务业	680399237	深圳市君锐人力资源咨询有限公司
206	福田区	服务业	685377555	深圳英特资投资咨询有限公司
207	福田区	服务业	691154251	深圳市易尔电子有限公司
208	福田区	服务业	693962463	深圳市巴兰塔足浴按摩城景田分店
209	福田区	服务业	69712706X	深圳广力讯科技有限公司
210	福田区	服务业	708463932	深圳市漫室服装有限公司
211	福田区	服务业	715267243	深圳市德信创业投资管理有限公司
212	福田区	服务业	726183125	深圳天络科技有限公司
213	福田区	服务业	732046688	深圳市宝视达数码科技开发有限公司

续表

样本单位编号	单位所在区	单位所属行业	单位代码	单位名称
214	福田区	服务业	736292544	深圳市琛建工程与设计咨询有限公司
215	福田区	服务业	74515360X	深圳市联瀛科技有限公司
216	福田区	服务业	750452065	深圳市福田区福华中西医结合医院有限公司
217	福田区	服务业	754290411	深圳市双成科技电子有限公司
218	福田区	服务业	760459957	深圳天豪电子科技有限公司
219	福田区	服务业	764969313	深圳市中航健身时尚股份公司中信广场分公司
220	福田区	服务业	769166966	深圳市奔腾企业策划设计有限公司
221	福田区	服务业	772713625	深圳市圆武堂广告有限公司
222	福田区	服务业	777172290	深圳市中教品牌设计部
223	福田区	服务业	781376077	深圳市三方诚信招标有限公司
224	福田区	服务业	785277164	深圳市九州盛典广告有限公司
225	福田区	服务业	789241820	深圳市家家洁家政服务有限公司
226	福田区	服务业	793862961	深圳市金中环酒店管理有限公司
227	福田区	服务业	797972201	深圳市艾苏威尔科技发展有限公司
228	福田区	服务业	G34780857	《游遍天下》杂志社
229	福田区	服务业	X19107393	深圳市万厦居业有限公司南园管理处
230	福田区	工业	078008758	深圳市王庭灯饰有限公司
231	福田区	工业	192328704	深圳市千帆电子有限公司
232	福田区	工业	398452890	深圳市彩动力印刷有限公司
233	福田区	工业	582704162	深圳市恒悦纸品包装有限公司
234	福田区	工业	662651064	深圳市华庆顺天科技有限公司
235	福田区	工业	692517704	安捷伦科技（中国）有限公司深圳分公司
236	福田区	工业	728560561	麦斯宏科信息技术（深圳）有限公司
237	福田区	工业	757634275	深圳可颂食品有限公司天安数码分店
238	福田区	工业	774131629	深圳市协辉印务有限公司
239	福田区	工业	799229315	深圳市金瑞凯利生物科技有限公司
240	福田区	建筑业	192243663	中国建筑第四工程局有限责任公司深圳分公司
241	福田区	建筑业	326596342	深圳市锦程宏业工程有限公司
242	福田区	建筑业	594326584	深圳市明妆装饰工程有限公司
243	福田区	建筑业	723043274	福建省第五建筑工程公司深圳分公司
244	福田区	建筑业	SG8850597	深圳市建工集团股份有限公司第四建筑分公司

六　500万元以下固定资产投资抽样调查方法应用

续表

样本单位编号	单位所在区	单位所属行业	单位代码	单位名称
245	福田区	批零业	051540808	深圳市科隆迪商贸有限公司
246	福田区	批零业	053969202	深圳市瑞宸高科技有限公司
247	福田区	批零业	05514938X	深圳市洪成贸易有限公司
248	福田区	批零业	057888880	深圳车管家科技有限公司
249	福田区	批零业	060286565	深圳点灯科技有限公司
250	福田区	批零业	063863743	深圳市鑫鑫向荣礼品有限公司
251	福田区	批零业	065490020	深圳市沃瑞泰科技有限公司
252	福田区	批零业	067977940	深圳市鑫皇家家具有限公司
253	福田区	批零业	070363907	深圳市网为电子商务有限公司
254	福田区	批零业	071782126	深圳市新嘉途汽车用品有限公司
255	福田区	批零业	074373627	深圳华冠商业管理有限公司新城市广场店
256	福田区	批零业	076918037	深圳市杰美科技有限公司
257	福田区	批零业	07898058X	深圳诚宏达电子有限公司
258	福田区	批零业	080773432	深圳市不仅仅科技有限公司
259	福田区	批零业	082462670	深圳市展熙科技有限公司
260	福田区	批零业	084610278	深圳市易泰科技有限公司
261	福田区	批零业	087024135	深圳市诚信天下科技有限公司
262	福田区	批零业	08840026X	深圳市恒和泰实业有限公司
263	福田区	批零业	09424155X	深圳市汇丰润贸易有限公司
264	福田区	批零业	192408392	深圳市燃气集团股份有限公司
265	福田区	批零业	279411623	深圳市昌达铭仕科技发展有限公司
266	福田区	批零业	306120793	深圳市鑫瑞斯信息科技有限公司
267	福田区	批零业	311713876	深圳市博浩恒业科技有限公司
268	福田区	批零业	311937589	深圳市辛德瑞拉电子商务有限公司
269	福田区	批零业	31936931X	深圳市依势德贸易有限公司
270	福田区	批零业	319654321	深圳市盟森食品有限公司
271	福田区	批零业	326346124	深圳市商央科技有限公司
272	福田区	批零业	326572666	深圳川能供应链管理有限公司
273	福田区	批零业	335023941	深圳市赛唯莱特贸易有限公司
274	福田区	批零业	335335224	深圳市润钱珠宝实业有限公司
275	福田区	批零业	342813773	广东涛记保健食品有限公司

续表

样本单位编号	单位所在区	单位所属行业	单位代码	单位名称
276	福田区	批零业	398528904	深圳市联科汇信科技有限公司
277	福田区	批零业	552115711	深圳市海创达电子科技有限公司
278	福田区	批零业	555407007	深圳市炬佳盛电子有限公司
279	福田区	批零业	558657175	深圳市环汇电子有限公司
280	福田区	批零业	561509376	深圳市艺可可科技有限公司
281	福田区	批零业	564211460	深圳市嘉乐祥珠宝饰品有限公司星河店
282	福田区	批零业	567071977	深圳市都市旋律科技有限公司
283	福田区	批零业	570025963	深圳优莱客动漫玩具有限公司
284	福田区	批零业	573123470	深圳市集星装饰材料有限公司
285	福田区	批零业	576374945	深圳市聚力芯电子科技有限公司
286	福田区	批零业	578825586	深圳市星诺亚科技有限公司
287	福田区	批零业	581568103	深圳贝斯迪亚工具有限公司
288	福田区	批零业	584072621	深圳市卡卡互联科技有限公司
289	福田区	批零业	58673086X	丹利尔贸易（深圳）有限公司
290	福田区	批零业	589194214	深圳市晋坤电子有限公司
291	福田区	批零业	591896354	深圳市花宴花卉有限公司
292	福田区	批零业	594346358	深圳市合富润供应链管理有限公司
293	福田区	批零业	596794146	深圳市乐之城乐器有限公司
294	福田区	批零业	618828950	霍仕特食品（深圳）有限公司
295	福田区	批零业	664155689	深圳市首禾科技有限公司
296	福田区	批零业	668508082	必先贸易（深圳）有限公司
297	福田区	批零业	671880547	深圳市荣诚泰建材有限公司
298	福田区	批零业	676656413	深圳市新泉信通进出口有限公司
299	福田区	批零业	680371760	深圳市安广讯通讯设备有限公司
300	福田区	批零业	683789046	美国 TOWNLEYINC 深圳代表处
301	福田区	批零业	687595994	深圳市恒达荣科技有限公司
302	福田区	批零业	692504436	深圳市航涛科技发展有限公司
303	福田区	批零业	695565752	深圳市海量化妆品销售有限公司
304	福田区	批零业	699066045	深圳市酒易购商贸有限公司
305	福田区	批零业	715200444	深圳市先科金达电子有限公司
306	福田区	批零业	723034933	深圳市沸点运动器材有限公司

续表

样本单位编号	单位所在区	单位所属行业	单位代码	单位名称
307	福田区	批零业	72856735X	深圳市报刊实业发展公司福田花园入口报刊亭
308	福田区	批零业	734148610	深圳市艾威贸易有限公司
309	福田区	批零业	738838299	深圳市南方先进电子有限公司
310	福田区	批零业	745163728	中铁信息计算机工程有限责任公司深圳分公司
311	福田区	批零业	748890699	深圳市万迅达科技有限公司
312	福田区	批零业	754295095	深圳市君会康医疗器械责任有限公司
313	福田区	批零业	75864597X	深圳市博亚港实业有限公司
314	福田区	批零业	763483549	深圳市金品办公设备有限公司
315	福田区	批零业	767571706	深圳市安华汽车空调冷气配件商行
316	福田区	批零业	771625252	深圳市华科信电子有限公司
317	福田区	批零业	775565875	深圳市炜艺陶瓷有限公司
318	福田区	批零业	779854471	深圳市利日机电设备有限公司
319	福田区	批零业	783904179	万象锦程服饰（深圳）有限公司
320	福田区	批零业	786594700	康宝莱（中国）保健品有限公司深圳分公司
321	福田区	批零业	791706500	深圳市浩龙宇电子有限公司
322	福田区	批零业	795407655	深圳市雅姿地毯有限公司
323	福田区	批零业	797997767	深圳市宏业兴电子有限公司
324	福田区	批零业	L65851300	深圳市福田区翼达汇智能科技馆
325	福田区	其他	564548012	广东省深圳航道局深圳航标与测绘所
326	福田区	其他	X19247468	中国太平洋财产保险股份公司深圳市福田支公司
327	福田区	住餐业	279428353	深圳市泰兴隆实业有限公司
328	福田区	住餐业	558673503	深圳市大中华潮宗汇餐饮有限公司
329	福田区	住餐业	674801189	深圳湘粉人家饮食连锁有限公司海康分店
330	福田区	住餐业	75568296X	深圳市澳葡街餐饮管理有限公司
331	福田区	住餐业	X18926848	百胜餐饮（深圳）有限公司肯德基福华餐厅
332	南山区	房地产	09399746X	深圳市中科致远投资有限公司
333	南山区	房地产	192410337	深圳市南山荔源实业股份有限公司
334	南山区	房地产	279522200	深圳市恒祥基房地产开发建设有限公司
335	南山区	房地产	326272938	深圳市恒裕汇创房地产开发有限公司
336	南山区	房地产	564211559	深圳市嘉锦鹏房地产有限公司
337	南山区	房地产	597788135	深圳市山海情置业有限公司

续表

样本单位编号	单位所在区	单位所属行业	单位代码	单位名称
338	南山区	房地产	689408515	华润置地（深圳）发展有限公司
339	南山区	房地产	731110617	深圳市诚略实业发展有限公司
340	南山区	房地产	767593390	深圳市金銮房地产开发有限公司
341	南山区	房地产	792587160	深圳市玉湖房地产开发有限公司
342	南山区	服务业	052796223	深圳市布衣网络发展有限公司
343	南山区	服务业	056179409	深圳市弈童天地文化传播公司前海花园分公司
344	南山区	服务业	060267954	深圳市鹏居乐物业管理有限公司荔湾停车场
345	南山区	服务业	063878603	深圳市颐琪文化传播有限公司
346	南山区	服务业	067194321	深圳市鑫宏诚汽车服务有限公司
347	南山区	服务业	071102397	深圳联合国际船舶代理有限公司
348	南山区	服务业	07435213X	深圳维誉装饰设计有限公司
349	南山区	服务业	076938855	深圳市品象设计有限公司
350	南山区	服务业	078992943	深圳市港澳管理咨询有限公司
351	南山区	服务业	080788343	深圳市前海融汇供应链管理有限公司
352	南山区	服务业	082472844	深圳万汇国金股权投资基金企业（有限合伙）
353	南山区	服务业	083896606	深圳市京鹏世纪物业管理有限公司
354	南山区	服务业	085927023	深圳贰投资管理有限公司
355	南山区	服务业	087787685	深圳市康柏利合国际物流有限公司
356	南山区	服务业	08852385X	深圳市科中大投资发展有限公司
357	南山区	服务业	094363418	深圳市嘉顺安汽车美容有限公司南山分公司
358	南山区	服务业	279341039	深圳市友邻通讯设备有限公司
359	南山区	服务业	306029623	深圳市青鸾资本管理有限公司
360	南山区	服务业	311645471	深圳市木轩文化传播有限公司
361	南山区	服务业	311912322	深圳市金诚科创信息技术有限公司
362	南山区	服务业	319390071	深圳市浩天成园林工程有限公司
363	南山区	服务业	319670356	中核深圳凯利核能服务有限公司
364	南山区	服务业	326308793	深圳市乐杜鹃企业管理有限公司
365	南山区	服务业	326520161	深圳市深彩飞广告有限公司
366	南山区	服务业	326698779	深圳市懒懒科技有限公司
367	南山区	服务业	335194855	深圳市储购同城商务服务有限公司
368	南山区	服务业	342722521	深圳市禾盛商业保理有限公司

续表

样本单位编号	单位所在区	单位所属行业	单位代码	单位名称
369	南山区	服务业	398551741	深圳市正云医疗器械技术开发有限公司
370	南山区	服务业	552105839	深圳市亿科星电子有限公司
371	南山区	服务业	555446495	深圳市恒海石油技术服务有限公司
372	南山区	服务业	561507653	深圳市汇智劳务派遣有限公司
373	南山区	服务业	565717236	深圳市南源通网络科技发展有限公司
374	南山区	服务业	570006973	深圳市百花齐放文化传播有限公司
375	南山区	服务业	573138824	深圳市国通房地产经纪有限公司
376	南山区	服务业	577687556	中原地产代理（深圳）公司现代之窗第二分公司
377	南山区	服务业	581590968	深圳市绿谷科技开发有限责任公司
378	南山区	服务业	586713787	深圳市玖商技术服务有限公司
379	南山区	服务业	590722280	深圳市宏扬企业登记代理服务有限公司
380	南山区	服务业	59433092X	深圳市达达财务顾问有限公司
381	南山区	服务业	599053124	深圳市泽芳时装设计室
382	南山区	服务业	662680295	深圳市锦都服装有限公司
383	南山区	服务业	668537772	周家德西医妇科诊所
384	南山区	服务业	67483719X	深圳市生华达海普科技有限公司
385	南山区	服务业	680397493	深圳市勤丰国际货运代理有限公司南山分公司
386	南山区	服务业	687563730	深圳市迅捷达航空服务有限公司
387	南山区	服务业	692520604	深圳市莲花物业管理公司南荔苑管理服务中心
388	南山区	服务业	697121901	深圳市浩翰星河科技有限公司
389	南山区	服务业	708585788	深圳市半岛物业管理有限公司鸿瑞花园停车场
390	南山区	服务业	727179689	深圳市度假湾企业策划有限公司
391	南山区	服务业	738800653	深圳市蔚蓝科技有限公司
392	南山区	服务业	746620847	深圳市克鲁特自控系统有限公司
393	南山区	服务业	75429712X	深圳市立正管理咨询有限公司
394	南山区	服务业	763458810	深圳市鼎游信息技术有限公司
395	南山区	服务业	770303526	深圳市星宇时代商业地产投资有限公司
396	南山区	服务业	775592101	深圳市美杰管理咨询有限公司
397	南山区	服务业	782758384	深圳市展芯科技有限公司
398	南山区	服务业	788332560	深圳市凯德设计顾问有限公司
399	南山区	服务业	793890508	深圳市武向兵建筑设计有限公司

续表

样本单位编号	单位所在区	单位所属行业	单位代码	单位名称
400	南山区	服务业	79923857X	深圳市劼柏环境设计有限公司
401	南山区	服务业	SG888675X	深圳市梁柱物业管理有限公司曙光花园管理处
402	南山区	工业	067958811	深圳市兆薇科技有限公司
403	南山区	工业	08386740X	深圳市瑞利光通讯技术有限公司
404	南山区	工业	279317135	深圳市天然源科技发展有限公司
405	南山区	工业	326594785	深圳市大疆百旺科技有限公司
406	南山区	工业	561501593	深圳市世亮照明有限公司
407	南山区	工业	573122988	深圳市易宜家具有限责任公司
408	南山区	工业	587911021	深圳市一八零度时装精品有限公司
409	南山区	工业	618812801	深圳中施机械设备有限公司
410	南山区	工业	661041539	深圳市森珀制衣有限公司
411	南山区	工业	674806000	深圳市嘉德信电子线材有限公司
412	南山区	工业	689404928	深圳市迪联精密机械有限公司
413	南山区	工业	708433880	深圳市优良加电器有限公司
414	南山区	工业	723046985	深圳市超利维实业有限公司
415	南山区	工业	73206590X	深圳市海博科技有限公司
416	南山区	工业	745152172	深圳市和禄科技开发有限公司
417	南山区	工业	755666396	深圳市益安康科技有限公司
418	南山区	工业	767572119	林德气体（深圳）有限公司
419	南山区	工业	77986854X	深圳市硕亚科技有限公司
420	南山区	工业	792553278	深圳市梅比西电气设备有限公司
421	南山区	工业	X18927525	深圳南方超薄浮法玻璃有限公司导电玻璃厂
422	南山区	建筑业	192185096	深圳市黎源建筑设计装饰有限公司
423	南山区	建筑业	319674330	深圳市兴丰农业发展有限公司
424	南山区	建筑业	596763980	河南圣锦园林工程有限公司深圳分公司
425	南山区	建筑业	727133875	深圳市筑乐科技有限公司
426	南山区	建筑业	89252452X	广东省高州市建筑工程总公司宝安分公司
427	南山区	批零业	053985368	深圳市藏石斋文化艺术投资有限公司
428	南山区	批零业	057874032	深圳市万鑫源贸易有限公司
429	南山区	批零业	06141125X	深圳市威斯曼德科技有限公司
430	南山区	批零业	064988265	深圳大唐产业贸易有限公司

六　500万元以下固定资产投资抽样调查方法应用

续表

样本单位编号	单位所在区	单位所属行业	单位代码	单位名称
431	南山区	批零业	06856059X	深圳精诚达电子商务有限公司
432	南山区	批零业	071750984	深圳市亿通锁业维修服务有限公司
433	南山区	批零业	074391761	深圳市变昇商贸有限公司
434	南山区	批零业	077541753	深圳市前海中沙石油化工贸易有限公司
435	南山区	批零业	080122955	深圳市福昌安科技有限公司
436	南山区	批零业	081898181	深圳市广融通供应链管理有限公司
437	南山区	批零业	084607642	深圳市千信佳投资有限公司
438	南山区	批零业	085996790	深圳市汇视特电子商务有限公司
439	南山区	批零业	08834216X	深圳泊时捷科技有限公司
440	南山区	批零业	094290159	深圳市英特海科技有限公司
441	南山区	批零业	30581905X	深圳英格达安全设备有限公司
442	南山区	批零业	310547087	威誉环球采购（深圳）有限公司
443	南山区	批零业	311903872	深圳市翌科通讯有限公司
444	南山区	批零业	319369969	恩匍乐电子（上海）有限公司深圳分公司
445	南山区	批零业	319695924	深圳市伟会贸易有限公司
446	南山区	批零业	32639365X	深圳市德禧传世珠宝定制有限公司
447	南山区	批零业	326565044	深圳市前海中和建新能源有限公司
448	南山区	批零业	335245624	深圳市金博凯钧电子有限公司
449	南山区	批零业	398515257	深圳市慕哥弟斯服饰有限公司
450	南山区	批零业	55213957X	深圳爱之孔进出口有限公司
451	南山区	批零业	558654185	深圳市昆信贸易有限公司
452	南山区	批零业	562779722	深圳市丽睿思照明科技有限公司
453	南山区	批零业	567093199	深圳市元和堂药业连锁有限公司大新分店
454	南山区	批零业	573106216	深圳市捷通科技有限公司
455	南山区	批零业	577682130	深圳市浩瀚新能源科技股份有限公司
456	南山区	批零业	582700006	深圳市正美包装材料有限公司
457	南山区	批零业	586746159	深圳市汇祥汽车服务有限公司
458	南山区	批零业	591873742	深圳市谷来瑞科技有限公司
459	南山区	批零业	595699462	深圳市晶森标记自动化技术有限公司
460	南山区	批零业	661019489	深圳市捷迈科技发展有限公司
461	南山区	批零业	668526846	卡露儿贸易（深圳）有限公司

续表

样本单位编号	单位所在区	单位所属行业	单位代码	单位名称
462	南山区	批零业	674839224	深圳市新光建材有限公司
463	南山区	批零业	680395906	深圳市深安扬科技发展有限公司
464	南山区	批零业	68758921X	深圳黄方块科技有限公司
465	南山区	批零业	693954551	深圳市埃森化工有限公司
466	南山区	批零业	69908389X	深圳市杜源技术开发有限公司
467	南山区	批零业	723047945	深圳市万国风照明电器有限公司
468	南山区	批零业	734147925	深圳市协勤实业有限公司
469	南山区	批零业	745188909	深圳市宏达四邦实业有限公司
470	南山区	批零业	755676455	深圳市北创实业有限公司
471	南山区	批零业	764952423	深圳市固勤科技有限公司
472	南山区	批零业	772728106	深圳市富瑞祥贸易有限公司
473	南山区	批零业	781360518	深圳市华瑞系统工程有限公司
474	南山区	批零业	788324579	深圳市智鼎丰有限公司
475	南山区	批零业	795439112	卓立环境科技有限公司
476	南山区	批零业	SG8886493	深圳市艺佳隆工艺礼品有限公司
477	南山区	其他	075157328	深圳华夏通宝资本管理有限公司
478	南山区	其他	083439376	深圳前海明泰投资控股有限公司
479	南山区	其他	30625701X	深圳市湘财资本管理有限公司
480	南山区	其他	326499876	深圳市前海牛火火基金管理有限公司
481	南山区	其他	335032792	深圳中名基金管理有限公司
482	南山区	其他	335366848	深圳中鼎六合实业有限公司
483	南山区	其他	34289733X	深圳市伟创力拓实业发展有限公司
484	南山区	其他	597768919	深圳市山东商会
485	南山区	其他	755696894	深圳市南山区南头街道星海名城社区工会联合会
486	南山区	其他	X19251141	中国太平洋财产保险股份公司深圳市南山支公司
487	南山区	住餐业	081890665	深圳市博谊雅餐饮服务有限公司
488	南山区	住餐业	326434933	深圳湘攸大碗菜餐饮管理有限公司
489	南山区	住餐业	587919445	深圳市南山区高新园赛百味饮食服务店
490	南山区	住餐业	708435843	深圳市海湾大酒店有限公司
491	南山区	住餐业	X18897784	麦当劳餐厅（深圳）有限公司明华分店
492	宝安区	房地产	192453003	深圳市腾凯实业有限公司

续表

样本单位编号	单位所在区	单位所属行业	单位代码	单位名称
493	宝安区	房地产	30629550X	深圳市华庆辉房地产开发有限公司
494	宝安区	房地产	398496607	深圳市大东江房地产开发有限公司
495	宝安区	房地产	691199521	深圳市华盛置业有限公司
496	宝安区	房地产	795432623	深圳市天宝裕房地产有限公司
497	宝安区	服务业	052765005	深圳市瑞森投资发展有限公司
498	宝安区	服务业	055134372	深圳市宝安区松岗街道欧兰特桂景园幼儿园
499	宝安区	服务业	057897998	深圳市企誉通企业管理顾问有限公司
500	宝安区	服务业	061434697	深圳市风云影院投资管理有限公司
501	宝安区	服务业	064987246	深圳市航易达国际货运代理有限公司
502	宝安区	服务业	067185900	深圳市万旺宏运国际物流有限公司
503	宝安区	服务业	069284013	深圳市中欧伟业国际货运代理有限公司
504	宝安区	服务业	07179715X	深圳市卓昊微电子技术有限公司
505	宝安区	服务业	075177994	深圳市绘梦文化发展有限公司
506	宝安区	服务业	07800516X	深圳雷邦互联网有限公司
507	宝安区	服务业	080775980	深圳市运达诚科技有限公司
508	宝安区	服务业	083436925	深圳市洪发盈房地产投资有限公司
509	宝安区	服务业	087027336	深圳市金信言工业设计有限公司
510	宝安区	服务业	088481127	深圳市诚德信人力资源有限公司
511	宝安区	服务业	192357636	深圳市宝君冷暖设备有限公司
512	宝安区	服务业	305821993	深圳市国锋建筑劳务有限公司
513	宝安区	服务业	311618385	深圳市荣创通国际货运代理有限公司
514	宝安区	服务业	311940796	深圳市东玉玛文化传播有限公司
515	宝安区	服务业	319461204	深圳市广仁星峰企业管理有限公司
516	宝安区	服务业	326271417	深圳市元正融通信息咨询有限公司
517	宝安区	服务业	334990470	深圳市爱丽色广告有限公司
518	宝安区	服务业	342646733	深圳市德凯迟氏建设工程有限公司
519	宝安区	服务业	398530860	深圳四方通汇网络技术有限公司
520	宝安区	服务业	552120481	深圳粤龙邦快递有限公司
521	宝安区	服务业	557199563	深圳市智慧源财税顾问有限公司
522	宝安区	服务业	562774577	深圳市桃源物业管理有限公司
523	宝安区	服务业	567096031	深圳市瑞华盈投资有限公司

续表

样本单位编号	单位所在区	单位所属行业	单位代码	单位名称
524	宝安区	服务业	573121846	粤港汽车驾驶员培训有限公司
525	宝安区	服务业	577688305	深圳市盛世中兴科技有限公司
526	宝安区	服务业	582706782	深圳市厚沃投资咨询有限公司
527	宝安区	服务业	586713381	深圳市宝安区沙井街道童之星幼儿园
528	宝安区	服务业	590711776	深圳市德邦城投担保有限公司
529	宝安区	服务业	594312537	深圳远泰物流有限公司
530	宝安区	服务业	597776521	深圳市锦华行投资发展有限公司
531	宝安区	服务业	664169853	深圳市银泰休闲会所
532	宝安区	服务业	671851842	深圳市九华广告设计部
533	宝安区	服务业	67859077X	邓爱民西医外科诊所
534	宝安区	服务业	685390338	深圳市松安盛投资有限公司
535	宝安区	服务业	692506052	深圳市展辉物流有限公司
536	宝安区	服务业	697132539	深圳市新秀娱乐休闲有限公司
537	宝安区	服务业	726183328	深圳市西部公汽驾驶员培训中心
538	宝安区	服务业	746615087	宝安区松岗颐年院
539	宝安区	服务业	761974758	深圳市永康迪饮食管理有限公司
540	宝安区	服务业	770316570	深圳市盐田股份合作公司
541	宝安区	服务业	777156661	深圳市启迪企业管理策划有限公司
542	宝安区	服务业	785254739	深圳市新台阶网络科技有限公司
543	宝安区	服务业	79171050X	深圳市恒信国际货运代理有限公司
544	宝安区	服务业	79662634X	深圳市高境界装饰设计工程有限公司
545	宝安区	服务业	GD1265805	宝安区西乡人民医院柳竹园社区健康服务中心
546	宝安区	服务业	SG8935806	深圳市深水宝安水务有限公司海滨营业所
547	宝安区	工业	051519304	深圳市华丰联合印刷有限公司
548	宝安区	工业	052787853	深圳市众盈畅科技有限公司
549	宝安区	工业	055108457	深圳市华之峰电子科技有限公司
550	宝安区	工业	056184136	深圳市龙邦光电有限公司
551	宝安区	工业	058966772	深圳市华逸喷印包装有限公司
552	宝安区	工业	06141707X	深圳市信元光电有限公司
553	宝安区	工业	063873060	深圳市美迪塑胶有限公司
554	宝安区	工业	065466792	深圳市深域电子有限公司

六　500万元以下固定资产投资抽样调查方法应用

续表

样本单位编号	单位所在区	单位所属行业	单位代码	单位名称
555	宝安区	工业	067173184	深圳市云智电子有限公司
556	宝安区	工业	068579370	深圳市立三机电有限公司
557	宝安区	工业	070391019	深圳市中光电科技有限公司
558	宝安区	工业	07179854X	深圳市鑫禄福包装纸制品有限公司
559	宝安区	工业	074352498	都福（深圳）工业设备制造有限公司
560	宝安区	工业	075813241	深圳市毫安电子科技有限公司
561	宝安区	工业	077542502	深圳市智意德电子科技有限公司
562	宝安区	工业	080134104	深圳市四季科技有限公司
563	宝安区	工业	083402776	深圳市金三祥电子有限公司
564	宝安区	工业	087013428	深圳市源欣钰模具有限公司
565	宝安区	工业	088574710	深圳市品雅家居有限公司
566	宝安区	工业	279400596	深圳市乐视视频技术有限公司
567	宝安区	工业	311701912	深圳市鑫诺泰热流道有限公司
568	宝安区	工业	312081399	深圳市博创睿讯有限公司
569	宝安区	工业	326287507	深圳市聚合顺电子科技有限公司
570	宝安区	工业	349602434	深圳市聚杰五金有限公司
571	宝安区	工业	550313087	深圳市坤旺兴印刷有限公司
572	宝安区	工业	55213201X	深圳创维照明电器有限公司
573	宝安区	工业	555409598	深圳市联控机电有限公司
574	宝安区	工业	557181646	深圳市兴源隆精密模具有限公司
575	宝安区	工业	558698946	深圳市奥拓斯通信技术有限公司
576	宝安区	工业	561509069	深圳鸿福包装制品有限公司
577	宝安区	工业	562772301	深圳市锦腾越科技有限公司
578	宝安区	工业	564239893	深圳市圣海诚塑胶有限公司
579	宝安区	工业	567065542	深圳市欧赛美科技有限公司
580	宝安区	工业	56853200X	深圳市丹凯科技有限公司
581	宝安区	工业	571962342	深圳市丰塔电子有限公司
582	宝安区	工业	574757563	深圳市宏亚达表业有限公司
583	宝安区	工业	576395316	深圳市昊润通科技有限公司
584	宝安区	工业	578819338	深圳市益军隆科技有限公司
585	宝安区	工业	580093134	深圳市恒煜彩科技有限公司

续表

样本单位编号	单位所在区	单位所属行业	单位代码	单位名称
586	宝安区	工业	582711653	深圳市润达塑胶有限公司
587	宝安区	工业	584092796	深圳市致峰科技有限公司
588	宝安区	工业	58671670X	深圳市华诚兴科技有限公司
589	宝安区	工业	589156795	深圳市联合日升工业器材有限公司
590	宝安区	工业	590744148	深圳市正大鼎尚劳保用品有限公司
591	宝安区	工业	593041210	深圳市节雅照明科技有限公司
592	宝安区	工业	595683874	深圳市新华安包装制品有限公司
593	宝安区	工业	597763720	深圳市绩佳佳电子科技有限公司
594	宝安区	工业	599098517	富源表业（深圳）有限公司
595	宝安区	工业	618922373	百鸿电线深圳有限公司
596	宝安区	工业	662697513	深圳市一零一电子科技有限公司
597	宝安区	工业	667058286	深圳市龙佳纸品有限公司
598	宝安区	工业	670011219	深圳市融和成科技有限公司
599	宝安区	工业	672958289	深圳市兴佳鑫电子材料有限公司
600	宝安区	工业	676656544	深圳市普大龙腾科技有限公司
601	宝安区	工业	678585647	深圳市兴业服装设计有限公司
602	宝安区	工业	682016885	深圳市锐拓塑胶制品有限公司
603	宝安区	工业	685352606	深圳市鸿凯包装制品有限公司
604	宝安区	工业	687584240	深圳市仁美塑胶电子有限公司
605	宝安区	工业	691166658	深圳市美瑞特焊接科技有限公司
606	宝安区	工业	692540517	深圳市佳煜康科技有限公司
607	宝安区	工业	695554316	深圳市赢双利时装厂
608	宝安区	工业	697124782	深圳市圣富锦科技有限公司
609	宝安区	工业	699096543	深圳市悦尔电子有限公司
610	宝安区	工业	723019346	深圳市钠谱金属制品有限公司
611	宝安区	工业	732048480	深圳市顺景五金电子制品有限公司
612	宝安区	工业	741218787	深圳市仕文电子有限公司
613	宝安区	工业	748864247	深圳市信邦实业有限公司
614	宝安区	工业	754298958	深圳市维迪科实业有限公司
615	宝安区	工业	760469135	深圳市山环电子有限公司
616	宝安区	工业	764997488	深圳市宁南电子有限公司

续表

样本单位编号	单位所在区	单位所属行业	单位代码	单位名称
617	宝安区	工业	769197957	港华科技（深圳）有限公司
618	宝安区	工业	774120858	茂鑫源电子（深圳）有限公司
619	宝安区	工业	778754372	深圳艾模帝模具制品有限公司
620	宝安区	工业	782768267	深圳市三丰硕达科技有限公司
621	宝安区	工业	786560551	祖儿服装（深圳）有限公司
622	宝安区	工业	789246058	深圳市生活家营销策划有限公司
623	宝安区	工业	792594512	深圳市百视佳电子有限公司
624	宝安区	工业	796624707	深圳市森光换热器有限公司
625	宝安区	工业	799230260	深圳市英达精密模具有限公司
626	宝安区	工业	X18890179	宝安松岗良维电子厂
627	宝安区	建筑业	078971608	深圳市中天源建筑劳务工程有限公司
628	宝安区	建筑业	311823602	北京和盛达装饰工程有限公司深圳分公司
629	宝安区	建筑业	550321618	深圳市鑫丰诺装饰设计有限公司
630	宝安区	建筑业	667079677	深圳市华南奥美装饰工程有限公司
631	宝安区	建筑业	795449257	深圳市名雕装饰股份有限公司天悦分公司
632	宝安区	批零业	051544892	深圳市博元祥电子有限公司
633	宝安区	批零业	053987523	深圳五福林商贸发展有限公司
634	宝安区	批零业	056183176	深圳市盈丰润滑科技有限公司
635	宝安区	批零业	058993551	深圳嘉华机械设备有限公司
636	宝安区	批零业	062742077	深圳市诚恩酒业有限公司
637	宝安区	批零业	065480308	深圳市德和电器配件有限公司
638	宝安区	批零业	067975902	深圳市佰益科技有限公司
639	宝安区	批零业	070376775	深圳软金翡翠有限公司
640	宝安区	批零业	072527418	深圳市轩图电子科技有限公司
641	宝安区	批零业	075182486	深圳市国邦泰富科技有限公司
642	宝安区	批零业	078007915	深圳市百惠祥科技有限公司
643	宝安区	批零业	080778831	深圳市润贝汽车贸易有限公司
644	宝安区	批零业	083851707	深圳市纳尔奇科技有限公司
645	宝安区	批零业	087715366	深圳市建德冲压设备有限公司
646	宝安区	批零业	088576097	深圳市仲尚实业有限公司
647	宝安区	批零业	305837979	深圳市古柏家具有限公司

续表

样本单位编号	单位所在区	单位所属行业	单位代码	单位名称
648	宝安区	批零业	310588380	唯品通（深圳）贸易有限公司
649	宝安区	批零业	311798953	深圳市广路源科技有限公司
650	宝安区	批零业	311956368	深圳市掘梦科技有限公司
651	宝安区	批零业	319314044	深圳市力科工器机械有限公司
652	宝安区	批零业	319556115	深圳励健技术有限公司
653	宝安区	批零业	326292816	深圳五四小西电子商务有限公司
654	宝安区	批零业	335018114	深圳市信德堂药业连锁有限公司石岩上屋分店
655	宝安区	批零业	342616112	深圳易捷家具有限公司
656	宝安区	批零业	398421664	深圳市智谷网络科技有限公司
657	宝安区	批零业	55030739X	深圳市富安达纸品有限公司
658	宝安区	批零业	553899933	深圳市核心光电技术有限公司
659	宝安区	批零业	558694048	深圳市凯创辉电子有限公司
660	宝安区	批零业	56278090X	深圳市耐普生科技有限公司
661	宝安区	批零业	567085850	深圳市精骏滚珠科技有限公司
662	宝安区	批零业	57198615X	深圳市珠光宝气财务贸易有限公司
663	宝安区	批零业	576374662	深圳市祥裕机械有限公司
664	宝安区	批零业	580063699	深圳市广远建材有限公司
665	宝安区	批零业	584052436	深圳市顺和隆阀门有限公司
666	宝安区	批零业	586748007	深圳市昊德焊割器材有限公司
667	宝安区	批零业	590746442	深圳市聚昌禄商贸有限公司
668	宝安区	批零业	594332060	深圳市六晋电子塑胶有限公司
669	宝安区	批零业	597781662	深圳市自清科技有限公司
670	宝安区	批零业	664196405	深圳市创伟隆自动化设备有限公司
671	宝安区	批零业	672962632	深圳市德飒机电有限公司
672	宝安区	批零业	680375294	深圳市万莱德光电科技有限公司
673	宝安区	批零业	687574392	深圳市森鸿运食品有限公司
674	宝安区	批零业	692546134	深圳深岩燃气有限公司宝城瓶装燃气服务点
675	宝安区	批零业	699069764	深圳市锐图科技有限公司
676	宝安区	批零业	736270740	深圳市荣盛达电子有限公司
677	宝安区	批零业	758643923	深圳市正讯科技发展有限公司
678	宝安区	批零业	772735891	深圳市鹏之博清洁有限公司

六 500万元以下固定资产投资抽样调查方法应用

续表

样本单位编号	单位所在区	单位所属行业	单位代码	单位名称
679	宝安区	批零业	785284209	深圳市源鑫药业有限公司集和店
680	宝安区	批零业	795410598	深圳市科永泰电子有限公司
681	宝安区	批零业	L62327458	深圳市宝安区福永永久协议五金制品厂
682	宝安区	其他	667070920	深圳市宝安区福永安全生产监督管理办公室
683	宝安区	其他	X1922205X	南洋商业银行（中国）有限公司深圳宝安支行
684	宝安区	住餐业	080110954	麦当劳餐厅（深圳）有限公司新湖路分店
685	宝安区	住餐业	319745629	深圳市欢乐地铁站餐饮投资公司海雅缤纷城店
686	宝安区	住餐业	581584525	深圳市百纳餐饮经营部
687	宝安区	住餐业	685388027	深圳市上品砂锅粥有限公司
688	宝安区	住餐业	X18922273	麦当劳餐厅（深圳）有限公司松岗分店
689	龙岗区	房地产	564563327	梅州联润鑫房地产有限公司
690	龙岗区	房地产	799218907	深圳市泰业投资有限公司
691	龙岗区	服务业	051533915	深圳市德美物业管理有限公司西湖苑二期停车场
692	龙岗区	服务业	053975186	深圳市中粤港投资发展有限公司
693	龙岗区	服务业	056152169	深圳市翠苑印务有限公司
694	龙岗区	服务业	057886615	深圳市龙岗区横岗街道童话幼儿园
695	龙岗区	服务业	060277570	深圳市捷衡服装设计有限公司
696	龙岗区	服务业	063856391	深圳市海之韵游艇俱乐部有限公司
697	龙岗区	服务业	065486080	深圳市义庭园林工程设计有限公司
698	龙岗区	服务业	067196992	深圳市明诺信息咨询有限公司
699	龙岗区	服务业	06928534X	深圳市宏路仓运物流有限公司
700	龙岗区	服务业	071783030	深圳市文富设计有限公司
701	龙岗区	服务业	074394663	深圳市众聚盛投资发展有限公司
702	龙岗区	服务业	076924162	深圳市速源达物流有限公司
703	龙岗区	服务业	078982737	深圳市金平快物流有限公司
704	龙岗区	服务业	080777644	深圳市养德教育服务有限公司
705	龙岗区	服务业	082461272	深圳市深投管理咨询顾问有限公司
706	龙岗区	服务业	083894424	深圳市莞深汽车培训咨询有限公司
707	龙岗区	服务业	085994189	深圳市富润春华广告有限公司
708	龙岗区	服务业	088358006	深圳市德芳信息技术开发服务中心
709	龙岗区	服务业	094234261	深圳市昌宝资产管理有限公司

续表

样本单位编号	单位所在区	单位所属行业	单位代码	单位名称
710	龙岗区	服务业	279305409	深圳市钧钰实业有限公司
711	龙岗区	服务业	306038001	深圳市帛维雕塑艺术设计有限公司
712	龙岗区	服务业	311634844	深圳市海跃货运有限公司华南城分公司
713	龙岗区	服务业	311912728	深圳市利捷丰投资有限公司
714	龙岗区	服务业	319425852	深圳市树才文化发展有限公司平安里分公司
715	龙岗区	服务业	319735025	深圳市全网通网络科技有限公司
716	龙岗区	服务业	398458475	深圳市微商联合网络科技有限公司
717	龙岗区	服务业	455850570	深圳市龙岗区龙岗街道育贤小学
718	龙岗区	服务业	553877494	深圳市思维特文化发展有限公司
719	龙岗区	服务业	558682194	深圳市家家顺房产交易有限公司茗翠园分公司
720	龙岗区	服务业	562767828	深圳市鼎冠文化传播有限公司
721	龙岗区	服务业	567050666	深圳市双全广告有限公司
722	龙岗区	服务业	570019424	深圳市雄天科技有限公司能量网吧
723	龙岗区	服务业	573141177	深圳市森之润投资发展有限公司森雅谷停车场
724	龙岗区	服务业	57766184X	深圳市尚景物业管理公司尚景华园物业服务中心
725	龙岗区	服务业	580092369	深圳市恒鑫荣时装有限公司
726	龙岗区	服务业	584068104	深圳市锦色眼镜设计有限公司
727	龙岗区	服务业	587909458	深圳市金源通机械设备有限公司
728	龙岗区	服务业	590729108	深圳市上善工业设计有限公司
729	龙岗区	服务业	594324087	易湘平西医内科诊所
730	龙岗区	服务业	596796926	深圳市易鑫企业管理咨询有限公司
731	龙岗区	服务业	661005474	深圳市龙岗潮汕实业有限公司金色阳光酒店
732	龙岗区	服务业	667077903	深圳友爱门诊部
733	龙岗区	服务业	672953533	深圳市唯彩数码科技发展有限公司
734	龙岗区	服务业	678586447	深圳市龙岗区坂田街道万科第五园幼儿园
735	龙岗区	服务业	683778267	深圳市金鹏荣晖物流有限公司
736	龙岗区	服务业	689410615	深圳市迈斯威志科技有限公司
737	龙岗区	服务业	693951449	深圳市宏宇兴投资发展有限公司
738	龙岗区	服务业	697139693	深圳市天帝龙广告有限公司
739	龙岗区	服务业	715294196	深圳市鹏利泰实业发展有限公司
740	龙岗区	服务业	736286638	深圳市龙之斌电脑软件开发有限公司风亭月网吧

续表

样本单位编号	单位所在区	单位所属行业	单位代码	单位名称
741	龙岗区	服务业	750466010	深圳市深港众一昊驾驶培训有限公司
742	龙岗区	服务业	760485709	罗山中医诊所
743	龙岗区	服务业	769194430	深圳市东都汽车检测有限公司
744	龙岗区	服务业	77558710X	深圳市天健物业管理公司龙岗天健花园停车场
745	龙岗区	服务业	781359533	深圳市龙岗松子岭股份合作公司
746	龙岗区	服务业	785295143	深圳市龙岗区布吉街道德福幼儿园
747	龙岗区	服务业	791734130	深圳市年丰股份合作公司骆屋分公司
748	龙岗区	服务业	795424471	深圳市龙岗区兴泰实验学校
749	龙岗区	服务业	979697466	深圳市龙岗区平湖国泰汽车修配厂
750	龙岗区	服务业	SG8959875	深圳市龙岗中心医院建新社区健康服务中心
751	龙岗区	工业	052765566	华亿塑胶（深圳）有限公司
752	龙岗区	工业	055140852	深圳市世纪金盛电子有限公司
753	龙岗区	工业	057899432	深圳市友信精密模具配件有限公司
754	龙岗区	工业	062707466	深圳泓义泰电子科技有限公司
755	龙岗区	工业	065199372	深圳市鼎恒纺织品有限公司
756	龙岗区	工业	067960671	深圳市易比塑胶电子有限公司
757	龙岗区	工业	07039405X	深圳市惠宝激光科技有限公司
758	龙岗区	工业	073395752	深圳市玛腾音响科技有限公司
759	龙岗区	工业	077549296	深圳市全优光电配件有限公司
760	龙岗区	工业	081887984	深圳市永佳信焊接材料有限公司
761	龙岗区	工业	088291956	深圳市锐皓酒店用品有限公司
762	龙岗区	工业	279401652	深圳市富利得实业有限公司
763	龙岗区	工业	311809480	深圳市金昌科技有限公司
764	龙岗区	工业	398488615	深圳市华夏盈通贵金属投资有限公司
765	龙岗区	工业	555407410	深圳市力柏包装制品有限公司
766	龙岗区	工业	559875270	深圳市安柯达视通电子有限公司
767	龙岗区	工业	564239236	深圳市鑫泉安家私制品有限公司
768	龙岗区	工业	568514223	深圳佰斯德光电有限公司
769	龙岗区	工业	571975418	深圳市佳捷兴包装制品有限公司
770	龙岗区	工业	574792932	深圳市力昌表业有限公司
771	龙岗区	工业	578802579	深圳市创益新能源科技有限公司

续表

样本单位编号	单位所在区	单位所属行业	单位代码	单位名称
772	龙岗区	工业	581551395	深圳市荷茂东升织品有限公司
773	龙岗区	工业	584072453	深圳市维盛泰光电有限公司
774	龙岗区	工业	58673780X	深圳市泰成利塑胶模具有限公司
775	龙岗区	工业	589191064	深圳市耀强科技有限公司
776	龙岗区	工业	593035902	深圳市博美斯电子工具有限公司
777	龙岗区	工业	596783244	深圳市精美达激光刀模厂
778	龙岗区	工业	618825004	立信染整机械（深圳）有限公司
779	龙岗区	工业	618919561	多能照相机（深圳）有限公司
780	龙岗区	工业	664184447	深圳市鑫美旭服装厂
781	龙岗区	工业	668540541	深圳市龙岗区辉华眼镜厂
782	龙岗区	工业	672985332	深圳市红全服装有限公司
783	龙岗区	工业	682017706	深圳市龙岗区布吉康宏石材厂
784	龙岗区	工业	685379649	深圳市商益诚电机科技有限公司
785	龙岗区	工业	691165233	深圳市创盈富包装制品有限公司
786	龙岗区	工业	695554543	深圳市鹏丰达精密五金有限公司
787	龙岗区	工业	699067996	深圳市华讯兴科技有限公司
788	龙岗区	工业	726171060	泰亿盛时装（深圳）有限公司
789	龙岗区	工业	736287606	南丰帽业（深圳）有限公司
790	龙岗区	工业	74664227X	深圳市大新大纸箱机械实业有限公司
791	龙岗区	工业	75567015X	深圳市铁一邦通讯技术有限公司
792	龙岗区	工业	761997220	深圳市玛莱娜化妆品经销部
793	龙岗区	工业	769152281	深圳市森乐纸业发展有限公司
794	龙岗区	工业	774102799	深圳市佳山精密首饰厂
795	龙岗区	工业	778793187	深圳市艾克斯自动化技术开发有限公司
796	龙岗区	工业	785282019	深圳市伊美宜化妆品有限公司
797	龙岗区	工业	790484897	深圳市盟迪奥科技有限公司
798	龙岗区	工业	793889400	深圳美时高皮革制品有限公司
799	龙岗区	工业	797983787	深圳市南康彩色印刷有限公司
800	龙岗区	工业	X19130948	深圳市龙岗区东升涤纶线加工厂
801	龙岗区	建筑业	081280226	深圳市国匠装饰工程有限公司
802	龙岗区	建筑业	305964281	深圳市创意东方装饰设计工程有限公司

六 500万元以下固定资产投资抽样调查方法应用

续表

样本单位编号	单位所在区	单位所属行业	单位代码	单位名称
803	龙岗区	建筑业	398552146	深圳市橡墅装饰设计工程有限公司
804	龙岗区	建筑业	676691294	深圳市科拓建筑工程有限公司
805	龙岗区	建筑业	X19251459	汕头市潮阳第一建安总公司龙岗分公司
806	龙岗区	批零业	051523506	深圳市握尔握电子科技有限公司
807	龙岗区	批零业	052799635	深圳市发和顺建筑材料有限公司
808	龙岗区	批零业	055118655	深圳市温和家居用品有限公司
809	龙岗区	批零业	05619270X	深圳市中源医药有限公司布吉宝丽分店
810	龙岗区	批零业	058972339	深圳市新亨达眼镜配件有限公司
811	龙岗区	批零业	061417088	深圳市顺驰汽车用品有限公司
812	龙岗区	批零业	063894830	深圳市宏基伞业有限公司
813	龙岗区	批零业	066303530	深圳康华盛厨具电器设备有限公司
814	龙岗区	批零业	067981579	深圳市高宝捷科技有限公司
815	龙岗区	批零业	070352343	深圳市瑞康大药房连锁有限公司龙岗仁和堂分店
816	龙岗区	批零业	071778274	深圳市柯美奥科技有限公司
817	龙岗区	批零业	074368983	深圳市全盾贝壳工艺品有限公司
818	龙岗区	批零业	075845008	深圳艺上美艺术品有限公司
819	龙岗区	批零业	078028863	深圳市卓安建材科技有限公司
820	龙岗区	批零业	080127342	深圳市众鑫网土特产有限公司
821	龙岗区	批零业	081863720	深圳市广羽建设工程有限公司坂田分公司
822	龙岗区	批零业	083442989	深圳市东泰大药房有限公司丹竹头分店
823	龙岗区	批零业	085731610	深圳市威利斯经贸有限公司
824	龙岗区	批零业	087750225	深圳市鑫云佳办公用品商贸服务有限公司
825	龙岗区	批零业	088519164	安莉芳（中国）服装有限公司龙岗龙翔路专卖店
826	龙岗区	批零业	102142501	深圳市龙岗区航美快乐玛丽鞋店
827	龙岗区	批零业	306118730	深圳市丰凡国际投资股份有限公司
828	龙岗区	批零业	311659072	深圳市芳华颜料有限公司
829	龙岗区	批零业	311867322	深圳市路行鸟科技有限公司
830	龙岗区	批零业	31932252X	深圳市科奇玛卫浴有限公司
831	龙岗区	批零业	319570056	深圳市优迪欣科技有限公司
832	龙岗区	批零业	326316048	深圳市汇美尊品实业有限公司
833	龙岗区	批零业	398554360	深圳市捷和鞋材有限公司

续表

样本单位编号	单位所在区	单位所属行业	单位代码	单位名称
834	龙岗区	批零业	553857880	深圳市舞阳万代科技有限公司
835	龙岗区	批零业	557184927	深圳市东穗雨具有限公司
836	龙岗区	批零业	559887271	深圳市金明丰电子有限公司
837	龙岗区	批零业	562799758	深圳市金时特贸易行
838	龙岗区	批零业	567082115	深圳市名庄酒业有限公司
839	龙岗区	批零业	570037278	深圳市金鹏飞消防设备有限公司
840	龙岗区	批零业	573143850	深圳市鸿雅讯电子有限公司
841	龙岗区	批零业	576389055	深圳市都市丽人服装有限公司第三十五分店
842	龙岗区	批零业	578844656	深圳市东恒晟科有限公司
843	龙岗区	批零业	58159968X	深圳市莱恩泰科技有限公司
844	龙岗区	批零业	585607771	深圳市业鸿电子有限公司
845	龙岗区	批零业	587925669	深圳市威隆礼品有限公司
846	龙岗区	批零业	59071140X	深圳市谷丰食品有限公司
847	龙岗区	批零业	59303861X	深圳市深行汽车贸易有限公司
848	龙岗区	批零业	595691532	深圳市优易生活用品有限公司
849	龙岗区	批零业	597793356	深圳市六环缓冲包装材料有限公司
850	龙岗区	批零业	66268507X	深圳市德兴盛自动化设备有限公司
851	龙岗区	批零业	670015439	深圳市曾记荣达服装辅料有限公司
852	龙岗区	批零业	676670776	深圳市精诚仪器仪表有限公司
853	龙岗区	批零业	682023401	深圳市永进达盈五金制品有限公司
854	龙岗区	批零业	687560994	深圳市瑞草堂药业有限公司下李朗分店
855	龙岗区	批零业	691199329	深圳市精协诚五金有限公司
856	龙岗区	批零业	695588137	深圳市鑫万通二手车交易有限公司
857	龙岗区	批零业	715226089	深圳市兰洋科技有限公司
858	龙岗区	批零业	736292712	申伟餐饮器皿（深圳）有限公司
859	龙岗区	批零业	752534005	深圳市德桥化工产品有限公司
860	龙岗区	批零业	764957777	深圳市资丰旧贸易市场有限公司
861	龙岗区	批零业	774114765	深圳市迪亨贸易有限公司
862	龙岗区	批零业	781382186	深圳市神创自动识别技术有限公司
863	龙岗区	批零业	788346604	深圳市龙岗区永济堂大药房市场店
864	龙岗区	批零业	795413932	深圳市信安堂大药房

续表

样本单位编号	单位所在区	单位所属行业	单位代码	单位名称
865	龙岗区	批零业	L62349227	深圳市心园佳人化妆品贸易行
866	龙岗区	其他	502682873	深圳市龙岗区质量技术协会
867	龙岗区	其他	708562893	招商银行股份有限公司深圳布吉支行
868	龙岗区	其他	SG8960913	深圳市龙岗区横岗街道六约社区工作站
869	龙岗区	住餐业	077519652	深圳市中百轩餐饮管理有限公司
870	龙岗区	住餐业	335171063	深圳市铭乐商务酒店有限公司
871	龙岗区	住餐业	587921772	深圳市优厨餐饮管理有限公司
872	龙岗区	住餐业	697130226	深圳市品珍府餐饮服务有限公司
873	龙岗区	住餐业	X18938523	麦当劳餐厅（深圳）有限公司平湖分店
874	盐田区	房地产	319447859	深圳荣津房地产开发有限公司
875	盐田区	房地产	793891287	深圳市万科城市风景房地产开发有限公司
876	盐田区	服务业	069277120	深圳市辰佳报关有限公司盐田分公司
877	盐田区	服务业	088288853	深圳市理德文化发展有限公司
878	盐田区	服务业	306148905	深圳市嘉应环球国际货运代理有限公司
879	盐田区	服务业	326610415	深圳市泽智知识产权有限公司
880	盐田区	服务业	552121505	深圳市彩生活物业管理公司海滨假日雅居停车场
881	盐田区	服务业	56706139X	深圳市福全投资有限公司
882	盐田区	服务业	585608870	深圳市三维物流有限公司
883	盐田区	服务业	662680113	深圳市盛濠文化传媒有限公司
884	盐田区	服务业	680352367	深圳市顺通汽车维修有限公司
885	盐田区	服务业	697100684	深圳市联胜物流有限公司
886	盐田区	服务业	734164450	深圳市海宏通运输有限公司
887	盐田区	服务业	755667284	深圳市兆恒货运有限公司
888	盐田区	服务业	77876444X	深圳市盐田区蓓蕾家政服务部
889	盐田区	服务业	793874700	深圳市威立雅科技发展有限公司
890	盐田区	服务业	SG8965466	深圳市盐田区人民医院鹏湾社区健康服务中心
891	盐田区	工业	077545623	深圳市金大盛珠宝首饰有限公司
892	盐田区	工业	553858189	深圳市艺华珠宝首饰股份有限公司首饰厂
893	盐田区	工业	568523728	德利珠宝首饰（深圳）有限公司
894	盐田区	工业	589192294	深圳市翼科光电科技有限公司
895	盐田区	工业	618855780	德曼妮时装（深圳）有限公司

续表

样本单位编号	单位所在区	单位所属行业	单位代码	单位名称
896	盐田区	工业	680375411	深圳市乐凯服装辅料有限公司
897	盐田区	工业	699093238	深圳丽展珠宝首饰器材制造有限公司
898	盐田区	工业	738808217	福大利珠宝（深圳）有限公司
899	盐田区	工业	760478701	深圳市天琪服装织造有限公司
900	盐田区	工业	797951646	深圳市医之宝科技发展有限公司
901	盐田区	建筑业	568503751	深圳市禅源建设发展有限公司
902	盐田区	建筑业	790474736	深圳市毅霖装饰设计工程有限公司
903	盐田区	批零业	073397643	深圳高尔雅服装有限公司
904	盐田区	批零业	55213543X	深圳市雅晟发商贸发展有限公司
905	盐田区	批零业	594310304	深圳市深燃石油气有限公司沙头角供应站
906	盐田区	批零业	72619078X	深圳市沙头角商业外贸有限公司进出口贸易部
907	盐田区	批零业	L39194618	深圳市盐田区德济大药房
908	盐田区	其他	670013628	深圳市盐田区梅沙街道东海岸社区老年人协会
909	盐田区	其他	X18885302	中国太平洋财产保险股份公司深圳市盐田支公司
910	盐田区	住餐业	596782348	深圳市芳媛坊餐饮管理有限公司
911	盐田区	住餐业	L06900600	盐田区同心乐海鲜餐馆
912	光明新区	房地产	398438773	深圳市创发投资发展有限公司
913	光明新区	房地产	GD4143387	深圳市圳兴投资有限公司白花分公司
914	光明新区	服务业	071109150	深圳市华荣轩宇集成房屋有限公司
915	光明新区	服务业	09435233X	深圳市绿簟园林工程有限公司
916	光明新区	服务业	55211951X	深圳市光明新区城市建设投资有限公司
917	光明新区	服务业	581564356	深圳市路顺达货运代理有限公司
918	光明新区	服务业	668541317	深圳市光明新区公明东坑幼儿园
919	光明新区	服务业	715233991	深圳市公明汽车站有限公司
920	光明新区	服务业	786592705	深圳市恒富市场管理有限公司
921	光明新区	服务业	X19279056	深圳市车时代汽车修配厂
922	光明新区	工业	05514532X	深圳市领冠照明有限公司
923	光明新区	工业	062711035	深圳市兆乾科技有限公司
924	光明新区	工业	067198760	深圳市香啡烘焙食品有限公司
925	光明新区	工业	072524129	深圳市丰盛自动化设备有限公司
926	光明新区	工业	080789151	深圳市巨连精密五金模具有限公司

六 500万元以下固定资产投资抽样调查方法应用

续表

样本单位编号	单位所在区	单位所属行业	单位代码	单位名称
927	光明新区	工业	093624794	深圳市金源合力科技有限公司
928	光明新区	工业	306094329	深圳市群发五金精密有限公司
929	光明新区	工业	398472605	深圳市簧腾珈科技有限公司
930	光明新区	工业	555445572	深圳市鼎丰顺贸易商行
931	光明新区	工业	56151540X	深圳市金达兴五金制品有限公司
932	光明新区	工业	56705670X	深圳市鸿伟源科技有限公司
933	光明新区	工业	573144802	深圳市伊藤合成科技有限公司
934	光明新区	工业	580095471	深圳市亿天勤幕墙有限公司
935	光明新区	工业	586747274	深圳市和泰精密机械设备有限公司
936	光明新区	工业	594315404	深圳市森城橡胶有限公司
937	光明新区	工业	618829291	正乾纺织实业（深圳）有限公司
938	光明新区	工业	664192367	深圳市协和兴印刷有限公司
939	光明新区	工业	671874016	世平科技（深圳）有限公司
940	光明新区	工业	67859966X	深圳市德才科技有限公司
941	光明新区	工业	68538857X	深圳优高电子有限公司
942	光明新区	工业	692527507	深圳市怡铭鑫五金机械有限公司
943	光明新区	工业	699082467	红采翔拉链（深圳）有限公司
944	光明新区	工业	731093773	深圳市宝安区振润鑫塑胶厂
945	光明新区	工业	74660648X	盈达环科声学科研（深圳）有限公司
946	光明新区	工业	758631965	深圳市领先机械工业设备有限公司
947	光明新区	工业	769185438	深圳市福瑞达电子有限公司
948	光明新区	工业	779858886	深圳市伊思腾电子科技有限公司
949	光明新区	工业	789201028	深圳市森源电力技术有限公司
950	光明新区	工业	795429934	深圳市易联凯利泰科技有限公司
951	光明新区	工业	X18918557	深圳市宝安区公明将石科利电器厂
952	光明新区	建筑业	571957332	深圳市海纳方圆装饰设计有限公司
953	光明新区	建筑业	791723327	深圳市汇鑫钢结构技术工程有限公司
954	光明新区	批零业	06496997X	深圳市嘉德源贸易有限公司
955	光明新区	批零业	07751910X	深圳市斯福兴电子材料有限公司
956	光明新区	批零业	094330982	深圳市景佑经典珠宝有限公司
957	光明新区	批零业	319637089	轩寿饮品（深圳）有限公司

·455·

续表

样本单位编号	单位所在区	单位所属行业	单位代码	单位名称
958	光明新区	批零业	56277987X	深圳市施信达针车配件有限公司
959	光明新区	批零业	582740139	深圳市联合化工有限公司
960	光明新区	批零业	597779052	深圳欧弗来化学科技有限公司
961	光明新区	批零业	685352382	深圳市百姓康大药房
962	光明新区	批零业	752528107	深圳市华道科技有限公司
963	光明新区	批零业	GS8873090	深圳市明泉鱼粉商行
964	光明新区	其他	682030652	深圳市光明新区国库支付中心
965	光明新区	其他	SG8902983	深圳市光明集团有限公司退休职工办公室
966	光明新区	住餐业	568539957	深圳市好光明餐饮管理有限公司
967	光明新区	住餐业	SG890230X	深圳市添添有鱼食品饮食有限公司
968	坪山新区	房地产	305837231	深圳市泰富华澜湾置业有限公司
969	坪山新区	房地产	771601592	深圳市禾田居房地产开发有限公司
970	坪山新区	服务业	062721452	深圳市广林生源投资发展有限公司
971	坪山新区	服务业	075180376	深圳市金色尊廷娱乐有限公司
972	坪山新区	服务业	088331786	深圳典文法律翻译有限公司
973	坪山新区	服务业	342579155	深圳市鑫鑫旺投资管理咨询有限公司
974	坪山新区	服务业	57000568X	深圳市发源娱乐发展有限公司
975	坪山新区	服务业	591851826	深圳市合隆物业管理有限公司汤坑小区停车场
976	坪山新区	服务业	664176375	深圳市坪山田心股份合作公司新屋地分公司
977	坪山新区	服务业	745186479	深圳市坪山新区龙田幼儿园
978	坪山新区	服务业	782766966	深圳市欣宏汽车租赁有限公司
979	坪山新区	服务业	SG8953086	坪山人民医院中集社区健康服务中心
980	坪山新区	工业	05899751X	深圳市金亿富表业有限公司
981	坪山新区	工业	067965843	深圳市山外标识装饰工程有限公司
982	坪山新区	工业	079822786	深圳市圣轩纺织有限公司
983	坪山新区	工业	305865857	深圳优的电器股份有限公司
984	坪山新区	工业	559893452	深圳市福三鑫纸品包装有限公司
985	坪山新区	工业	574760818	深圳朗医科技有限公司
986	坪山新区	工业	584076729	深圳市嘉友诚信科技有限公司
987	坪山新区	工业	595669167	万隆表业（深圳）有限公司
988	坪山新区	工业	665888964	深圳市迪比亚塑胶五金制品有限公司

六 500万元以下固定资产投资抽样调查方法应用

续表

样本单位编号	单位所在区	单位所属行业	单位代码	单位名称
989	坪山新区	工业	687566827	深圳市名仕缤纷制品有限公司
990	坪山新区	工业	727136443	鸿志兴工艺制品（深圳）有限公司
991	坪山新区	工业	752545863	深圳市嘉达高科产业发展有限公司材料加工厂
992	坪山新区	工业	774135099	深圳市威旺电子有限公司
993	坪山新区	工业	791717330	深圳市永嘉鑫礼品工艺厂
994	坪山新区	工业	X19148654	深圳市龙岗区坑梓镇协和精密橡塑厂
995	坪山新区	建筑业	279523158	深圳市金成建筑工程有限公司
996	坪山新区	建筑业	797973642	揭阳市水电工程有限公司深圳分公司
997	坪山新区	批零业	058976284	深圳广康兴齿科管理有限公司
998	坪山新区	批零业	071124393	深圳齐聚盈服饰有限公司
999	坪山新区	批零业	081862023	深圳市中艺盛翔礼品有限公司
1000	坪山新区	批零业	311602121	深圳市勇圳安消防工程有限公司
1001	坪山新区	批零业	55210588X	深圳市济仁康大药房
1002	坪山新区	批零业	571996091	深圳市瀚柏盛商贸有限公司
1003	坪山新区	批零业	590714432	深圳市康品堂大药房（普通合伙）
1004	坪山新区	批零业	674800661	深圳市万城信投资有限公司
1005	坪山新区	批零业	741246868	深圳市迅利达旧机电贸易有限公司
1006	坪山新区	批零业	GD4143694	深圳市百姓药房正山分店
1007	坪山新区	其他	670030700	深圳市坪山新区坪山办事处石井社区老年人协会
1008	坪山新区	其他	SG8948148	深圳市坪山新区坪山办事处老干部活动中心
1009	坪山新区	住餐业	570041752	百胜餐饮（深圳）有限公司肯德基坑梓餐厅
1010	坪山新区	住餐业	979696025	深圳市龙岗六和实业有限公司六联酒店
1011	龙华新区	房地产	319463824	深圳市京之元投资发展有限公司
1012	龙华新区	房地产	795419971	深圳市中唐房地产有限公司
1013	龙华新区	服务业	05276028X	深圳市鑫鹏辉企业财务咨询有限公司
1014	龙华新区	服务业	055123905	深圳市优贝拓天教育科技有限公司
1015	龙华新区	服务业	057888901	深圳市大环清洁服务有限公司
1016	龙华新区	服务业	06142857X	深圳市宇通网络有限公司
1017	龙华新区	服务业	064979326	深圳市雨果资讯科技有限公司
1018	龙华新区	服务业	067186655	深圳蓝图伟业印刷包装设计有限公司
1019	龙华新区	服务业	069292910	深圳市圣德鑫投资发展有限公司

续表

样本单位编号	单位所在区	单位所属行业	单位代码	单位名称
1020	龙华新区	服务业	072512857	深圳市国邦智能工程开发有限公司
1021	龙华新区	服务业	075182232	深圳市鑫祥和投资有限公司
1022	龙华新区	服务业	078006162	深圳市鑫盛源人力资源有限公司
1023	龙华新区	服务业	080128919	深圳市竟凯物业管理有限公司
1024	龙华新区	服务业	082492001	深圳市伟琳珠宝贸易有限公司
1025	龙华新区	服务业	085949214	深圳市微商通实业有限公司
1026	龙华新区	服务业	088340260	深圳市尔必达信息咨询有限公司
1027	龙华新区	服务业	093916690	深圳市怀宏民广告有限公司
1028	龙华新区	服务业	279259094	深圳市龙华新区龙华城市建设投资发展有限公司
1029	龙华新区	服务业	306091531	深圳市金同申通快递有限公司深圳分公司
1030	龙华新区	服务业	311640734	深圳市鑫合物业管理有限公司
1031	龙华新区	服务业	311845115	深圳市东兴蓬勃建材企业（普通合伙）
1032	龙华新区	服务业	31201329X	深圳仁达方略企业管理有限公司
1033	龙华新区	服务业	319384405	深圳市速易学车服务有限公司
1034	龙华新区	服务业	319601123	深圳市金百合文化传媒有限公司
1035	龙华新区	服务业	326292752	深圳市天使之爱健康管理有限公司
1036	龙华新区	服务业	326633393	深圳市爱美居房产交易有限公司
1037	龙华新区	服务业	335223273	顺丰速运有限公司观澜湖营业部
1038	龙华新区	服务业	349811041	深圳市笃诚商务顾问有限公司
1039	龙华新区	服务业	398564163	深圳市深能燃气有限公司牛地埔瓶装燃气服务点
1040	龙华新区	服务业	553876870	深圳市光华物业公司溪山美地园物业服务中心
1041	龙华新区	服务业	55986597X	深圳市金科讯电子有限公司
1042	龙华新区	服务业	565723409	深圳市尚杰广告有限公司
1043	龙华新区	服务业	570032485	深圳市汇外信息咨询有限公司
1044	龙华新区	服务业	576351911	深圳市君贝尔科技有限公司
1045	龙华新区	服务业	580064069	深圳市驰力源科技有限公司
1046	龙华新区	服务业	584074838	深圳市冼屋物业管理有限公司
1047	龙华新区	服务业	58793280X	深圳市智邦英才科技有限公司
1048	龙华新区	服务业	591866665	深圳市玉玲珑广告有限公司
1049	龙华新区	服务业	594330073	深圳市翔宁航空服务有限公司
1050	龙华新区	服务业	597754736	深圳市魅亚化妆用具有限公司

续表

样本单位编号	单位所在区	单位所属行业	单位代码	单位名称
1051	龙华新区	服务业	66268312X	深圳市粤港汽车驾驶员培训公司万家灯火报名点
1052	龙华新区	服务业	672966860	深圳市吉祥福纸制品有限公司
1053	龙华新区	服务业	682022724	深圳市万邦博文化策划有限公司
1054	龙华新区	服务业	689447514	深圳市恒兴嘉科技有限公司
1055	龙华新区	服务业	697103711	深圳市港龙湾投资有限公司
1056	龙华新区	服务业	726158085	深圳市深国际华南物流有限公司
1057	龙华新区	服务业	750483662	深圳市宝安区观澜街道新园幼儿园
1058	龙华新区	服务业	766376829	深圳市广正机电有限公司
1059	龙华新区	服务业	772719090	深圳市万厦居业有限公司桦润新居物业管理处
1060	龙华新区	服务业	783922721	深圳市铁卫保全物业管理有限公司
1061	龙华新区	服务业	793855593	深圳市卓景航空客运代理有限公司
1062	龙华新区	服务业	GD4137921	中国铁通集团公司深圳分公司大浪同富裕营业厅
1063	龙华新区	工业	052767801	深圳市国展光电科技有限公司
1064	龙华新区	工业	055144239	深圳市亿鼎科技有限公司
1065	龙华新区	工业	058986888	深圳市富怡星电子科技有限公司
1066	龙华新区	工业	063860243	深圳市得人精工制造有限公司
1067	龙华新区	工业	066339269	深圳市宏方塑胶五金有限公司
1068	龙华新区	工业	06928921X	深圳市挚润服装有限公司
1069	龙华新区	工业	072539005	深圳市茂利鑫塑胶五金制品有限公司
1070	龙华新区	工业	076915362	深圳市源盛德光电科技有限公司
1071	龙华新区	工业	080118630	深圳航瑞包装制品有限公司
1072	龙华新区	工业	083891071	深圳市阿尔法激光科技有限公司
1073	龙华新区	工业	088473792	深圳市福泰通科技有限公司龙华分公司
1074	龙华新区	工业	305862031	深圳市米特普菲科技有限公司
1075	龙华新区	工业	312038411	深圳市英华纸品包装有限公司
1076	龙华新区	工业	326529588	深圳市全洲自动化设备有限公司
1077	龙华新区	工业	349817056	深圳市新源盛印刷包装制品有限公司
1078	龙华新区	工业	552116861	深圳市宇美明科技有限公司
1079	龙华新区	工业	555448466	深圳市精亮利科技有限公司
1080	龙华新区	工业	559867510	深圳市十全五金塑胶制品有限公司
1081	龙华新区	工业	562789365	深圳市西格玛塑胶五金制品有限公司

续表

样本单位编号	单位所在区	单位所属行业	单位代码	单位名称
1082	龙华新区	工业	567057139	深圳市佳亿丰光电有限公司
1083	龙华新区	工业	570030236	深圳市盈峰光通讯器件有限公司
1084	龙华新区	工业	574775657	深圳市美皓义齿科技有限公司
1085	龙华新区	工业	578803993	深圳市金泰科环保线缆有限公司
1086	龙华新区	工业	581577640	深圳市鑫辉彩光电技术有限公司
1087	龙华新区	工业	585609558	深圳市佳创精密五金有限公司
1088	龙华新区	工业	589150852	深圳市一佰加科技有限公司
1089	龙华新区	工业	593003222	深圳市博视达光学仪器有限公司
1090	龙华新区	工业	596786672	深圳市神州金凯科技有限公司
1091	龙华新区	工业	618832191	深圳嘉年实业股份有限公司
1092	龙华新区	工业	661049338	深圳市洲宇智能技术有限公司
1093	龙华新区	工业	665894803	深圳市旋彩电子有限公司
1094	龙华新区	工业	670032079	长喜精密五金（深圳）有限公司
1095	龙华新区	工业	674824903	深圳市永嘉诚机械有限公司
1096	龙华新区	工业	682010635	深圳市润雨标牌有限公司
1097	龙华新区	工业	685398006	深圳市绿能照明有限公司
1098	龙华新区	工业	691158375	深圳市长丰发泡制品有限公司
1099	龙华新区	工业	693979054	深圳市金鹏辉纸品有限公司
1100	龙华新区	工业	697141216	深圳市贵冠时装有限公司
1101	龙华新区	工业	715236703	崇国合成皮（深圳）有限公司
1102	龙华新区	工业	731109616	深圳威谊光通技术有限公司
1103	龙华新区	工业	743240232	深圳市宝佳数控设备制造有限公司
1104	龙华新区	工业	754252765	深圳市立宇体育用品有限公司
1105	龙华新区	工业	761974379	深圳市章氏电热设备有限公司
1106	龙华新区	工业	767574667	深圳市晶沛电子有限公司
1107	龙华新区	工业	772740359	深圳市庆兴科技有限公司
1108	龙华新区	工业	779854949	深圳市宇之彩印刷有限公司
1109	龙华新区	工业	786552279	深圳市深宝兴包装材料有限公司
1110	龙华新区	工业	791723837	深圳市嘉洋电池有限公司
1111	龙华新区	工业	796611113	深圳市豪丰纸品包装有限公司
1112	龙华新区	工业	GD4136400	深圳市绵利达塑胶制品有限公司
1113	龙华新区	建筑业	077547346	深圳市仕榕装饰工程有限公司
1114	龙华新区	建筑业	311767604	深圳欣固源工程结构加固新技术有限公司
1115	龙华新区	建筑业	335250036	深圳市伟业成建筑装饰设计工程有限公司

六　500万元以下固定资产投资抽样调查方法应用

续表

样本单位编号	单位所在区	单位所属行业	单位代码	单位名称
1116	龙华新区	建筑业	585644863	深圳市鼎兴建筑加固技术有限公司
1117	龙华新区	建筑业	799216290	深圳市正中消防工程有限公司
1118	龙华新区	批零业	051528868	深圳市康荣达科技有限公司
1119	龙华新区	批零业	052798595	深圳市瑞特森塑胶有限公司
1120	龙华新区	批零业	055140772	深圳市时珍星辰大药房（普通合伙）
1121	龙华新区	批零业	057883799	深圳市汉果科技技术有限公司
1122	龙华新区	批零业	061400075	深圳三河聚金属有限公司
1123	龙华新区	批零业	06388515X	深圳市鑫辉视讯电子技术有限公司
1124	龙华新区	批零业	066310458	深圳市东瑞感视科技有限公司
1125	龙华新区	批零业	067994417	深圳市华宇智能有限公司
1126	龙华新区	批零业	070367430	深圳市智盛达维时钟表工具有限公司
1127	龙华新区	批零业	071783057	深圳市聚众祥商贸有限公司
1128	龙华新区	批零业	074357483	深圳市富友达石业有限公司
1129	龙华新区	批零业	076908752	深圳市闽膳美餐饮管理有限公司
1130	龙华新区	批零业	078951789	深圳市蔻迪尔科技有限公司
1131	龙华新区	批零业	080140109	深圳市鑫磐石科技有限公司
1132	龙华新区	批零业	082461870	深圳市陌陌数码科技有限公司
1133	龙华新区	批零业	084624549	深圳市董小姐服装贸易有限公司
1134	龙华新区	批零业	087716625	深圳市博时达钟表有限公司
1135	龙华新区	批零业	088386541	深圳市柯想电器有限公司
1136	龙华新区	批零业	093886620	深圳市丰华顺达自动化设备有限公司
1137	龙华新区	批零业	27941930X	深圳市赛瓦特动力科技股份有限公司
1138	龙华新区	批零业	306139128	深圳霖睿科技有限公司
1139	龙华新区	批零业	311605867	深圳市和胜天电子商务有限公司
1140	龙华新区	批零业	311716241	宁波太平鸟风尚男装公司深圳龙华九方分公司
1141	龙华新区	批零业	311839719	深圳市金口科技有限公司
1142	龙华新区	批零业	311924227	深圳市黎锦安科技有限公司
1143	龙华新区	批零业	312016861	深圳市楚汉唐科技开发有限公司
1144	龙华新区	批零业	319319128	深圳英伦之都服饰有限公司
1145	龙华新区	批零业	319450601	拓速乐汽车销售服务（深圳）有限公司龙华分公司
1146	龙华新区	批零业	319624464	深圳市博艺天下网络科技有限公司
1147	龙华新区	批零业	326225787	深圳市聚永泰贸易有限公司
1148	龙华新区	批零业	326456630	深圳市凯盈辉科技有限公司
1149	龙华新区	批零业	326713465	深圳市幸塘德科技有限公司

续表

样本单位编号	单位所在区	单位所属行业	单位代码	单位名称
1150	龙华新区	批零业	335193860	深圳市源诺高新科技发展有限公司
1151	龙华新区	批零业	342646629	深圳市腾硕辉科技有限公司
1152	龙华新区	批零业	398483208	深圳市隆成新科技有限公司
1153	龙华新区	批零业	398599980	深圳市九牛太阳贸易有限公司
1154	龙华新区	批零业	555402812	深圳市鹏兴隆制冷设备有限公司
1155	龙华新区	批零业	558694865	深圳市力普森科技有限公司
1156	龙华新区	批零业	562771253	深圳市华阳通电子有限公司
1157	龙华新区	批零业	567067388	深圳市恒优商贸有限公司
1158	龙华新区	批零业	571971599	深圳市巨讯通科技有限公司
1159	龙华新区	批零业	574797979	深圳市慧冉超声波设备有限公司
1160	龙华新区	批零业	578812478	深圳市零创发贸易有限公司
1161	龙华新区	批零业	581572321	深圳市捷美斯音响技术有限公司
1162	龙华新区	批零业	58409883X	深圳市兆祥有机玻璃有限公司
1163	龙华新区	批零业	587922345	深圳市满海琳激光科技有限公司
1164	龙华新区	批零业	590742628	深圳市千宝科技有限公司
1165	龙华新区	批零业	594300173	深圳芯高科技有限公司
1166	龙华新区	批零业	596774073	深圳思威尔电子科技有限公司
1167	龙华新区	批零业	661010636	深圳市世丰行纺织有限公司
1168	龙华新区	批零业	670020334	深圳南北药行连锁有限公司隆添利分店
1169	龙华新区	批零业	678554242	深圳市宝华药行连锁有限公司城市明珠分店
1170	龙华新区	批零业	685366530	深圳市富迅通贸易有限公司
1171	龙华新区	批零业	692503521	深圳市永营商行
1172	龙华新区	批零业	697148258	深圳市广发源机电设备有限公司
1173	龙华新区	批零业	741227755	深圳市铭通金属构件有限公司
1174	龙华新区	批零业	763497158	深圳市粤泰机电设备有限公司
1175	龙华新区	批零业	778769515	深圳市永丰不锈钢制品有限公司
1176	龙华新区	批零业	79171878X	深圳市阳宏电源技术有限公司
1177	龙华新区	批零业	GD4138326	深圳市创新能源电子科技有限公司
1178	龙华新区	其他	319651681	深圳市龙华深圳北站商务规划建设指挥部办公室
1179	龙华新区	其他	668526336	深圳市龙华新区民治办事处计划生育服务中心
1180	龙华新区	其他	K31734571	深圳市宝安区龙华街道司法所
1181	龙华新区	住餐业	078982649	深圳市金园渔庄餐饮管理有限公司
1182	龙华新区	住餐业	312087870	深圳市乐凯撒餐饮管理公司龙华星河盛世分公司
1183	龙华新区	住餐业	558660833	深圳市欣图餐饮有限公司

续表

样本单位编号	单位所在区	单位所属行业	单位代码	单位名称
1184	龙华新区	住餐业	667087562	深圳市横岭宾馆
1185	龙华新区	住餐业	GD4159485	深圳捷兴翔餐饮管理有限公司
1186	大鹏新区	房地产	311660575	深圳市壹佰兆投资有限公司
1187	大鹏新区	房地产	77987187X	深圳永利鸿盈投资有限公司
1188	大鹏新区	服务业	07177293X	深圳市天然风光旅游有限公司
1189	大鹏新区	服务业	192472124	深圳市南澳新大股份合作公司
1190	大鹏新区	服务业	455849481	深圳市大鹏新区大鹏中心小学
1191	大鹏新区	服务业	581562115	深圳市融汇金通投资发展有限公司
1192	大鹏新区	服务业	670027042	深圳市巨邦文化传播有限公司
1193	大鹏新区	服务业	692539321	深圳市环洁兄弟清洁服务有限公司
1194	大鹏新区	服务业	763479400	深圳市南澳东涌股份合作公司沙滩游泳场
1195	大鹏新区	服务业	775557146	深圳市葵涌围之布股份合作公司
1196	大鹏新区	服务业	79541816X	深圳市大鹏布新股份合作公司石桥头分公司
1197	大鹏新区	服务业	SG8950029	深圳市大鹏新区南澳医院西涌社区健康服务中心
1198	大鹏新区	工业	065494582	慈溪市雀思德塑料电器有限公司深圳分公司
1199	大鹏新区	工业	27943557X	深圳市君轩生物技术有限公司
1200	大鹏新区	工业	568516042	天盛塑胶制品（深圳）有限公司
1201	大鹏新区	工业	580060826	深圳市文鹏印刷品有限公司
1202	大鹏新区	工业	596792861	实力利玛塑胶制品（深圳）有限公司
1203	大鹏新区	工业	618922867	深圳市顾特威纸品有限公司
1204	大鹏新区	工业	692531389	深圳市红木坊家具设计有限公司
1205	大鹏新区	工业	734154295	深圳市乐其家私有限公司
1206	大鹏新区	工业	767599485	深圳市得意隆时装有限公司
1207	大鹏新区	工业	797957036	深圳市龙岗区南澳明智皮具制品厂
1208	大鹏新区	建筑业	319557820	深圳市奥匹林建设工程有限公司
1209	大鹏新区	建筑业	79795947X	无锡市政建设集团有限公司深圳分公司
1210	大鹏新区	批零业	584080672	深圳市佳铭汇科技有限公司
1211	大鹏新区	批零业	89249579X	深圳市龙岗区供销合作联社大鹏社生资一门市
1212	大鹏新区	其他	693962578	深圳市大鹏新区大鹏办事处下沙社区老年人协会
1213	大鹏新区	其他	K31733210	深圳市大鹏新区大鹏办事处财务管理中心
1214	大鹏新区	住餐业	683785678	百胜餐饮（深圳）有限公司肯德基大鹏餐厅
1215	大鹏新区	住餐业	SG8954855	深圳市龙岗区南澳街道西涌月半湾度假屋

附录6-5 肯定评价

七 新三板股权资产负债核算方法研究

资产负债表是反映经济总体和各机构部门的财富家底及债权债务关系的基本工具，是研究财富问题、加强风险管理、服务宏观决策的重要基础和依据。按照国家统计局的统一安排和部署，深圳结合自身实际情况，在新三板股权核算方面进行了试点研究。鉴于新三板市场是新兴资本市场，其交易方式明显不同于主板市场。因此，我们主要从新三板市场交易信息入手，对资产负债表中新三板股权核算进行了初步探索研究。

（一）新三板市场综述

新三板即全国中小企业股份转让系统，是经国务院批准设立的全国性证券交易场所。全国中小企业股份转让系统有限责任公司作为其运营管理机构，于2012年9月20日在国家工商总局注册成立，注册资本30亿元。

自2013年底新三板面向全国接收企业挂牌申请起，截至2016年末，在新三板挂牌的企业数达到10163家，其中2016年新增挂牌企业5034家，比2015年末同比增长近1倍。总股本为5851.55亿股，其中流通股本为2386.81亿股。按2016年12月30日最新收盘价计算（12月31日为非交易日），新三板挂牌企业市值达40558.11亿元，其中流通市值为16543.39亿元。2016年共成交363.36亿股，成交额达1912.28亿元，总体换手率为18.3%，整体市盈率为28.71（见表7-1）。从反映新三板市场规模的指标数据看，新三板市场经历了三年爆发式增长，所有指标均呈现出几何倍数增长的态势。

表 7-1　　　　　　　　　　　　　新三板市场总貌

	2013 年末	2014 年末	2015 年末	2016 年末
挂牌企业数（家）	356	1572	5129	10163
总股本（亿股）	97.17	658.35	2959.51	5851.55
流通股本（亿股）	38.95	236.88	1023.63	2386.81
成交股票数（个）	109	556	2247	4260
成交额（亿元）	8.14	130.36	1910.62	1912.28
成交量（亿股）	2.02	22.82	278.91	363.36
换手率（%）	5.6	9.6	30.3	18.3
总市值（亿元）	553.06	4591.42	24584.42	40558.11
流通市值（亿元）	221.69	1652.03	8503.22	16543.39
市盈率（LYR）	21.44	35.27	47.23	28.71

（二）新三板股权估价研究

1. 新三板股权估价理论依据

根据《国民账户体系 2008》（以下简称 SNA2008）关于估价的一般原则："理想来说，资产负债表中的所有资产和负债都应当采用可观测的市场价格估价。如果所有资产在市场上都能够正规、活跃、自由地交易，以现期市场价格对资产负债表进行估价时，可以采用市场中所有交易的总平均价格。"

同时，SNA2008 将股权分为上市股票股权和未上市股票股权，上市股票股权以市值法进行估价；未上市股票股权，若在过去年份里偶尔被交易，且近期情况未发生重大变化，近期价格就是现期市场价值的良好指标，可以按曾经交易的近期价格进行市值估价。

特别值得一提的是，SNA2008 还阐述了对可观测价格资产估价的具体原则："进行价格观测的理想来源是市场，例如在证券交易所上市的证券，可以收集各笔资产以及各类资产的价格，此外，还可以确定某种类型资产的现有全部证券的总估价。除了提供直接观测到的实际交易的资产价格，来自这些市场的信息还可以用于确定未进行交易的类似资产的价格。例如，通过将证券交易所的信息与未上市股票的类似股票进行对比，并考虑未上市股票可销售性较低的因素，可以确定未上市股票的价格。"

新三板股权作为市场交易对象，理论上具有可观测的市场价格。但是，新三板股权还有一个最大的特点，那就是交易不够活跃，市场流动性差，整个市场的信息披露也不尽规范,这就决定了不能简单用新三板股权市场最新交易价格来进行估价,必须结合新三板市场流动性差这一特点来综合考虑其估值。

2. 新三板股权交易现状

与A股市场比较,新三板市场目前最大的区别在于成交的活跃程度,而成交活跃度又直接决定了两个市场成交价格的性质。

在A股市场,日均整体换手率位于2.5%左右的水平,创业板市场日均整体换手率处于3.8%的水平。除极端情况外,A股上市股票每天都会有大量的成交量和成交笔数,足够保证市场参与者按照当前的市价买卖任何一只股票,可以说市场流动性极强,市场价格也基本呈小幅平稳波动态势。总之,A股市场股票最新交易价格完全可以用来作为计算市值的依据。

新三板市场交易按照转让方式不同,可划分为协议转让、做市转让以及竞价转让。现阶段,由于竞价转让方式的相关条件尚未明确,挂牌企业股票实际上可以选择的只有做市转让方式和协议转让方式。挂牌企业股票的交易方式由挂牌公司自主选择,做市转让与协议转让方式只能两者取其一。截至2016年末,有1654家挂牌企业股票选择做市转让交易,另有8509家以协议转让的方式交易。按时间跨度汇总的挂牌企业实际成交相关数据如表7-2所示。

表7-2　　　　　　　　新三板挂牌企业股票股权转让汇总情况

时间跨度	转让方式	有成交的企业所占比重(%)	平均交易天数(天)	平均换手率(%)	平均成交价格(元)
1天	做市转让	50.5	0.5	0.11	5.50
1周	做市转让	67.2	2.3	0.52	5.81
1个月	做市转让	81.1	9.4	1.75	5.44
2个月	做市转让	87.0	18.3	3.23	5.82
1个季度	做市转让	90.1	24.7	4.51	5.74
4个月	做市转让	91.7	32.9	6.01	5.76
2个季度	做市转让	95.6	50.1	8.85	5.57
3个季度	做市转让	98.5	78.4	14.67	5.39
1年	做市转让	99.3	104.7	22.27	5.34
首个交易日	协议转让	32.5	9.68	11.80	5.18

注:(1)基础数据来源于东方财富Choice金融终端新三板专题统计数据。

(2)时间跨度截止日期为2016年12月30日。

从做市转让和协议转让实际交易数据来看，做市转让与协议转让最大的区别在于：做市转让相对而言换手率较高，成交笔数较为密集。当时间跨度为 2 个季度时，无论是有成交的企业所占比重（95.6%），还是平均交易天数（50.1 天）和平均换手率（8.85%），都达到了充分换手的水平；协议转让换手率极低，自首个交易日算起，至 2016 年末，仍有 5746 家协议转让挂牌企业没有成交记录，占全部协议转让挂牌企业的 67.5%。在有成交的协议转让挂牌企业中，从上市首日到首个交易日的平均时间间隔是 224 天，从另一个视角反映出协议转让交易极不活跃。

3. 新三板股权估价方法

基于做市转让和协议转让新三板挂牌企业各具特点，我们可按交易方式划分不同来对新三板股权估价进行探索研究。

首先，从新三板做市转让挂牌企业来看，比较时间跨度汇总的交易情况，2 个季度时间跨度交易信息足够反映出市场价格，我们可按近 6 个月平均成交价来测算理论市值。其计算公式为：

新三板做市转让企业股权市值 = Σ 企业总股本 × 近 6 个月平均成交价

根据公式测算，截至 2016 年 12 月 30 日，新三板做市转让挂牌企业股权理论市值为 11023.14 亿元。

其次，从新三板协议转让挂牌企业看，由于在 8509 家企业中，有 5746 家没有市场成交信息，剩下的 2763 家换手率明显偏低，成交极为不活跃，成交价格波动幅度很大。因此，我们基本上不能通过市场交易信息来估算出协议转让企业理论市场价值。

值得注意的是，做市转让不同于竞价转让，其交易不具有连续性。如果需要跟 A 股市场对标的话，我们还需要充分考虑因流动性不足所造成的折价，通过折价系数将新三板做市转让企业理论市值换算成可比市值才能与 A 股市场对标。

（三）新三板股权资产负债核算研究

1. 新三板股权资产项下核算

股权属于金融资产和负债的范畴，从总体上看，某一机构部门或几个机构部门拥有的股权资产数额，必然与相应的另一机构部门或几个机构部门所承担的股权负债数额相等。

新三板股权资产可分为非金融企业部门、金融机构部门、广义政府部门、住户部门和国外等五个部门核算。根据中国证券登记结算有限责任公司按"结算投资者类型"划分为52个细分账户体系，我们建立起这52个细分账户与资产负债核算五部门一一对应关系，来进行新三板股权资产项下五部门核算（见表7-3）。

表7-3　　　　　　　　新三板股权资产项下五部门核算情况

账户类别	对应部门
一、产品客户	
1. 基金专户	金融机构部门
2. 基金专户（保险）	金融机构部门
3. 基金专户（信托）	金融机构部门
4. 证券公司集合理财	金融机构部门
5. 保险资管理产	金融机构部门
6. 期货资管（单一）	金融机构部门
7. 开放式证券投资基金	金融机构部门
8. 私募基金	金融机构部门
9. 信托产品	金融机构部门
10. 保险产品	金融机构部门
11. 银行理财产品	金融机构部门
12. 企业年金计划	金融机构部门
13. 全国社保基金	金融机构部门
14. 养老金产品	金融机构部门
15. QFII	国外部门
16. RQFII	国外部门
17. 证券公司专项资管计划	金融机构部门
18. 封闭式证券投资基金	金融机构部门
19. 其他证券投资基金	金融机构部门
20. 地方社保基金	金融机构部门
21. 上市公司员工持股计划	金融机构部门
22. 其他	金融机构部门
二、机构客户	
（一）境内机构	
A. 一般法人机构	
23. 企业法人	非金融企业部门
24. 机关法人	广义政府部门
25. 事业法人	广义政府部门
26. 社团法人	广义政府部门
27. 工会法人	广义政府部门
28. 其他非金融机构法人	非金融企业部门

续表

账户类别	对应部门
B. 特殊法人机构	金融机构部门
29. 证券公司	金融机构部门
30. 银行	金融机构部门
31. 信托投资公司	金融机构部门
32. 基金管理公司	金融机构部门
33. 保险公司	金融机构部门
34. 破产管理人	金融机构部门
35. 私募基金管理人	金融机构部门
36. 其他金融机构法人	金融机构部门
37. 做市商	金融机构部门
38. 中国金融期货交易所	金融机构部门
39. 其他	金融机构部门
C. 非法人机构	
40. 普通合伙企业	非金融企业部门
41. 特殊普通合伙企业	非金融企业部门
42. 有限合伙企业	非金融企业部门
43. 非法人合伙制创投企业	金融机构部门
44. 其他	非金融企业部门
（二）境外机构	国外部门
45. 境外一般机构	国外部门
46. 境外代理人	国外部门
47. 境外证券公司	国外部门
48. 境外基金公司	国外部门
49. 境外结算机构	国外部门
50. 其他	国外部门
三、个人客户	住户部门
四、内部客户	金融机构部门

根据表7-2建立的对应关系，可由"结算投资者类型"细分账户体系数据分别核算出非金融企业部门、金融机构部门、广义政府部门、住户部门和国外部门的新三板股权资产。

因新三板相关数据由中国证券登记结算有限责任公司北京分公司负责管理，为取得"结算投资者类型"细分账户体系相关数据，深圳市统计局专门致函中国证券登记结算有限责任公司深圳分公司，请其协调中国证券登记结算有限责任公司北京分公司提供新三板细分账户体系相关数据。中国证券登记结算有限责任公司深圳分公司为此事也专门致函北京分公司，北京分公司的回复是暂时不便提供"结算投资者类型"细分账户体系相关数据。

2. 新三板股权负债项下核算

新三板股权负债应全部计入非金融企业部门和金融机构部门核算,广义政府、住户和国外三部门负债项下数额为零。按照中国证券登记结算有限责任公司对新三板挂牌企业进行的行业分类,可以提取行业分类为"金融业"的企业名单,再将其股票股权市值进行汇总,就能核算出新三板股权在金融机构部门的负债项下数额。用新三板挂牌企业股票股权全部市值减去金融机构部门部分,就能得到非金融企业部门新三板股权负债项下数额(见表7-4)。

表7-4　　　　　　　　新三板股权负债项下两部门核算情况

行业分类	对应部门	2015年末新三板股权市值(亿元)	2016年末新三板股权市值(亿元)
农、林、牧、渔业	非金融企业部门	787.49	1116.83
采矿业	非金融企业部门	122.04	122.55
制造业	非金融企业部门	9630.69	16596.27
电力、热力、燃气及水生产和供应业	非金融企业部门	212.70	372.00
建筑业	非金融企业部门	674.83	1134.49
批发和零售业	非金融企业部门	660.14	1876.69
交通运输、仓储和邮政业	非金融企业部门	336.11	458.42
住宿和餐饮业	非金融企业部门	19.13	63.62
信息传输、软件和信息技术服务业	非金融企业部门	4156.00	7615.68
金融业	金融机构部门	4939.69	5251.73
房地产业	非金融企业部门	49.98	169.86
租赁和商务服务业	非金融企业部门	903.52	1696.90
科学研究和技术服务业	非金融企业部门	716.23	1198.14
水利、环境和公共设施管理业	非金融企业部门	413.80	681.77
居民服务、修理和其他服务业	非金融企业部门	64.61	172.14
教育	非金融企业部门	164.85	388.90
卫生和社会工作	非金融企业部门	71.27	175.01
文化、体育和娱乐业	非金融企业部门	660.82	1466.59
综合	非金融企业部门	0.53	0.52
合计	—	24584.42	40558.11

由表7-4可以核算出2015年末新三板股权市值在非金融企业部门和金融机构部门负债项下的数额分别为19644.73亿元和4939.69亿元,比例结构为80∶20;2016年末新三板股权市值在非金融企业部门和金融机构部门负债项下的数额分别为35306.38亿元和5251.73亿元,比例结构变化为87∶13。

(四) 相关结论及启示

1. 基本结论

（1）目前仅能对占比16.3%新三板做市转让部分股权进行理论估价

从新三板市场交易现状看，新三板挂牌企业股票股权介于上市公司股权和未上市公司股权之间，既有类似于上市公司股权的特点，又有很多未上市公司股权的特征。总体而言，我国新三板挂牌企业股票股权更接近于未上市公司股权。因此，基本上不能对整个新三板股权进行市值估价，目前仅能对做市转让部分股权加以理论估价，该部分仅占全部新三板挂牌企业的16.3%。占比83.7%的协议转让部分由于交易极不活跃且情况复杂，尚无条件进行市值估价。

（2）可以构建新三板股权资产负债五部门核算的理论框架

根据获取的基础数据，我们可以对新三板股权市值在非金融企业部门和金融机构部门负债项下进行核算，并能得出具体的数值和比例结构。如果能取得按"结算投资者类型"划分为52个细分账户体系数据，按照上述核算方法，也可以核算出新三板股权在非金融企业、金融机构、广义政府、住户和国外五部门资产项下的数额，并能够得出其在五部门的比例结构。

2. 启示

（1）用面值来估算新三板股权

鉴于新三板市场与A股市场存在较大差异，无论是市场交易价格的有效性还是市场流动性，两者都不具备可比性。特别是占比达83.7%的协议转让挂牌企业股权，更类似于非上市公司股权。从新三板股权估价试点研究来看，建议在实际操作中可将新三板股权作为未上市公司股权，按照面值来估算其股权价值。通过比较，用面值来估算整个新三板股权价值更符合国情。

（2）参照新三板股权资产负债核算理论框架进行上市公司股权资产负债五部门核算

经过与中国证券登记结算有限责任公司深圳分公司沟通和交流，我们了解到：目前中国证券登记结算有限责任公司采用同一套结算账户体系来分别对主板、创业板和新三板进行结算。因此，我们可以根据建立起的按"结算投资者类型"划分为52个细分账户与资产负债核算五部门一一对应关系，来进行上市公司股权资产项下五部门核算。同时，我们还可以根据上市公司的行业类型来核算上市公司股权在非金融企业部门和金融机构部门负债项下的数额。

通过对新三板股权资产负债核算的研究，探索出了实现对上市公司股权资产负债核算的可行性具体路径。参照新三板股权资产负债核算理论框架进行上市公司股权资产负债五部门核算，既简单易行，又具有可操作性。

附录 7-1　肯定评价

八　债券债权资产负债核算方法研究

资产负债表是反映经济总体和各机构部门的财富家底及债权债务关系的基本工具，是研究财富问题、加强风险管理、服务宏观决策的重要基础和依据。根据《国家统计局关于同意深圳开展统计改革创新试点的批复》（国统设管函〔2016〕164号）的具体要求和核算司工作部署，按照地方资产负债表编制试点第二阶段的工作目标，深圳市统计局对资产负债表中债券、债权核算方法进行了探索研究，主要从债券债权的范围界定、估价以及部门核算三方面入手研究债券债权核算方法。

（一）我国债券市场概要

债券市场是发行和买卖债券的场所，是金融市场一个重要组成部分。成熟的债券市场是一个国家金融市场的基石，能为金融体系提供巨大的流动性，为政府、金融机构、企业等筹措资金提供便利渠道，为全社会投资者提供低风险的投资工具，也是传导中央银行货币政策的重要载体。

改革开放以来，特别是进入新的世纪以来，我国债券市场取得了巨大发展，发行主体不断增加，市场规模不断扩张，债券种类不断丰富，成为我国金融市场体系的重要组成部分。债券市场在推动整个金融市场和金融体系发展，提高直接融资比例，服务实体经济发展中发挥了重要作用。2016年末，全国债券市场发行的各类债券存量票面总额高达63.8万亿元，同比增长30.8%，其规模比2016年末上市公司总市值（50.86万亿元）还大（见图8-1）。

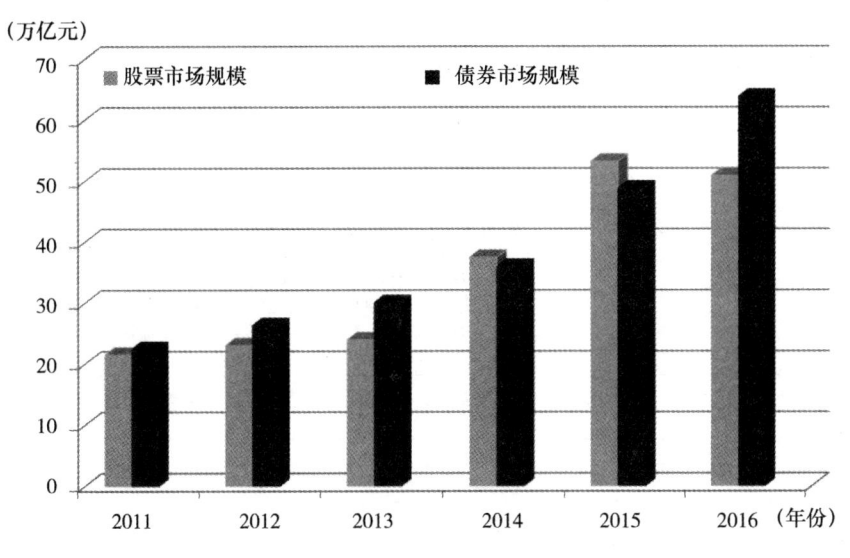

图 8-1 2011—2016 年我国债券与股票市场规模比较

（二）债券债权范围的界定

债券是指机构为筹措资金而发行，并且承诺按约定条件偿还的有价证券。债券的本质是债的证明书，具有法律效力。债券购买者或投资者与发行者之间是一种债权债务关系，债券发行人即债务人，投资者（债券购买者）即债权人，债券债权和债务是债券的一体两面，共生共灭。

从债券资产负债核算角度来看，参照中央国债登记结算有限责任公司（以下简称"中央结算公司"）对债券类型的划分，按发行主体不同可将债券的范围界定为：政府债券、中央银行票据、政府支持机构债券、金融债券、企业信用债券、资产支持证券、同业存单、熊猫债券、其他国内债券、国外债券（经济总体持有部分）。具体情况如表 8-1 所示。

表 8-1 2016 年末我国债券票面总额及范围的界定 单位：万亿元

债券类型	发行主体	票面总额	说明
政府债券	中央政府 地方政府	22.57	包括国债和地方政府债券。发行主体是中央政府的称为国债，具有最高信用等级；发行主体是地方政府的称为地方政府债券
中央银行票据	中国人民银行	0	是为调节货币供应量面向商业银行发行的债务凭证

续表

债券类型	发行主体	票面总额	说明
政府支持机构债券	中国铁路总公司 中央汇金公司	1.46	包括铁道债券和中央汇金债券
金融债券	银行 非银行金融机构	16.32	包括政策性金融债券、商业银行债券和非银行金融债券
企业信用债券	非金融企业	13.24	主要包括企业债券（含一般企业债券、中小企业集合债券、项目收益债券和可续期债券）、公司债券、非金融企业债务融资工具（含短期融资券、超短期融资券、中期票据、中小企业集合票据等）、可转换公司债券、中小企业私募债券等
资产支持证券	信托公司 证券公司	1.03	包括信贷资产支持证券和企业资产支持证券
同业存单	存款类金融机构	6.94	存款类金融机构在银行间市场上发行的记账式定期存款凭证，是债券市场工具
熊猫债券	境外机构	0.02	境外机构在中国境内发行的人民币债券
其他国内债券	企业	2.22	主要指非公开定向债务融资工具
国外债券	境外机构	1.04	指国外机构发行的由国内常住者持有的那部分债券，按照2016年末汇率换算成人民币元
合计		64.84	—

（三）债券的估价研究

1. 债券估价的理论依据

根据 SNA2008 关于估价的一般原则："理想来说，资产负债表中的所有资产和负债都应当采用可观测的市场价格估价。如果资产在近期内没有在市场上买卖，从而没有可观测到的市场价格，那就只能按照一个假定价格——假定在资产负债表编表日期市场上获得该资产时的可能价格进行估算。"

同时，SNA2008 对债券按市场价格估价有详细的阐述：一是短期债券应以当期市场价值进行估价，在高通货膨胀或高名义利率情况下，特别需要以此种方法估价；二是长期债券应当始终按其市场价格估价，无论它们是定期支付利息的债券，还是付息很少的高贴现债券或不付息的零息票债券，其价格总是要将随时间发生的利息包括在内；三是对于指数化债券，在资产负债表中也应按照市场价格估价，而不管与证券相挂钩的指数具有何种特点。显然，债券的市场价格包含了根据息票或债券价值增长计算出来的利息。

2. 我国债券市场的特征

要想得到各种债券的市场价格，就必须从债券市场的交易情况入手，来探索获得债券市场价格的途径。

从我国债券市场交易状况来看，目前我国债券交易市场包括交易所债券市场、银行间债券市场、商业银行柜台市场。2016 年，我国债券市场现券成交量为 122.47 万亿元，同比增长 42.8%，全年成交量为债券票面总额的 1.92 倍，反映出债券成交总体活跃程度不高。

从个券交易数据来分析，2016 年 12 月份在交易所和银行间债券市场挂牌交易的 31891 只债券中，其中每天均有报价或成交的个券数量为 537 只，占比 1.7%；有报价或成交，且天数不超过 10 天的一般活跃债券是 9368 只，占比 29.4%；月内无报价无成交的债券有 21133 只，占比 66.3%，这从另一个角度反映出债券市场成交不够活跃且不均衡。

综上，我们通过市场交易信息仅能得到少数个券的市价，大多数个券需通过市价估价模型来进行科学推断。

3. 债券市场价格估价模型——现金流贴现法

债券市价估价是评定估算债券类资产价值的过程，是解决债券交易价格不连续、不完整特点的国际通行手段。目前，我国债券市场主要有中债估值和中证估值两种估值方法，它们都运用现金流贴现法估值原理。中债固定票息债券估价公式如下：

$$PV = \frac{C/f}{(1+y/f)^w} + \frac{C/f}{(1+y/f)^{w+1}} + \cdots + \frac{C/f}{(1+y/f)^{w+n-1}} + \frac{M}{(1+y/f)^{w+n-1}}$$

其中，PV 表示债券全价；y 表示估值收益率；C 表示按票面利率确定的现金流；f 表示债券每年的利息支付频率；n 表示剩余的付息次数；D 表示估值日距最近一次付息日的天数（算头不算尾）；$w = D/$当前付息周期的实际天数；M 表示债券面值。

根据估价公式，我们能够计算出某一固定息票债券的市价。实践中，中央结算公司（需要查看权限）和银行间市场清算所股份有限公司（以下简称"上海清算所"）网站上公布有每天个券的市价估价详细情况，包括个券的估价全价、估价净价、应计利息、估值收益率、估价修正久期和估价凸性等信息。而且，这些数据可以通过东方财富 Choice 金融终端进行下载。

因此，我们完全可以采用这些权威估价数据来进行整个债券市场的市价估价。通过分类汇总个券市价估价数据，得出我国债券市场市价估价情况如表8-2所示。

表8-2　　　　　2016年末我国债券市价估价情况一览表　　　　单位：万亿元

债券品种	票面额	净价换算系数	全价换算系数	市价净价	市价全价
国债	11.99	1.0306	1.0432	12.36	12.51
地方政府债券	10.58	0.9939	1.0074	10.52	10.66
政府支持机构债券	1.46	1.0312	1.0455	1.51	1.53
金融债券	16.32	1.0077	1.0297	16.45	16.80
企业债券	3.01	0.9799	1.0116	2.95	3.05
公司债券	4.00	0.9943	1.021	3.98	4.08
中期票据	4.15	1.012	1.0367	4.20	4.30
短期融资债券	1.96	0.9982	1.0181	1.96	1.99
可交换债券	0.09	1.0323	1.0457	0.09	0.09
可转换债券	0.03	1.1521	1.1545	0.03	0.03
资产证券化	1.03	0.8909	0.9027	0.92	0.93
同业存单	6.94	0.9735	0.9898	6.76	6.87
国际机构债券	0.02	0.9876	0.9964	0.02	0.02
其他国内债券	2.22	1.0014	1.0331	2.22	2.29
国外债券	1.04	1.0025	1.0211	1.04	1.06
合计	64.84	1.0025	1.0211	65.00	66.21

注：（1）基础数据来源于东方财富 Choice 债券专题统计数据；

（2）换算系数 = 已获取个券市价估价/相应个券票面额；

（3）国外债券换算系数取自全部债券加权平均换算系数。

从表8-2我们可以核算出，2016年末我国债券市价净价和市价全价分别为65万亿元和66.21万亿元。

（四）债券资产负债核算研究

债券属于金融资产和负债的范畴，从总体上看，某一机构部门或几个机构部门拥有的债券资产数额，必然等于相应的另一机构部门或几个机构部门债券负债数额。由于难以获取债券资产项下核算的基础数据，下面我们主要从债券负债项进行核算研究。

1. 债券负债核算研究路径

债券对于持有人来说是资产，对于发行人来说是负债。目前，我国有发行债券资格的机构部门包括非金融企业部门、金融机构部门、广义政府部门和国外四部门，住户部门没有债券发行资格，其债券负债项下数额为零。

债券负债核算研究路径如下：首先从表8-1得出债券负债项下四部门的具体票面总额和比例结构；其次通过表8-2所列全价换算系数将债券票面总额换算成市价全价总额；最后进行债券负债项下四部门市价核算。

2. 债券负债项下四部门核算

依照债券负债核算研究路径，将债券负债项下核算所需数据进行整合，让债券票面总额与债券全价换算系数相结合，就可以较清晰地展现债券负债项下四部门核算情况。

表8-3　　　　　　　　　2016年末我国债券负债核算情况　　　　　　　单位：万亿元

机构部门	债券类型	债券品种	票面总额	全价换算系数	市价全价总额
非金融企业部门	企业信用债券	企业债券	13.24	1.0227	13.54
		公司债券			
		中期票据			
		短期融资债券			
		可交换债券			
		可转换债券			
	政府支持机构债券	政府支持机构债券	1.46	1.0455	1.53
	其他国内债券	其他国内债券	2.22	1.0331	2.29
金融机构部门	金融债券	金融债券	16.32	1.0297	16.80
	资产支持证券	资产证券化	1.03	0.9027	0.93
	同业存单	同业存单	6.94	0.9898	6.87
广义政府部门	政府债券	国债	22.57	1.0266	23.17
		地方政府债券			
国外部门	熊猫债券	国际机构债券	0.02	0.9964	0.02
	国外债券	国外债券	1.04	1.0211	1.06
合计			64.84	1.0211	66.21

由表 8-3 可以核算出 2016 年末债券市价全价总额在非金融企业部门、金融机构部门、广义政府部门和国外四部门负债项下的数额分别为 17.36 万亿元、24.6 万亿元、23.17 万亿元和 1.08 万亿元，比例结构为 26.2∶37.2∶35∶1.6。

（五）基本结论及启示

1. 基本结论

（1）我国债券市场规模巨大，与 A 股市场规模相当

近年来，随着债券市场的持续快速发展，我国债券市场已成长为具有 60 万亿级的大市场，其规模与 A 股上市公司总市值规模处于同一数量级，近 6 年来我国债券市场规模超越 A 股市场规模的年份就有 4 年。可以说，债券市场的实际体量出乎我们的直观臆想。

（2）金融机构是债券债权持有的主体，个人投资者参与债券市场的程度不高

我们虽不能核算出债券债权在机构部门资产项下具体数额，但根据上海清算所和中央结算公司主要债券投资者持有结构数据进行的推算，至少有 9 成以上的债券债权由银行、证券、基金和保险等金融机构持有。个人投资者则通过交易所债券市场和柜台市场买入债券持有，品种主要为凭证式国债、公司债、企业债和可转债等。由于个人对债券投资的认识还不够，仅有极少数的个人投资者参与债券市场交易。

（3）金融机构和政府的发债量相当，高于非金融企业发债量约 4 成

金融机构作为最大的债权人，同时也是最大的债务人，2016 年末金融机构、广义政府和非金融企业三部门所发债券存量市价总额大致呈 775 的格局。结合债券持有结构来看，我们可以知道金融机构债券净值为正，广义政府和非金融企业债券净值为负。也就是说，政府和非金融企业所发债券最终由金融机构所持有。

2. 启示

（1）以债券市价估值数据为基础核算债券市场市值

理论上债券市值应按照可观测的市场价格估价，实际上绝大多数债券短期内没有可获得的市场价格。因此，我们可以转换路径，直接采用中央结算公司和上海清算所发布的权威个券市价估值数据，进行分类汇总后就能用来核算整

个债券市场市值。用个券市价估值数据核算债券市场市值既具有科学性，又简单易行。

（2）参照 26.2∶37.2∶35∶1.6 的比例结构来核算债券四部门市价负债

通过按发行主体不同将债券分别归入非金融企业部门、金融机构部门、广义政府部门和国外等四部门，可得到债券负债项下四部门的具体比例结构。采用不同债券品种各自的全价换算系数将债券票面比例结构换算成市价全价比例结构，得出 2016 年末债券四部门市价负债核算的比例结构为 26.2∶37.2∶35∶1.6。这一比例结构是经过大量数据运算，严格按照数理逻辑推导出来的，我们认为对债券四部门市价负债核算具有一定的参照意义。

附录 8-1 2016 年末我国债券市场个券估价数据

2016 年末我国债券市场个券估价数据如下所示。

2016 年末我国债券市场个券估价数据 单位：元

序号	债券代码	债券简称	债券类型	估价净价	应计利息	估价全价
1	123036.SH	14 大东方	保险公司债	101.322	2.123	103.445
2	123037.SH	14 浙商次	保险公司债	101.130	0.483	101.613
3	123233.SH	14 新华债	保险公司债	108.441	0.644	109.086
4	123283.SH	14 泰康02	保险公司债	103.804	5.477	109.281
5	123284.SH	14 天安次	保险公司债	104.863	0.018	104.881
6	123372.SH	14 泰康债	保险公司债	105.011	3.023	108.034
7	123377.SH	14 太保债	保险公司债	104.340	4.833	109.173
8	123378.SH	13 大都会	保险公司债	102.944	5.195	108.139
9	123385.SH	14 平安寿	保险公司债	106.357	4.866	111.223
10	123481.SH	12 国寿财	保险公司债	98.245	1.230	99.476
11	123482.SH	12 平安财	保险公司债	98.329	0.038	98.367
12	123485.SH	12 人寿02	保险公司债	103.104	0.703	103.807
13	123486.SH	12 新华债	保险公司债	100.588	2.092	102.680
14	123487.SH	12 人寿01	保险公司债	100.928	2.382	103.310

续表

序号	债券代码	债券简称	债券类型	估价净价	应计利息	估价全价
15	123488.SH	12平安债	保险公司债	97.959	2.945	100.904
16	123493.SH	11泰康01	保险公司债	111.203	4.414	115.616
17	123494.SH	11泰康02	保险公司债	111.073	4.313	115.385
18	125980.SH	14永诚债	保险公司债	106.043	3.380	109.423
19	011604001.IB	16中石集SCP001	超短期融资券	99.533	0.973	100.506
20	011605004.IB	16联通SCP004	超短期融资券	99.647	1.202	100.848
21	011606003.IB	16电网SCP003	超短期融资券	99.859	1.709	101.568
22	011608002.IB	16华能集SCP002	超短期融资券	99.648	1.223	100.871
23	011611006.IB	16大唐集SCP006	超短期融资券	99.783	1.484	101.267
24	011616003.IB	16华电股SCP003	超短期融资券	99.985	1.869	101.854
25	011616004.IB	16华电股SCP004	超短期融资券	99.828	1.709	101.537
26	011616005.IB	16华电股SCP005	超短期融资券	99.880	1.456	101.336
27	011616006.IB	16华电股SCP006	超短期融资券	99.532	0.945	100.477
28	011620001.IB	16中铝SCP001	超短期融资券	99.935	2.377	102.312
29	011620002.IB	16中铝SCP002	超短期融资券	99.983	1.584	101.567
30	011620003.IB	16中铝SCP003	超短期融资券	99.143	1.391	100.534
31	011641002.IB	16鞍钢SCP002	超短期融资券	100.000	2.712	102.712
32	011698003.IB	16京粮SCP003	超短期融资券	99.923	1.537	101.460
33	011698004.IB	16同仁堂SCP001	超短期融资券	99.935	1.609	101.543
34	011698005.IB	16常高新SCP001	超短期融资券	99.934	1.718	101.652
35	011698006.IB	16常州城建SCP001	超短期融资券	99.939	1.655	101.595
36	011698007.IB	16佛公用SCP006	超短期融资券	99.940	1.577	101.517
37	011698008.IB	16黑牡丹SCP001	超短期融资券	99.966	2.039	102.005
38	011698009.IB	16湘高速SCP001	超短期融资券	99.845	1.537	101.382
39	011698010.IB	16昆山国创SCP005	超短期融资券	100.018	1.891	101.909
40	011698012.IB	16鲁晨鸣SCP008	超短期融资券	100.017	2.202	102.219
41	011698018.IB	16云南白药SCP001	超短期融资券	99.926	1.536	101.462
42	011698023.IB	16首钢SCP001	超短期融资券	100.060	2.038	102.098
43	011698025.IB	16三安SCP003	超短期融资券	100.015	1.865	101.880

续表

序号	债券代码	债券简称	债券类型	估价净价	应计利息	估价全价
44	011698029.IB	16中电投SCP008	超短期融资券	99.639	1.394	101.033
45	011698032.IB	16汉当科SCP001	超短期融资券	99.920	1.815	101.735
46	011698033.IB	16兖州煤业SCP005	超短期融资券	99.978	2.213	102.191
47	011698034.IB	16中船SCP011	超短期融资券	99.790	1.439	101.229
48	011698036.IB	16德力西SCP002	超短期融资券	100.009	1.859	101.868
49	011698037.IB	16澜沧江SCP003	超短期融资券	99.898	1.354	101.251
50	011698038.IB	16同方SCP003	超短期融资券	99.178	1.440	100.618
51	011698039.IB	16奇瑞SCP004	超短期融资券	100.008	2.187	102.196
52	011698040.IB	16厦国贸控SCP004	超短期融资券	99.701	1.457	101.157
53	011698041.IB	16沪电力SCP005	超短期融资券	99.895	1.331	101.226
54	011698042.IB	16徐工SCP003	超短期融资券	99.931	1.864	101.795
55	011698043.IB	16云南白药SCP002	超短期融资券	99.901	1.388	101.289
56	011698044.IB	16中建材SCP006	超短期融资券	99.975	1.604	101.580
57	011698045.IB	16万宝SCP002	超短期融资券	100.000	1.935	101.935
58	011698046.IB	16福新能源SCP004	超短期融资券	99.896	1.346	101.242
59	011698047.IB	16苏交通SCP008	超短期融资券	99.991	1.336	101.327
60	011698049.IB	16津住宅SCP002	超短期融资券	100.394	1.702	102.096
61	011698050.IB	16佛塑SCP003	超短期融资券	99.947	1.629	101.577
62	011698051.IB	16粤垦投资SCP001	超短期融资券	99.894	1.625	101.519
63	011698053.IB	16信达SCP005	超短期融资券	99.988	1.882	101.870
64	011698054.IB	16鲁晨鸣SCP009	超短期融资券	99.993	2.182	102.175
65	011698055.IB	16川高速SCP003	超短期融资券	99.895	1.421	101.316
66	011698056.IB	16重汽SCP005	超短期融资券	99.895	1.576	101.471
67	011698057.IB	16渝机电SCP001	超短期融资券	99.983	1.891	101.874
68	011698058.IB	16巨石SCP002	超短期融资券	99.890	1.408	101.298
69	011698060.IB	16鲁黄金SCP009	超短期融资券	99.881	1.360	101.240
70	011698061.IB	16灵山SCP002	超短期融资券	99.890	1.538	101.428
71	011698062.IB	16天业SCP003	超短期融资券	100.390	2.170	102.560
72	011698065.IB	16中融新大SCP004	超短期融资券	100.154	2.797	102.950
73	011698066.IB	16大连港股SCP001	超短期融资券	99.585	1.318	100.903

续表

序号	债券代码	债券简称	债券类型	估价净价	应计利息	估价全价
74	011698069.IB	16 闽电子 SCP003	超短期融资券	99.846	1.499	101.344
75	011698070.IB	16 华润 SCP001	超短期融资券	99.611	1.265	100.876
76	011698074.IB	16 浙旅游 SCP001	超短期融资券	99.985	1.480	101.465
77	011698075.IB	16 正泰 SCP004	超短期融资券	99.721	1.508	101.229
78	011698076.IB	16 广晟 SCP005	超短期融资券	99.871	1.467	101.338
79	011698077.IB	16 大渡河 SCP004	超短期融资券	99.856	1.276	101.132
80	011698078.IB	16 国电 SCP004	超短期融资券	99.508	1.209	100.716
81	011698079.IB	16 润华 SCP001	超短期融资券	99.467	2.701	102.168
82	011698080.IB	16 兆润投资 SCP001	超短期融资券	99.856	1.304	101.160
83	011698081.IB	16 招金 SCP002	超短期融资券	99.633	1.321	100.954
84	011698082.IB	16 中建材 SCP007	超短期融资券	99.863	1.469	101.332
85	011698083.IB	16 中建国际 SCP001	超短期融资券	99.984	2.035	102.020
86	011698084.IB	16 厦翔业 SCP008	超短期融资券	99.789	1.290	101.079
87	011698086.IB	16 安琪酵母 SCP001	超短期融资券	99.762	1.304	101.066
88	011698087.IB	16 京城建 SCP002	超短期融资券	99.852	1.313	101.165
89	011698088.IB	16 中电投 SCP009	超短期融资券	99.953	1.158	101.110
90	011698089.IB	16 邯郸交建 SCP001	超短期融资券	100.298	1.482	101.780
91	011698090.IB	16 华能 SCP007	超短期融资券	99.619	1.164	100.784
92	011698091.IB	16 龙源电力 SCP010	超短期融资券	99.955	1.158	101.112
93	011698092.IB	16 鲁黄金 SCP010	超短期融资券	99.872	1.343	101.215
94	011698093.IB	16 深航空 SCP006	超短期融资券	99.982	1.225	101.207
95	011698094.IB	16 新华联控 SCP004	超短期融资券	99.955	2.408	102.362
96	011698096.IB	16 京住总 SCP001	超短期融资券	100.295	1.394	101.689
97	011698097.IB	16 豫投资 SCP002	超短期融资券	99.850	1.292	101.142
98	011698098.IB	16 花园 SCP004	超短期融资券	100.355	2.477	102.833
99	011698099.IB	16 冀中能源 SCP002	超短期融资券	99.975	2.956	102.932
100	011698100.IB	16 苏交通 SCP009	超短期融资券	99.978	1.246	101.224
101	011698103.IB	16 鲁能源 SCP004	超短期融资券	100.255	2.510	102.764
102	011698105.IB	16 沪城建 SCP003	超短期融资券	99.850	1.278	101.128
103	011698106.IB	16 锡产业 SCP004	超短期融资券	99.841	1.375	101.216
104	011698107.IB	16 西王 SCP004	超短期融资券	100.204	3.002	103.206

续表

序号	债券代码	债券简称	债券类型	估价净价	应计利息	估价全价
105	011698108.IB	16 中材国工 SCP001	超短期融资券	99.943	1.560	101.504
106	011698109.IB	16 东莞发展 SCP001	超短期融资券	100.303	1.324	101.627
107	011698110.IB	16 粤广业 SCP003	超短期融资券	99.858	1.343	101.200
108	011698112.IB	16 新中泰 SCP004	超短期融资券	99.932	1.966	101.898
109	011698113.IB	16 华电 SCP011	超短期融资券	99.575	1.137	100.712
110	011698115.IB	16 中铝国工 SCP002	超短期融资券	99.987	1.582	101.569
111	011698116.IB	16 平海发电 SCP001	超短期融资券	99.817	1.290	101.107
112	011698117.IB	16 津航空 SCP001	超短期融资券	100.042	1.582	101.624
113	011698118.IB	16 云能投 SCP004	超短期融资券	99.848	1.438	101.285
114	011698119.IB	16 东航集 SCP003	超短期融资券	99.841	1.204	101.045
115	011698120.IB	16 东莞发展 SCP002	超短期融资券	100.298	1.299	101.597
116	011698121.IB	16 桂建工 SCP003	超短期融资券	99.845	1.447	101.292
117	011698124.IB	16 象屿 SCP005	超短期融资券	99.846	1.321	101.167
118	011698126.IB	16 科伦 SCP003	超短期融资券	99.840	1.379	101.219
119	107001.SZ	青海 1608	地方政府债	98.802	0.270	99.072
120	107002.SZ	青海 16Z1	地方政府债	99.315	1.590	100.905
121	107003.SZ	青海 16Z2	地方政府债	99.156	1.708	100.864
122	107004.SZ	青海 16Z3	地方政府债	99.382	1.873	101.255
123	107005.SZ	青海 16Z4	地方政府债	99.283	0.275	99.558
124	107006.SZ	内蒙古 1605	地方政府债	100.313	1.677	101.990
125	107007.SZ	内蒙古 1606	地方政府债	99.029	1.788	100.817
126	107008.SZ	内蒙古 1607	地方政府债	99.466	1.941	101.407
127	107009.SZ	内蒙古 1608	地方政府债	99.536	0.279	99.815
128	107010.SZ	河南 1605	地方政府债	99.197	1.648	100.845
129	107011.SZ	河南 1606	地方政府债	99.190	1.777	100.966
130	107012.SZ	河南 1607	地方政府债	99.652	1.911	101.563
131	107013.SZ	河南 1608	地方政府债	98.929	0.275	99.205
132	107014.SZ	河南 16Z1	地方政府债	99.316	1.648	100.964
133	107015.SZ	河南 16Z2	地方政府债	99.128	1.777	100.905
134	107016.SZ	河南 16Z3	地方政府债	99.475	1.911	101.386
135	107017.SZ	河南 16Z4	地方政府债	99.506	0.275	99.781

续表

序号	债券代码	债券简称	债券类型	估价净价	应计利息	估价全价
136	107018.SZ	天津1603	地方政府债	98.988	1.558	100.546
137	107019.SZ	天津1604	地方政府债	98.915	1.669	100.584
138	107020.SZ	天津1605	地方政府债	98.894	1.809	100.703
139	107021.SZ	天津1606	地方政府债	98.351	0.257	98.608
140	107022.SZ	天津16Z4	地方政府债	98.173	1.605	99.778
141	107023.SZ	天津16Z5	地方政府债	99.885	1.733	101.618
142	107024.SZ	天津16Z6	地方政府债	96.907	0.243	97.150
143	107025.SZ	河北1605	地方政府债	99.109	1.603	100.712
144	107026.SZ	河北1606	地方政府债	99.192	1.708	100.899
145	107027.SZ	河北1607	地方政府债	99.384	1.876	101.260
146	107028.SZ	河北1608	地方政府债	98.849	0.255	99.104
147	107029.SZ	河北16Z5	地方政府债	99.327	1.592	100.919
148	107030.SZ	河北16Z6	地方政府债	99.191	1.684	100.876
149	107031.SZ	河北16Z7	地方政府债	99.100	1.847	100.947
150	107032.SZ	贵州1605	地方政府债	99.085	1.624	100.710
151	107033.SZ	贵州1606	地方政府债	98.781	1.729	100.510
152	107034.SZ	贵州1607	地方政府债	98.749	1.838	100.587
153	107035.SZ	贵州1608	地方政府债	98.292	0.251	98.543
154	107036.SZ	湖北16Z3	地方政府债	99.222	1.732	100.954
155	107037.SZ	湖北16Z4	地方政府债	99.787	1.881	101.668
156	107038.SZ	湖北1609	地方政府债	99.197	1.596	100.793
157	107039.SZ	湖北1610	地方政府债	99.044	1.715	100.760
158	107040.SZ	湖北1611	地方政府债	99.590	1.869	101.459
159	107041.SZ	湖北1612	地方政府债	99.758	0.229	99.987
160	107042.SZ	甘肃1604	地方政府债	99.982	0.215	100.197
161	107043.SZ	山东16Z5	地方政府债	99.242	1.605	100.847
162	107044.SZ	山东16Z6	地方政府债	99.125	1.718	100.843
163	107045.SZ	山东16Z7	地方政府债	99.858	1.849	101.707
164	107046.SZ	山东16Z8	地方政府债	99.045	0.215	99.260
165	107047.SZ	山东16Z9	地方政府债	99.325	1.605	100.930
166	107048.SZ	山东1609	地方政府债	99.157	1.718	100.876

续表

序号	债券代码	债券简称	债券类型	估价净价	应计利息	估价全价
167	107049.SZ	山东1610	地方政府债	99.858	1.849	101.707
168	107050.SZ	山东1611	地方政府债	99.484	0.215	99.699
169	107051.SZ	重庆16Z3	地方政府债	99.321	1.575	100.896
170	107052.SZ	重庆16Z4	地方政府债	99.220	1.671	100.891
171	107053.SZ	重庆16Z5	地方政府债	99.419	1.800	101.219
172	107054.SZ	重庆16Z6	地方政府债	99.156	0.204	99.359
173	107055.SZ	重庆1605	地方政府债	99.288	1.586	100.873
174	107056.SZ	重庆1606	地方政府债	99.221	1.693	100.914
175	107057.SZ	重庆1607	地方政府债	99.419	1.800	101.219
176	107058.SZ	重庆1608	地方政府债	99.477	0.206	99.683
177	107059.SZ	江苏1605	地方政府债	99.669	1.485	101.154
178	107060.SZ	江苏1606	地方政府债	99.047	1.622	100.669
179	107061.SZ	江苏1607	地方政府债	99.552	1.748	101.300
180	107062.SZ	江苏1608	地方政府债	97.961	0.150	98.111
181	107063.SZ	江苏16Z5	地方政府债	99.038	1.485	100.523
182	107064.SZ	江苏16Z6	地方政府债	98.620	1.584	100.203
183	107065.SZ	江苏16Z7	地方政府债	99.231	1.726	100.957
184	107066.SZ	江苏16Z8	地方政府债	98.478	0.148	98.626
185	107067.SZ	浙江16Z1	地方政府债	98.365	1.527	99.892
186	107068.SZ	浙江16Z2	地方政府债	98.014	0.136	98.150
187	107069.SZ	浙江1605	地方政府债	98.903	1.445	100.347
188	107070.SZ	浙江1606	地方政府债	98.660	1.570	100.231
189	107071.SZ	浙江1607	地方政府债	98.591	1.690	100.281
190	107072.SZ	浙江1608	地方政府债	98.822	0.140	98.962
191	107073.SZ	广西1609	地方政府债	99.388	1.586	100.974
192	107074.SZ	广西1610	地方政府债	99.186	1.671	100.856
193	107075.SZ	广西1611	地方政府债	99.761	1.829	101.590
194	107076.SZ	广西1612	地方政府债	99.371	0.207	99.578
195	107077.SZ	广西16Z3	地方政府债	99.220	1.671	100.891
196	107078.SZ	广西16Z4	地方政府债	99.698	1.829	101.527
197	107079.SZ	广西16Z5	地方政府债	99.371	0.207	99.578

续表

序号	债券代码	债券简称	债券类型	估价净价	应计利息	估价全价
198	107080.SZ	新疆1609	地方政府债	99.111	1.410	100.522
199	107081.SZ	新疆1610	地方政府债	98.387	1.519	99.906
200	107082.SZ	新疆1611	地方政府债	98.286	1.622	99.908
201	107083.SZ	新疆1612	地方政府债	97.304	0.123	97.428
202	107084.SZ	广东16Z7	地方政府债	99.224	1.592	100.817
203	107085.SZ	广东16Z8	地方政府债	99.016	1.711	100.727
204	107086.SZ	广东16Z9	地方政府债	98.319	0.122	98.441
205	107087.SZ	广东1609	地方政府债	99.071	1.490	100.561
206	107088.SZ	广东1610	地方政府债	98.961	1.608	100.569
207	107089.SZ	广东1611	地方政府债	99.088	1.711	100.798
208	107090.SZ	广东1612	地方政府债	98.319	0.122	98.441
209	107091.SZ	宁夏16Z5	地方政府债	99.223	1.625	100.848
210	107092.SZ	宁夏16Z6	地方政府债	99.499	1.754	101.253
211	107093.SZ	宁夏16Z7	地方政府债	99.233	0.126	99.359
212	107094.SZ	宁夏1605	地方政府债	99.240	1.490	100.730
213	107095.SZ	宁夏1606	地方政府债	99.038	1.625	100.663
214	107096.SZ	宁夏1607	地方政府债	99.815	1.765	101.580
215	107097.SZ	宁夏1608	地方政府债	99.409	0.126	99.535
216	107098.SZ	福建16Z1	地方政府债	99.116	1.589	100.705
217	107099.SZ	福建16Z2	地方政府债	98.325	0.096	98.421
218	107100.SZ	福建1601	地方政府债	99.162	1.488	100.650
219	130545.SH	15广东09	地方政府债	99.974	0.662	100.636
220	130546.SH	15广东10	地方政府债	100.222	0.688	100.910
221	130547.SH	15广东11	地方政府债	100.310	0.734	101.045
222	130548.SH	15广东12	地方政府债	99.942	0.730	100.672
223	130549.SH	15广东Z4	地方政府债	100.222	0.690	100.912
224	130550.SH	15广东Z5	地方政府债	100.187	0.734	100.921
225	130551.SH	15广东Z6	地方政府债	99.942	0.730	100.672
226	130552.SH	15海南05	地方政府债	99.978	0.656	100.634
227	130553.SH	15海南06	地方政府债	100.050	0.684	100.734
228	130554.SH	15海南07	地方政府债	100.419	0.727	101.145

续表

序号	债券代码	债券简称	债券类型	估价净价	应计利息	估价全价
229	130555.SH	15 海南 08	地方政府债	100.295	0.724	101.020
230	130556.SH	15 海南 Z1	地方政府债	100.050	0.684	100.734
231	130557.SH	15 海南 Z2	地方政府债	100.319	0.727	101.046
232	130558.SH	15 海南 Z3	地方政府债	100.295	0.724	101.020
233	130559.SH	15 浙江 09	地方政府债	99.909	0.612	100.521
234	130560.SH	15 浙江 10	地方政府债	99.511	0.633	100.144
235	130561.SH	15 浙江 11	地方政府债	99.624	0.673	100.296
236	130562.SH	15 浙江 12	地方政府债	100.043	0.689	100.733
237	130563.SH	15 浙江 Z5	地方政府债	99.909	0.612	100.521
238	130564.SH	15 浙江 Z6	地方政府债	99.511	0.633	100.144
239	130565.SH	15 浙江 Z7	地方政府债	99.575	0.673	100.247
240	130566.SH	15 浙江 Z8	地方政府债	100.043	0.689	100.733
241	130567.SH	15 甘肃 09	地方政府债	99.847	0.586	100.433
242	130568.SH	15 甘肃 10	地方政府债	100.042	0.609	100.650
243	130569.SH	15 甘肃 11	地方政府债	100.342	0.646	100.988
244	130570.SH	15 甘肃 12	地方政府债	99.606	0.640	100.246
245	130571.SH	15 甘肃 Z3	地方政府债	100.042	0.609	100.650
246	130572.SH	15 甘肃 Z4	地方政府债	99.606	0.640	100.246
247	130573.SH	15 江西 05	地方政府债	99.951	0.593	100.544
248	130574.SH	15 江西 06	地方政府债	100.092	0.619	100.711
249	130575.SH	15 江西 07	地方政府债	100.242	0.656	100.897
250	130576.SH	15 江西 08	地方政府债	100.120	0.650	100.770
251	130577.SH	15 江西 Z1	地方政府债	99.998	0.589	100.587
252	130578.SH	15 江西 Z2	地方政府债	100.042	0.597	100.639
253	130579.SH	15 江西 Z3	地方政府债	99.680	0.636	100.316
254	130580.SH	15 江西 Z4	地方政府债	100.120	0.650	100.770
255	130581.SH	15 江西 Z5	地方政府债	99.894	0.584	100.478
256	130582.SH	15 江西 Z6	地方政府债	100.191	0.593	100.784
257	130583.SH	15 江西 Z7	地方政府债	100.361	0.654	101.014
258	130584.SH	15 江西 Z8	地方政府债	100.120	0.650	100.770
259	130585.SH	15 上海 05	地方政府债	99.027	0.530	99.557

续表

序号	债券代码	债券简称	债券类型	估价净价	应计利息	估价全价
260	130586.SH	15 上海 06	地方政府债	99.047	0.561	99.608
261	130587.SH	15 上海 07	地方政府债	98.232	0.557	98.789
262	130588.SH	15 上海 Z3	地方政府债	99.679	0.506	100.185
263	130589.SH	15 上海 Z4	地方政府债	99.385	0.530	99.915
264	130590.SH	15 上海 Z5	地方政府债	98.824	0.561	99.385
265	130591.SH	15 上海 Z6	地方政府债	98.232	0.557	98.789
266	130592.SH	15 四川 Z1	地方政府债	100.243	0.550	100.793
267	130593.SH	15 四川 Z2	地方政府债	100.122	0.572	100.694
268	130594.SH	15 四川 Z3	地方政府债	100.507	0.602	101.108
269	041651001.IB	16 新凤鸣 CP001	短期融资券	100.040	5.123	105.164
270	041651002.IB	16 汉江水电 CP001	短期融资券	99.988	3.325	103.313
271	041651003.IB	16 苏建工 CP001	短期融资券	99.969	6.482	106.451
272	041651005.IB	16 海亮 CP001	短期融资券	100.092	4.184	104.276
273	041651007.IB	16 庞大汽贸 CP001	短期融资券	99.994	5.679	105.672
274	041651008.IB	16 电网 CP001	短期融资券	99.814	2.234	102.047
275	041651009.IB	16 富通 CP001	短期融资券	99.995	3.471	103.466
276	041651010.IB	16 盾安 CP001	短期融资券	99.999	3.126	103.125
277	041651011.IB	16 保利久联 CP001	短期融资券	99.938	2.532	102.470
278	041651012.IB	16 万向三农 CP001	短期融资券	99.975	3.310	103.284
279	041651013.IB	16 华电股 CP001	短期融资券	99.799	2.183	101.982
280	041651014.IB	16 西矿股 CP001	短期融资券	99.950	3.570	103.519
281	041651015.IB	16 贵水矿 CP001	短期融资券	100.046	6.619	106.665
282	041651016.IB	16 大唐租赁 CP002	短期融资券	99.950	2.408	102.358
283	041651017.IB	16 桂投资 CP001	短期融资券	99.926	2.272	102.198
284	041651018.IB	16 广州医药 CP001	短期融资券	99.887	2.343	102.230
285	041651019.IB	16 华立 CP001	短期融资券	99.968	2.841	102.808
286	041651020.IB	16 大族控股 CP001	短期融资券	99.787	3.808	103.595
287	041651021.IB	16 浙机电 CP001	短期融资券	99.865	2.224	102.089
288	041651022.IB	16 前进齿轮 CP001	短期融资券	99.792	2.948	102.740
289	041651023.IB	16 大装备 CP001	短期融资券	99.767	2.535	102.302
290	041651025.IB	16 盾安 CP002	短期融资券	99.937	2.750	102.687

续表

序号	债券代码	债券简称	债券类型	估价净价	应计利息	估价全价
291	041651026.IB	16 铁骑力士 CP001	短期融资券	99.757	2.415	102.172
292	041651027.IB	16 大国资 CP001	短期融资券	99.948	2.656	102.604
293	041651028.IB	16 萧山机场 CP001	短期融资券	99.718	1.841	101.558
294	041651029.IB	16 中芯国际 CP001	短期融资券	99.740	1.696	101.435
295	041651030.IB	16 盈峰 CP001	短期融资券	100.093	2.971	103.064
296	041651031.IB	16 天安数码 CP001	短期融资券	99.822	1.940	101.762
297	041651032.IB	16 桂投资 CP002	短期融资券	99.702	1.417	101.119
298	112004.SZ	08 中粮债	公司债	103.813	2.125	105.938
299	112019.SZ	09 宜化债	公司债	100.887	0.221	101.108
300	112022.SZ	10 南玻02	公司债	100.938	1.051	101.989
301	112024.SZ	10 煤气02	公司债	95.423	0.859	96.282
302	112025.SZ	11 珠海债	公司债	104.664	5.682	110.347
303	112027.SZ	11 新兴02	公司债	104.756	4.253	109.009
304	112030.SZ	11 鲁西债	公司债	101.859	3.014	104.873
305	112033.SZ	11 柳工02	公司债	102.514	2.629	105.142
306	112034.SZ	11 陕气债	公司债	105.691	2.752	108.443
307	112035.SZ	11 国脉债	公司债	103.119	2.944	106.063
308	112036.SZ	11 三钢01	公司债	100.435	2.790	103.225
309	112038.SZ	11 锡业债	公司债	101.420	2.459	103.880
310	112039.SZ	11 黔轮债	公司债	100.737	2.441	103.177
311	112040.SZ	11 建能债	公司债	101.450	2.106	103.556
312	112041.SZ	11 冀东01	公司债	100.643	2.116	102.759
313	112044.SZ	11 中泰01	公司债	104.454	1.160	105.614
314	112045.SZ	11 宗申债	公司债	102.089	0.959	103.048
315	112048.SZ	11 凯迪债	公司债	104.475	0.932	105.406
316	112051.SZ	11 报喜02	公司债	101.247	0.750	101.997
317	112052.SZ	11 许继债	公司债	103.414	0.573	103.987
318	112056.SZ	11 远兴债	公司债	100.099	7.627	107.726
319	112057.SZ	11 东磁债	公司债	100.008	6.233	106.241
320	112058.SZ	11 中粮01	公司债	100.249	5.924	106.174
321	112059.SZ	11 联化债	公司债	105.898	6.260	112.158

续表

序号	债券代码	债券简称	债券类型	估价净价	应计利息	估价全价
322	112062.SZ	12 新都债	公司债	100.722	6.001	106.723
323	112064.SZ	12 隆平债	公司债	100.871	5.744	106.615
324	112065.SZ	12 柳工债	公司债	100.092	4.160	104.252
325	112066.SZ	11 西建债	公司债	100.835	5.980	106.815
326	112067.SZ	11 冀东02	公司债	99.859	4.372	104.231
327	112068.SZ	11 棕榈债	公司债	100.509	5.700	106.209
328	112069.SZ	12 明牌债	公司债	100.500	5.602	106.102
329	112070.SZ	12 中泰债	公司债	103.228	5.058	108.286
330	112071.SZ	11 智光债	公司债	100.504	6.187	106.692
331	112073.SZ	11 三钢02	公司债	100.255	5.014	105.269
332	112074.SZ	12 华茂债	公司债	100.632	4.540	105.171
333	112075.SZ	12 雅致01	公司债	100.089	4.719	104.808
334	112076.SZ	12 雅致02	公司债	102.496	4.864	107.360
335	112077.SZ	12 天沃债	公司债	99.878	5.089	104.967
336	112078.SZ	12 太钢01	公司债	100.365	3.661	104.026
337	112079.SZ	12 长安债	公司债	100.234	3.659	103.893
338	112080.SZ	12 万向债	公司债	100.535	4.110	104.645
339	112081.SZ	11 新野01	公司债	101.057	4.863	105.920
340	112083.SZ	11 国星债	公司债	101.130	4.509	105.639
341	112084.SZ	11 万家债	公司债	100.843	4.663	105.506
342	112086.SZ	12 圣农01	公司债	100.032	3.451	103.483
343	112088.SZ	12 富春01	公司债	101.084	3.836	104.920
344	112089.SZ	12 万丰01	公司债	100.638	3.107	103.745
345	112092.SZ	12 海药债	公司债	101.322	3.178	104.500
346	112093.SZ	11 亚迪01	公司债	100.205	2.805	103.010
347	112094.SZ	11 中利债	公司债	100.297	3.561	103.858
348	112095.SZ	12 康盛债	公司债	99.700	3.825	103.525
349	112096.SZ	12 国创债	公司债	100.919	2.956	103.874
350	112097.SZ	12 亚厦债	公司债	100.197	2.436	102.633
351	112098.SZ	11 新野02	公司债	101.389	2.755	104.144
352	112100.SZ	12 盾安债	公司债	100.595	2.452	103.046

续表

序号	债券代码	债券简称	债券类型	估价净价	应计利息	估价全价
353	112101.SZ	12安泰债	公司债	101.454	2.396	103.850
354	112102.SZ	12大康债	公司债	101.309	2.600	103.909
355	112103.SZ	12海型债	公司债	100.559	1.863	102.422
356	112106.SZ	12太钢03	公司债	100.555	1.830	102.385
357	112107.SZ	12云内债	公司债	102.590	2.089	104.679
358	112109.SZ	12南糖债	公司债	101.310	2.086	103.396
359	112110.SZ	12东锆债	公司债	99.351	1.717	101.068
360	112112.SZ	12江泥01	公司债	102.499	1.429	103.928
361	112113.SZ	12冀东01	公司债	100.427	1.192	101.619
362	112114.SZ	12冀东02	公司债	99.585	1.245	100.830
363	112115.SZ	12冀东03	公司债	95.513	1.266	96.779
364	112116.SZ	12中桥债	公司债	101.180	1.519	102.699
365	112117.SZ	12福发债	公司债	103.740	1.438	105.178
366	112118.SZ	12金螳01	公司债	100.676	0.863	101.539
367	112119.SZ	12恒邦债	公司债	100.939	1.070	102.009
368	112120.SZ	12联发债	公司债	101.804	1.138	102.943
369	112121.SZ	12景兴债	公司债	103.243	1.355	104.598
370	112123.SZ	12中山01	公司债	104.633	0.949	105.582
371	112124.SZ	11徐工02	公司债	100.426	0.884	101.310
372	112126.SZ	12科伦01	公司债	100.612	0.859	101.471
373	112127.SZ	12华西债	公司债	100.550	0.921	101.471
374	112128.SZ	12湘金01	公司债	104.218	0.843	105.061
375	112129.SZ	12华锦债	公司债	100.619	0.798	101.417
376	112130.SZ	12华包债	公司债	102.264	0.556	102.820
377	112132.SZ	12制药债	公司债	102.408	1.026	103.434
378	112133.SZ	12亚夏债	公司债	99.783	0.792	100.575
379	112134.SZ	12合兴债	公司债	101.298	0.771	102.068
380	112136.SZ	12勤上01	公司债	99.359	0.070	99.429
381	112137.SZ	12康得债	公司债	101.478	0.275	101.753
382	112138.SZ	12苏宁01	公司债	101.500	0.242	101.742
383	112139.SZ	12北新债	公司债	101.755	0.190	101.945

续表

序号	债券代码	债券简称	债券类型	估价净价	应计利息	估价全价
384	112140.SZ	12 基地债	公司债	103.863	0.222	104.084
385	112141.SZ	12 金王债	公司债	99.579	0.247	99.825
386	112142.SZ	12 格林债	公司债	103.414	0.182	103.597
387	112143.SZ	12 粤电01	公司债	101.909	5.229	107.138
388	112144.SZ	12 晨鸣债	公司债	100.500	0.077	100.577
389	112145.SZ	13 荣信01	公司债	100.251	5.609	105.860
390	112148.SZ	12 光电债	公司债	100.879	4.732	105.612
391	112149.SZ	12 芭田债	公司债	101.481	5.403	106.884
392	112150.SZ	12 银轮债	公司债	101.341	5.422	106.763
393	112153.SZ	12 科伦02	公司债	101.000	4.438	105.438
394	112154.SZ	12 盐湖01	公司债	103.000	4.101	107.101
395	112155.SZ	12 正邦债	公司债	99.306	4.661	103.967
396	112156.SZ	12 中顺债	公司债	101.090	4.515	105.605
397	112157.SZ	12 科陆01	公司债	101.186	4.744	105.930
398	112160.SZ	12 毅昌01	公司债	97.721	4.793	102.514
399	112161.SZ	13 传化债	公司债	101.188	4.465	105.653
400	112162.SZ	12 粤电债	公司债	101.800	3.906	105.706
401	112163.SZ	12 黑牛01	公司债	99.674	5.366	105.039
402	112165.SZ	12 德豪债	公司债	100.390	4.936	105.327
403	112166.SZ	12 河钢02	公司债	101.302	3.944	105.246
404	112167.SZ	12 莱士债	公司债	101.455	4.296	105.751
405	112168.SZ	12 三维债	公司债	98.800	4.980	103.780
406	112169.SZ	12 中财债	公司债	100.742	4.993	105.735
407	112170.SZ	12 濮耐01	公司债	100.100	4.179	104.279
408	112171.SZ	12 久联债	公司债	102.260	3.989	106.248
409	112172.SZ	13 普邦债	公司债	101.384	3.541	104.925
410	112173.SZ	12 南港债	公司债	100.249	4.196	104.445
411	112174.SZ	13 广田01	公司债	100.999	3.904	104.903
412	112175.SZ	13 三九01	公司债	100.642	2.974	103.616
413	112177.SZ	13 围海债	公司债	99.832	4.121	103.953
414	112179.SZ	13 南洋债	公司债	101.578	3.534	105.113

续表

序号	债券代码	债券简称	债券类型	估价净价	应计利息	估价全价
415	112180.SZ	12 奥飞债	公司债	102.435	2.949	105.384
416	112184.SZ	13 嘉寓债	公司债	99.435	3.843	103.277
417	112188.SZ	13 渤租债	公司债	102.000	2.269	104.269
418	112189.SZ	12 瑞泽债	公司债	101.316	1.995	103.310
419	112190.SZ	11 亚迪 02	公司债	102.864	1.722	104.586
420	112193.SZ	13 美邦 01	公司债	99.970	1.322	101.292
421	112196.SZ	13 苏宁债	公司债	104.500	0.783	105.282
422	112198.SZ	14 欧菲债	公司债	100.369	6.710	107.078
423	112199.SZ	14 铁岭债	公司债	103.455	6.945	110.400
424	112200.SZ	14 三聚债	公司债	100.150	6.870	107.020
425	112201.SZ	14 机电 01	公司债	105.855	4.773	110.628
426	112202.SZ	14 嘉杰债	公司债	101.668	5.897	107.566
427	112203.SZ	14 北农债	公司债	106.599	5.296	111.895
428	112204.SZ	14 好想债	公司债	104.872	5.845	110.717
429	112205.SZ	14 翰宇 01	公司债	103.222	1.560	104.782
430	112207.SZ	14 锦龙债	公司债	101.544	3.605	105.149
431	112208.SZ	14 华邦 01	公司债	105.175	3.624	108.799
432	112209.SZ	14 雏鹰债	公司债	102.208	4.533	106.740
433	112210.SZ	14 金禾债	公司债	101.503	3.620	105.122
434	112211.SZ	14 搜特 01	公司债	104.565	3.889	108.454
435	112212.SZ	14 中山债	公司债	100.812	2.851	103.664
436	112213.SZ	14 中超债	公司债	102.974	3.551	106.525
437	112214.SZ	14 杰赛债	公司债	103.398	3.228	106.626
438	112215.SZ	14 万马 01	公司债	103.125	3.176	106.301
439	112216.SZ	14 欣旺 01	公司债	101.627	3.482	105.109
440	112217.SZ	14 东江 01	公司债	103.970	2.707	106.677
441	112219.SZ	14 渝发债	公司债	104.213	2.434	106.646
442	112220.SZ	14 福星 01	公司债	107.490	3.201	110.691
443	112221.SZ	14 万里债	公司债	103.560	2.575	106.135
444	112222.SZ	14 荣盛债	公司债	100.602	2.397	103.000
445	112223.SZ	14 江泥 01	公司债	104.915	2.064	106.980

续表

序号	债券代码	债券简称	债券类型	估价净价	应计利息	估价全价
446	112224.SZ	14 兴蓉01	公司债	103.902	1.594	105.496
447	112225.SZ	14 恒运01	公司债	102.668	1.647	104.315
448	136271.SH	16 天富01	公司债	96.771	3.070	99.841
449	136272.SH	16 国控01	公司债	97.748	2.376	100.124
450	136273.SH	16 亿达01	公司债	95.980	5.289	101.269
451	136274.SH	16 海亮01	公司债	98.685	4.298	102.983
452	136275.SH	16 海正债	公司债	97.722	2.543	100.265
453	136276.SH	16 南山01	公司债	98.739	3.192	101.931
454	136277.SH	16 华地01	公司债	98.481	2.588	101.069
455	136278.SH	16 紫江01	公司债	98.854	2.841	101.695
456	136279.SH	16 渤水产	公司债	98.571	3.853	102.425
457	136280.SH	16 北汽01	公司债	95.986	2.494	98.480
458	136281.SH	16 华综02	公司债	97.253	2.885	100.138
459	136282.SH	16 华峰01	公司债	97.457	3.960	101.417
460	136283.SH	16 浙交01	公司债	97.499	2.543	100.041
461	136284.SH	16 浙交02	公司债	96.163	3.051	99.214
462	136285.SH	16 金隅01	公司债	97.052	2.496	99.548
463	136286.SH	16 金隅02	公司债	96.296	2.800	99.096
464	136287.SH	16 首开01	公司债	95.896	2.640	98.536
465	136288.SH	16 建发02	公司债	97.029	2.499	99.527
466	136289.SH	16 珠江01	公司债	96.468	2.647	99.115
467	136290.SH	16 航民01	公司债	98.224	3.349	101.572
468	136291.SH	16 力帆02	公司债	99.794	4.736	104.530
469	136292.SH	16 中星01	公司债	97.835	2.543	100.378
470	136293.SH	16 兆泰02	公司债	98.490	3.321	101.811
471	136294.SH	16 信地02	公司债	97.225	2.790	100.015
472	136295.SH	16 川电01	公司债	95.152	2.621	97.773
473	136296.SH	16 珠投04	公司债	98.013	3.814	101.827
474	136297.SH	16 两江01	公司债	97.589	2.336	99.925
475	136298.SH	16 青港01	公司债	98.009	2.288	100.297
476	136299.SH	16 翠微01	公司债	97.743	2.343	100.085

续表

序号	债券代码	债券简称	债券类型	估价净价	应计利息	估价全价
477	136300.SH	16联泰02	公司债	99.322	4.482	103.804
478	136301.SH	16龙盛03	公司债	97.726	2.755	100.482
479	136302.SH	16龙盛04	公司债	97.786	3.112	100.897
480	136303.SH	16世茂G1	公司债	98.030	2.569	100.599
481	136304.SH	16紫金01	公司债	97.516	2.359	99.875
482	136305.SH	16紫金02	公司债	96.421	2.659	99.080
483	136306.SH	16复地01	公司债	99.050	2.811	101.861
484	136307.SH	16协信03	公司债	99.700	5.147	104.847
485	136308.SH	16皖经01	公司债	97.959	3.403	101.362
486	136309.SH	16云投01	公司债	96.063	2.683	98.746
487	136310.SH	16当代01	公司债	99.198	2.928	102.126
488	136311.SH	16中化01	公司债	96.814	2.460	99.274
489	136312.SH	16皖投01	公司债	97.371	2.336	99.707
490	136313.SH	16西高科	公司债	97.797	3.045	100.843
491	136314.SH	16汇丰01	公司债	98.792	4.529	103.321
492	136315.SH	16远东三	公司债	97.405	2.358	99.763
493	136316.SH	16福能债	公司债	97.357	2.535	99.893
494	136317.SH	15智慧01	公司债	97.586	3.551	101.137
495	136318.SH	16中油05	公司债	97.357	2.380	99.737
496	136319.SH	16中油06	公司债	96.105	2.781	98.886
497	136320.SH	16宇通01	公司债	97.689	2.334	100.024
498	136321.SH	16金泰债	公司债	98.137	2.908	101.045
499	136322.SH	16宇通02	公司债	96.141	2.723	98.864
500	136323.SH	16越交01	公司债	96.423	2.225	98.648
501	136324.SH	16越交02	公司债	96.773	2.639	99.412
502	136325.SH	16金地01	公司债	97.352	2.334	99.686
503	136326.SH	16金地02	公司债	95.928	2.723	98.651
504	136327.SH	16特房01	公司债	97.435	2.490	99.925
505	136328.SH	16忠旺01	公司债	98.517	3.151	101.669
506	136329.SH	16国美03	公司债	98.388	2.897	101.286
507	136330.SH	16扬城控	公司债	95.797	2.579	98.376

续表

序号	债券代码	债券简称	债券类型	估价净价	应计利息	估价全价
508	136331.SH	16金辉02	公司债	98.978	5.040	104.018
509	136332.SH	16泰豪01	公司债	97.977	3.256	101.233
510	136334.SH	16银宝01	公司债	98.038	2.695	100.732
511	136335.SH	16北汽集	公司债	97.971	2.742	100.713
512	136336.SH	16宏泰债	公司债	96.514	2.735	99.249
513	136337.SH	16乌房01	公司债	97.656	2.725	100.382
514	136338.SH	16漳诏01	公司债	94.933	2.442	97.375
515	136339.SH	16滇路01	公司债	97.127	2.541	99.667
516	136340.SH	16鲁星01	公司债	99.114	3.884	102.999
517	136341.SH	16洋河01	公司债	96.104	2.503	98.608
518	136342.SH	16浦集01	公司债	97.595	2.448	100.044
519	136343.SH	16泸工债	公司债	99.926	4.150	104.075
520	136344.SH	16广电01	公司债	98.189	2.679	100.868
521	136345.SH	16天建01	公司债	97.727	2.970	100.697
522	136346.SH	16天建02	公司债	98.298	3.656	101.954
523	136000.SH	15浙国资	公司债	99.807	0.756	100.563
524	136001.SH	15福能债	公司债	98.870	0.744	99.614
525	136002.SH	15赣粤02	公司债	99.969	0.728	100.697
526	136003.SH	15如意债	公司债	100.448	1.125	101.573
527	136004.SH	14武控02	公司债	97.971	1.874	99.845
528	136005.SH	15海投01	公司债	98.851	0.677	99.528
529	136006.SH	15鲁星01	公司债	99.866	1.066	100.932
530	136007.SH	15鲁焦02	公司债	101.200	1.043	102.243
531	136008.SH	15协鑫债	公司债	100.190	0.982	101.172
532	136009.SH	15红星01	公司债	98.419	0.766	99.185
533	136010.SH	15中骏01	公司债	99.540	0.908	100.449
534	136011.SH	14瀚华02	公司债	100.235	0.890	101.125
535	136012.SH	15梅花02	公司债	99.143	0.725	99.869
536	136014.SH	15福投债	公司债	100.034	0.624	100.658
537	136016.SH	15赛轮债	公司债	101.044	0.824	101.868
538	136017.SH	15名城01	公司债	101.490	1.090	102.580

续表

序号	债券代码	债券简称	债券类型	估价净价	应计利息	估价全价
539	136019.SH	15 龙湖 04	公司债	99.464	0.660	100.123
540	136021.SH	15 新城 01	公司债	99.176	0.715	99.891
541	136023.SH	15 当代债	公司债	102.279	0.727	103.006
542	136024.SH	15 沪城开	公司债	98.863	0.674	99.536
543	136025.SH	15 黔路 01	公司债	100.085	0.644	100.729
544	136026.SH	15 蒙阜丰	公司债	99.179	0.611	99.790
545	136027.SH	15 三福 02	公司债	99.118	0.855	99.973
546	136028.SH	15 花园 01	公司债	99.923	1.013	100.936
547	136029.SH	15 华宝债	公司债	99.110	0.506	99.616
548	136030.SH	15 吉利 01	公司债	98.871	0.553	99.424
549	136031.SH	15 常发投	公司债	99.931	0.589	100.520
550	136032.SH	15 红美 01	公司债	99.135	0.629	99.763
551	136033.SH	15 东旭 02	公司债	102.774	0.921	103.694
552	136034.SH	15 沪国资	公司债	99.629	0.548	100.176
553	136035.SH	15 远东一	公司债	99.540	0.527	100.067
554	136036.SH	15 苏元禾	公司债	99.372	0.588	99.960
555	136037.SH	15 旭辉 02	公司债	102.497	0.816	103.314
556	136038.SH	15 兴杭 01	公司债	99.901	0.549	100.450
557	136039.SH	15 石化 01	公司债	99.179	0.380	99.559
558	136040.SH	15 石化 02	公司债	99.436	0.426	99.862
559	136041.SH	15 渝信 01	公司债	99.670	0.457	100.128
560	136042.SH	15 渝信 02	公司债	98.890	0.502	99.392
561	136043.SH	15 华凌 01	公司债	99.104	0.677	99.781
562	136044.SH	15 通运 01	公司债	99.015	0.577	99.592
563	136045.SH	15 复地 01	公司债	99.106	0.466	99.572
564	136046.SH	15 中海 01	公司债	98.889	0.391	99.280
565	136049.SH	15 中海 02	公司债	100.326	0.443	100.769
566	136050.SH	15 景德 01	公司债	102.112	0.610	102.722
567	136051.SH	15 五矿 03	公司债	98.039	0.506	98.545
568	136052.SH	15 五矿 04	公司债	95.929	0.550	96.479
569	136053.SH	15 南航 01	公司债	99.711	0.408	100.119

续表

序号	债券代码	债券简称	债券类型	估价净价	应计利息	估价全价
570	136055.SH	14 国贸 02	公司债	99.159	0.383	99.542
571	136056.SH	15 玉皇 01	公司债	100.285	0.661	100.946
572	136057.SH	15 华发 01	公司债	99.653	0.432	100.084
573	136058.SH	15 宜集债	公司债	102.167	0.574	102.742
574	136059.SH	15 纳通 01	公司债	100.150	5.000	105.150
575	136060.SH	15 纳通 02	公司债	99.442	5.430	104.872
576	136062.SH	15 大连港	公司债	98.977	0.378	99.354
577	136063.SH	15 中骏 02	公司债	99.526	0.334	99.860
578	136064.SH	13 铁龙 02	公司债	99.119	0.320	99.439
579	136065.SH	15 晋电 01	公司债	99.367	0.400	99.766
580	136066.SH	15 西王 01	公司债	102.500	0.568	103.069
581	136067.SH	15 洪市政	公司债	98.152	0.323	98.475
582	136068.SH	15 哈投 02	公司债	99.359	0.241	99.601
583	136069.SH	15 双欣债	公司债	97.135	0.540	97.675
584	136070.SH	15 必康债	公司债	99.704	0.308	100.012
585	136071.SH	15 开元 01	公司债	100.320	0.326	100.646
586	136072.SH	15 开元 02	公司债	99.316	0.299	99.616
587	136073.SH	15 云能 02	公司债	100.163	0.227	100.391
588	136074.SH	15 合作债	公司债	98.619	0.340	98.959
589	136075.SH	15 桂铁投	公司债	97.667	0.250	97.917
590	136076.SH	15 瑞贝卡	公司债	99.937	0.358	100.295
591	136077.SH	15 中天 01	公司债	99.303	0.432	99.735
592	136078.SH	15 禹洲 01	公司债	99.966	0.335	100.301
593	136079.SH	15 中航债	公司债	98.671	0.245	98.916
594	136080.SH	15 北汽 01	公司债	98.332	0.207	98.539
595	136081.SH	15 广汇 01	公司债	99.094	0.378	99.473
596	136082.SH	15 浙交 01	公司债	99.357	0.202	99.559
597	136083.SH	15 浙交 02	公司债	99.075	0.219	99.294
598	136084.SH	15 金源 01	公司债	98.834	0.292	99.126
599	136085.SH	15 金茂投	公司债	98.609	0.214	98.823
600	136086.SH	15 金源 02	公司债	99.154	0.326	99.479

续表

序号	债券代码	债券简称	债券类型	估价净价	应计利息	估价全价
601	136087.SH	15 保利01	公司债	98.665	0.186	98.851
602	136088.SH	15 保利02	公司债	99.730	0.202	99.931
603	136089.SH	15 绿地01	公司债	94.385	0.224	94.609
604	136090.SH	15 绿地02	公司债	97.148	0.219	97.367
605	136091.SH	15 华集01	公司债	99.714	0.362	100.076
606	136092.SH	15 连云港	公司债	98.463	0.226	98.689
607	136093.SH	15 华信债	公司债	99.763	0.287	100.050
608	136094.SH	15 晋电02	公司债	97.685	0.186	97.871
609	136095.SH	15 锡交01	公司债	98.842	0.160	99.002
610	136096.SH	16 复星01	公司债	97.868	3.563	101.431
611	136097.SH	15 鲁高01	公司债	98.964	0.141	99.105
612	136098.SH	15 义市01	公司债	100.237	0.160	100.398
613	136099.SH	15 绍交01	公司债	98.315	0.171	98.486
614	136100.SH	16 凯乐债	公司债	99.572	6.409	105.981
615	136101.SH	15 合景01	公司债	99.458	0.190	99.647
616	136102.SH	15 合景02	公司债	101.963	0.236	102.198
617	136103.SH	15 滇路01	公司债	99.096	0.180	99.275
618	136104.SH	15 市北债	公司债	98.464	0.110	98.574
619	136105.SH	15 三友01	公司债	99.307	0.161	99.468
620	136106.SH	15 三友02	公司债	101.029	0.203	101.232
621	136107.SH	15 穗工债	公司债	99.827	0.146	99.973
622	136108.SH	14 粤运02	公司债	99.524	0.137	99.661
623	136109.SH	15 康达债	公司债	99.227	0.196	99.423
624	136110.SH	14 昊华02	公司债	99.031	5.497	104.528
625	136111.SH	15 中环01	公司债	99.036	0.143	99.178
626	136112.SH	15 华集02	公司债	100.061	0.185	100.246
627	136113.SH	15 新燃01	公司债	99.272	0.131	99.403
628	136114.SH	15 花园02	公司债	98.900	0.205	99.105
629	136116.SH	15 天富债	公司债	97.609	0.118	97.727
630	136117.SH	15 苏伟驰	公司债	100.105	0.148	100.253
631	136118.SH	15 融信01	公司债	101.336	0.140	101.476

续表

序号	债券代码	债券简称	债券类型	估价净价	应计利息	估价全价
632	136119.SH	15 国创 01	公司债	97.000	0.151	97.151
633	136120.SH	15 鲁能债	公司债	97.787	0.082	97.869
634	136121.SH	15 南山 02	公司债	99.123	0.069	99.192
635	136122.SH	15 天域债	公司债	99.848	0.163	100.011
636	136123.SH	15 中合 01	公司债	96.739	0.059	96.798
637	136124.SH	16 新奥债	公司债	99.941	5.291	105.232
638	136125.SH	15 洛娃 01	公司债	100.307	0.048	100.354
639	136126.SH	15 鑫苑 01	公司债	100.000	0.062	100.062
640	136127.SH	15 中江 01	公司债	97.637	0.073	97.710
641	136128.SH	15 宇通 01	公司债	98.846	0.028	98.874
642	136129.SH	15 圣牧 01	公司债	99.378	0.037	99.415
643	136130.SH	16 葛洲 01	公司债	98.460	2.977	101.436
644	136131.SH	15 陕投债	公司债	98.555	0.011	98.566
645	136132.SH	15 邢钢债	公司债	100.123	7.200	107.323
646	136133.SH	16 国电 01	公司债	98.454	2.939	101.393
647	136134.SH	16 番雅债	公司债	98.268	4.546	102.814
648	136135.SH	16 联泰 01	公司债	99.526	5.656	105.181
649	136136.SH	16 茂业 01	公司债	97.408	3.945	101.353
650	136137.SH	16 茂业 02	公司债	93.981	4.438	98.420
651	136138.SH	16 常高新	公司债	97.597	3.453	101.050
652	136139.SH	16 国美 01	公司债	98.240	3.923	102.163
653	136140.SH	16 富力 01	公司债	99.458	3.831	103.289
654	136141.SH	16 邦信 01	公司债	98.171	1.740	99.911
655	136142.SH	16 中铁 01	公司债	97.860	3.589	101.448
656	136143.SH	16 万达 01	公司债	98.314	3.077	101.391
657	136144.SH	16 远东一	公司债	97.824	2.893	100.718
658	136145.SH	16 金辉 01	公司债	102.579	7.040	109.619
659	136147.SH	16 中粮 01	公司债	97.740	3.077	100.817
660	136148.SH	16 宏桥 01	公司债	99.627	3.943	103.570
661	136149.SH	16 宏桥 02	公司债	100.293	4.693	104.985
662	136150.SH	16 桐昆 01	公司债	99.220	3.788	103.008

续表

序号	债券代码	债券简称	债券类型	估价净价	应计利息	估价全价
663	136151.SH	16保利01	公司债	97.845	2.829	100.674
664	136152.SH	16保利02	公司债	96.417	3.059	99.475
665	136153.SH	16珠投01	公司债	98.992	4.808	103.800
666	136154.SH	16西王01	公司债	101.870	6.940	108.810
667	136155.SH	16电建01	公司债	97.227	3.436	100.664
668	136156.SH	16同益债	公司债	100.376	7.173	107.549
669	136157.SH	16重水01	公司债	96.579	3.136	99.714
670	136158.SH	16融信01	公司债	99.559	5.894	105.453
671	136159.SH	16沪国资	公司债	97.022	2.877	99.899
672	136160.SH	16东旭01	公司债	101.550	6.503	108.052
673	136161.SH	16渝交投	公司债	97.004	2.947	99.951
674	136162.SH	16中静01	公司债	100.172	6.162	106.333
675	136163.SH	16青国信	公司债	97.690	3.423	101.112
676	136164.SH	16中油01	公司债	97.643	2.872	100.515
677	136165.SH	16中油02	公司债	94.518	3.318	97.835
678	136166.SH	16广新01	公司债	96.505	3.157	99.662
679	136167.SH	16华夏债	公司债	99.360	4.613	103.973
680	136168.SH	16建发01	公司债	96.242	3.110	99.352
681	136169.SH	16狮桥债	公司债	99.807	5.413	105.220
682	136170.SH	16景瑞01	公司债	98.132	4.656	102.788
683	136172.SH	16亿阳01	公司债	99.563	6.575	106.137
684	136173.SH	16龙源01	公司债	97.640	3.091	100.731
685	136174.SH	16工艺01	公司债	96.248	2.873	99.121
686	136175.SH	16搜候债	公司债	99.103	3.242	102.345
687	136176.SH	16绿地01	公司债	97.000	3.280	100.280
688	136177.SH	16电气债	公司债	98.161	2.827	100.988
689	136178.SH	16兆泰01	公司债	99.501	4.646	104.148
690	136179.SH	16绿地02	公司债	94.628	3.581	98.209
691	136180.SH	16国汽01	公司债	98.145	3.260	101.405
692	136181.SH	16万通01	公司债	99.435	6.427	105.862
693	136182.SH	16玉皇01	公司债	100.073	5.967	106.040

续表

序号	债券代码	债券简称	债券类型	估价净价	应计利息	估价全价
694	136183.SH	16 新华债	公司债	99.461	5.022	104.483
695	136184.SH	16 上港01	公司债	98.236	2.819	101.055
696	136185.SH	16 国发01	公司债	97.685	3.138	100.823
697	136186.SH	16 苏新债	公司债	99.074	3.726	102.800
698	010011.IB	01 国债11	国债	104.500	0.728	105.228
699	010107.SH	21 国债（7）	国债	105.250	1.786	107.036
700	010213.SH	02 国债（13）	国债	99.983	0.727	100.710
701	010303.SH	03 国债（3）	国债	101.750	0.699	102.449
702	010504.SH	05 国债（4）	国债	106.080	0.518	106.598
703	010512.SH	05 国债（12）	国债	102.690	0.460	103.150
704	010609.SH	06 国债（9）	国债	105.668	0.051	105.719
705	010619.SH	06 国债（19）	国债	102.071	0.412	102.483
706	010703.SH	07 国债03	国债	100.152	0.932	101.084
707	010706.SH	07 国债06	国债	110.892	0.515	111.407
708	010710.SH	07 国债10	国债	101.026	0.072	101.098
709	010713.SH	07 国债13	国债	112.574	1.697	114.270
710	019002.SH	10 国债02	国债	102.011	1.400	103.412
711	019003.SH	10 国债03	国债	108.154	1.353	109.507
712	019005.SH	10 国债05	国债	100.006	2.360	102.366
713	019007.SH	10 国债07	国债	101.497	0.893	102.390
714	019009.SH	10 国债09	国债	106.463	0.835	107.298
715	019010.SH	10 国债10	国债	100.035	2.086	102.121
716	019012.SH	10 国债12	国债	101.026	0.427	101.454
717	019014.SH	10 国债14	国债	106.524	0.409	106.933
718	019015.SH	10 国债15	国债	100.040	1.690	101.730
719	019018.SH	10 国债18	国债	107.695	0.110	107.806
720	019019.SH	10 国债19	国债	101.630	0.065	101.695
721	019022.SH	10 国债22	国债	100.049	1.225	101.274
722	019023.SH	10 国债23	国债	107.090	1.682	108.772
723	019024.SH	10 国债24	国债	101.410	1.330	102.740
724	019026.SH	10 国债26	国债	108.002	1.486	109.488

续表

序号	债券代码	债券简称	债券类型	估价净价	应计利息	估价全价
725	019027.SH	10 国债 27	国债	100.003	1.032	101.034
726	019029.SH	10 国债 29	国债	105.080	1.256	106.336
727	019031.SH	10 国债 31	国债	101.517	0.956	102.473
728	019032.SH	10 国债 32	国债	100.323	0.663	100.985
729	019034.SH	10 国债 34	国债	102.945	0.644	103.588
730	019037.SH	10 国债 37	国债	114.345	0.518	114.863
731	019038.SH	10 国债 38	国债	100.964	0.378	101.341
732	019040.SH	10 国债 40	国债	111.456	0.255	111.711
733	019041.SH	10 国债 41	国债	103.490	0.155	103.644
734	019102.SH	11 国债 02	国债	104.137	1.770	105.907
735	019103.SH	11 国债 03	国债	101.316	3.547	104.863
736	019105.SH	11 国债 05	国债	112.551	1.523	114.074
737	019106.SH	11 国债 06	国债	101.066	3.113	104.179
738	019108.SH	11 国债 08	国债	103.409	1.102	104.511
739	019110.SH	11 国债 10	国债	109.565	0.728	110.293
740	019112.SH	11 国债 12	国债	115.948	0.430	116.378
741	019115.SH	11 国债 15	国债	103.638	0.164	103.802
742	019116.SH	11 国债 16	国债	115.369	0.099	115.467
743	019117.SH	11 国债 17	国债	101.243	1.794	103.037
744	019119.SH	11 国债 19	国债	104.296	1.454	105.750
745	019121.SH	11 国债 21	国债	101.534	0.790	102.324
746	019123.SH	11 国债 23	国债	112.628	0.605	113.233
747	019124.SH	11 国债 24	国债	102.891	0.430	103.321
748	019203.SH	12 国债 03	国债	100.019	2.736	102.755
749	019204.SH	12 国债 04	国债	102.903	1.250	104.153
750	019205.SH	12 国债 05	国债	101.030	2.784	103.814
751	019206.SH	12 国债 06	国债	106.230	0.762	106.992
752	019208.SH	12 国债 08	国债	112.137	0.512	112.650
753	019209.SH	12 国债 09	国债	103.196	0.341	103.537
754	019210.SH	12 国债 10	国债	100.686	1.781	102.466
755	019212.SH	12 国债 12	国债	108.902	0.034	108.936

续表

序号	债券代码	债券简称	债券类型	估价净价	应计利息	估价全价
756	019213.SH	12 国债 13	国债	109.618	1.704	111.323
757	019214.SH	12 国债 14	国债	100.084	1.107	101.191
758	019215.SH	12 国债 15	国债	102.471	1.207	103.678
759	019216.SH	12 国债 16	国债	100.875	1.033	101.908
760	019218.SH	12 国债 18	国债	107.352	1.067	108.419
761	019220.SH	12 国债 20	国债	112.757	0.548	113.306
762	019221.SH	12 国债 21	国债	103.299	0.175	103.474
763	019301.SH	13 国债 01	国债	100.431	3.064	103.495
764	019303.SH	13 国债 03	国债	101.489	3.195	104.684
765	019305.SH	13 国债 05	国债	103.113	1.273	104.386
766	019308.SH	13 国债 08	国债	101.480	2.317	103.797
767	019309.SH	13 国债 09	国债	107.920	0.765	108.685
768	019310.SH	13 国债 10	国债	110.261	0.476	110.737
769	019311.SH	13 国债 11	国债	101.535	0.352	101.887
770	019313.SH	13 国债 13	国债	100.629	1.820	102.449
771	019315.SH	13 国债 15	国债	102.184	1.640	103.824
772	019316.SH	13 国债 16	国债	112.151	1.669	113.820
773	019318.SH	13 国债 18	国债	106.758	1.464	108.222
774	019319.SH	13 国债 19	国债	119.136	1.382	120.519
775	019320.SH	13 国债 20	国债	104.514	0.836	105.350
776	019323.SH	13 国债 23	国债	102.727	0.611	103.338
777	019324.SH	13 国债 24	国债	133.576	0.626	134.202
778	019325.SH	13 国债 25	国债	130.821	0.304	131.125
779	019401.SH	14 国债 01	国债	103.271	4.384	107.656
780	019403.SH	14 国债 03	国债	105.862	4.245	110.108
781	019404.SH	14 国债 04	国债	100.165	2.938	103.103
782	019405.SH	14 国债 05	国债	109.214	1.235	110.449
783	019406.SH	14 国债 06	国债	105.125	3.227	108.351
784	019408.SH	14 国债 08	国债	102.844	2.778	105.622
785	019409.SH	14 国债 09	国债	116.586	0.836	117.422
786	019410.SH	14 国债 10	国债	119.415	0.448	119.862

续表

序号	债券代码	债券简称	债券类型	估价净价	应计利息	估价全价
787	019412.SH	14 国债 12	国债	107.015	0.132	107.146
788	019413.SH	14 国债 13	国债	104.096	1.994	106.089
789	019416.SH	14 国债 16	国债	120.246	2.087	122.333
790	019417.SH	14 国债 17	国债	114.517	1.801	116.318
791	019420.SH	14 国债 20	国债	100.727	1.216	101.944
792	019421.SH	14 国债 21	国债	111.106	1.177	112.283
793	019424.SH	14 国债 24	国债	103.673	0.700	104.373
794	019425.SH	14 国债 25	国债	114.108	0.766	114.874
795	019426.SH	14 国债 26	国债	101.973	0.600	102.572
796	019427.SH	14 国债 27	国债	110.058	0.430	110.488
797	019429.SH	14 国债 29	国债	107.035	0.134	107.170
798	019502.SH	15 国债 02	国债	101.913	3.158	105.071
799	019503.SH	15 国债 03	国债	100.962	2.984	103.946
800	019504.SH	15 国债 04	国债	100.365	2.470	102.835
801	019505.SH	15 国债 05	国债	104.419	0.828	105.247
802	019507.SH	15 国债 07	国债	103.425	2.512	105.937
803	019508.SH	15 国债 08	国债	108.207	0.728	108.935
804	019510.SH	15 国债 10	国债	105.973	0.394	106.367
805	019511.SH	15 国债 11	国债	100.960	1.843	102.803
806	019512.SH	15 国债 12	国债	100.173	1.518	101.692
807	019513.SH	15 国债 13	国债	99.797	1.264	101.061
808	019514.SH	15 国债 14	国债	101.790	1.582	103.372
809	019516.SH	15 国债 16	国债	103.200	1.616	104.815
810	019517.SH	15 国债 17	国债	105.530	1.695	107.224
811	019519.SH	15 国债 19	国债	101.141	0.981	102.121
812	019521.SH	15 国债 21	国债	105.526	1.025	106.550
813	019522.SH	15 国债 22	国债	100.186	0.784	100.970
814	019523.SH	15 国债 23	国债	99.292	0.631	99.923
815	019525.SH	15 国债 25	国债	103.419	0.738	104.157
816	019526.SH	15 国债 26	国债	100.724	0.585	101.308
817	019528.SH	15 国债 28	国债	106.019	0.405	106.424

续表

序号	债券代码	债券简称	债券类型	估价净价	应计利息	估价全价
818	019529.SH	16 国债 01	国债	99.999	2.276	102.275
819	019530.SH	16 国债 02	国债	98.936	2.433	101.369
820	019531.SH	16 国债 03	国债	99.287	2.354	101.641
821	019532.SH	16 国债 04	国债	97.850	1.218	99.068
822	019533.SH	16 国债 05	国债	100.000	1.922	101.922
823	019534.SH	16 国债 06	国债	98.280	2.177	100.457
824	019535.SH	16 国债 07	国债	98.673	1.845	100.518
825	019536.SH	16 国债 08	国债	97.406	0.646	98.052
826	019537.SH	16 国债 09	国债	99.264	1.726	100.990
827	019538.SH	16 国债 10	国债	99.180	0.445	99.625
828	019539.SH	16 国债 11	国债	99.867	1.512	101.379
829	019540.SH	16 国债 12	国债	99.811	1.554	101.365
830	019541.SH	16 国债 13	国债	97.689	0.385	98.074
831	019542.SH	16 国债 14	国债	99.287	1.600	100.888
832	019543.SH	16 国债 15	国债	99.081	1.234	100.315
833	019544.SH	16 国债 16	国债	98.968	1.039	100.007
834	019545.SH	16 国债 17	国债	97.844	1.119	98.962
835	019546.SH	16 国债 18	国债	99.661	0.874	100.535
836	019547.SH	16 国债 19	国债	93.439	1.174	94.613
837	019548.SH	16 国债 20	国债	98.344	0.912	99.256
838	019802.SH	08 国债 02	国债	107.080	1.425	108.505
839	019803.SH	08 国债 03	国债	101.908	1.137	103.045
840	019806.SH	08 国债 06	国债	114.631	0.653	115.285
841	019810.SH	08 国债 10	国债	102.563	0.097	102.660
842	019813.SH	08 国债 13	国债	116.883	1.922	118.805
843	019818.SH	08 国债 18	国债	101.748	1.008	102.756
844	019820.SH	08 国债 20	国债	106.689	0.739	107.428
845	019823.SH	08 国债 23	国债	104.113	0.337	104.451
846	019825.SH	08 国债 25	国债	100.455	0.127	100.582
847	019902.SH	09 国债 02	国债	105.643	1.417	107.060
848	130001.IB	13 附息国债 01	国债	100.431	3.064	103.495

续表

序号	债券代码	债券简称	债券类型	估价净价	应计利息	估价全价
849	130003.IB	13附息国债03	国债	101.489	3.195	104.684
850	130005.IB	13附息国债05	国债	103.113	1.273	104.386
851	130008.IB	13附息国债08	国债	101.480	2.317	103.797
852	130009.IB	13附息国债09	国债	107.920	0.765	108.685
853	130010.IB	13附息国债10	国债	110.261	0.476	110.737
854	130011.IB	13附息国债11	国债	101.535	0.352	101.887
855	130013.IB	13附息国债13	国债	100.629	1.820	102.449
856	130015.IB	13附息国债15	国债	102.184	1.640	103.824
857	130016.IB	13附息国债16	国债	112.151	1.669	113.820
858	130018.IB	13附息国债18	国债	106.758	1.464	108.222
859	130019.IB	13附息国债19	国债	119.136	1.382	120.519
860	130020.IB	13附息国债20	国债	104.514	0.836	105.350
861	130023.IB	13附息国债23	国债	102.727	0.611	103.338
862	130024.IB	13附息国债24	国债	133.576	0.626	134.202
863	130025.IB	13附息国债25	国债	130.821	0.304	131.125
864	140001.IB	14附息国债01	国债	103.271	4.384	107.656
865	140003.IB	14附息国债03	国债	105.862	4.245	110.108
866	140004.IB	14附息国债04	国债	100.165	2.938	103.103
867	140005.IB	14附息国债05	国债	109.214	1.235	110.449
868	140006.IB	14附息国债06	国债	105.125	3.227	108.351
869	140008.IB	14附息国债08	国债	102.844	2.778	105.622
870	140009.IB	14附息国债09	国债	116.586	0.836	117.422
871	140010.IB	14附息国债10	国债	119.415	0.448	119.862
872	140012.IB	14附息国债12	国债	107.015	0.132	107.146
873	140013.IB	14附息国债13	国债	104.096	1.994	106.089
874	140016.IB	14附息国债16	国债	120.246	2.087	122.333
875	140017.IB	14附息国债17	国债	114.517	1.801	116.318
876	140020.IB	14附息国债20	国债	100.727	1.216	101.944
877	140021.IB	14附息国债21	国债	111.106	1.177	112.283
878	140024.IB	14附息国债24	国债	103.673	0.700	104.373
879	140025.IB	14附息国债25	国债	114.108	0.766	114.874

续表

序号	债券代码	债券简称	债券类型	估价净价	应计利息	估价全价
880	140026.IB	14 附息国债 26	国债	101.973	0.600	102.572
881	140027.IB	14 附息国债 27	国债	110.058	0.430	110.488
882	140029.IB	14 附息国债 29	国债	107.035	0.134	107.170
883	150002.IB	15 附息国债 02	国债	101.913	3.158	105.071
884	150003.IB	15 附息国债 03	国债	100.962	2.984	103.946
885	150004.IB	15 附息国债 04	国债	100.365	2.470	102.835
886	150005.IB	15 附息国债 05	国债	104.419	0.828	105.247
887	150007.IB	15 附息国债 07	国债	103.425	2.512	105.937
888	150008.IB	15 附息国债 08	国债	108.207	0.728	108.935
889	150010.IB	15 附息国债 10	国债	105.973	0.394	106.367
890	150011.IB	15 附息国债 11	国债	100.960	1.843	102.803
891	150012.IB	15 附息国债 12	国债	100.173	1.518	101.692
892	150013.IB	15 附息国债 13	国债	99.797	1.264	101.061
893	150014.IB	15 附息国债 14	国债	101.790	1.582	103.372
894	150016.IB	15 附息国债 16	国债	103.200	1.616	104.815
895	150017.IB	15 附息国债 17	国债	105.530	1.695	107.224
896	150019.IB	15 附息国债 19	国债	101.141	0.981	102.121
897	150021.IB	15 附息国债 21	国债	105.526	1.025	106.550
898	150022.IB	15 附息国债 22	国债	100.186	0.784	100.970
899	150023.IB	15 附息国债 23	国债	99.292	0.631	99.923
900	150025.IB	15 附息国债 25	国债	103.419	0.738	104.157
901	150026.IB	15 附息国债 26	国债	100.724	0.585	101.308
902	150028.IB	15 附息国债 28	国债	106.019	0.405	106.424
903	160001.IB	16 附息国债 01	国债	99.999	2.276	102.275
904	160002.IB	16 附息国债 02	国债	98.936	2.433	101.369
905	160003.IB	16 附息国债 03	国债	99.287	2.354	101.641
906	160004.IB	16 附息国债 04	国债	97.850	1.218	99.068
907	160005.IB	16 附息国债 05	国债	100.000	1.922	101.922
908	101002.SZ	国债 1002	国债	102.011	1.400	103.412
909	101003.SZ	国债 1003	国债	108.154	1.353	109.507
910	101005.SZ	国债 1005	国债	100.006	2.360	102.366

续表

序号	债券代码	债券简称	债券类型	估价净价	应计利息	估价全价
911	101007.SZ	国债1007	国债	101.497	0.893	102.390
912	101009.SZ	国债1009	国债	106.463	0.835	107.298
913	101010.SZ	国债1010	国债	100.035	2.086	102.121
914	101012.SZ	国债1012	国债	101.026	0.427	101.454
915	101014.SZ	国债1014	国债	106.524	0.409	106.933
916	101015.SZ	国债1015	国债	100.040	1.690	101.730
917	101018.SZ	国债1018	国债	107.695	0.110	107.806
918	101019.SZ	国债1019	国债	101.630	0.065	101.695
919	101022.SZ	国债1022	国债	100.049	1.225	101.274
920	101023.SZ	国债1023	国债	107.090	1.682	108.772
921	101024.SZ	国债1024	国债	101.410	1.330	102.740
922	101026.SZ	国债1026	国债	108.002	1.486	109.488
923	101027.SZ	国债1027	国债	100.003	1.032	101.034
924	101029.SZ	国债1029	国债	105.080	1.256	106.336
925	101031.SZ	国债1031	国债	101.517	0.956	102.473
926	101032.SZ	国债1032	国债	100.323	0.663	100.985
927	101034.SZ	国债1034	国债	102.945	0.644	103.588
928	101037.SZ	国债1037	国债	114.345	0.518	114.863
929	101038.SZ	国债1038	国债	100.964	0.378	101.341
930	101040.SZ	国债1040	国债	111.456	0.255	111.711
931	101041.SZ	国债1041	国债	103.490	0.155	103.644
932	101102.SZ	国债1102	国债	104.137	1.770	105.907
933	101103.SZ	国债1103	国债	101.316	3.547	104.863
934	101105.SZ	国债1105	国债	112.551	1.523	114.074
935	101106.SZ	国债1106	国债	101.066	3.113	104.179
936	101108.SZ	国债1108	国债	103.409	1.102	104.511
937	101110.SZ	国债1110	国债	109.565	0.728	110.293
938	101112.SZ	国债1112	国债	115.948	0.430	116.378
939	101115.SZ	国债1115	国债	103.638	0.164	103.802
940	101116.SZ	国债1116	国债	115.369	0.099	115.467
941	101117.SZ	国债1117	国债	101.243	1.794	103.037

续表

序号	债券代码	债券简称	债券类型	估价净价	应计利息	估价全价
942	101119.SZ	国债1119	国债	104.296	1.454	105.750
943	101121.SZ	国债1121	国债	101.534	0.790	102.324
944	101123.SZ	国债1123	国债	112.628	0.605	113.233
945	101124.SZ	国债1124	国债	102.891	0.430	103.321
946	101203.SZ	国债1203	国债	100.019	2.736	102.755
947	101204.SZ	国债1204	国债	102.903	1.250	104.153
948	101205.SZ	国债1205	国债	101.030	2.784	103.814
949	101206.SZ	国债1206	国债	106.230	0.762	106.992
950	101208.SZ	国债1208	国债	112.137	0.512	112.650
951	101209.SZ	国债1209	国债	103.196	0.341	103.537
952	101210.SZ	国债1210	国债	100.686	1.781	102.466
953	101212.SZ	国债1212	国债	108.902	0.034	108.936
954	101213.SZ	国债1213	国债	109.618	1.704	111.323
955	101214.SZ	国债1214	国债	100.084	1.107	101.191
956	101215.SZ	国债1215	国债	102.471	1.207	103.678
957	101216.SZ	国债1216	国债	100.875	1.033	101.908
958	101218.SZ	国债1218	国债	107.352	1.067	108.419
959	101220.SZ	国债1220	国债	112.757	0.548	113.306
960	101221.SZ	国债1221	国债	103.299	0.175	103.474
961	101301.SZ	国债1301	国债	100.431	3.064	103.495
962	101303.SZ	国债1303	国债	101.489	3.195	104.684
963	101305.SZ	国债1305	国债	103.113	1.273	104.386
964	101308.SZ	国债1308	国债	101.480	2.317	103.797
965	101309.SZ	国债1309	国债	107.920	0.765	108.685
966	101310.SZ	国债1310	国债	110.261	0.476	110.737
967	101311.SZ	国债1311	国债	101.535	0.352	101.887
968	101313.SZ	国债1313	国债	100.629	1.820	102.449
969	101315.SZ	国债1315	国债	102.184	1.640	103.824
970	101316.SZ	国债1316	国债	112.151	1.669	113.820
971	101318.SZ	国债1318	国债	106.758	1.464	108.222
972	101319.SZ	国债1319	国债	119.136	1.382	120.519

续表

序号	债券代码	债券简称	债券类型	估价净价	应计利息	估价全价
973	101320.SZ	国债1320	国债	104.514	0.836	105.350
974	101323.SZ	国债1323	国债	102.727	0.611	103.338
975	101324.SZ	国债1324	国债	133.576	0.626	134.202
976	101325.SZ	国债1325	国债	130.821	0.304	131.125
977	101401.SZ	国债1401	国债	103.271	4.384	107.656
978	101403.SZ	国债1403	国债	105.862	4.245	110.108
979	101404.SZ	国债1404	国债	100.165	2.938	103.103
980	101405.SZ	国债1405	国债	109.214	1.235	110.449
981	101406.SZ	国债1406	国债	105.125	3.227	108.351
982	101408.SZ	国债1408	国债	102.844	2.778	105.622
983	101409.SZ	国债1409	国债	116.586	0.836	117.422
984	101410.SZ	国债1410	国债	119.415	0.448	119.862
985	101412.SZ	国债1412	国债	107.015	0.132	107.146
986	101413.SZ	国债1413	国债	104.096	1.994	106.089
987	101416.SZ	国债1416	国债	120.246	2.087	122.333
988	101417.SZ	国债1417	国债	114.517	1.801	116.318
989	101420.SZ	国债1420	国债	100.727	1.216	101.944
990	101421.SZ	国债1421	国债	111.106	1.177	112.283
991	101424.SZ	国债1424	国债	103.673	0.700	104.373
992	101425.SZ	国债1425	国债	114.108	0.766	114.874
993	101426.SZ	国债1426	国债	101.973	0.600	102.572
994	101427.SZ	国债1427	国债	110.058	0.430	110.488
995	101429.SZ	国债1429	国债	107.035	0.134	107.170
996	101502.SZ	国债1502	国债	101.913	3.158	105.071
997	101503.SZ	国债1503	国债	100.962	2.984	103.946
998	101504.SZ	国债1504	国债	100.365	2.470	102.835
999	101505.SZ	国债1505	国债	104.419	0.828	105.247
1000	101507.SZ	国债1507	国债	103.425	2.512	105.937
1001	101508.SZ	国债1508	国债	108.207	0.728	108.935
1002	101510.SZ	国债1510	国债	105.973	0.394	106.367
1003	101511.SZ	国债1511	国债	100.960	1.843	102.803

续表

序号	债券代码	债券简称	债券类型	估价净价	应计利息	估价全价
1004	101512.SZ	国债1512	国债	100.173	1.518	101.692
1005	101513.SZ	国债1513	国债	99.797	1.264	101.061
1006	101514.SZ	国债1514	国债	101.790	1.582	103.372
1007	101516.SZ	国债1516	国债	103.200	1.616	104.815
1008	101517.SZ	国债1517	国债	105.530	1.695	107.224
1009	101519.SZ	国债1519	国债	101.141	0.981	102.121
1010	101521.SZ	国债1521	国债	105.526	1.025	106.550
1011	101522.SZ	国债1522	国债	100.186	0.784	100.970
1012	101523.SZ	国债1523	国债	99.292	0.631	99.923
1013	101525.SZ	国债1525	国债	103.419	0.738	104.157
1014	101526.SZ	国债1526	国债	100.724	0.585	101.308
1015	101528.SZ	国债1528	国债	106.019	0.405	106.424
1016	101601.SZ	国债1601	国债	99.999	2.276	102.275
1017	101602.SZ	国债1602	国债	98.936	2.433	101.369
1018	101603.SZ	国债1603	国债	99.287	2.354	101.641
1019	101604.SZ	国债1604	国债	97.850	1.218	99.068
1020	101605.SZ	国债1605	国债	100.000	1.922	101.922
1021	101606.SZ	国债1606	国债	98.280	2.177	100.457
1022	101607.SZ	国债1607	国债	98.673	1.845	100.518
1023	101608.SZ	国债1608	国债	97.406	0.646	98.052
1024	101609.SZ	国债1609	国债	99.264	1.726	100.990
1025	101610.SZ	国债1610	国债	99.180	0.445	99.625
1026	101611.SZ	国债1611	国债	99.867	1.512	101.379
1027	101612.SZ	国债1612	国债	99.811	1.554	101.365
1028	101613.SZ	国债1613	国债	97.689	0.385	98.074
1029	101614.SZ	国债1614	国债	99.287	1.600	100.888
1030	101615.SZ	国债1615	国债	99.081	1.234	100.315
1031	101616.SZ	国债1616	国债	98.968	1.039	100.007
1032	101617.SZ	国债1617	国债	97.844	1.119	98.962
1033	117003.SZ	14 歌尔债	可交换债券	101.905	2.455	104.360
1034	117008.SZ	15 东集01	可交换债券	100.093	3.100	103.193

续表

序号	债券代码	债券简称	债券类型	估价净价	应计利息	估价全价
1035	117009.SZ	15九洲债	可交换债券	101.519	0.851	102.370
1036	117010.SZ	15中基债	可交换债券	100.537	1.534	102.071
1037	117011.SZ	15大重债	可交换债券	99.961	0.373	100.334
1038	117013.SZ	15纳海债	可交换债券	100.936	0.285	101.221
1039	117014.SZ	15大族01	可交换债券	102.681	0.021	102.702
1040	117015.SZ	15雅本债	可交换债券	103.294	0.022	103.316
1041	117016.SZ	16华泰01	可交换债券	100.310	3.207	103.517
1042	117017.SZ	16山田01	可交换债券	104.527	1.450	105.977
1043	117018.SZ	16星星01	可交换债券	99.899	1.989	101.888
1044	110031.SH	航信转债	可转换债券	108.523	0.277	108.800
1045	110032.SH	三一转债	可转换债券	110.482	0.198	110.680
1046	110033.SH	国贸转债	可转换债券	114.544	0.296	114.840
1047	110034.SH	九州转债	可转换债券	121.908	0.192	122.100
1048	110035.SH	白云转债	可转换债券	124.531	0.169	124.700
1049	113008.SH	电气转债	可转换债券	114.205	0.455	114.660
1050	113009.SH	广汽转债	可转换债券	116.082	0.188	116.270
1051	113010.SH	江南转债	可转换债券	113.953	0.237	114.190
1052	123001.SZ	蓝标转债	可转换债券	108.705	0.025	108.730
1053	127003.SZ	海印转债	可转换债券	113.402	0.282	113.684
1054	128009.SZ	歌尔转债	可转换债券	120.946	0.052	120.998
1055	058004.IB	05大唐债	企业债	101.892	3.559	105.451
1056	058019.IB	05中核债（2）	企业债	104.261	2.308	106.569
1057	058021.IB	05沪建设（2）	企业债	103.195	2.228	105.423
1058	058026.IB	05宁煤债	企业债	102.079	1.423	103.502
1059	058030.IB	05川投资02	企业债	105.394	0.750	106.144
1060	058032.IB	05中信债2	企业债	104.841	0.277	105.118
1061	058036.IB	05武城投债	企业债	101.418	0.064	101.483
1062	068005.IB	06大唐债	企业债	99.761	3.659	103.420
1063	068008.IB	06华润债	企业债	99.931	3.318	103.249
1064	068012.IB	06冀建投债	企业债	98.840	3.184	102.024
1065	068015.IB	06鲁高速债	企业债	99.910	3.010	102.920

续表

序号	债券代码	债券简称	债券类型	估价净价	应计利息	估价全价
1066	068016.IB	06 航天债	企业债	99.094	2.816	101.911
1067	068021.IB	06 云天化债	企业债	100.060	2.741	102.801
1068	068022.IB	06 三峡债	企业债	100.300	2.661	102.961
1069	068023.IB	06 陕煤债	企业债	102.977	2.570	105.546
1070	068028.IB	06 国网债2	企业债	102.776	2.426	105.202
1071	068029.IB	06 华电债	企业债	103.286	2.376	105.662
1072	068031.IB	06 厦路桥债	企业债	103.400	2.259	105.659
1073	068032.IB	06 沪水务债	企业债	101.436	2.154	103.590
1074	068035.IB	06 鲁能债	企业债	99.315	1.844	101.160
1075	068037.IB	06 赣投债	企业债	102.283	1.332	103.615
1076	078004.IB	07 世博债1	企业债	100.117	3.540	103.657
1077	078005.IB	07 世博债2	企业债	99.967	3.627	103.594
1078	078007.IB	07 中建材债	企业债	100.343	3.148	103.491
1079	078008.IB	07 中化工债	企业债	100.358	3.014	103.372
1080	078009.IB	07 中石化债	企业债	100.203	2.704	102.907
1081	078010.IB	07 中海油服债	企业债	105.452	2.835	108.287
1082	078011.IB	07 豫投债1	企业债	105.543	2.811	108.354
1083	078012.IB	07 豫投债2	企业债	106.805	2.886	109.691
1084	078014.IB	07 兵器债	企业债	100.424	2.713	103.136
1085	078015.IB	07 北控债	企业债	100.554	2.605	103.159
1086	078016.IB	07 网通债	企业债	100.626	2.540	103.166
1087	078017.IB	07 华润债	企业债	100.597	2.503	103.099
1088	078018.IB	07 津城投债	企业债	100.572	2.531	103.103
1089	078019.IB	07 中海集运债	企业债	100.486	2.496	102.981
1090	078020.IB	07 中国铝业债	企业债	100.552	2.478	103.030
1091	078021.IB	07 青岛国信债	企业债	100.681	2.535	103.215
1092	078022.IB	07 航天债	企业债	100.555	2.466	103.021
1093	078023.IB	07 湘泰格债	企业债	59.598	1.769	61.367
1094	078024.IB	07 国电债	企业债	105.738	2.580	108.318
1095	078025.IB	07 天保投资债	企业债	100.675	2.511	103.186
1096	078026.IB	07 渝交通债	企业债	100.735	2.538	103.273

续表

序号	债券代码	债券简称	债券类型	估价净价	应计利息	估价全价
1097	078027.IB	07 三峡债	企业债	100.671	2.565	103.236
1098	078028.IB	07 武城投债	企业债	108.030	2.577	110.607
1099	078029.IB	07 首发债	企业债	100.965	2.525	103.490
1100	078030.IB	07 渝能源债	企业债	101.009	2.564	103.574
1101	078031.IB	07 三一重工债	企业债	100.937	2.564	103.501
1102	078032.IB	07 国投债	企业债	100.962	2.487	103.449
1103	078033.IB	07 湖交投债	企业债	110.224	2.507	112.731
1104	078034.IB	07 冀建投债	企业债	110.324	2.516	112.840
1105	078035.IB	07 江西高速债	企业债	108.548	2.316	110.865
1106	078036.IB	07 沪建债	企业债	110.212	2.297	112.509
1107	078037.IB	07 深高速债	企业债	110.313	2.306	112.618
1108	078038.IB	07 冀东水泥债	企业债	101.300	2.286	103.586
1109	078039.IB	07 粤交通债	企业债	101.191	2.080	103.271
1110	078040.IB	07 淮北矿业债	企业债	98.988	2.066	101.054
1111	078041.IB	07 神华债	企业债	101.203	2.046	103.249
1112	078042.IB	07 虞交通债	企业债	111.486	2.261	113.746
1113	078043.IB	07 甬城投债	企业债	101.354	1.830	103.183
1114	078044.IB	07 芜湖建投债	企业债	101.318	1.812	103.131
1115	078045.IB	07 招商债	企业债	101.319	1.681	103.000
1116	078046.IB	07 永煤债	企业债	101.374	1.741	103.115
1117	078047.IB	07 中粮债	企业债	109.425	1.699	111.124
1118	078048.IB	07 宁交通债	企业债	106.832	1.700	108.532
1119	078049.IB	07 沪机场债	企业债	101.086	1.638	102.725
1120	078050.IB	07 国网债01	企业债	101.409	1.638	103.047
1121	078051.IB	07 国网债02	企业债	108.561	1.670	110.231
1122	078053.IB	07 常高新债	企业债	101.433	1.598	103.030
1123	078054.IB	07 中盐债	企业债	101.480	1.483	102.963
1124	078055.IB	07 柳州城投债	企业债	101.597	1.525	103.121
1125	078056.IB	07 台基投债	企业债	101.740	1.575	103.314
1126	078057.IB	07 安钢债	企业债	100.978	1.508	102.486
1127	078058.IB	07 华谊债	企业债	100.711	1.297	102.009

续表

序号	债券代码	债券简称	债券类型	估价净价	应计利息	估价全价
1128	078059.IB	07蒙路债	企业债	101.782	1.484	103.266
1129	078060.IB	07深能债	企业债	102.349	1.445	103.793
1130	078061.IB	07大唐债	企业债	114.544	1.212	115.756
1131	078062.IB	07韶能债	企业债	101.855	1.245	103.100
1132	078063.IB	07陕高速债	企业债	101.894	1.187	103.080
1133	078064.IB	07武汉高科债	企业债	102.017	1.112	103.129
1134	078067.IB	07神华宁煤债	企业债	112.775	0.858	113.633
1135	078068.IB	07横店债	企业债	102.318	0.891	103.209
1136	078069.IB	07苏城投债	企业债	102.249	0.776	103.024
1137	078071.IB	07川气东送02	企业债	101.581	0.747	102.328
1138	078072.IB	07鲁高速债	企业债	113.207	0.673	113.880
1139	078074.IB	07宁公控债	企业债	102.303	0.734	103.037
1140	078079.IB	07川煤债	企业债	102.459	0.561	103.020
1141	078080.IB	07宜城投债	企业债	102.239	0.516	102.755
1142	078081.IB	07广汽债	企业债	101.826	0.330	102.155
1143	078084.IB	07诚通债	企业债	102.947	0.216	103.163
1144	078085.IB	07西矿债	企业债	102.701	0.201	102.902
1145	078086.IB	07晋焦煤债	企业债	102.650	0.199	102.849
1146	078087.IB	07广核债	企业债	113.790	0.178	113.967
1147	078088.IB	07晟通债	企业债	103.431	0.124	103.555
1148	078090.IB	07泰达债	企业债	102.798	0.101	102.899
1149	078091.IB	07湘投债	企业债	102.255	0.085	102.339
1150	088001.IB	08赣煤债	企业债	102.089	6.064	108.153
1151	088002.IB	08皖华茂债	企业债	103.698	6.216	109.915
1152	088003.IB	08兴泸债	企业债	100.407	5.527	105.934
1153	088005.IB	08国网债02	企业债	101.827	4.485	106.312
1154	088006.IB	08广纸股份债	企业债	102.078	5.178	107.256
1155	088009.IB	08大连港债	企业债	102.392	3.914	106.306
1156	088012.IB	08鲁能债	企业债	115.993	3.329	119.323
1157	088014.IB	08国网债04	企业债	104.202	2.816	107.018
1158	088017.IB	08中冶债	企业债	103.325	2.691	106.016

续表

序号	债券代码	债券简称	债券类型	估价净价	应计利息	估价全价
1159	088018.IB	08 大唐债	企业债	113.420	2.570	115.990
1160	088019.IB	08 兵器债	企业债	104.881	2.614	107.495
1161	088021.IB	08 华润债01	企业债	103.606	2.376	105.982
1162	088022.IB	08 华润债02	企业债	115.014	2.416	117.430
1163	088026.IB	08 诸城企业债	企业债	31.327	0.789	32.116
1164	088028.IB	08 合肥建投债	企业债	71.316	1.253	72.569
1165	088032.IB	08 沪建债01	企业债	103.837	1.687	105.523
1166	088033.IB	08 沪建债02	企业债	112.147	1.718	113.865
1167	088036.IB	08 国投债	企业债	112.014	1.684	113.698
1168	088043.IB	08 湘有色债	企业债	98.923	1.367	100.289
1169	088052.IB	08 首钢债01	企业债	100.955	0.798	101.753
1170	088053.IB	08 首钢债02	企业债	104.161	0.836	104.997
1171	088057.IB	08 陕投债	企业债	101.055	0.918	101.973
1172	088065.IB	08 中国有色债	企业债	101.039	0.470	101.510
1173	098008.IB	09 华菱债	企业债	94.150	5.385	99.535
1174	0980100.IB	09 常高新债	企业债	103.408	3.567	106.975
1175	0980103.IB	09 开滦债	企业债	97.192	2.907	100.099
1176	098011.IB	09 怀化城投债	企业债	104.517	7.662	112.179
1177	0980113.IB	09 华能水电债	企业债	105.363	2.534	107.897
1178	0980118.IB	09 中核债1	企业债	104.527	2.269	106.796
1179	0980119.IB	09 中核债2	企业债	103.124	2.084	105.207
1180	0980123.IB	09 晋交投债	企业债	103.022	2.352	105.373
1181	0980127.IB	09 宁城建债	企业债	105.155	2.052	107.207
1182	098013.IB	09 巨化债	企业债	105.493	5.162	110.655
1183	0980133.IB	09 国网债02	企业债	104.524	1.554	106.078
1184	0980138.IB	09 咸城投债	企业债	108.000	1.916	109.916
1185	0980143.IB	09 南山债02	企业债	106.893	1.480	108.372
1186	0980144.IB	09 汾湖债	企业债	51.237	0.671	51.908
1187	0980146.IB	09 中航工债	企业债	105.753	0.926	106.679
1188	0980157.IB	09 渝高速债	企业债	104.911	0.806	105.716
1189	0980168.IB	09 中化化肥债	企业债	103.674	0.493	104.167

续表

序号	债券代码	债券简称	债券类型	估价净价	应计利息	估价全价
1190	0980170.IB	09 嘉高投债	企业债	103.633	0.493	104.125
1191	0980176.IB	09 陕煤化债	企业债	103.419	0.209	103.628
1192	0980179.IB	09 沪国盛债 01	企业债	106.194	0.140	106.334
1193	0980180.IB	09 沪国盛债 02	企业债	102.948	0.143	103.091
1194	0980182.IB	09 滨海建投债	企业债	103.328	0.133	103.460
1195	0980183.IB	09 铁岭债	企业债	107.678	0.176	107.854
1196	0980185.IB	09 国网债 04	企业债	104.084	0.096	104.180
1197	0980186.IB	09 海航债	企业债	107.300	0.146	107.446
1198	0980187.IB	09 久事债	企业债	103.213	0.028	103.241
1199	0980189.IB	09 黄石城投债	企业债	103.839	6.980	110.819
1200	098019.IB	09 渝地产债	企业债	104.985	5.363	110.348
1201	098023.IB	09 哈城投债	企业债	105.715	5.703	111.418
1202	098034.IB	09 浙交投债	企业债	103.704	3.757	107.461
1203	098038.IB	09 济城建债	企业债	101.933	3.667	105.599
1204	098055.IB	09 豫投债	企业债	105.329	4.167	109.496
1205	1480179.IB	14 滕州债 01	企业债	106.658	5.492	112.149
1206	1480180.IB	14 牡国投债	企业债	106.842	5.506	112.348
1207	1480181.IB	14 宁开控债	企业债	105.789	4.934	110.723
1208	1480182.IB	14 信阳债	企业债	107.024	5.378	112.402
1209	1480183.IB	14 融强债 02	企业债	103.792	5.663	109.455
1210	1480184.IB	14 防城港债	企业债	106.670	5.741	112.411
1211	1480185.IB	14 沭阳金源债	企业债	106.429	5.284	111.714
1212	1480186.IB	14 益阳交投债	企业债	107.068	5.407	112.475
1213	1480187.IB	14 温高新债 02	企业债	105.442	4.300	109.742
1214	1480188.IB	13 宁海城投债 02	企业债	105.582	5.670	111.251
1215	1480189.IB	14 张家界经投债	企业债	106.877	5.513	112.390
1216	1480190.IB	13 海城金财债 02	企业债	105.985	5.797	111.782
1217	1480191.IB	14 宁经开债	企业债	106.095	5.819	111.914
1218	1480192.IB	14 宁国债	企业债	109.000	5.887	114.888
1219	1480193.IB	14 威海经开债	企业债	104.924	5.286	110.211
1220	1480194.IB	14 郴州债	企业债	105.402	5.173	110.575

续表

序号	债券代码	债券简称	债券类型	估价净价	应计利息	估价全价
1221	1480195.IB	14冀高开债	企业债	110.337	5.143	115.480
1222	1480196.IB	14临沂经开债	企业债	107.547	5.464	113.011
1223	1480197.IB	14邳州润城债	企业债	105.780	5.592	111.372
1224	1480198.IB	14遂河投债	企业债	106.877	5.909	112.787
1225	1480199.IB	14金城债	企业债	104.606	4.656	109.261
1226	1480200.IB	14衢州国资债	企业债	106.012	5.010	111.022
1227	1480201.IB	14汇通债	企业债	104.869	5.685	110.554
1228	1480202.IB	14徐州开发债	企业债	106.308	5.115	111.422
1229	1480203.IB	14徐州高新债	企业债	106.889	5.448	112.337
1230	1480204.IB	14奉化债	企业债	108.163	5.364	113.527
1231	1480205.IB	14杨农债	企业债	108.199	5.089	113.289
1232	1480206.IB	14京投债	企业债	110.080	4.435	114.515
1233	1480207.IB	14新城基业债	企业债	107.276	5.219	112.495
1234	1480208.IB	14赣四通	企业债	106.518	5.774	112.291
1235	1480209.IB	14雨花城投债	企业债	105.835	5.049	110.884
1236	1480210.IB	14盘县宏财债02	企业债	107.931	5.978	113.909
1237	1480211.IB	14平湖经开债	企业债	107.147	5.648	112.795
1238	1480212.IB	14广元投控债	企业债	107.535	5.060	112.595
1239	1480213.IB	14蚌埠高新债	企业债	106.904	6.150	113.054
1240	1480214.IB	14宜兴经开债	企业债	106.603	5.415	112.018
1241	1480215.IB	14新疆凯迪债	企业债	107.294	5.407	112.700
1242	1480216.IB	14莱山债	企业债	105.305	5.184	110.490
1243	1480217.IB	14崇川债	企业债	104.956	5.034	109.991
1244	1480218.IB	14永安国投债	企业债	106.331	6.206	112.537
1245	1480219.IB	14桐庐债	企业债	109.277	5.696	114.974
1246	1480220.IB	14宝鸡高新债	企业债	107.211	5.741	112.952
1247	1480221.IB	14湛江新域债	企业债	107.387	5.567	112.954
1248	1480222.IB	14苏元禾债	企业债	107.026	4.767	111.792
1249	1480223.IB	14火炬债	企业债	107.333	5.212	112.545
1250	1480224.IB	14泰兴中兴债	企业债	106.680	4.768	111.448
1251	1480225.IB	13普兰店债02	企业债	106.685	5.386	112.072

续表

序号	债券代码	债券简称	债券类型	估价净价	应计利息	估价全价
1252	1480226.IB	13 周口债 02	企业债	107.604	5.212	112.816
1253	1480227.IB	14 克投债	企业债	105.424	4.956	110.380
1254	1480228.IB	14 兖城投小微债 01	企业债	100.920	5.414	106.334
1255	1480229.IB	14 首发债	企业债	114.835	4.370	119.205
1256	1480230.IB	14 青岛海创债	企业债	105.982	4.712	110.694
1257	1480231.IB	14 南化债	企业债	109.904	5.762	115.666
1258	1480232.IB	14 临淄债	企业债	108.548	5.233	113.781
1259	1480233.IB	14 昌平债	企业债	105.709	4.672	110.381
1260	1480234.IB	14 鹤投资债	企业债	106.772	3.282	110.054
1261	1480235.IB	14 潜江城投债	企业债	104.215	5.809	110.024
1262	1480236.IB	14 内江投资债	企业债	107.606	5.495	113.101
1263	1480237.IB	14 滇公路投债	企业债	107.189	4.814	112.002
1264	1480238.IB	14 兴国资债	企业债	104.404	4.580	108.984
1265	1480239.IB	14 姜堰鑫源债	企业债	106.999	5.869	112.867
1266	1480240.IB	14 东台债 02	企业债	104.975	5.233	110.208
1267	1480241.IB	14 电建债	企业债	104.239	3.935	108.174
1268	1480242.IB	14 嘉公路	企业债	105.507	4.695	110.202
1269	1480243.IB	14 包头滨河债	企业债	107.408	5.316	112.724
1270	1480244.IB	14 渝保税港债	企业债	106.601	5.158	111.758
1271	1480245.IB	14 马城投债	企业债	106.209	4.910	111.119
1272	1480246.IB	14 德阳高新债	企业债	107.920	5.346	113.266
1273	1480247.IB	14 沪永业债	企业债	104.959	4.198	109.157
1274	1480248.IB	14 衡阳水投债	企业债	105.399	5.109	110.508
1275	1480249.IB	14 太原经开债	企业债	106.845	5.109	111.954
1276	1480250.IB	14 合工投小微债	企业债	103.362	4.900	108.262
1277	1480251.IB	14 黔铁投债	企业债	112.828	5.178	118.006
1278	1480252.IB	14 渝两江债 01	企业债	106.135	4.589	110.724
1279	1480253.IB	13 鞍山高新债 02	企业债	106.376	5.747	112.122
1280	1589087.IB	15 德宝天元 1B	汽车抵押贷款证券化	37.602	0.018	37.620
1281	1589133.IB	15 华驭 2A	汽车抵押贷款证券化	15.123	0.008	15.131
1282	1589134.IB	15 华驭 2B	汽车抵押贷款证券化	55.242	0.039	55.281

续表

序号	债券代码	债券简称	债券类型	估价净价	应计利息	估价全价
1283	1589160.IB	15 平银 1A2	汽车抵押贷款证券化	12.549	0.006	12.555
1284	1589161.IB	15 平银 1B	汽车抵押贷款证券化	100.021	0.056	100.077
1285	1589171.IB	15 唯盈 1 优先	汽车抵押贷款证券化	8.160	0.003	8.163
1286	1589185.IB	15 融腾 2 优先	汽车抵押贷款证券化	24.572	0.011	24.583
1287	1589301.IB	15 德宝天元 2B	汽车抵押贷款证券化	69.360	0.038	69.398
1288	1589311.IB	15 福元 2 优先	汽车抵押贷款证券化	28.897	0.014	28.911
1289	1689024.IB	16 华驭 3A	汽车抵押贷款证券化	33.873	0.015	33.888
1290	1689025.IB	16 华驭 3B	汽车抵押贷款证券化	84.168	0.058	84.227
1291	1689038.IB	16 睿程 1A2	汽车抵押贷款证券化	22.950	0.010	22.960
1292	1689041.IB	16 融腾 1A2	汽车抵押贷款证券化	99.807	0.051	99.858
1293	1689066.IB	16 速利银丰 1A	汽车抵押贷款证券化	40.567	0.017	40.584
1294	1689083.IB	16 福元 1A	汽车抵押贷款证券化	52.804	0.023	52.827
1295	1689084.IB	16 福元 1B	汽车抵押贷款证券化	99.548	0.054	99.602
1296	1689101.IB	16 神融 1A	汽车抵押贷款证券化	35.603	0.016	35.619
1297	1689102.IB	16 神融 1B	汽车抵押贷款证券化	101.484	0.068	101.552
1298	1689105.IB	16 金诚 1A2	汽车抵押贷款证券化	90.540	0.045	90.585
1299	1689106.IB	16 金诚 1B	汽车抵押贷款证券化	99.774	0.055	99.829
1300	116001.SZ	广交投 A2	券商专项资产管理	100.085	2.016	102.102
1301	116002.SZ	广交投 A3	券商专项资产管理	99.939	2.269	102.208
1302	116003.SZ	广交投 A4	券商专项资产管理	100.480	2.420	102.899
1303	116004.SZ	广交投 A5	券商专项资产管理	101.124	2.420	103.544
1304	116005.SZ	广交投 A6	券商专项资产管理	102.031	2.521	104.552
1305	116016.SZ	民生 2A4	券商专项资产管理	100.177	1.393	101.570
1306	116018.SZ	民生 3A2	券商专项资产管理	100.176	1.208	101.384
1307	116019.SZ	民生 3A3	券商专项资产管理	100.376	1.289	101.665
1308	116021.SZ	合热 02	券商专项资产管理	100.326	3.141	103.468
1309	116022.SZ	合热 03	券商专项资产管理	100.549	3.173	103.723
1310	116023.SZ	合热 04	券商专项资产管理	99.798	3.238	103.035
1311	116024.SZ	合热 05	券商专项资产管理	100.096	3.302	103.397
1312	116027.SZ	凯迪 2 优 2	券商专项资产管理	99.889	2.137	102.026
1313	116028.SZ	凯迪 2 优 3	券商专项资产管理	99.558	2.315	101.873

续表

序号	债券代码	债券简称	债券类型	估价净价	应计利息	估价全价
1314	116029.SZ	凯迪2优4	券商专项资产管理	98.848	2.564	101.413
1315	116030.SZ	凯迪2优5	券商专项资产管理	99.118	2.422	101.540
1316	116031.SZ	凯迪2优6	券商专项资产管理	99.143	2.422	101.565
1317	116034.SZ	鑫桥02	券商专项资产管理	100.632	0.316	100.948
1318	116035.SZ	鑫桥03	券商专项资产管理	99.983	0.343	100.326
1319	116036.SZ	鑫桥04	券商专项资产管理	100.267	0.370	100.637
1320	071501.IB	07交行01	商业银行次级债	100.247	3.372	103.619
1321	081102.IB	08招行债02	商业银行次级债	103.109	1.907	105.016
1322	090502.IB	09工行02	商业银行次级债	102.535	1.797	104.333
1323	090602.IB	09中行02	商业银行次级债	102.520	1.929	104.449
1324	090702.IB	09建行012	商业银行次级债	102.157	3.375	105.532
1325	090704.IB	09建行022	商业银行次级债	102.664	1.572	104.236
1326	090705.IB	09建行03	商业银行次级债	102.559	0.118	102.677
1327	091002.IB	09兴业02	商业银行次级债	102.514	1.572	104.086
1328	091502.IB	09交行02	商业银行次级债	102.514	1.984	104.498
1329	092502.IB	09农行012	商业银行次级债	102.314	2.466	104.780
1330	1005002.IB	10工行02	商业银行次级债	100.263	1.213	101.476
1331	1006001.IB	10中行01	商业银行次级债	102.929	3.783	106.711
1332	101001.IB	10兴业银行债	商业银行次级债	102.470	3.630	106.099
1333	1012002.IB	10中信银行02	商业银行次级债	102.702	2.556	105.259
1334	1020001.IB	10廊坊银行债	商业银行次级债	100.882	5.388	106.269
1335	1020010.IB	10北银次级债	商业银行次级债	103.565	0.110	103.674
1336	1105001.IB	11工行01	商业银行次级债	108.942	2.803	111.745
1337	1105002.IB	11工行02	商业银行次级债	106.468	0.015	106.483
1338	1106001.IB	11中行01	商业银行次级债	104.390	3.282	107.672
1339	1107001.IB	11建行01	商业银行次级债	106.848	0.843	107.691
1340	1520015.IB	15天津银行01	商业银行普通债	100.643	2.949	103.592
1341	1520018.IB	15温州银行小微02	商业银行普通债	100.148	2.842	102.990
1342	1520021.IB	15天津银行02	商业银行普通债	100.226	2.562	102.788
1343	1520022.IB	15哈尔滨银行01	商业银行普通债	100.291	2.497	102.788
1344	1520024.IB	15长安银行债	商业银行普通债	100.772	2.514	103.286

续表

序号	债券代码	债券简称	债券类型	估价净价	应计利息	估价全价
1345	1520026.IB	15民泰小微债02	商业银行普通债	100.448	2.631	103.079
1346	1520028.IB	15莱商银行债01	商业银行普通债	100.268	2.065	102.333
1347	1520029.IB	15莱商银行债02	商业银行普通债	100.352	2.151	102.503
1348	1520031.IB	15宁波银行债01	商业银行普通债	100.439	2.043	102.482
1349	1520034.IB	15义乌农商三农债01	商业银行普通债	101.507	2.188	103.695
1350	1520036.IB	15徽商银行01	商业银行普通债	100.666	1.751	102.417
1351	1520037.IB	15徽商银行02	商业银行普通债	100.231	1.835	102.067
1352	1520038.IB	15渤海银行01	商业银行普通债	99.976	1.741	101.717
1353	1520039.IB	15渤海银行02	商业银行普通债	100.234	1.805	102.039
1354	1520041.IB	15南京银行03	商业银行普通债	101.273	1.646	102.918
1355	1520043.IB	15石嘴山银行02	商业银行普通债	100.100	1.643	101.743
1356	1520044.IB	15石嘴山银行03	商业银行普通债	99.954	1.767	101.721
1357	1520045.IB	15日照银行02	商业银行普通债	100.033	1.588	101.621
1358	1520046.IB	15攀枝花商行债	商业银行普通债	99.518	1.880	101.397
1359	1520048.IB	15包商银行小微01	商业银行普通债	99.945	1.615	101.560
1360	1520050.IB	15长沙银行02	商业银行普通债	99.893	1.490	101.383
1361	1520051.IB	15长江商行02	商业银行普通债	99.885	1.482	101.366
1362	1520053.IB	15宁波银行债02	商业银行普通债	99.646	1.232	100.879
1363	1520056.IB	15徽商银行03	商业银行普通债	100.057	1.047	101.104
1364	1520057.IB	15徽商银行04	商业银行普通债	99.486	1.101	100.587
1365	1520058.IB	15富滇银行02	商业银行普通债	99.813	1.056	100.869
1366	1520059.IB	15富滇银行03	商业银行普通债	99.654	1.133	100.787
1367	1520060.IB	15台州银行01	商业银行普通债	99.832	0.789	100.621
1368	1520064.IB	15北京银行01	商业银行普通债	99.709	0.700	100.409
1369	1520065.IB	15北京银行02	商业银行普通债	100.441	0.756	101.197
1370	1520068.IB	15潍坊银行02	商业银行普通债	99.722	0.558	100.280
1371	1520071.IB	15泰隆商行01	商业银行普通债	99.717	0.387	100.104
1372	1521001.IB	15海口农商债	商业银行普通债	100.646	4.445	105.091
1373	1521006.IB	15南昌农商债01	商业银行普通债	100.080	3.172	103.252
1374	1521009.IB	15滨海农商债01	商业银行普通债	100.383	2.740	103.123
1375	1521012.IB	15瓯海农商三农债01	商业银行普通债	100.401	2.725	103.127

续表

序号	债券代码	债券简称	债券类型	估价净价	应计利息	估价全价
1376	1521013.IB	15瑞丰农商小微债01	商业银行普通债	100.503	2.395	102.898
1377	1521014.IB	15杭联农商债	商业银行普通债	100.174	2.145	102.320
1378	1521017.IB	15药都农商小微02	商业银行普通债	99.765	1.410	101.175
1379	1528001.IB	15兴业银行01	商业银行普通债	101.303	4.692	105.995
1380	1528003.IB	15中信银行01	商业银行普通债	100.376	2.399	102.775
1381	1528008.IB	15中信银行02	商业银行普通债	99.229	0.435	99.664
1382	1528010.IB	15交通银行债	商业银行普通债	96.884	0.085	96.969
1383	1528012.IB	15浙商银行债	商业银行普通债	98.782	0.064	98.846
1384	1620003.IB	16杭州银行债	商业银行普通债	97.978	2.844	100.822
1385	1620004.IB	16阜新银行01	商业银行普通债	98.698	3.853	102.551
1386	1620005.IB	16阜新银行02	商业银行普通债	97.337	4.201	101.537
1387	1620012.IB	16青海银行01	商业银行普通债	99.283	2.946	102.229
1388	1620013.IB	16青岛银行绿色金融01	商业银行普通债	98.100	2.600	100.700
1389	1620014.IB	16青岛银行绿色金融02	商业银行普通债	96.651	2.720	99.371
1390	111503007.IB	15农行CD007	同业存单	100.190	0.535	100.726
1391	111508079.IB	15中信CD079	同业存单	100.261	0.560	100.821
1392	111508080.IB	15中信CD080	同业存单	100.318	0.490	100.808
1393	111509136.IB	15浦发CD136	同业存单	100.351	0.420	100.770
1394	111510109.IB	15兴业CD109	同业存单	99.925	0.579	100.504
1395	111510158.IB	15兴业CD158	同业存单	100.515	0.295	100.810
1396	111510159.IB	15兴业CD159	同业存单	100.543	0.278	100.821
1397	111510164.IB	15兴业CD164	同业存单	100.554	0.271	100.825
1398	111510176.IB	15兴业CD176	同业存单	100.566	0.191	100.756
1399	111510179.IB	15兴业CD179	同业存单	100.568	0.181	100.749
1400	111510411.IB	15兴业CD411	同业存单	100.815	0.325	101.140
1401	111513047.IB	15浙商CD047	同业存单	100.350	0.433	100.783
1402	111513052.IB	15浙商CD052	同业存单	100.455	0.320	100.775
1403	111513144.IB	15浙商CD144	同业存单	99.451	0.193	99.644
1404	111513146.IB	15浙商CD146	同业存单	100.033	0.146	100.179
1405	111515052.IB	15民生CD052	同业存单	100.549	0.218	100.767
1406	111517077.IB	15光大CD077	同业存单	100.201	0.597	100.799

续表

序号	债券代码	债券简称	债券类型	估价净价	应计利息	估价全价
1407	111517084.IB	15光大CD084	同业存单	100.254	0.564	100.818
1408	111517086.IB	15光大CD086	同业存单	100.290	0.553	100.843
1409	111590117.IB	15南京银行CD014	同业存单	100.028	0.419	100.447
1410	111590140.IB	15南京银行CD017	同业存单	100.043	0.312	100.355
1411	111590148.IB	15南京银行CD020	同业存单	100.032	0.279	100.310
1412	111590153.IB	15徽商银行CD015	同业存单	100.061	0.283	100.343
1413	111590160.IB	15南京银行CD023	同业存单	100.078	0.260	100.339
1414	111590232.IB	15徽商银行CD031	同业存单	100.179	0.199	100.377
1415	111590254.IB	15南京银行CD033	同业存单	100.119	0.186	100.305
1416	111590265.IB	15徽商银行CD043	同业存单	100.103	0.177	100.280
1417	111590395.IB	15杭州银行CD033	同业存单	100.165	0.746	100.910
1418	111590812.IB	15徽商银行CD095	同业存单	100.532	0.286	100.818
1419	111590842.IB	15徽商银行CD101	同业存单	100.503	0.247	100.750
1420	1489062.IB	14开元4B	信贷资产证券化	76.960	0.926	77.886
1421	1489088.IB	14开元5B	信贷资产证券化	6.991	0.080	7.072
1422	1489157.IB	14开元6A3	信贷资产证券化	25.359	0.186	25.545
1423	1489158.IB	14开元6B	信贷资产证券化	99.520	0.975	100.495
1424	1489199.IB	14开元8A3	信贷资产证券化	98.202	0.829	99.031
1425	1489200.IB	14开元8A4	信贷资产证券化	100.123	0.888	101.010
1426	1589035.IB	15工元1A1	信贷资产证券化	99.693	0.642	100.335
1427	1589036.IB	15工元1A2	信贷资产证券化	35.631	0.224	35.855
1428	1589047.IB	15锦银1A	信贷资产证券化	2.833	0.002	2.835
1429	1589048.IB	15锦银1B	信贷资产证券化	100.353	0.070	100.422
1430	1589052.IB	15开元1A3	信贷资产证券化	54.212	0.501	54.712
1431	1589053.IB	15开元1B	信贷资产证券化	101.050	1.074	102.124
1432	1589059.IB	15甬银1A2	信贷资产证券化	72.701	0.652	73.353
1433	1589060.IB	15甬银1B	信贷资产证券化	100.609	0.904	101.513
1434	1589068.IB	15兴银2B	信贷资产证券化	83.763	0.697	84.460
1435	1589071.IB	15湘元1B	信贷资产证券化	40.684	0.353	41.037
1436	1589094.IB	15招元2B	信贷资产证券化	59.310	0.034	59.344
1437	1589102.IB	15开元2B	信贷资产证券化	68.010	0.750	68.760

续表

序号	债券代码	债券简称	债券类型	估价净价	应计利息	估价全价
1438	1589104.IB	15 中银1A	信贷资产证券化	31.763	0.169	31.933
1439	1589105.IB	15 中银1B	信贷资产证券化	100.191	0.787	100.978
1440	1589118.IB	15 浙元1A2	信贷资产证券化	34.207	0.244	34.451
1441	1589119.IB	15 浙元1B	信贷资产证券化	100.194	0.904	101.098
1442	1589124.IB	15 永盈1A	信贷资产证券化	100.331	0.812	101.143
1443	1589125.IB	15 永盈1B	信贷资产证券化	100.329	0.902	101.231
1444	1589130.IB	15 天元1A	信贷资产证券化	6.562	0.021	6.583
1445	1589131.IB	15 天元1B	信贷资产证券化	100.056	0.432	100.487
1446	1589145.IB	15 湘元2A	信贷资产证券化	5.383	0.039	5.422
1447	1589146.IB	15 湘元2B	信贷资产证券化	100.266	0.814	101.079
1448	1589150.IB	15 启元1B	信贷资产证券化	14.079	0.114	14.193
1449	1589157.IB	15 长银1B	信贷资产证券化	17.742	0.157	17.899
1450	1589164.IB	15 惠益1A2	信贷资产证券化	2.174	0.013	2.187
1451	1589165.IB	15 惠益1B	信贷资产证券化	100.536	0.814	101.350
1452	1589168.IB	15 企富2A2	信贷资产证券化	16.550	0.101	16.651
1453	1589174.IB	15 开元3A2	信贷资产证券化	45.238	0.354	45.591
1454	1589175.IB	15 开元3B	信贷资产证券化	100.564	1.074	101.638
1455	1589183.IB	15 鑫宁1B	信贷资产证券化	66.606	0.540	67.146
1456	065001.IB	06 中信证券债	证券公司债	108.718	2.492	111.210
1457	112181.SZ	13 广发01	证券公司债	100.707	2.429	103.136
1458	112182.SZ	13 广发02	证券公司债	100.965	2.564	103.529
1459	112183.SZ	13 广发03	证券公司债	104.857	2.753	107.610
1460	112186.SZ	13 国元01	证券公司债	101.016	2.060	103.076
1461	112187.SZ	13 国元02	证券公司债	102.380	2.148	104.528
1462	112194.SZ	13 东北01	证券公司债	102.616	0.806	103.422
1463	112195.SZ	13 东北02	证券公司债	103.771	0.819	104.590
1464	112218.SZ	14 山证01	证券公司债	100.884	2.286	103.170
1465	112232.SZ	14 长证债	证券公司债	101.904	0.560	102.465
1466	112244.SZ	15 国海债	证券公司债	102.711	3.104	105.815
1467	112278.SZ	15 东莞债	证券公司债	100.841	1.227	102.068
1468	112282.SZ	15 西部01	证券公司债	99.650	1.096	100.746

续表

序号	债券代码	债券简称	债券类型	估价净价	应计利息	估价全价
1469	112283.SZ	15 西部 02	证券公司债	99.841	1.118	100.959
1470	112296.SZ	15 东北债	证券公司债	99.141	0.416	99.558
1471	112298.SZ	15 新证债	证券公司债	101.038	0.470	101.508
1472	112319.SZ	16 一创 01	证券公司债	100.044	3.318	103.362
1473	112386.SZ	16 申宏 01	证券公司债	98.916	2.354	101.270
1474	112402.SZ	16 华股 01	证券公司债	98.241	2.002	100.243
1475	117538.SZ	广发 1602	证券公司债	100.012	2.208	102.220
1476	010214.IB	01 国开 14	政策性银行债	102.806	0.829	103.634
1477	010216.IB	01 国开 16	政策性银行债	102.944	0.649	103.593
1478	010221.IB	01 国开 21	政策性银行债	107.343	2.130	109.473
1479	018002.SH	国开 1302	政策性银行债	104.610	5.792	110.402
1480	018003.SH	国开 1401	政策性银行债	121.510	4.167	125.677
1481	020205.IB	02 国开 05	政策性银行债	93.595	0.378	93.972
1482	0302160.IB	03 国开 16	政策性银行债	95.905	1.015	96.920
1483	040225.IB	04 国开 25	政策性银行债	105.327	5.390	110.717
1484	050203.IB	05 国开 03	政策性银行债	102.864	3.544	106.408
1485	050217.IB	05 国开 17	政策性银行债	100.983	1.382	102.364
1486	050220.IB	05 国开 20	政策性银行债	100.325	0.890	101.215
1487	050223.IB	05 国开 23	政策性银行债	100.006	0.316	100.322
1488	060203.IB	06 国开 03	政策性银行债	98.845	0.799	99.644
1489	060211.IB	06 国开 11	政策性银行债	100.376	0.031	100.407
1490	060224.IB	06 国开 24	政策性银行债	96.599	0.646	97.245
1491	070206.IB	07 国开 06	政策性银行债	99.508	1.373	100.881
1492	070208.IB	07 国开 08	政策性银行债	99.539	1.243	100.781
1493	070209.IB	07 国开 09	政策性银行债	99.465	1.173	100.638
1494	070214.IB	07 国开 14	政策性银行债	99.506	1.048	100.554
1495	070215.IB	07 国开 15	政策性银行债	100.429	1.505	101.933
1496	038007.IB	03 中铁债	政府支持机构债	102.284	1.624	103.908
1497	068041.IB	06 铁道 03	政府支持机构债	99.155	0.853	100.008
1498	068046.IB	06 铁道 05	政府支持机构债	99.653	0.498	100.150
1499	068047.IB	06 铁道 06	政府支持机构债	94.945	0.517	95.461

续表

序号	债券代码	债券简称	债券类型	估价净价	应计利息	估价全价
1500	068049.IB	06铁道08	政府支持机构债	98.868	0.118	98.985
1501	078077.IB	07铁道02	政府支持机构债	102.170	0.506	102.676
1502	078078.IB	07铁道03	政府支持机构债	110.850	0.520	111.370
1503	078083.IB	07铁道04	政府支持机构债	101.688	0.273	101.961
1504	088040.IB	08铁道01	政府支持机构债	101.817	1.245	103.062
1505	088041.IB	08铁道02	政府支持机构债	104.357	1.245	105.602
1506	088048.IB	08铁道03	政府支持机构债	100.515	0.802	101.316
1507	088049.IB	08铁道04	政府支持机构债	101.112	0.839	101.951
1508	088061.IB	08铁道06	政府支持机构债	102.948	0.544	103.492
1509	088063.IB	08铁道07	政府支持机构债	101.644	0.391	102.035
1510	0980135.IB	09铁道01	政府支持机构债	104.068	1.315	105.383
1511	0980136.IB	09铁道02	政府支持机构债	107.289	1.370	108.658
1512	0980140.IB	09铁道03	政府支持机构债	103.587	0.901	104.488
1513	0980141.IB	09铁道04	政府支持机构债	107.206	0.949	108.155
1514	0980151.IB	09铁道05	政府支持机构债	103.640	0.734	104.374
1515	0980152.IB	09铁道06	政府支持机构债	107.178	0.770	107.948
1516	031124001.IB	11中关村PPN001	中期票据	99.991	5.750	105.741
1517	031201001.IB	12五矿PPN001	中期票据	100.848	3.363	104.211
1518	031203001.IB	12中航集PPN001	中期票据	100.464	4.130	104.593
1519	031207001.IB	12大唐集PPN001	中期票据	100.445	4.156	104.601
1520	031209002.IB	12中铝PPN002	中期票据	101.809	1.018	102.827
1521	031219001.IB	12京保投PPN001	中期票据	100.155	3.975	104.129
1522	031237001.IB	12粤电PPN001	中期票据	100.561	4.046	104.607
1523	031259003.IB	12晋煤运PPN003	中期票据	99.953	1.971	101.924
1524	031259004.IB	12晋煤运PPN004	中期票据	99.930	1.683	101.613
1525	031274001.IB	12蒙高路PPN001	中期票据	100.721	3.210	103.931
1526	031281001.IB	12平煤化PPN001	中期票据	101.233	2.696	103.929
1527	031290027.IB	12铁十四PPN001	中期票据	101.003	2.276	103.279
1528	031290035.IB	12青国投PPN001	中期票据	101.085	2.048	103.132
1529	031290040.IB	12苏国资PPN001	中期票据	101.412	1.841	103.253
1530	031290044.IB	12大连港PPN001	中期票据	100.410	1.477	101.887

续表

序号	债券代码	债券简称	债券类型	估价净价	应计利息	估价全价
1531	031290047.IB	12柳工PPN001	中期票据	101.315	1.727	103.043
1532	031290048.IB	12中铁股PPN001	中期票据	100.822	1.485	102.307
1533	031290057.IB	12豫交投PPN001	中期票据	102.811	1.611	104.422
1534	031290061.IB	12深圳机场PPN001	中期票据	101.446	1.141	102.587
1535	031290068.IB	12中交投PPN001	中期票据	100.556	1.049	101.605
1536	081355008.IB	14上虞水务ABN001C	资产证券化	100.918	2.046	102.964
1537	081464010.IB	14常交通ABN001B	资产证券化	102.601	2.062	104.663
1538	081464014.IB	14渭南城投ABN001	资产证券化	100.957	1.286	102.243
1539	081273001.IB	12宁公用ABN001	资产支持票据	25.193	0.581	25.774
1540	081273009.IB	12津房信ABN001E	资产支持票据	101.168	2.909	104.077
1541	081354004.IB	13宁宿徐ABN001D	资产支持票据	100.920	3.492	104.412
1542	081354005.IB	13宁宿徐ABN001E	资产支持票据	103.047	3.521	106.568
1543	081355004.IB	13扬城建ABN001D	资产支持票据	100.493	4.941	105.434
1544	081355005.IB	13扬城建ABN001E	资产支持票据	102.594	4.980	107.574
1545	081363013.IB	13江宁水ABN001C	资产支持票据	100.320	3.473	103.793
1546	081363014.IB	13江宁水ABN001D	资产支持票据	100.445	3.526	103.971
1547	081461001.IB	14江东控股ABN001	资产支持票据	101.273	2.080	103.353
1548	081464001.IB	14南通国投ABN001A	资产支持票据	100.176	7.845	108.022
1549	081464002.IB	14南通国投ABN001B	资产支持票据	103.425	7.987	111.412
1550	081464003.IB	14南通国投ABN001C	资产支持票据	105.399	8.129	113.527
1551	081464006.IB	14太煤化ABN001C	资产支持票据	100.441	5.809	106.251
1552	081464007.IB	14太煤化ABN001D	资产支持票据	102.272	6.268	108.539
1553	081464008.IB	14太煤化ABN001E	资产支持票据	103.060	6.344	109.405
1554	081464009.IB	14常交通ABN001A	资产支持票据	101.017	1.946	102.963
1555	081464013.IB	14南汇ABN001C	资产支持票据	101.125	1.657	102.782
1556	081465003.IB	14郑水净化ABN001C	资产支持票据	100.609	5.984	106.593
1557	081465004.IB	14郑水净化ABN001D	资产支持票据	102.975	6.133	109.108
1558	081656001.IB	16远东租赁ABN001A	资产支持票据	72.180	0.037	72.217
...	...	...	...	...	...	...

注：(1) 2016年末债券市场个券估价数据约为2.3万条，限于篇幅故进行了节选；

(2) 以上数据根据从东方财富Choice下载的债券估价数据整理而成。

九 服务业生产指数测算

服务业生产指数（Services Production Index，简称 SPI）是用来反映短期服务业发展速度的指标，旨在衡量服务业各行业的产出物量在时间上的变化，对于全面、科学、及时地描述服务业发展总体状况、量化服务业发展水平、分析服务业发展结构等，有着非常重要的现实意义。为开展服务业生产指数编制统计改革试点工作，深圳市统计局组织力量对 2013 年至 2016 年一季度深圳市 SPI 进行了初步测算。结果显示：2013 年至 2016 年一季度，深圳市各季度原始 SPI 累计同比指数初值平均上涨 12.63%，调整 SPI 初值（与增加值衔接后的数据）平均上涨 9.55%；深圳市各季度原始 SPI 终值平均上涨 12.46%，调整 SPI 终值平均上涨 9.53%。

（一）测算方法和过程

本次测算基本遵循国家统计局服务业生产指数编制方法，并结合深圳市服务业发展情况、基础数据可获得性及城市国民经济核算特点等进行微调。

1. 国统一般方法

（1）纳入指数编制的行业及数据来源。按国家统计局一般做法，深圳月度服务业生产指数编制覆盖服务业中的 13 个行业门类，39 个行业大类的市场化活动。所需的各行业月度数据中 37 个来自深圳市统计局，2 个来自有关部门，价格缩减指数来自国家统计局深圳调查队（见表 9 – 1）。

（2）指数编制的基础公式和编制步骤。服务业生产指数测度服务部门产出物量随时间推移所发生的变化，计算公式选用拉氏指数，计算基础为服务业行业大类（房地产业为行业中类），计算周期为月度。第一步，编制行业大类生产指数。基础公式为：产出是物量指标时：报告期物量指标/上年同期物量指标；产出是现价指标时：（报告期现价指标/报告期价格缩减指数）/上年同期现价指标。第二步，计算行业门类生产指数。将所属该行业门类的各行业大类生产指数按权重（见表9-2）加总得到行业门类生产指数。第三步，计算服务业总生产指数。将各行业门类生产指数按权重（见表9-2）加总得到服务业总生产指数。

以上计算的生产指数（原始生产指数）还可与三产增加值数据进行衔接。

（3）指数中各行业门类或大类权重的确定。以报告期前两年度（因前一年的服务业行业门类增加值占比无法及时获取）服务业行业门类增加值占比作为行业门类的权重；各行业门类中行业大类的权重用其增加值在该门类中的占比表示；权重每年更新。

表9-1　　　　　　编制服务业生产指数采用的主要指标、资料来源

行业门类	行业大类	产出指标	数据来源	缩减指数
批发和零售业	批发业	销售额	局批零业月表	商品零售价格指数
	零售业			
交通运输、仓储和邮政业	铁路运输业	客货周转量	局交通邮电月报	物量指标
	道路运输业			
	水上运输业			
	航空运输业			
	装卸搬运和运输代理业	营业收入	局规上服务业月报	CPI：城市间交通费
	仓储业			
	邮政业	邮政业务总量	局交通邮电月报	不变价指标
住宿和餐饮业	住宿业	营业额	局住餐业月报	（宾馆住宿指数+其他住宿价格指数）/2
	餐饮业			（零售价格指数+在外用餐价格指数）/2
信息传输、软件和信息技术服务业	电信、广播电视和卫星传输服务	电信业务量	局交通邮电月报	不变价指标
	互联网和相关服务	营业收入	局规上服务业月报	CPI：服务项目价格指数
	软件和信息技术服务业			
金融业	货币金融服务	存款余额 贷款余额	人民银行	（CPI+固定资产投资价格指数）/2
	资本市场服务	营业收入	局金融业月报	利用中证沪深300指数合成
	保险业	保费收入	保监局	（CPI+固定资产投资价格指数）/2

续表

行业门类	行业大类	产出指标	数据来源	缩减指数
房地产业	房地产开发经营	商品房销售面积	局房产月报	物量指标
	自有房地产经营活动	自有住房销售面积	国家局核算司	按5%增速
	物业管理	营业收入	局规上服务业月报	CPI：服务项目价格指数
	房地产中介服务			
租赁和商务服务业	租赁业			
	商务服务业			
科学研究和技术服务业	研究和试验发展			
	专业技术服务业			
	科技推广和应用服务业			
水利、环境和公共设施管理业	水利管理业			
	生态保护和环境治理业			
	公共设施管理业			
居民服务、修理和其他服务业	居民服务业			
	机动车、电子产品和日用产品修理业			
	其他服务业			
教育	教育	营业收入		CPI：教育服务
卫生和社会工作	卫生	营业收入		CPI：医疗保健服务
文化、体育和娱乐业	新闻和出版业	营业收入		CPI：文化娱乐
	广播、电视、电影和影视录音制作业			
	文化艺术业			
	体育			
	娱乐业			

表9-2　　　　　　　　　　各行业门类或大类权重　　　　　　　　　　单位：%

行业门类	行业大类	按2013年GDP计算		按2014年GDP计算	
		行业门类权重	大类在门类中的权重	行业门类权重	大类在门类中的权重
批发和零售业	批发业	24.28	69.05	23.31	66.49
	零售业		30.95		33.51

续表

行业门类	行业大类	按2013年GDP计算		按2014年GDP计算	
		行业门类权重	大类在门类中的权重	行业门类权重	大类在门类中的权重
交通运输、仓储和邮政业	铁路运输业	6.08	7.62	5.94	7.50
	道路运输业		28.08		25.48
	水上运输业		20.88		20.15
	航空运输业		18.23		20.00
	装卸搬运和运输代理业		8.53		9.26
	仓储业		6.69		7.04
	邮政业		9.97		10.57
住宿和餐饮业	住宿业	3.59	21.27	3.78	20.94
	餐饮业		78.73		79.06
信息传输、软件和信息技术服务业	电信、广播电视和卫星传输服务	10.52	28.55	10.90	27.25
	互联网和相关服务		28.39		29.73
	软件和信息技术服务业		43.06		43.02
金融业	货币金融服务	25.62	64.54	26.07	60.80
	资本市场服务		18.48		21.07
	保险业		16.98		18.13
房地产业	房地产开发经营	15.80	38.37	15.72	41.54
	自有房地产经营活动		45.56		41.28
	物业管理		12.98		13.99
	房地产中介服务		3.10		3.19
租赁和商务服务业	租赁业	5.66	3.01	5.63	3.17
	商务服务业		96.99		96.83
科学研究和技术服务业	研究和试验发展	3.97	17.85	4.09	18.87
	专业技术服务业		77.41		77.72
	科技推广和应用服务业		4.73		3.40
水利、环境和公共设施管理业	水利管理业	0.82	13.33	0.82	12.36
	生态保护和环境治理业		21.70		23.36
	公共设施管理业		64.96		64.28
居民服务、修理和其他服务业	居民服务业	2.10	60.99	2.19	60.69
	机动车、电子产品和日用产品修理业		21.84		21.92
	其他服务业		17.17		17.39
教育	教育	0.39	100.00	0.41	100.00
卫生和社会工作	卫生	0.24	100.00	0.25	100.00

续表

行业门类	行业大类	按2013年GDP计算		按2014年GDP计算	
		行业门类权重	大类在门类中的权重	行业门类权重	大类在门类中的权重
文化、体育和娱乐业	新闻和出版业	0.92	15.28	0.88	15.50
	广播、电视、电影和影视录音制作业		22.37		24.01
	文化艺术业		9.05		9.37
	体育		22.61		22.52
	娱乐业		30.69		28.59

2. 深圳编制实践

根据深圳服务业行业生态、数据可获得性等对国家统计局一般方法中的某些基础指标和价格指数进行了微调。(1) 管道运输业和社会工作业两个行业未纳入深圳指数编制范围。(2) 国统方法中，资本市场服务行业的基础指标为"股票交易量"，考虑到证券经纪业务只占到整个资本市场服务业的5成左右，且股票交易量在某些时段会剧烈波动，可能并不是综合反映行业发展的最佳指标，因此在深圳统计局已有较成熟的金融业月度调查数据的情况下，使用资本市场服务业营业收入作为基础指标。(3) 邮政业的"邮政业务总量"指标和电信、广播电视和卫星传输服务业的"电信业务量"指标直接取自于深圳统计局交通邮电月报。(4) 保险业缩减指数采用一般价格指数，即（CPI+固定资产投资价格指数）/2，资本市场服务缩减指数利用中证沪深300指数合成而得①。另外本次试算还在国统调整系数方法基础上采用回归法改进了SPI与增加值衔接。

（二）测算结果

运用以上方法进行2013年至2016年一季度（2013年、2014年是季度数据，2015年至2016年一季度是月度数据）服务业生产指数编制，结果显示②，2013年

---

① 首先用月末沪深300指数比去年同期指数作为当月价格指数；然后用每月全国股票成交量乘当月价格指数得到当月股票成交价值（相对去年）；用累计股票成交价值比累计股票成交量得到累计平均价格指数，以此作为资本市场服务业营收累计值的价格指数。

② 2013—2015年SPI以2013年GDP权重计算结果作为报告结果，2016年SPI以2014年GDP权重计算结果作为报告结果。

至 2016 年一季度,深圳市各季度原始 SPI 初值平均上涨 12.63%,调整 SPI 初值平均上涨 9.55%;深圳市各季度原始 SPI 终值平均上涨 12.46%,调整 SPI 终值平均上涨 9.53%。(见表 9-3、图 9-1、图 9-2)。2015 年 2 月后各月结果见表 9-4、图 9-3。

表 9-3　　　　原始 SPI、调整 SPI 与第三产业 GDP 发展速度（各季度）

季度	原始 SPI		调整 SPI		GDP
	初值	终值	初值	终值	
2013 年一季度	113.39	113.61	109.46	109.41	110.16
2013 年二季度	113.53	113.19	110.35	110.42	110.03
2013 年三季度	113.85	113.85	110.75	110.71	110.87
2013 年四季度	112.34	112.27	111.26	111.16	111.74
2014 年一季度	111.08	110.65	108.46	108.27	108.04
2014 年二季度	108.79	108.91	108.62	108.68	108.70
2014 年三季度	111.20	111.15	109.43	109.45	109.19
2014 年四季度	111.39	111.30	109.89	109.88	109.78
2015 年一季度	110.10	109.98	108.17	108.16	108.44
2015 年二季度	115.21	114.69	109.44	109.47	109.41
2015 年三季度	114.11	114.03	109.74	109.77	109.94
2015 年四季度	113.24	112.59	110.09	110.04	110.21
2016 年一季度	115.99	115.76	108.50	108.50	109.08

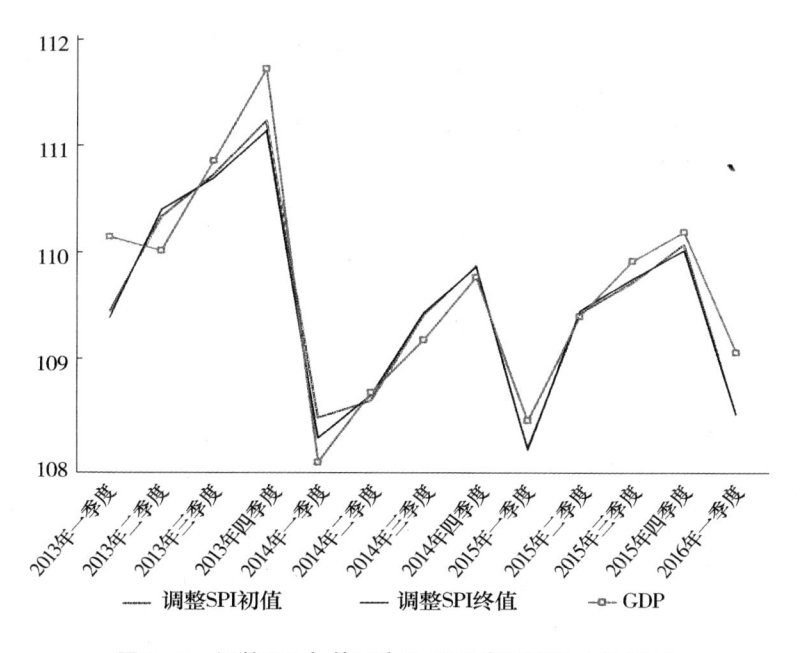

图 9-1　调整 SPI 与第三产业 GDP 发展速度（各季度）

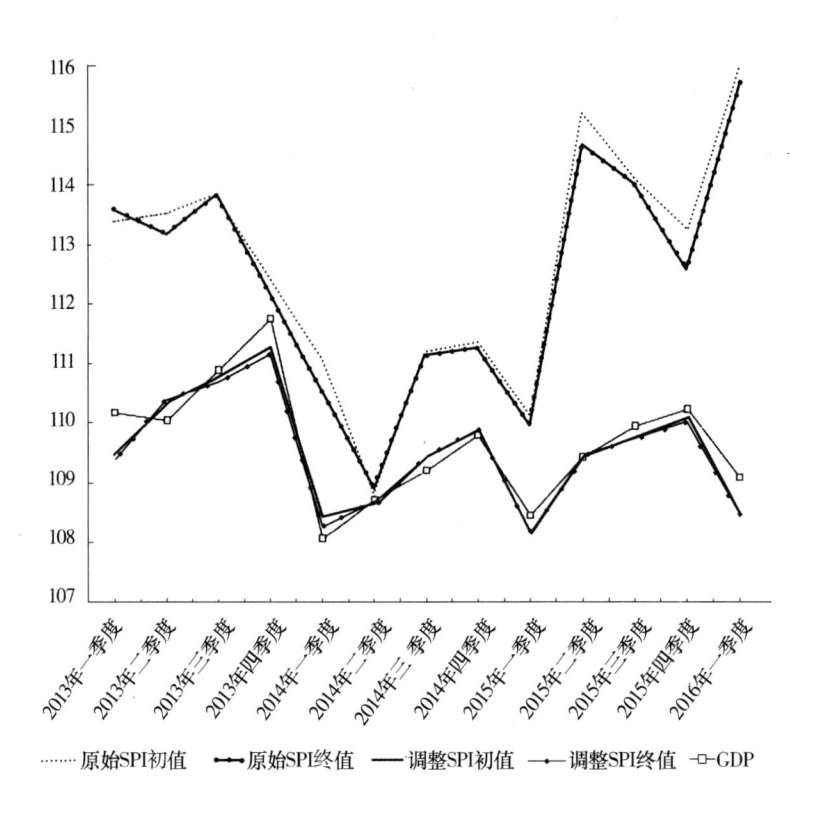

图 9-2　原始 SPI、调整 SPI 与第三产业 GDP 发展速度（各季度）

表 9-4　　　原始 SPI、调整 SPI 与第三产业 GDP 发展速度（各月份）

月份	原始 SPI		调整 SPI		GDP
	初值	终值	初值	终值	
2015 年 2 月	108.57	107.00	107.94	107.73	—
2015 年 3 月	110.10	109.98	108.17	108.16	108.44
2015 年 4 月	110.63	111.71	108.76	108.91	108.70
2015 年 5 月	114.97	114.87	109.40	109.47	108.74
2015 年 6 月	115.21	114.78	109.44	109.47	109.41
2015 年 7 月	115.27	115.82	110.02	110.15	109.45
2015 年 8 月	115.87	114.79	110.12	109.96	109.70
2015 年 9 月	114.11	114.10	109.74	109.77	109.94
2015 年 10 月	113.72	113.66	110.16	110.19	109.96
2015 年 11 月	112.55	113.52	110.00	110.20	110.14
2015 年 12 月	113.24	112.59	110.09	110.04	110.21
2016 年 2 月	111.77	114.24	108.48	108.57	—
2016 年 3 月	115.99	115.73	108.50	108.50	109.08

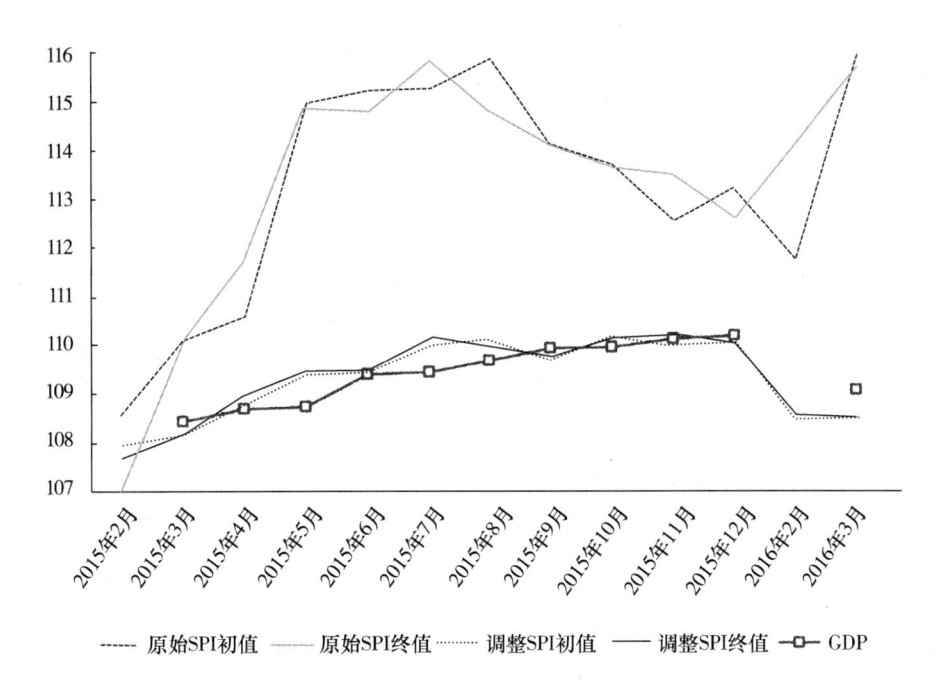

图 9-3 2015 年 2 月后各月服务业生产指数

（三）简要评估

使用 2013 年至 2016 年一季度各季度数据，对 SPI 总指数及各行业门类的生产指数（原始终值、一次调整终值、二次调整终值）与对应行业的 GDP 发展速度进行相关性分析，结果见表 9-5（相关系数越大越好，P 值越小越好）。结果显示，未衔接调整前，批零业、交通邮政仓储业、住餐业、金融业和房地产业 SPI 原始终值与对应 GDP 发展速度相关性较好，其中批零业、住餐业和房地产业相关系数达到 0.9 以上，具有强相关性，而总指数、其他服务业、其他营利性服务业和其他非营利性服务业 SPI 原始终值的相关性不理想；一次衔接调整后，总指数、批零业、交通邮政仓储业、住餐业、金融业和房地产业 SPI 终值与对应 GDP 发展速度相关系数相比原始指数均有提高；二次调整后，各相关系数相比原始指数均有提高（见表 9-6、表 9-7）。

表9-5　　　　　　　　　　SPI与GDP发展速度间的相关系数

行业	2013年GDP权重		一次调整SPI		二次调整SPI	
	相关系数	P值	相关系数	P值	相关系数	P值
总指数	0.4316	0.1408	0.7517	0.0030	0.9378	0.0000
批发和零售业	0.9815	0.0000	0.9829	0.0000	0.9894	0.0000
交通运输、仓储和邮政业	0.6397	0.0185	0.8126	0.0007	0.8858	0.0001
住宿和餐饮业	0.9548	0.0000	0.9679	0.0000	0.9510	0.0000
金融业	0.5135	0.0727	0.6745	0.0114	0.5499	0.0515
房地产业	0.9242	0.0000	0.9440	0.0000	0.9485	0.0000
其他服务业	0.4576	0.1159	0.1380	0.6531	0.5806	0.0375
其他营利性服务业	0.1625	0.5958	0.5799	0.0377	0.5140	0.0724
其他非营利性服务业	0.4088	0.1654	0.3810	0.1990	0.5022	0.0803

表9-6　　　　　　　　　　SPI与GDP差异显著性水平

行业	GDP	二次调整SPI			原始SPI		
	均值	均值	均值差	Pr	均值	均值差	Pr
总指数	109.66	109.53	0.13	0.2049	112.46	-2.80	0.0001
批发和零售业	107.85	107.66	0.19	0.4129	111.01	-3.16	0.0180
交通运输、仓储和邮政业	107.87	107.76	0.11	0.5295	116.67	-8.81	0.0000
住宿和餐饮业	103.25	103.19	0.06	0.6104	106.60	-3.34	0.0000
金融业	114.17	113.33	0.84	0.2061	116.18	-2.01	0.0717
房地产业	109.97	109.79	0.19	0.6864	112.78	-2.81	0.2832
其他服务业	108.49	108.62	-0.13	0.7606	109.60	-1.11	0.3130
其他营利性服务业	110.16	109.51	0.65	0.1382	112.04	-1.88	0.1501
其他非营利性服务业	105.78	105.46	0.31	0.7571	100.98	4.80	0.0285

表9-7　　　　　　　一次调整与二次调整SPI差异显著性水平

行业	一次调整SPI			二次调整SPI		
	均值	均值差	Pr	均值	均值差	Pr
总指数	109.91	-0.25	0.2366	109.53	0.13	0.2049
批发和零售业	107.95	-0.10	0.6922	107.66	0.19	0.4129
交通运输、仓储和邮政业	108.02	-0.16	0.5008	107.76	0.11	0.5295
住宿和餐饮业	103.32	-0.06	0.5196	103.19	0.06	0.6104

续表

行业	一次调整SPI			二次调整SPI		
	均值	均值差	Pr	均值	均值差	Pr
金融业	113.85	0.32	0.5749	113.33	0.84	0.2061
房地产业	110.28	-0.31	0.5415	109.79	0.19	0.6864
其他服务业	108.94	-0.45	0.3731	108.62	-0.13	0.7606
其他营利性服务业	109.87	0.29	0.4808	109.51	0.65	0.1382
其他非营利性服务业	105.63	0.14	0.8929	105.46	0.31	0.7571

各行业门类的 SPI 指数（原始终值、一次调整终值、二次调整终值）与对应行业的 GDP 发展速度间的走势见图 9-4 至图 9-11。对原始 SPI 与 GDP 发展速度进行的 T 检验表明，除房地产业、其他服务业和其他非营利性服务业外，其他行业两者间均有显著差异；对调整 SPI 与 GDP 发展速度进行的 T 检验表明，所有行业两者间均无显著差异。

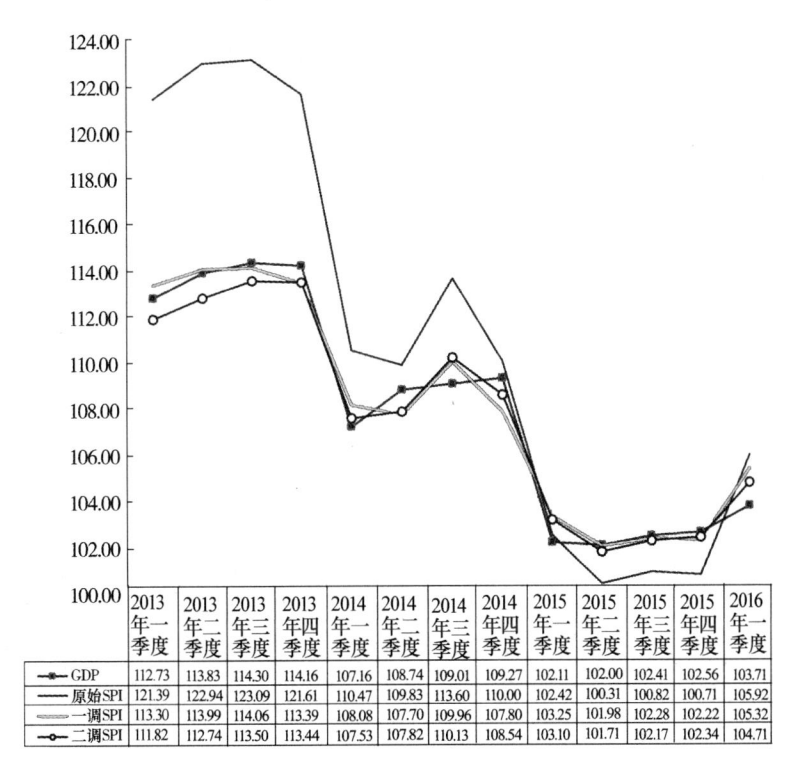

	2013年一季度	2013年二季度	2013年三季度	2013年四季度	2014年一季度	2014年二季度	2014年三季度	2014年四季度	2015年一季度	2015年二季度	2015年三季度	2015年四季度	2016年一季度
GDP	112.73	113.83	114.30	114.16	107.16	108.74	109.01	109.27	102.11	102.00	102.41	102.56	103.71
原始SPI	121.39	122.94	123.09	121.61	110.47	109.83	113.60	110.00	102.42	100.31	100.82	100.71	105.92
一调SPI	113.30	113.99	114.06	113.39	108.08	107.70	109.96	107.80	103.25	101.98	102.28	102.22	105.32
二调SPI	111.82	112.74	113.50	113.44	107.53	107.82	110.13	108.54	103.10	101.71	102.17	102.34	104.71

图 9-4 批零业 SPI 与 GDP 发展速度（各季度）

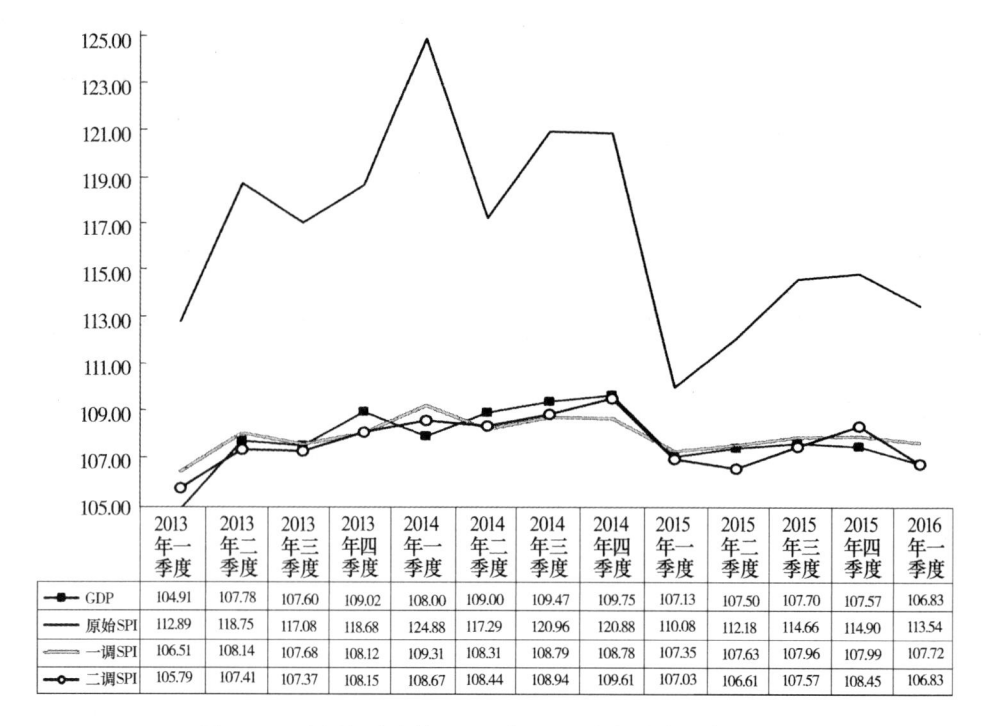

	2013年一季度	2013年二季度	2013年三季度	2013年四季度	2014年一季度	2014年二季度	2014年三季度	2014年四季度	2015年一季度	2015年二季度	2015年三季度	2015年四季度	2016年一季度
GDP	104.91	107.78	107.60	109.02	108.00	109.00	109.47	109.75	107.13	107.50	107.70	107.57	106.83
原始SPI	112.89	118.75	117.08	118.68	124.88	117.29	120.96	120.88	110.08	112.18	114.66	114.90	113.54
一调SPI	106.51	108.14	107.68	108.12	109.31	108.31	108.79	108.78	107.35	107.63	107.96	107.99	107.72
二调SPI	105.79	107.41	107.37	108.15	108.67	108.44	108.94	109.61	107.03	106.61	107.57	108.45	106.83

图 9-5 交通邮政仓储业 SPI 与 GDP 发展速度（各季度）

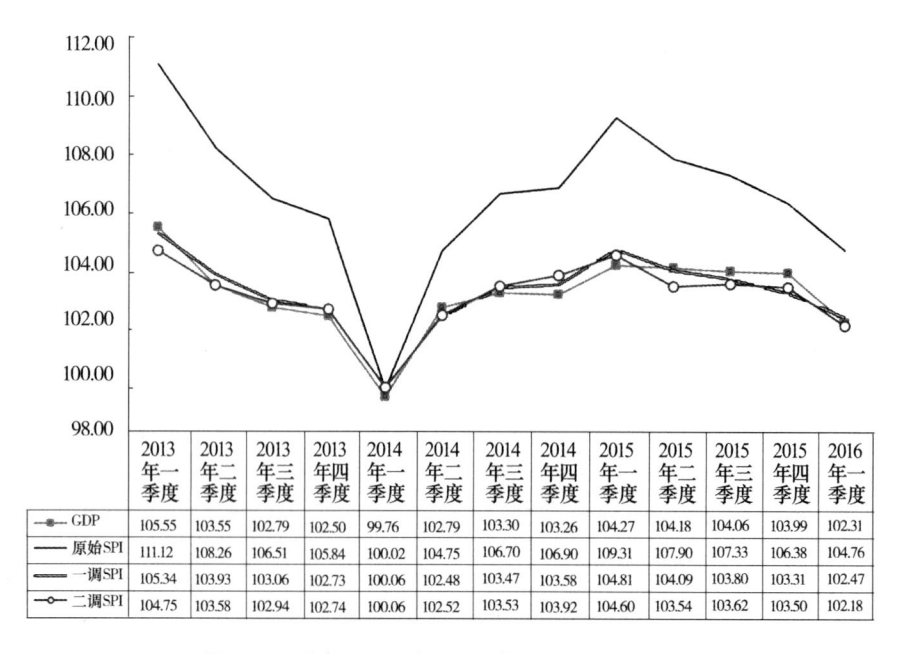

	2013年一季度	2013年二季度	2013年三季度	2013年四季度	2014年一季度	2014年二季度	2014年三季度	2014年四季度	2015年一季度	2015年二季度	2015年三季度	2015年四季度	2016年一季度
GDP	105.55	103.55	102.79	102.50	99.76	102.79	103.30	103.26	104.27	104.18	104.06	103.99	102.31
原始SPI	111.12	108.26	106.51	105.84	100.02	104.75	106.70	106.90	109.31	107.90	107.33	106.38	104.76
一调SPI	105.34	103.93	103.06	102.73	100.06	102.48	103.47	103.58	104.81	104.09	103.80	103.31	102.47
二调SPI	104.75	103.58	102.94	102.74	100.06	102.52	103.53	103.92	104.60	103.54	103.62	103.50	102.18

图 9-6 住餐业 SPI 与 GDP 发展速度（各季度）

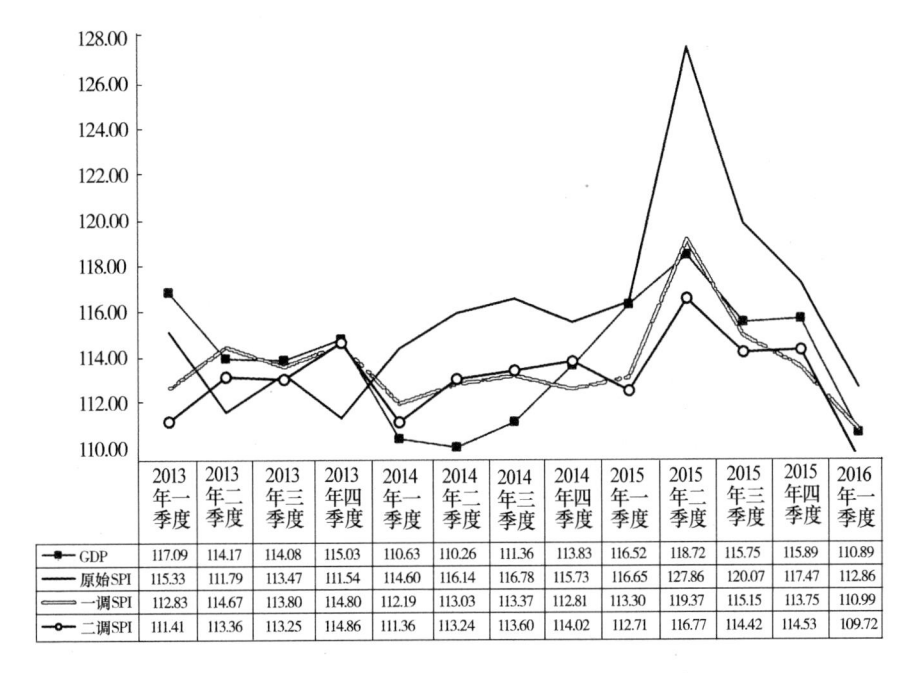

	2013年一季度	2013年二季度	2013年三季度	2013年四季度	2014年一季度	2014年二季度	2014年三季度	2014年四季度	2015年一季度	2015年二季度	2015年三季度	2015年四季度	2016年一季度
GDP	117.09	114.17	114.08	115.03	110.63	110.26	111.36	113.83	116.52	118.72	115.75	115.89	110.89
原始SPI	115.33	111.79	113.47	111.54	114.60	116.14	116.78	115.73	116.65	127.86	120.07	117.47	112.86
一调SPI	112.83	114.67	113.80	114.80	112.19	113.03	113.37	112.81	113.30	119.37	115.15	113.75	110.99
二调SPI	111.41	113.36	113.25	114.86	111.36	113.24	113.60	114.02	112.71	116.77	114.42	114.53	109.72

图 9-7 金融业 SPI 与 GDP 发展速度（各季度）

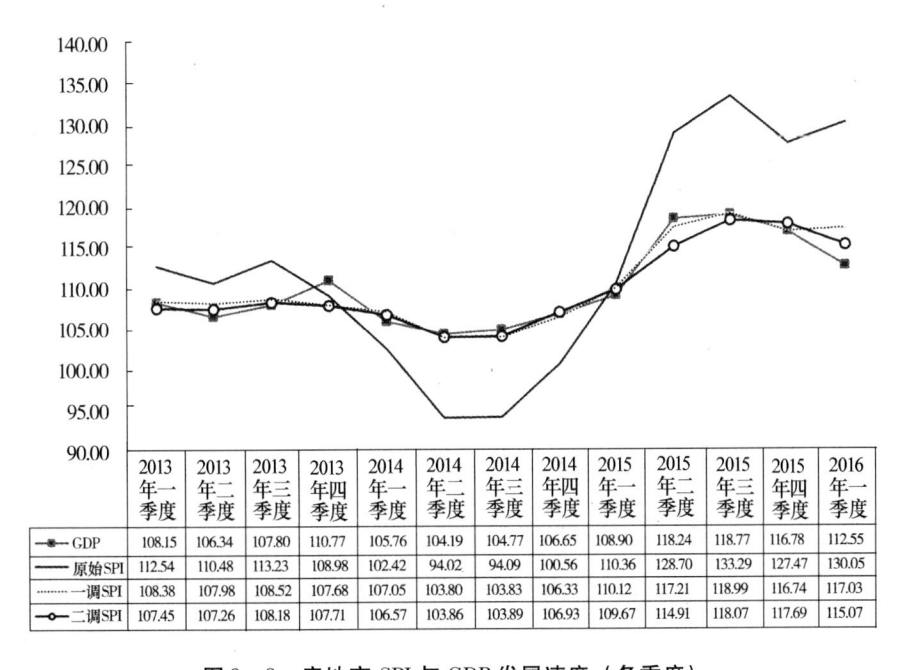

	2013年一季度	2013年二季度	2013年三季度	2013年四季度	2014年一季度	2014年二季度	2014年三季度	2014年四季度	2015年一季度	2015年二季度	2015年三季度	2015年四季度	2016年一季度
GDP	108.15	106.34	107.80	110.77	105.76	104.19	104.77	106.65	108.90	118.24	118.77	116.78	112.55
原始SPI	112.54	110.48	113.23	108.98	102.42	94.02	94.09	100.56	110.36	128.70	133.29	127.47	130.05
一调SPI	108.38	107.98	108.52	107.68	107.05	103.80	103.83	106.33	110.12	117.21	118.99	116.74	117.03
二调SPI	107.45	107.26	108.18	107.71	106.57	103.86	103.89	106.93	109.67	114.91	118.07	117.69	115.07

图 9-8 房地产 SPI 与 GDP 发展速度（各季度）

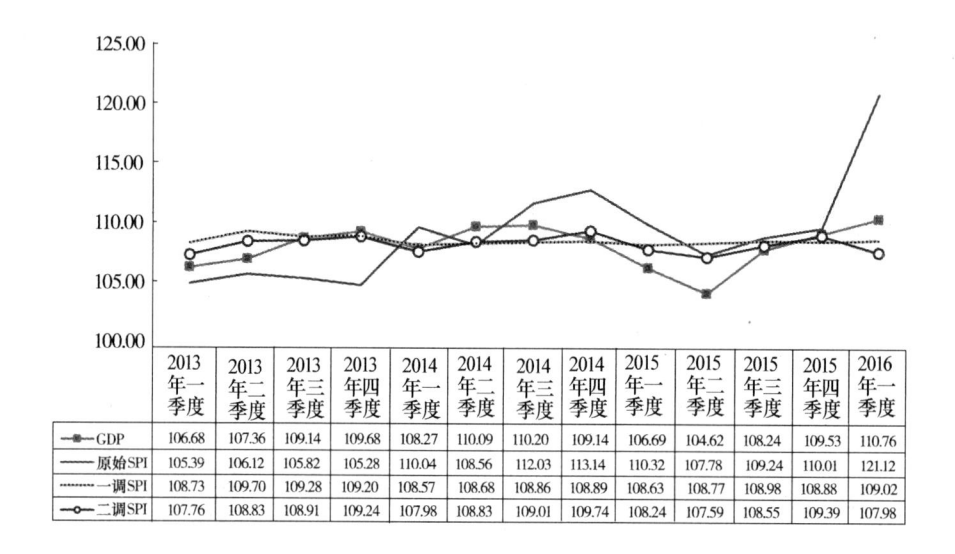

	2013年一季度	2013年二季度	2013年三季度	2013年四季度	2014年一季度	2014年二季度	2014年三季度	2014年四季度	2015年一季度	2015年二季度	2015年三季度	2015年四季度	2016年一季度
GDP	106.68	107.36	109.14	109.68	108.27	110.09	110.20	109.14	106.69	104.62	108.24	109.53	110.76
原始SPI	105.39	106.12	105.82	105.28	110.04	108.56	112.03	113.14	110.32	107.78	109.24	110.01	121.12
一调SPI	108.73	109.70	109.28	109.20	108.57	108.68	108.86	108.89	108.63	108.77	108.98	108.88	109.02
二调SPI	107.76	108.83	108.91	109.24	107.98	108.83	109.01	109.74	108.24	107.59	108.55	109.39	107.98

图 9-9 其他服务业 SPI 与 GDP 发展速度（各季度）

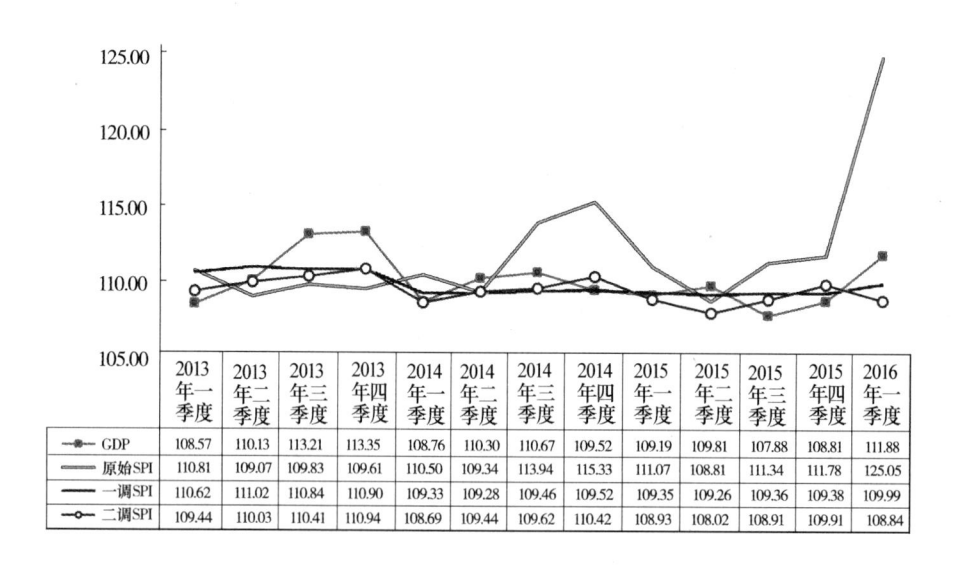

	2013年一季度	2013年二季度	2013年三季度	2013年四季度	2014年一季度	2014年二季度	2014年三季度	2014年四季度	2015年一季度	2015年二季度	2015年三季度	2015年四季度	2016年一季度
GDP	108.57	110.13	113.21	113.35	108.76	110.30	110.67	109.52	109.19	109.81	107.88	108.81	111.88
原始SPI	110.81	109.07	109.83	109.61	110.50	109.34	113.94	115.33	111.07	108.81	111.34	111.78	125.05
一调SPI	110.62	111.02	110.84	110.90	109.33	109.28	109.46	109.52	109.35	109.26	109.36	109.38	109.99
二调SPI	109.44	110.03	110.41	110.94	108.69	109.44	109.62	110.42	108.93	108.02	108.91	109.91	108.84

图 9-10 其他营利性服务业 SPI 与 GDP 发展速度（各季度）

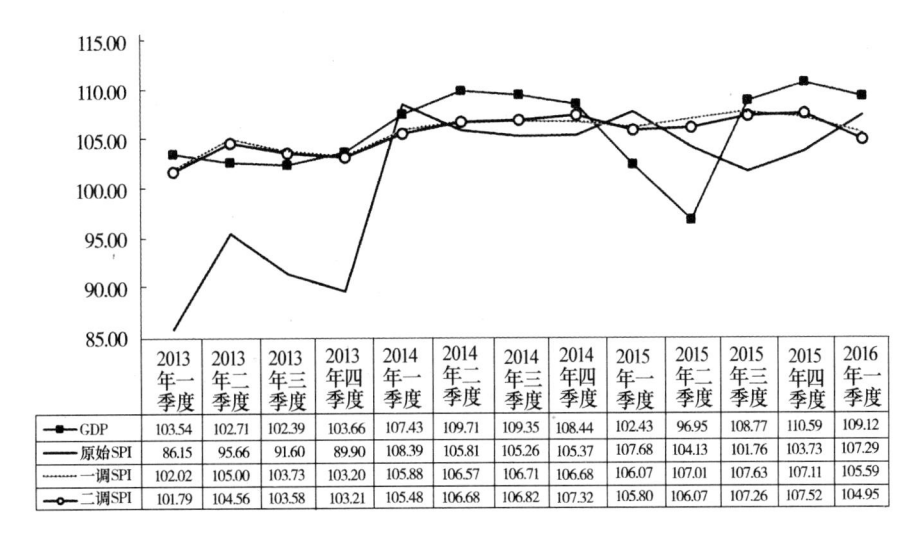

	2013年一季度	2013年二季度	2013年三季度	2013年四季度	2014年一季度	2014年二季度	2014年三季度	2014年四季度	2015年一季度	2015年二季度	2015年三季度	2015年四季度	2016年一季度
GDP	103.54	102.71	102.39	103.66	107.43	109.71	109.35	108.44	102.43	96.95	108.77	110.59	109.12
原始SPI	86.15	95.66	91.60	89.90	108.39	105.81	105.26	105.37	107.68	104.13	101.76	103.73	107.29
一调SPI	102.02	105.00	103.73	103.20	105.88	106.57	106.71	106.68	106.07	107.01	107.63	107.11	105.59
二调SPI	101.79	104.56	103.58	103.21	105.48	106.68	106.82	107.32	105.80	106.07	107.26	107.52	104.95

图 9-11　其他非营利性服务业 SPI 与 GDP 发展速度（各季度）

使用国统调整系数法计算的 SPI 季度走势如图 9-12 所示，相比回归法 SPI，其波动更具震荡性。图 9-13 所示为 2015 年至 2016 年 3 月 SPI 走势，表明国统法 SPI 不如回归法 SPI 平稳。

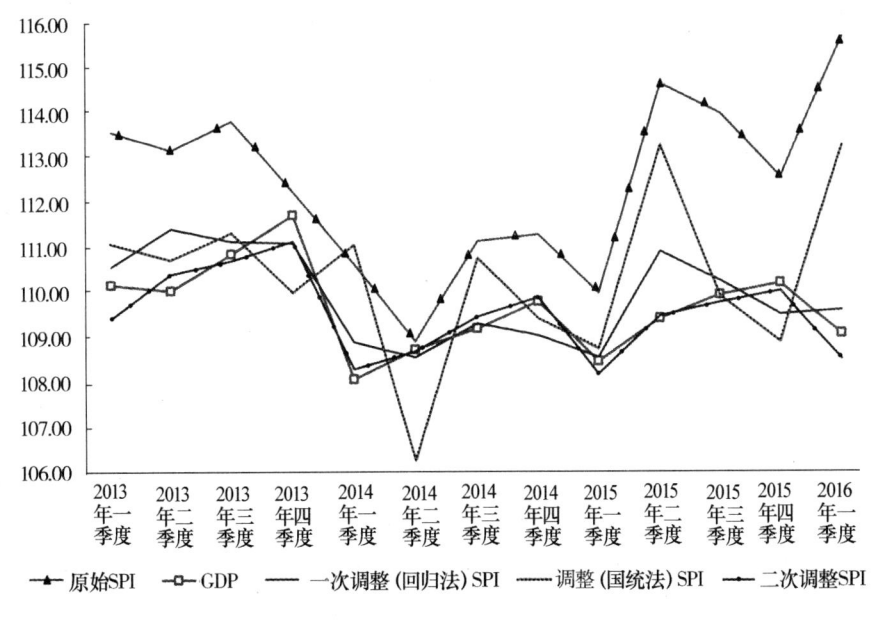

图 9-12　国统法与回归法调整 SPI 走势比较（季度）

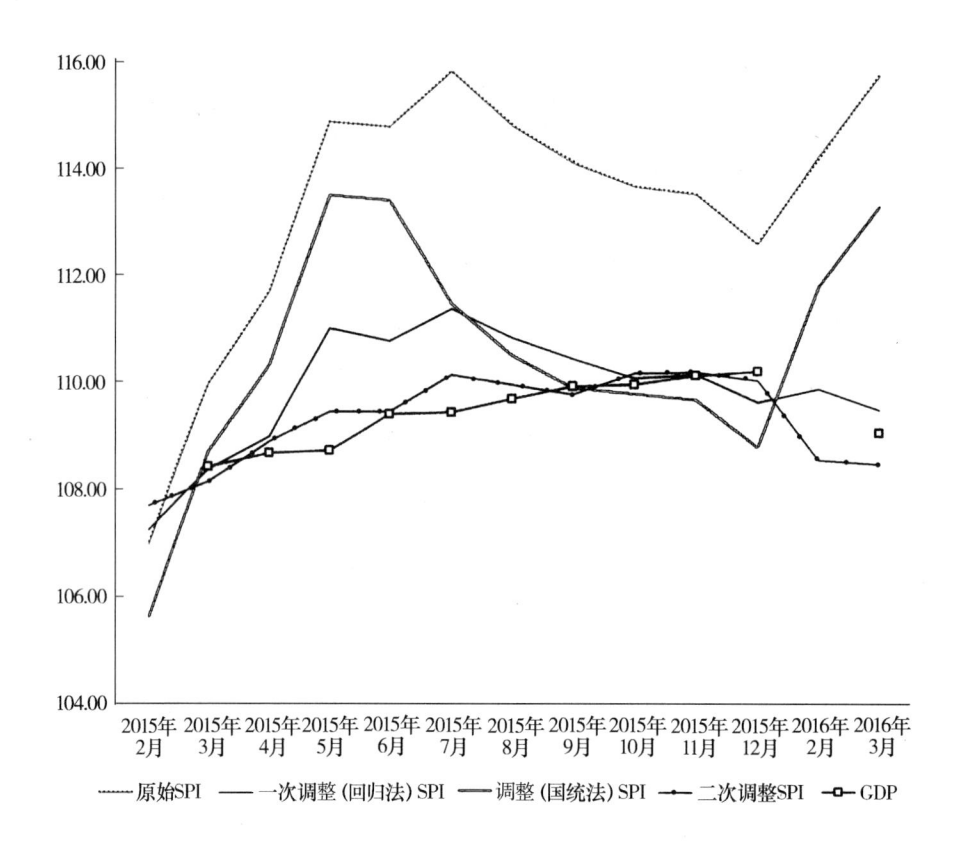

图 9-13 国统法与回归法调整 SPI 走势比较（月度）

（四）其他问题

服务业生产指数在我国是一个全新的指数，它的适用性、科学性有待时间的检验。在近一年的实际试算过程中，我们发现并解决了计算中的诸多难题，但是仍有大量的问题需要我们更加深入地研究和思考。

关于 SPI 的使用目的。国统 SPI 编制方案认为，SPI 既可以用来反映短期服务业的波动，也能成为 GDP 核算的重要补充。但从深圳测算实践看，除少数行业如住餐业、房地产业以外，其他各行业门类测算出的 SPI 可能很难作为其不变价增加值发展速度的估算值。因此，关于城市 SPI 的使用目的以及 SPI 如何与 GDP 进行更好地衔接还需进一步探讨和探索。

关于基础指标数据。SPI 测算时，各指标数据分别取自于局交通邮电月报、局住餐业月报、局规上服务业月报、局金融业月报、局房产月报、人民银行、保监局等处，这些数据可能和国民经济核算使用的数据有差异，如核算时交通运输、仓储和邮政业，金融业，营利性服务业，非营利性服务业等行业是严格按照省统计局核算处反馈的数据进行核算的，SPI 所用指标数与核算用省局反馈数之间的差异如何解决？

SPI 测算与 GDP 核算方案不一致。国统 SPI 编算方案较多地借鉴了 OECD 服务业生产指数编制经验，指数计算的逻辑与 GDP 核算并无二致，其先进性和科学性毋庸置疑，但其体系与现行核算方案存在不一致之处。如：（1）交通运输、仓储和邮政业。SPI 用各种运输方式的总周转量、装卸搬运和运输代理业、仓储业的营收和邮政行业业务总量加权计算门类指数；而 GDP 只用当期各种运输方式的总周转量增长速度、邮政行业业务总量增长速度推算各运输方式和邮政业增加值增长速度。（2）房地产业（K 门类）。SPI 用商品房销售面积、物业管理、房地产中介服务业的营业收入计算门类指数；而 GDP 是用当期商品房（包括期房和现房）销售面积增长速度、房地产业从业人员增长速度与工资总额不变价增长速度的算术平均增长速度推算当期相关指标不变价增长速度。（3）营利性服务业。SPI 分别测算各营利性服务业生产指数（用规上服务业营收）再加权汇总；而 GDP 对 3 + 2（互联网和相关服务，软件和信息技术服务业，租赁和商务服务业，居民服务、修理和其他服务业，文化、体育和娱乐业）营收直接加总打包计算增速，另外还加上规下收入。（4）非营利性服务业。SPI 只算市场化部分，用的是规上服务业营收数据；而 GDP 是用当期财政预算支出中 8 项支出合计不变价增长速度推算非营利性服务业当期不变价增加值增长速度。（5）SPI 终值计算使用各行业当期数据；而 GDP 季度核算保费收入和 3 + 2 营收用的是错月数据。（6）权重。SPI 使用前两年度的各行业 GDP 权重加权汇总指数，这也与直接反映了现实行业结构状况的 GDP 核算不同。

另外，现有行业大类的基础指标是否科学？有没有更好的替代指标？

行业大类指标出现极值时如何处理？比如 2014 年铁路运输旅客周转量增长近 3 倍，2015 年上半年股市剧烈动荡，资本市场营收增长 2.42 倍等；

部分行业现有的缩减指数不能很好地与行业相匹配，需要更进一步地健全和完善缩减指数。以上问题都需要在实践中不断探索和解决。

附录 9-1 服务业生产指数测算方案
（国统指南 2015.09）

绪论

生产指数旨在衡量国民经济各行业的产出物量在时间上的变化，是国外普遍用来反映短期行业发展速度的指标。服务业生产指数（Services Production Index，简称 SPI）是生产指数中的重要组成部分，对于全面、科学、及时地描述服务业发展总体状况、量化服务业发展水平、分析服务业发展结构等，有着非常重要的现实意义。

一　指数有关理论

（一）指数含义

1. 指数的含义

指数源于拉丁语，意思是指针、记号、指示器、列表清单和记录。传统的指数定义可追溯到埃奇沃思（Edgeworth，1880）对指数的简明定义："指数是一个数，当某种量难以精确测量时，通过指数变化来表示量的上升或下降。"鲍利（Bowley，1926）结合多个概念发展了另一种指数定义："指数用于测量难以直接观测的数量变化。"

指数的主要目的是清晰地反映现有指标的量的变化。最简单的指数形式是观测值占基本价值的百分比，一般定义基期变量的价值为 100，也可称其为指数序列的参考基准。在测量指标值时，对比观测值与基期值得到指数值。其计算公式为：

$$指数 = （新观测值 \times 100）/ 基期价值$$

2. 指数的分类

指数按所反映的现象范围不同，分为个体指数和总指数。前者反映个体经济现象变动的相对数，如个别产品的物量指数、个别商品的价格指数等；后者是表明全部经济现象变动的相对数，如工业总产值指数、居民消费价格总指数。

按所反映的现象性质的不同，分为数量指数和质量指数。前者反映生产、经营或经济活动数量的变动，如商品销售量指数；后者说明经济活动质量的变动，如产品成本指数、劳动生产率指数。

按计算形式的不同，分为个体指数和平均数指数。前者指两个指标对比计算出来的指数；后者是以前者为基础计算的总指数，是以某种指标为权数对个体指数进行加权平均而得。

3. 拉式、派氏和费雪指数

拉氏指数、帕氏指数和费雪指数是三种最常见、最主要的指数类型，是国际上广泛用于各时期经济数量的指数。

（1）拉氏指数

拉氏指数是德国经济学家拉斯贝尔（Laspeyre）于1864年首先提出的。他主张无论是数量指标指数还是质量指标指数，都采用基期同度量因素作为权数。以拉氏的物量指数为例，以基期的价格作为同度量因素：

$$L_t = \frac{q_t p_0}{q_0 p_0}$$

（2）帕氏指数

帕氏指数是1874年德国学者帕煦（Paasche）所提出的一种指数计算方法。与拉氏指数不同，它采用报告期同度量因素作为权数。以帕氏的物量指数为例，以报告期的价格作为同度量因素：

$$P_t = \frac{q_t p_t}{q_0 p_t}$$

帕氏指数与拉氏指数有两方面的不同：帕氏指数以 t 时期为基期进行价格估值，并以调和平均数代替算术平均数。

（3）费雪指数

费雪指数是美国统计学家欧文·费雪（Irving Fisher）于1911年提出的，它是一种折中方法，取拉氏指数和帕氏指数的几何平均数，其指数的变动幅度介于前两者之间。

$$F_t = \sqrt{L_t \times P_t}$$

在上述几个公式中，P_t 是某个行业的报告期价格，P_0 是某个行业的基期价格，q_t 是某个行业的报告期生产量，q_0 是某个行业的基期生产量。

拉氏指数、帕氏指数和费雪指数三者各有优劣，以价格指数为例：拉氏指数的优点是用基期数量作权数可以消除权数变动对指数的影响，从而使不同时期的价格指数具有可比性；缺点在于拉氏指数是假定销售量不变的情况下报告期价格的变动水平，这一指数尽管可以单纯反映价格的变动水平，但不能反映数量的变动，特别是不能反映数量结构的变动。而帕氏指数由于以报告期数量加权，不能消除权数变动对指数的影响，因而不同时期的指数缺乏可比性，但帕氏指数可以同时反映出价格和数量及其结构的变化。费雪指数是拉氏指数和帕氏指数的一种折中方法，其计算结果往往缺乏明确的经济意义。

服务业生产指数测度的是服务部门生产中的实际波动——这种波动应该是物量随时间的波动,而不是价格结构上的波动,同时服务业生产指数还要求计算的及时性、便捷性和数据的可获得性,故在服务业生产指数编制中通常采用拉氏指数。

4. 生产指数的含义

生产指数测量的是国民经济各行业的产出物量在时间上的变化,是用加权平均法计算的货物或服务产品的物量指数,是西方国家普遍用来反映短期行业发展速度的指标。

生产指数按行业可分为:农业生产指数、工业生产指数、建筑业生产指数、服务业生产指数等。其中,农业生产指数、工业生产指数和服务业生产指数在国际上较为常见。

(二)编制指数的意义

1. 编制指数的意义

指数是一种表明社会经济现象动态的相对数,运用指数可以测定不能直接相加和不能直接对比的社会经济现象的总动态;可以分析社会经济现象总变动中各因素变动的影响程度;可以研究总平均指标变动中各组标志水平和总体结构变动的作用。

现在指数应用于不同领域,如经济学、统计学、人类学、物理、数学、天文学等。在经济领域中,指数用于测量重要经济变量的变化率,通过测量主要经济变量的增长或下降趋势来反映经济活动的短期或长期变动情况,进一步识别商业周期中不同阶段的经济发展特征。

2. 编制生产指数的意义

生产指数相比其他指标的优势在于它兼具快速可获得(如相对于国内生产总值)和可计算分类指数的特点,因此生产指数具有较强时效性,可作为短期经济指标来反映总体的经济活动,还可以显示或预报经济周期转折点,并可用于分析结构变化。政府可以根据生产指数的变化,调整修改或重新制定相关领域的政策措施,企业则可以据此对生产经营做出调整。

(三)服务业生产指数的特点、作用以及局限性

与其他反映行业发展的经济指标相比,特别是与服务业增加值指数相比,服务业生产指数的作用和特点比较明显,主要表现为以下几个方面。

1. 可以用于观测短期经济波动

编制服务业生产指数的主要目的是为了测算一个经济体中服务业短期内的波动,使经济分析人员和决策者能够尽快掌握相关信息,了解服务业的发展态势。从国际上的经验来看,由于服务业生产指数是时效性很强的指标,因此在分析和判断经济形势方面发挥着十分重要的作用。

2. 成为 GDP 核算的重要补充

服务业生产指数在国民经济核算中扮演着重要角色:一是可以使核算人员定期掌握服务业的相关信息,从而辅助季度 GDP 核算;二是其结果可以与不变价增加值核算相互借鉴和印证;三是可以填补月度服务业缺乏综合性指数的空白。但是,也应指出,服务业生产指数只能作为不变价服务业增加值发展速度(服务业增加值指数)的估算值,不能完全替代服务业增加值的发展速度。

3. 是一套系统的、科学的体系

服务业生产指数可以将服务业中各行业的生产活动联系起来,并且将各种单位不同、数量级不一、实物统计量和价值统计量并存的统计指标用一种科学的方法整合在一起,不仅可以通过总指数反映服务业的总体行业发展情况,而且也可以通过个体指数及其加权平均数反映各个细类行业的变动情况。此外,根据 OECD 的编制手册,服务业生产指数的概念和计算方法已经形成了一套统一规范的国际标准,便于各国对服务业的短期波动进行国际比较。

4. 采用比较灵活的编制方法

与增加值等宏观经济指标计算方法相比,不论是理论上还是实践中,根据各国的实际情况,服务业生产指数的编制方法都保有一定的选择空间,资料来源也相对丰富,广泛适用于统计调查体系各不相同的国家。编制生产指数的资料来源不必拘泥于财务数据,而且绝对数、相对数、价值指标、物量指标都可以使用,对于指标选取,可以视能够获取的资料来源情况而定。与之相比,从理论上来讲,计算增加值必须依靠财务数据。

5. 只能提供相对量数据

服务业生产指数虽然被世界各国广泛应用,但它是相对指标,仅能反映服务业发展趋势,而不能提供绝对量数据和进行结构分析。

6. 有待进一步推广

虽然 OECD 在其成员国中大力推广服务业生产指数的编制,但是从实践情况来看,目前国际上计算和公布服务业生产指数的国家并不太多,英国、瑞典和韩国是公布服务业生产指数的几个主要国家。其尚未广泛推广的可能原因为：一是服务业生产指数在社会大众和研究人员中的认知度还不够高，想要成为与服务业增加值并列的服务业统计指标尚需时日；二是其计算过程较为复杂，对基础数据的要求较高，计算上有一定的难度。

二　服务业生产指数编制的理论基础

服务业生产指数编制过程中的重点分别是基础指标、权数、价格缩减指数的选择等。

（一）基础指标的选择

1. 基础指标选取的难点

由于各个服务部门之间的异质性，实际编制月度服务业生产指数远不能达到理论设想的程度，如采用增加值作为计算指标，故往往只能采用一些替代指标来反映增加值的短期波动。计算服务业生产指数主要的困难包括：无法形成一个单一变量类型或数据来源，用于测度各种各样的服务业生产活动；只有现价产出指标但却没有一个合适的价格缩减指数；在较低频率（例如年度或季度）可以得到的统计资料，在较高频率（即月度）上就可能得不到，要收集编制月度指数的基本资料，就意味着必须增加额外的填报负担和数据资源；由于许多服务业产出的"非物质性"，对某些服务业类别（例如金融部门）来说，很难找到合适的变量来测度其进展。因此，各个国家之间在服务业短期生产测度方法上存在很大差异：日本为第三产业编制了一个月度指数；加拿大不是发布一个单独的服务业指数，而是根据经济活动编制了一个月度GDP，根据这个月度GDP就可以组合为一个服务业生产指数。还有许多欧洲国家收集了各服务部门生产方面的月度或季度资料，但并不把它们汇总为一个单一的指数。

2. 首选和备选方案

考虑到以上困难、各国获得相关数据的限制性条件，OECD为计算服务业生产指数的数据来源和方法提出了建议，把数据分为首选数据方案和备选方案。首选方案说明其数据来源和方法作为一个短期指标在概念上是最适当的，如果首选方案的数据来源不能得到，就可以考虑备选方案，即在概念上略有差异，但总体而言兼具可获得性、准确性和代表性的指标。

通常认为，不变价总产出指标（主要是经缩减的营业额）是测度不变价增加值短期波动的最好的替代指标，用适当的缩减因子来缩减营业额，这可归类为"首选方案"。

在营业额无法获取的情况下，物量指标可以作为备选方案。以交通运输为例，测度交通运输的价格波动非常困难，所以采用客货运输周转量可能更实际。这样的物量指标无须经过价格缩减，一般而言也较为准确，还是较好的基础指标来源。

在目前的服务业生产指数计算中，我们基本只采用上述的首选方案和备选方案。

（二）权数的基础理论

1. 概述

在社会经济统计中，每个标志或指标（一般定义为变量）在综合计算一个新指标（也即新变量）时，各个原变量所起作用不相同或者各个原变量属性不同不能直接相加，因此就需要引入某种特殊的数量以起到同化不同变量以使其可以相加和权衡不同变量对综合指标作用大小轻重的作用，我们把这种同度量、权衡轻重的数量称为权数。

根据权数基期是否变动，权数分为固定权数和可变权数。固定权数是指权数基期固定在某一年份，在一段时间内权数不变；可变权数是指权数基期每年变动。

在服务业生产指数的计算中，权数反映了各行业对服务业经济的不同贡献，权数的正确与否，直接影响到服务业生产指数的准确性和科学性，因此必须正确选择计算权数的指标和方法。

2. 服务业生产指数中采用的权数

（1）营业额还是增加值？

在选择服务业生产指数权数时，可供选择的指标有：营业额、销售收入、增加值等。营业额、销售收入等都是反映总产出的指标，二者概念比较接近，但同时各国对销售收入、营业额的定义又存在不同。OECD对营业额提供如下诠释："营业额是核算期内观测单位发票记录的总额，并且要与供应给第三方的服务和货物销售总额对应"，销售收入与营业额区别很小，此处不再赘述。营业额的构成中包括运输及手续费、安装费、维修费、更换费、仓储费、机动车、设备、器械、工具及其他设施的租金等中间投入，因此同样的营业额如果生产技术、中间环节效率不同所带来的净财富增加是不同的，这样的区别不能在营业额中得到有效体现，不利于反映服务业生产结构的变化，因此在服务业生产指数权数中，营业额、销售收入不是首选指标。

增加值是报告期内通过服务业生产活动追加到劳动对象中去的价值，能够反映服务行业为社会最终使用提供的服务产品总量，其与国内生产总值是吻合的。计算服务业生产指数，是为了反映服务业的发展速度，为月度服务业增加值变化情况提供参考，必须把速度和效益结合起来，必须把宏观核算和微观核算结合起来，必须同整个国民经济的发展速度衔接起来，并且力求在计算方法上简便易行。因此，采用增加值作为权数应该是计算服务业生产指数的首选。使用服务业增加值作为服务业生产指数权数，能够与国民经济核算体系保持一致有效衔接；可以避免生产技术、中间环节等变动的影响；可以消除采用总产出等指标中的重复性因素；也能够与其他国家保持一致，便于与国际惯例接轨。

（2）固定权数或者可变权数？

就计算服务业生产指数而言，采用可变权数是较为准确的，服务业组成结构每年变动，而且某些行业的变动幅度还比较大，因此权数体系也应随着实际生产情况相应改变。我国目前采用可变权数，因受数据可获得性限制，实际使用的是前两年的增加值之比作为权重（即计算2015年指数时，使用的是2013年的增加值权重）。

（三）价格缩减指数的选择

服务业生产指数是服务业各行业实际产出的一个加权平均值，其权重是它们各自在服务部门增加值中的份额，其目的是测度服务部门产出物量随时间推移所发生的变化，因此不应包含任何价格变化，必须进行价格缩减。

缩减，是指从名义估计值或"现价"产出（例如营业额）中剔除价格变化影响的过程，基本做法是用一个价格指数（作为缩减因子）去除产出的现价估计值。缩减因子的选择必须满足如下条件：（1）可每月获得；（2）与名义估计值的定义范围一致或较为接近。

对多数行业来说，编制服务业生产指数以测度实际产出（即不变价产出）的首选方法是用一个有代表性的价格指数来缩减营业额。但在实践中，有代表性的服务业价格指数非常难以获得，许多国家统计机构有时需要组合不同来源的价格指数，目的就是开发一个有代表性的产出价格指数作为缩减因子使用。OECD建议缩减指数的首选方法是合成指数，该合成指数是把服务业生产值价格指数（SPPI）和CPI加权在一起编制的，前者测度了企业对企业交易的价格变化，后者测度的是企业对住户交易的价格变化。如果一个行业的产出几乎完全由住户部门消费掉，可使用适合的 CPI 及其分项作为缩减因子。在没有 SPPI 的情况下（目前国际上测算 SPPI 的国家主要集中在 OECD 的部分成员国，数量并不多），OECD 推荐的备选方案是用一个不太合适但符合要求的价格指数来缩减产出（营业额），比如其口径/覆盖范围与要缩减的产出不直接对应但有较强关联。

（四）定基指数与不定基指数

OECD 建议把拉氏链式指数作为编制服务业生产指数的首选方案，但在实践中，拉氏链式指数的计算较为复杂，我国国内几乎没有使用拉氏链式指数计算的指数，因此，我们采用了与 CPI、工业生产指数等统一的不定基指数计算方法。同时，我们也同步计算了定基的服务业生产指数，希望在一年的试算期内，寻找出两种方案的优缺点，在最终方案调整时择其优者使用。

1. 定基指数

编制月度服务业生产指数，先计算月度定基指数，在此基础上计算月度同比指数、环比指数。一是计算定基指数。首先，计算每个行业大类指数，行业大类指数计算采用的指标为实物量的，直接将报告期与基期的比值作为该大类指数；采用的指标为价值量的，将报告期与基期的比值除以价格缩减指数作为该大类指数。其次，计算每个行业门类指数，以前两年行业门类下的各大类增加值的比重作为权数，加权计算出行业门类指数。再次，计算服务业生产指数，以前两年各行业门类增加值比重作为权数，加权计算出服务业生产指数。二是计算同比指数。同比指数是定基指数报告期与上一年同期的增长率。三是计算环比指数。环比指数是定基指数报告期与上一期的增长率。

累计同比指数计算采用与同比指数类似方法。首先，计算出累计定基指数，计算方法与定基指数的计算方法相同，只是将其中的当期数替换为累计数。其次，计算累计同比指数，累计同比指数是累计定基指数报告期与上一年同期的增长率。

2. 不定基指数

不定基指数的总体计算思路与定基指数一致，只是在计算各行业大类指数时直接使用对应指标的同比值、环比值或累计同比值，不再计算与基期的比值，其后采用与定基指数计算相同的价格缩减和加权方法。计算出的结果直接为服务业生产指数的同比值、环比值或累计同比值。在目前的计算中，采用的是不定基指数的计算方法。

3. 指数基期及权数基期

国外一般选择每 5 年为一个指数基期，一般是为逢 5、逢 0 的年份。采用固定权数的，权数基期与指数基期保持一致。

（五）市场化行为与非市场化行为

市场服务一般由市场生产者提供，而非市场服务主要是由政府及私人非营利机构提供的一般公共服务、教育非市场服务、科学研究和医疗服务等。国际上通常仅就市场服务部分编制服务业生产指数，目前我们计算的服务业生产指数也仅限于服务业的市场化活动部分。

三　国内外服务业生产指数研究简介

（一）国际上的研究情况

1. 研究过程

自20世纪50年代以来，全球经济经历着一场结构性的变革，对于这一变革，美国经济学家维克托·福克斯（Victor R. Fuchs）在1968年称之为"服务经济"。

此后几十年，世界各国的服务业均得到较快发展，发达国家服务业增加值占GDP比重基本都已超过60%，美、英、法等国这一比例已经接近80%，服务业已经成为推动其经济发展的主要力量。然而，与其他行业相比，服务业的统计与核算相对薄弱，特别是缺乏反映服务业短期发展情况的指标和数据。这主要是由于：一是服务业范围广、发展快、变动大，统计难度也随之加大；二是各国的服务业指标不像其他行业那样在国家之间具有可比性，缺少国际标准；三是现有的服务业统计数据质量还不能完全令人信服。

为研究出更快捷、科学、准确的服务业短期发展指标，各国都做出了不懈的努力。例如，英国通过扩展其分销指数，引入了一个实验性的服务业月度指数（IOS）；韩国修订了其20世纪80年代后期引入的月度服务业活动指数（SAI）；加拿大通过提高服务业统计数据质量来提高其月度GDP的质量；美国则推出了一项新的服务业季度调查指标，涵盖了信息、通信和技术密集型产业。此外，欧盟统计局也要求其成员国针对服务业定期广泛收集营业额数据。尽管各国已经做出了各种努力，但是服务业统计与核算数据仍不能满足经济分析人员和决策者的需要，这些用户只能将服务业数据作为额外信息。

为了解决上述问题，OECD于2002年在短期经济统计工作组中成立了服务业专门小组（TFS）。这个小组在OECD成员国范围内，广泛研究了与服务业短期活动指标相关的各种问题，特别是深入研究了生产指数的编制。为了编制服务业生产指数，TFS一直在探索最科学、最实用的方法，研究确定了最适合的指标变量，并且向成员国推荐了编制指数所涉及的一系列概念和方法。TFS认为，为了与国民经济核算保持高度的一致性和连贯性，在构建服务业生产指数的过程中，权重的首选指标应该是实际增加值而不是实际总产出。

2. OECD服务业生产指数的编制方法简介

根据OECD的《服务业生产指数编制手册》，OECD推荐的服务业生产指数编制方法是首先计算各个服务业行业的个体指数，然后进行加权平均。其中，个体指数得自于报告期除以基期的实际产出；权重则取决于各服务业行业创造增加值的份额。因此，服务业生产指数是一个以增加值为权重的总产出指数。

（1）个体指数的计算

对于不同的服务业行业，可以采用几种不同的方法来计算个体指数。一是用完全匹配的产出价格指数缩减营业额或者销售额，然后再计算个体指数；二是用不完全匹配（如范围口径不完全一致等）的产出价格指数缩减营业额或者销售额，然后再计算个体指数；三是选用有代表性的物量指标（如货物运输周转量、旅客运输周转量等）直接计算个体指数；四是利用投入量（如劳动投入量等）指标来计算个体指数。

OECD推荐个体指数的首选计算方法是第一种方法；当找不到完全匹配的产出价格指数时，可以用第二种方法作为备选计算方法；如果得不到经缩减的营业额或者销售额指标时，第三种方法可视同为首选方法，否则应将其作为备选方法或不得已的方法；当某些市场性部门缺乏产出指标时，也可以采用第四种方法，但这是不得已的方法，而对于非市场性部门则可以归为首选和备选方法。

（2）加权指数的计算

OECD推荐采用拉氏链式公式，对个体指数加权计算出总指数或更粗的分类指数，具体公式为：

$$I = \sum (W_0 \frac{C_t}{C_0})$$

其中，W_0是某个行业的权重，C_t是某个行业的报告期物量，C_0是某个行业的基期物量。

链接方法主要有3种：一是跨年度方法，即以上年同季的数据作为权重；二是季度重叠法，即以上个季度的数据作为权重；三是年度重叠法，即以上年全年的数据作为权重。OECD推荐以年度重叠法和季度重叠法作为首选方法，以跨年度方法作为备选方法。

链接周期的选择则取决于不同的生产活动。对于那些权重结构变化迅速的服务业行业，OECD 建议把年度链接作为首选方法，即每年更换一次基期和权重；对于其他行业，每 5 年更换一次基期和权重。

(二) 国内服务业生产指数编制实践

作为一个全新的行业指数，国内对服务业生产指数的研究尚是一个全新的过程。为全面直观反映我国服务业发展的总体状况、变动趋势，及时监测和评估服务业运行态势，更好地服务宏观决策，国家统计局从 2013 年起，经过两年的研究论证，并借鉴国际已有成熟做法，自 2015 年 3 月起开始试编服务业生产指数，拟于 2016 年起正式编制月度服务业生产指数。

四 服务业生产指数编制实践

(一) 指数基本内涵和涵盖范围

1. 基本内涵

月度服务业生产指数是指剔除价格因素后，服务业报告期相对于基期的总产出变化。设定基期为 100，如果指数大于 100，表明服务业总体在增长；小于 100，表明服务业总体在下降。

2. 涵盖范围

月度服务业生产指数旨在全面反映服务业的企业法人生产情况，即其测量的是市场化的服务业生产水平，不包含事业单位法人、产业活动单位等的非市场化生产活动。

按照《国民经济行业分类》(GB/T 4754—2011)，服务业有 15 个行业门类。月度服务业生产指数编制覆盖其中 13 个行业门类的所有 39 个行业大类的市场化活动，暂不包括服务业门类中的公共管理、社会保障和社会组织，国际组织这两个行业门类，以及科学研究和技术服务业，教育，卫生和社会工作这 3 个行业门类中的非企业法人（即事业和社会团体），也不包括一、二产业中的 3 个服务业行业大类（农、林、牧、渔服务业，开采辅助活动，金属制品、机械和设备修理业）。计算服务业生产指数所需的主要月度资料来自国家统计局和国务院有关部门，其中 37 个来自深圳市统计局，2 个来自有关部门，价格缩减指数来自国家统计局深圳调查队。

(二) 指数编制过程

服务业生产指数的计算参考了 OECD 的《服务业生产指数编制手册》和我国服务业季度增加值核算方法，具体内容如下。

1. 基础公式

服务业生产指数测度服务部门产出物量随时间推移所发生的变化，计算公式选用拉氏指数，计算基础为服务业行业大类（房地产业为行业中类），计算周期为月度。因为数据的时间序列长度不足，暂不考虑编制经季节调整的数据。

（1）首先分行业大类编制行业大类生产指数

① 产出是物量指标（不变价指标）时，无须缩减，计算公式为：

$$L_{i,t} = \frac{C_{i,t}}{C_{i,0}}$$

其中，$L_{i,t}$ 是报告期 i 行业大类的生产指数，$C_{i,t}$ 是报告期 i 行业大类的物量指标，$C_{i,0}$ 是前一期 i 行业大类的物量指标。

② 产出是现价指标时，需要通过 CPI 等价格指数进行缩减，计算公式为：

$$L_{i,t} = \frac{C'_{i,t}}{C_{i,0}} = \frac{X_{i,t}/P_{i,t}}{X_{i,0}}$$

其中，$L_{i,t}$ 是报告期 i 行业大类的生产指数，$C'_{i,t}$ 是报告期 i 行业大类的物量指标，$C_{i,0}$ 是前一期 i 行业大类的物量指标，$X_{i,t}$ 是报告期 i 行业大类的产出现价指标，$X_{i,0}$ 是前一期 i 行业大类的产出现价指标，$P_{i,t}$ 是报告期 i 行业大类的价格缩减指数。

因为仅仅以 CPI 等相应价格指数缩减可能无法完全消除物价增长的影响，因此对某些行业必须同时考虑一些与相应行业发展密切相关的参考指标，必要时用参考指标的增速修正价格缩减指数。

（2）累计同比指数

累计同比指数的计算方法同上，只需将对应本月值转化为累计值即可。

2. 权重选取

以报告期前两年度①服务业行业门类增加值占比作为行业大类和门类的权重，各行业门类中大类的权重用其增加值在该门类中的占比表示，权重每年更新。

3. 服务业生产指数计算

在计算得出各行业大类的分项生产指数以后，加权计算得出全部服务业的生产指数。

各行业大类的基础指标和价格指数请见下表：

---

① 因前一年的服务业行业门类增加值占比无法及时获取，故改用前两年的服务业行业门类增加值占比。

编制服务业生产指数采用的主要指标和资料来源

行业门类	行业大类	产出指标	数据来源	缩减指数
批发和零售业	批发业	销售额	局批零业月表	零售价格指数
	零售业			
交通运输、仓储和邮政业	铁路运输业	客货周转量	局交通邮电月报	物量指标
	道路运输业			
	水上运输业			
	航空运输业			
	装卸搬运和运输代理业	营业收入	局规上服务业月报	CPI：城市间交通费
	仓储业			
	邮政业	邮政业务总量	局交通邮电月报	不变价指标
住宿和餐饮业	住宿业	营业额	局住餐业月报	宾馆住宿其他住宿价格指数
	餐饮业			
信息传输、软件和信息技术服务业	电信、广播电视和卫星传输服务	电信业务量	局交通邮电月报	不变价指标
	互联网和相关服务	营业收入	局规上服务业月报	CPI：服务项目价格指数
	软件和信息技术服务业			
金融业	货币金融服务	存贷款余额	人民银行	（CPI+固定资产投资价格指数）/2
	资本市场服务	营业收入	局金融业月报	利用中证沪深300指数合成
	保险业	保费收入	保监局	（CPI+固定资产投资价格指数）/2
房地产业	房地产开发经营	商品房销售面积	局房产月报	物量指标
	自有房地产经营活动	自有住房销售面积	国家局核算司	按5%增速
	物业管理	营业收入		
	房地产中介服务			
租赁和商务服务业	租赁业			
	商务服务业			
科学研究和技术服务业	研究和试验发展			
	专业技术服务业			
	科技推广和应用服务业			CPI：服务项目价格指数
水利、环境和公共设施管理业	水利管理业	营业收入	局规上服务业月报	
	生态保护和环境治理业			
	公共设施管理业			
居民服务、修理和其他服务业	居民服务业			
	机动车、电子产品和日用产品修理业			
	其他服务业			
教育	教育	营业收入		CPI：教育服务
卫生和社会工作	卫生	营业收入		CPI：医疗保健服务
文化、体育和娱乐业	新闻和出版业	营业收入		CPI：文化娱乐
	广播、电视、电影和影视录音制作业			
	文化艺术业			
	体育			
	娱乐业			

2. 指数编制中一些问题的技术处理

（1）客货周转量的处理

铁路、道路、水上和航空运输业的客货周转量计算方法如下：

铁路运输业：客货周转量＝旅客周转量＋货物周转量

道路运输业：客货周转量＝旅客周转量/10＋货物周转量

水上运输业：客货周转量＝旅客周转量/2＋货物周转量

航空运输业：客货周转量＝旅客周转量/13.7＋货物周转量

（2）非企业化部分的调整

鉴于科学研究和技术服务业、教育、卫生和社会工作这三个行业门类中非企业化部分占比较多，因此在实际计算时，首先需向核算处索取这三个行业门类中企业化与非企业化部分的占比；其次用此占比分撇门类的增加值，然后仅保留企业化部分的增加值，并将这三个行业门类的企业化部分增加值与其他行业门类增加值加总成为新的总增加值；最后分别计算各行业门类增加值（科学研究和技术服务业、教育、卫生和社会工作这三个行业门类为企业化部分增加值）占新的总增加值的比重（加总为100），以此比重作为计算服务业生产指数的权重。

（三）初值和终值

在实际工作中，绝大多数服务业企业的财务报表需在下月月末左右才能报送，因此如需搜集全部数据，只能在下月月末才能编制上月的服务业生产指数，这与各级领导和研究机构希望及时了解、掌握服务业生产情况的愿望和服务业生产指数旨在高效、及时、科学、全面地反映服务业生产经营情况的初衷相悖。特别是各级政府及统计部门的月度经济形势分析都在每月的上旬，为了满足月度经济形势分析及时性的需要，每月服务业生产指数分别计算初值和终值。利用月初即可获得的数据和部分推算数据计算服务业生产指数的初值，月末根据全部数据计算服务业生产指数终值，前者重在指数的及时性，后者重在指数的完整性、全面性，二者互为补充、互相验证，进一步完善了服务业生产指数的功能。

每月月初（9—11日左右）根据经济形势分析的需要和可收集的数据来源，编制服务业生产指数初值，目前初值包含七大类，并根据七大类对总指数的贡献率推算到全部服务业。七大类包括：批发和零售行业、住宿和餐饮行业、交通运输和邮政行业、信息传输行业、金融行业、房地产行业、高技术服务行业（包括五个行业大类：互联网和相关服务，软件和信息技术服务业，研究和试验发展，专业技术服务业，科技推广和应用服务业）。

每月月末（28—30日）根据实际数据完整计算服务业生产指数（终值），计算方法同上。

在计算得出服务业生产指数终值后，需修正该月的服务业生产指数初值，并据此得出二者的关联系数，用于下月的初值推算。

附录9-2 相关批复和肯定评价

1. 国家统计局服务业司关于开展服务业生产指数试点的函

国家统计局司函

关于开展服务业生产指数编算试点的函

深圳市统计局：

编算服务业生产指数（SPI）是欧盟等国际组织进行经济核算的重要方法，可以弥补月度服务业增加值核算的空白，是对国民经济核算的重要补充。为探索服务业生产指数在省级的编制方法及其进一步的推广应用，经研究决定，把新经济业态较多的深圳市，作为全国服务业生产指数编算的试点城市。

编算服务业生产指数是服务业统计改革的一项重要创新内容，对于全面、科学、及时地反映服务业发展总体状况、短期动态变化，进一步完善地区服务业增加值核算等都具有重要的现实意义。希望加强与相关部门间的紧密合作，在国家总体指导框架基础上，突出深圳地方经济特点，确保完成改革创新试点统计任务的顺利完成。

国家统计局服务业统计司
2015年10月8日

2. 国家统计局宁吉喆局长的批示

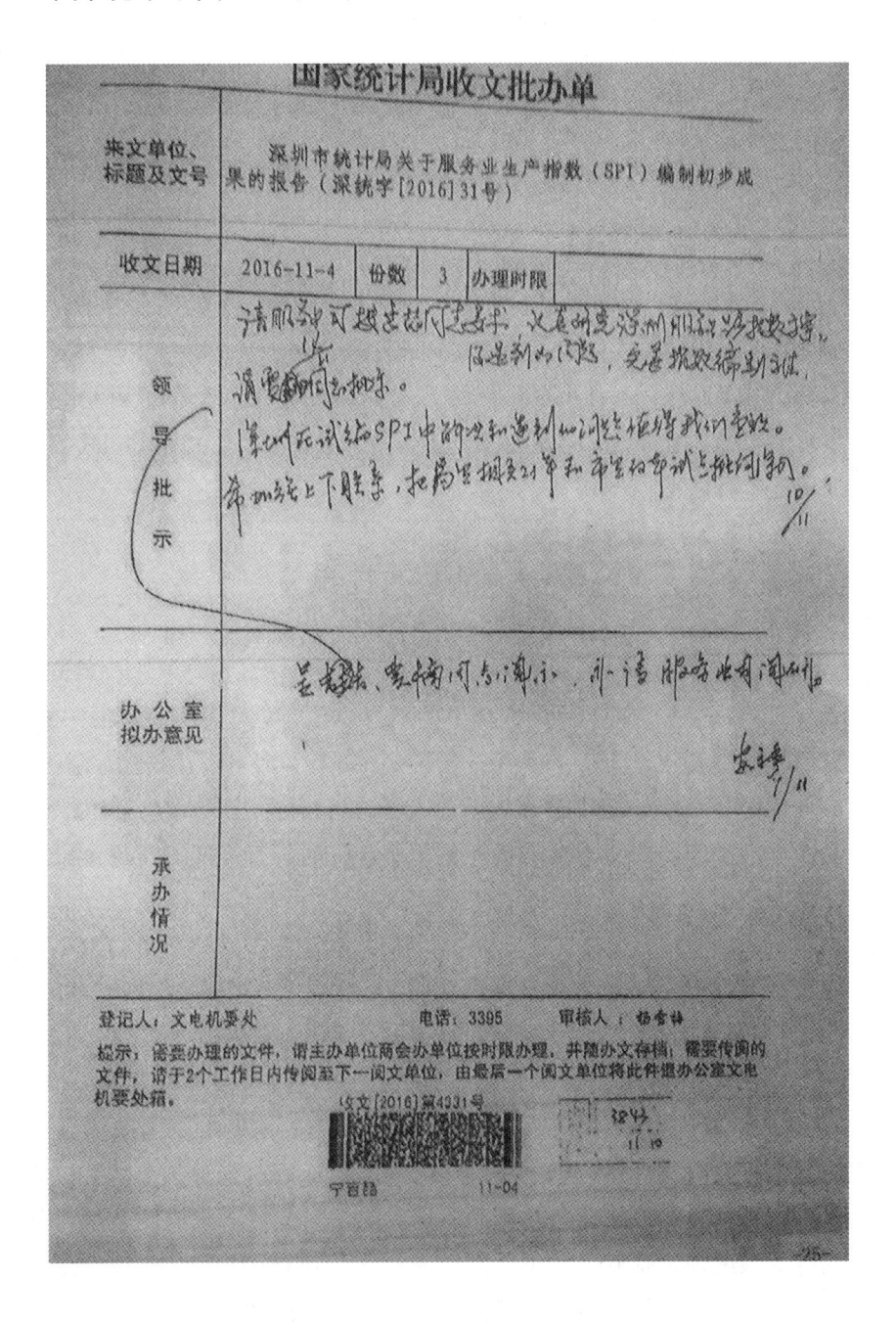

十 未观测金融测算探索

"未观测金融"包括民间非正规金融、地下金融和非法金融等。本书以深圳市个体户为样本,在国内首次探索采用直接调查法测算未观测金融规模,并对其增加值进行测算。结果发现,深圳市辖区个体户"未观测金融"总额数百亿元,与行业协会整理的数据基本符合,与银监部门正规贷款数据相当。利用FISIM方法测算出其增加值近半百亿元。

(一)问题的提出

"未观测金融"(Non-observed Finance,简称NOF)是参照"未观测经济"(Non-observed Economy,简称NOE)提出的概念术语,近年来开始被国内理论界(田光宁,2008;李建军,2008、2010;任碧云,2013)使用。它是指存在于国民经济核算体系、金融统计监测体系与经济金融监管体系之外的金融组织及其活动,以及由此活动产生的货币金融资产价值形态,通常有民间非正规金融、地下金融和非法金融等称谓。未观测金融的存在影响货币当局对金融经济形势的判断,对宏观货币政策实施的效果形成冲击,要判断这种影响和冲击的大小,需要掌握未观测金融的规模,如何对未观测金融进行监控亦成为理论界和实务界所日益关注的焦点。

目前国内仅有个别学者如田光宁(2008)、李建军(2006、2008、2010)、任碧云(2013)等对未观测金融进行了研究,研究主题集中在未观测金融的界定、规模的估算及对货币供应量的影响等方面,但他们对未观测金融规模的估算采用的是宏观指标估算法或间接估算法,这种方法易受制于未观测金融与其他宏观经济指标关系的理论基础,在不能阐明未观测金融与官方经济明确理论关系的情况下,其估算结果必然会有所偏差。因此,本章拟探索采用微观方法即直接估算方法，以深圳市个体户为样本，通过对其未观测金融所涉对象进行统计调查获取数据，据此测算未观测金融规模，并在此基础上尝试测算未观测金融活动的增加值。本书的理论价值在于在国内首次尝试用直接调查法确定未观测金融活动规模，其现实意义在于为进一步完善统计方法制度、改进统计工作，了解表外金融、非正常管道现金流情况，让金融活动更好地服务实体经济提供了可供借鉴的参考。

本章的其余结构安排如下：第二部分是深圳市未观测金融调查方案设计，第三部分是深圳市未观测金融规模测算及简要评估，第四部分是深圳市个体户未观测金融增加值核算，最后是结论和展望。

（二）深圳市未观测金融调查方案设计

深圳作为改革开放的前沿阵地，经济转型的典范城市，金融业是其重要的支柱产业。多年来传统金融活动规模巨大，近年来各类新兴金融业态蓬勃发展，各项金融指标保持着持续稳定的增长。通过调查深圳地区实体经济在运营过程中的未观测金融规模，进一步研究它对经济运行的扰动程度，可为政府正确判断金融经济形势，准确实施各项金融政策提供决策支持。

1. 调查范围、对象和内容

国民经济核算体系中经济单位多样，资金流量核算中区分了非金融企业部门、金融机构部门、政府部门和住户部门。按我国的特点，把经济单位具体分为企业、个体户、住户和行政事业单位。考虑到调查的可行性原则，本次调查范围和对象为深圳市辖区内个体户的"未观测金融"借贷活动。"未观测金融"借贷活动是指经济单位通过商业信用（企业之间拆借、赊账）、民间借高利贷、社会集资和私人之间借款来筹集运营资金的行为。经济单位与本次调查对象的具体分类见表10-1。

表10-1　　　　　　经济单位类别与"未观测金融"调查对象

经济单位类别		"未观测金融"额判断	是否本次调查对象
非金融企业	大、中型	多	否
	小、微型	多	否

续表

经济单位类别		"未观测金融"额判断	是否本次调查对象
个体户	大个体	较多	是
	一般个体户	较少	是
住户		极少	否
金融企业		极少	否
行政事业单位		无	否

注:"未观测金融"额是指经济单位通过商业信用（企业之间拆借、赊账）、民间借高利贷、社会集资和私人之间借款来筹集运营资金的经济额。"未观测金融"额判断为初步判断。

调查内容为个体户的经营状况、融资渠道和规模，主要调查资金周转次数和"未观测金融"额占筹集运营资金比重。为了验证个体户回答问题的信度，选择深圳市黄金珠宝首饰行业协会、深圳市服务贸易协会和深圳市手机协会调查其会员规模、整体经营状况和有关经验数据。对个体户调查使用《个体户经营及融资情况调查表》（见表10-4），对行业协会调查使用《深圳市行业发展及金融活动调查问卷》（见本章第八部分），调查时期指标为2015年，时点指标为2015年末。

2. 调查方式和参数估计

（1）调查方式

调查采用抽样调查方式，具体为三阶分层等距抽样。要求样本对分层有代表性，在层中采用大样本（n≥30）抽样，样本统计量可推算出层内参数。

以2016年9月30日深圳市统计局掌握的"大个体"和"三经普"个体户名录为抽样框。将深圳市内所有个体户先分为"大个体"和"一般个体"两大层，在"大个体"层内再分"黄金珠宝批发""花卉零售""手机批发"和"其他大个体"四层，"一般个体"下不再分层。

在"大个体"的"黄金珠宝批发""花卉零售""手机批发"和"其他大个体"各层中，各总体单位按营业收入大小排列后采用系统（等距）抽样抽出样本；"一般个体"按"三经普"所掌握库中按序列号排序采用系统抽样抽出样本。有关层总体单位数和样本量见表10-2。

表 10 – 2   "未观测金融"有关层总体单位数和样本量

	层内名称	总体单位数（家）	样本量（个）	层内样本抽取方法
	合　计	497474	190	
个体户	一、大个体	3099	140	
个体户	1. 黄金珠宝批发	110	30	按营业收入大小排列后采用系统（等距）抽样
个体户	2. 花卉零售	285	30	按营业收入大小排列后采用系统（等距）抽样
个体户	3. 手机批发	91	30	按营业收入大小排列后采用系统（等距）抽样
个体户	4. 其他大个体	2613	50	
个体户	二、一般个体	494375	50	按序列号排序采用系统（等距）抽样

实际调查中如果出现样本单位拒报、明知其提供不真实数据或找不到联系人等情况将更换样本。更换原则是在原样本等距抽样位置后一位选取。但以下情况不更换样本：①报告期没有"未观测金融"活动的样本（"未观测金融"额等于0）；②消亡（关张）的样本（"未观测金融"额作0处理）；③迁出深圳市的样本（"未观测金融"额作0处理）。

（2）参数估计

点估计。全市个体户"未观测金融"总量按点估计取得，使用"大个体"层和"一般个体"层参数相加后数据，"大个体"层总量等于四个再分层参数相加。"大个体"下分层参数 = 层内已知的"大个体"专业统计所得的营业收入总额 × 层内样本"未观测金融"统计量占营业收入统计量比重；"一般个体"参数 = 一般个体户总量 × （层内样本"未观测金融"统计量 ÷ 样本量）。具体的计算公式见表 10 – 3。

表 10 – 3   "未观测金融"总体总值和各层参数计算公式

	层内名称	计算公式	公式符号解释
	合　计	$\hat{Y}_{st} = \sum_{h=1}^{L} \hat{Y}_h$	$\hat{Y}_{st}$：""未观测金融"总值 $\hat{Y}_h$：分层参数 $\sum_{h=1}^{L}$：从第1分层参数累加到第 L 分层参数
个体户	一、大个体 　1. 黄金珠宝批发 　2. 花卉零售 　3. 手机批发 　4. 其他大个体	$\hat{Y}_h = (\sum_{i=1}^{n_h} A_i) \cdot (\dfrac{\sum_{i=1}^{n_h} y_i}{\sum_{i=1}^{n_h} \alpha_i})$	A_i：总体单位营业收入 α_i：样本单位营业收入 y_i：样本单位非观测金融额
个体户	二、一般个体	$\hat{Y}_h = N_h \cdot \bar{y}_h$	N_h：第 h 层的单位总数 $\bar{y}_h$：第 h 层的样本均值

区间估计。深圳个体户"未观测金融"额总量的区间估计（95%置信水平 Z 分布）计算公式为：

$$\widehat{Y}_{st} + \mu_{0.025} \cdot \sqrt{v(\widehat{Y}_{st})}$$

$$\widehat{Y}_{st} - \mu_{0.025} \cdot \sqrt{v(\widehat{Y}_{st})}$$

深圳个体户及"大个体""未观测金融"额总体方差的计算公式为：

$$v(\widehat{Y}_{st}) = \sum_{h=1}^{L} v(\widehat{Y}_h)$$

"黄金珠宝批发""花卉零售""手机批发"和"其他大个体""未观测金融"额层总体方差计算公式为：

$$v(\widehat{Y}_h) = \sum_{h=1}^{L} (\sum_{i=1}^{N_h} A_i)^2 \cdot S_h^2 / n_h$$

其中，N_h 表示第 h 层的单位总数，n_h 表示第 h 层的样本数，S_h^2 表示第 h 层的总体方差，A_i 表示总体单位营业收入。

"一般个体""未观测金融"额层总体方差计算公式为：

$$v(\widehat{Y}_h) = \sum_{h=1}^{L} N_h(N_h - n_h) \cdot S_h^2 / n_h$$

其中，N_h 表示第 h 层的单位总数，n_h 表示第 h 层的样本数，S_h^2 表示第 h 层的总体方差。

"黄金珠宝批发""花卉零售""手机批发""其他大个体"和"一般个体"层内样本单位"未观测金融"额方差公式为：

$$S^2 = \frac{\sum_{i=1}^{n_h}(y_{hi} - \bar{y}_h)^2}{n_h - 1} \cdot (1 - \frac{n}{N})$$

"黄金珠宝批发""花卉零售""手机批发"和"其他大个体"层内"未观测金融"额占筹集运营资金比重方差公式为：

$$S^2 = \frac{\sum_{i=1}^{n}(\frac{y_i}{\alpha_i} - \frac{\bar{y}_i}{\bar{\alpha}_i})^2}{n - 1} \cdot (1 - \frac{n}{N})$$

区间估计公式中，$\sum_{i=1}^{N_h} A_i$ 为层总体筹集运营资金数据（深圳市统计局贸易外经处正常统计报表数据营业收入÷资金周转次数）；$\frac{y_i}{\alpha_i}$ 为样本单位"未观测金融"额占筹集运营资金比重（本次调查推算数据）。

3. 调查的组织实施

(1) 成立调查小组开展样本单位的调查工作

成立"未观测金融"调查小组，由调查访问员、个体户所在市场管理人员和熟悉情况的行业协会工作人员组成。

对"大个体"样本，三人一组进行面访调查：先由市场管理人员进行联系、介绍，打消被调查者的顾虑；接着由访问员讲解调查目的、抽取样本的方法、被抽中样本真实性回答对代表性的意义、调查资料的使用范围和保密性的原则，获得认可后详细询问周转次数、资金使用量和"未观测金融"所占比重等主要指标；行业协会工作人员在旁判断其可信程度。

对"一般个体"样本，为了打消被调查者的顾虑和提高信度，只委托市场管理人员1人采用无结构式访问（即不带调查表，熟悉调查主要内容后以聊天方式得到调查结果）进行调查，重点询问"未观测金融"额度。

"未观测金融"抽样调查方法和使用工具见表10-4。

表10-4　　　　　　"未观测金融"抽样调查方法和工具

层内名称		样本量（个）	调查方法和工具
	合计	190	
个体户	一、大个体	140	3人1组：市场管理人员现场引导，全程陪同；访问员面访填写《个体户经营及融资情况调查表》；行业协会工作人员随同核实
	1. 黄金珠宝批发	30	
	2. 花卉零售	30	
	3. 手机批发	30	
	4. 其他大个体	50	
	二、一般个体	50	委托市场管理人员1人采用无结构式访问调查

(2) 召开座谈会开展行业发展及金融活动调查

邀请深圳市服务贸易协会、深圳市黄金珠宝首饰行业协会、深圳市手机协会和联合利丰供应链管理有限公司的负责人和专业人员共12人进行座谈，了解行业整体的经营状况、融资渠道和规模经验数据，发放《深圳市行业发展及金融活动调查问卷》并回收。

(三) 深圳市未观测金融规模测算及简要评估

1. 样本值的分布和统计量状况

(1) 样本单位标志值的分布

190个样本中，56家个体户表示2015年度没有"未观测金融"额，其所需运营资金除了自有资金以外，主要是通过（房屋、货物）抵押向正规金融机构（银行）借贷；134家个体户表示有"未观测金融"额，其中黄金珠宝额度最多，主要是通过"未观测金融"活动借贷，额度在1000万元以上。这主要是其经营黄金珠宝生意量大的原因：2015年30个样本单位的营业收入为102.68亿元，每个样本平均为3.4亿元。大量的交易额，需要频繁通过"未观测金融"借贷来筹集资金。"未观测金融"抽样单位标志值次数分布情况见表10-5。

表10-5　　　　"未观测金融"抽样单位标志值次数分布表

层内名称		样本量（个）	无"未观测金融"（家）	"未观测金融"额大小分类样本单位量（家）					
				0—10万元	10万—50万元	50万—100万元	100万—500万元	500万—1000万元	1000万元以上
合　计		190	56	13	16	—	12	24	49
个体户	一、大个体	140	35	—	—	—	12	24	49
	1. 黄金珠宝批发	30	6	—	—	—	—	—	24
	2. 花卉零售	30	10	—	—	—	—	18	2
	3. 手机批发	30	7	—	—	—	7	—	16
	4. 其他大个体	50	16	—	—	1	9	7	18
	二、一般个体	50	21	13	16	—	—	—	—

注：有"未观测金融"样本单位量中的额度为调查整理数据，等于样本单位营业收入总额÷资金周转次数×"未观测金融"占所需运营资金比重。

(2) 各层统计量

本次调查为了消除"大个体"样本单位的顾虑，没有直接访问营业收入、所需运营资金和"未观测金融"额等敏感性问题，主要访问资金周转次数和"未观测金融"占所需运营资金比重这两个标志值，"未观测金融"额利用深圳市统计局正常统计报表中统计的营业收入总额÷资金周转次数×"未观测金融"占所需运营资金比重计算得出。由于没有"一般个体"的营业收入数据，在"一般个体"

中直接访问"未观测金融"额。经过加权计算"未观测金融"抽样调查统计量见表 10-6 和表 10-7。

表 10-6　　　　　　　　"未观测金融"抽样调查情况统计

层内名称		样本量（个）	资金周转次数（次）	有"未观测金融"		"未观测金融"占所需运营资金比重（%）	"未观测金融"额（万元）
				样本单位量（家）	比例（%）		
合　计		190	—	114	67.1	—	
个体户	一、大个体	140	4.0	85	70.8	53.1	不直接调查
	1. 黄金珠宝批发	30	2.6	24	80.0	73.2	
	2. 花卉零售	30	4.2	20	66.7	35.6	
	3. 手机批发	30	5.7	23	76.7	41.7	
	4. 其他大个体	50	4.3	34	68.0	31.5	
	二、一般个体	50	—	29	58.0	—	289.00

注："合计"及"大个体"中"未观测金融占所需运营资金比重"按加权平均数取得。

表 10-7　　　　　　　　"未观测金融"抽样调查有关统计量

层内名称		样本量（个）	所需运营资金（万元）	"未观测金融"额（万元）		
				统计值	均值	标准差
合　计		190	—	—	—	—
个体户	一、大个体	140				
	1. 黄金珠宝批发	30	394920.31	289081.67	9636.06	5002.23
	2. 花卉零售	30	47828.81	17027.06	567.57	421.36
	3. 手机批发	30	274525.36	114477.08	3815.90	6137.44
	4. 其他大个体	50	304566.67	95938.50	1918.77	1760.62
	二、一般个体	50	—	289.00	5.78	7.47

注：所需运营资金等于营业收入总额÷资金周转次数；"未观测金融"额等于营业收入总额÷资金周转次数×"未观测金融"占所需运营资金比重。

"黄金珠宝"层的周转次数虽然最少，为 2.6 次，但"未观测金融"占所需运营资金比重最大（73.2%），通过 2015 年 30 个样本单位的营业收入（102.68 亿元）计算出的"未观测金融"为 28.91 亿元，占营业收入的 28.2%。经过加权计算"未观测金融"占营业收入抽样调查统计量见表 10-8。

表 10-8 "未观测金融"占营业收入抽样调查统计量

层内名称	样本量（个）	2015年营业收入（万元）	资金周转次数（次）	"未观测金融"额		
				统计值（万元）	均值（万元）	占比（%）
1. 黄金珠宝批发	30	1026792.80	2.6	289081.7	9636.06	28.2
2. 花卉零售	30	200881.00	4.2	17027.06	567.57	8.5
3. 手机批发	30	1564794.60	5.7	114477.1	3815.9	7.3
4. 其他大个体	50	1309636.67	4.3	95938.5	1918.77	7.3

注："未观测金融"额占比等于"未观测金融"统计值÷营业收入。

2. 总体参数

（1）"未观测金融"点估计

根据总体参数的计算公式（各层参数采用点估计），计算得到深圳市辖区内个体户的"未观测金融"总额为724.17亿元。其中："大个体户"的"未观测金融"额为438.42亿元，比重为60.5%；"一般个体户"为285.75亿元，比重为39.5%。各层的"未观测金融"额参数结果见表10-9。

表 10-9 "未观测金融"额参数点估计

层内名称		"未观测金融"（亿元）	有关指标				
			营业收入（亿元）	资金周转次数（次）	所需运营资金（亿元）	"未观测金融"占所需运营资金比重（%）	"未观测金融"样本均值（万元）
合 计		724.17	—	—	—	—	—
个体户	一、大个体	438.42	5002.89	4.2	1185.90	36.97	—
	1. 黄金珠宝批发	94.43	335.39	2.6	129.00	73.2	—
	2. 花卉零售	15.64	184.47	4.2	43.92	35.6	—
	3. 手机批发	37.89	517.91	5.7	90.86	41.7	—
	4. 其他大个体	290.47	3965.12	4.3	922.12	31.5	—
	二、一般个体	285.75	—	—	—	—	5.78

注："大个体"层内"未观测金融"参数点估计等于营业收入总额÷资金周转次数×"未观测金融"占所需运营资金比重；"一般个体"层内"未观测金融"参数点估计等于"未观测金融"样本均值×总体单位数。

(2)"未观测金融"区间估计

按95%概率计算总体及各层的"未观测金融"额参数区间估计,个体户的"未观测金融"总额最少为565.64亿元,最多为882.70亿元。从方差角度来看,"黄金珠宝批发""花卉零售""手机批发"由于经营特点的原因方差相对小;而没有进一步分层的"其他大个体"和"一般个体"方差很大,可见营业商品的多样与"未观测金融"额差异有一定的关系。"未观测金融"额参数区间估计结果见表10-10。

表10-10　　　　　　"未观测金融"额参数区间估计

层内名称		点估计（亿元）	区间估计		相关指标		
			下限（亿元）	上限（亿元）	"非观测金融"额总体方差（亿元）	"非观测金融"额标准误差（亿元）	"非观测金融"额极限误差（亿元）
个体户	合　计	724.17	565.64	882.70	6542.32	80.88	158.53
	一、大个体	438.42	317.36	559.48	3814.64	61.76	121.06
	1. 黄金珠宝批发	94.43	76.70	112.16	81.87	9.05	17.73
	2. 花卉零售	15.64	8.40	22.88	13.65	3.69	7.24
	3. 手机批发	37.89	24.54	51.24	46.39	6.81	13.35
	4. 其他大个体	290.47	171.69	409.25	3672.74	60.60	118.78
	二、一般个体	285.75	183.38	388.11	2727.68	52.23	102.37

3. 简要评估

(1) 与行业协会数据的对比

本次调查同时选择了深圳市黄金珠宝首饰行业协会(会员700多家,2015年营业收入超过1800亿元)、服务贸易协会(会员735家,营业收入超过1000亿元)和深圳市手机行业协会(会员1200多家,营业收入超过1100亿元)了解其会员2015年经营的平均周转次数、"未观测金融"占所需运营资金比重等情况。委托3个行业协会利用德尔菲调查法(专家意见法)收集数据后填写《深圳市行业发展及金融活动调查问卷》。从行业协会整理的数据来看,与调查数据基本符合(见表10-11)。

表 10–11　"未观测金融"调查与行业协会德尔菲调查法数据对比

层内名称		访员调查法		德尔菲调查法	
		资金周转次数（次）	"未观测金融"占所需运营资金比重（%）	资金周转次数（次）	"未观测金融"占所需运营资金比重（%）
大个体	1. 黄金珠宝批发	2.6	73.2	2—3	60—80
	2. 花卉零售	4.2	35.6	4—5	30—40
	3. 手机批发	5.7	41.7	5—7	35—45

注："未观测金融"调查数据为访员调查法收集。

(2) 与银监部门贷款数据的对比

深圳银监部门统计的金融机构 2015 年末对个体户贷款余额（正规金融机构借贷）为 635.94 亿元，2016 年 6 月 30 日为 787.64 亿元（见表 10–12）。调查推算的"未观测金融"额为 724.17 亿元。可见个体户的"未观测金融"额不会少于正规金融机构借贷额。

表 10–12　深圳金融机构贷款情况　　　　　　　　　　单位：亿元

指标名称	代码	2015 年	2016 年上半年
深圳市贷款余额	1	32429.22	36983.99
小微型企业贷款余额	2	3288.92	3645.49
小微企业主贷款余额	3	1010.01	1200.07
个体工商户贷款余额	4	635.94	787.64

（四）深圳个体户"未观测金融"增加值核算

在此次调查中，个体户的"未观测金融"借贷活动资料来源很广，同一调查对象在不同时期或同一时期其借贷资金的渠道有多种，在调查中难以采集"未观测金融"借贷资金按资金来源渠道的划分比例。

1. 间接测算的金融中介服务

从国民经济核算上说，这种资金借贷属于金融中介服务的产出，表面上不直接收取服务费用，实际上产生了与存贷款利息费用相关的金融服务。SNA 中提供了间接测算的金融中介服务（FISIM）的方法。

在SNA2008中，改进了FISIM的计算方法，建议利用参考利率法对所有存款和贷款（包括自有资金）计算FISIM，对金融机构提供的所有存贷款服务都要虚拟为收取了间接服务费，而不考虑其资金来源。同时，SNA进一步说明，金融机构不必同时提供吸收存款和发放贷款服务。那么，按照SNA2008的建议，自有资金的非法人放款者应该也可以视为金融机构，认为其提供了贷款服务，按照FISIM的计算方法测算其贷款服务的产出，即虚拟的贷款服务费。

2. 2015年深圳个体户"未观测金融"增加值测算

对于自有资金的贷款人而言，贷款服务产出FISIM（自有资金贷款人）＝贷款服务费＝贷款额×（贷款利率－参考利率）。简要测算此次个体户"未观测金融"中借贷活动的增加值如下，首先假定：

（1）2015年个体户"未观测的年平均贷款余额"即为此次调查的724.17亿元（这一数据本应为时点数，在全年不同时点的贷款余额应有所变化，此假设按个体户未观测融资规模全年基本稳定进行简化）；

（2）非法人放款者的贷款利率参考银行对个人无抵押信用贷款的年化利率，在9%左右；

（3）参考利率选择按深圳2015年年平均存贷款余额加权当年年末央行一年期存贷款基准利率：

$$参考利率 = \frac{56725.61}{30248.86 + 56725.61} \times 1.5\% + \frac{30248.86}{30248.86 + 56725.61} \times 4.35\%$$
$$= 2.49\%$$

根据FISIM的计算方法和上述设定，2015年个体户"未观测金融"活动的产出和增加值测算如下：

贷款服务产出 = 724.17 × （9% － 2.49%） = 47.14 亿元

区间下限：565.64 × （9% － 2.49%） = 36.82 亿元

区间上限：882.70 × （9% － 2.49%） = 57.46 亿元

对非法人放款者而言，这种资金借贷活动的中间消耗较小，若按95%的增加值率测算，那么

增加值 = 贷款服务产出 ×95% = 44.79 亿元

区间下限：36.82 ×95% = 34.98 亿元

区间上限：57.46×95% = 54.59 亿元

从深圳市 2015 年金融业数据看，年末贷款余额为 32449.04 亿元，个体户"未观测金融"额为 724.17 亿元，比例关系为 2.2%；深圳市货币金融服务的增加值为 1411.92 亿元，个体户"未观测金融"增加值测算为 44.79 亿元，比例关系为 3.2%。

（五）结论和展望

本章采用直接调查法对深圳市个体户"未观测金融"总量和结构展开研究，并对其增加值进行测算。结果发现，深圳市辖区个体户"未观测金融"总额为 724.17 亿元，区间估计结果最少为 565.64 亿元，最多为 882.70 亿元，与行业协会整理的数据基本符合，未观测金融规模与银监部门正规贷款数据相当。利用 FISIM 方法测算深圳市个体户"未观测金融"增加值为 44.79 亿元。

近几年，随着居民收入的提高、互联网移动技术的不断进步，金融活动的创新和生产方式朝着多样化、复杂化发展，我国民间借贷规模在不断扩大，个人借贷活动的资金量和对社会融资规模和金融体系的影响不断加大，应在金融活动的核算中考虑纳入"未观测金融"活动。应继续开展"未观测金融"调查工作，进一步对小、微企业和住户"未观测金融"进行调查。调查小、微企业和住户的"未观测金融"活动情况会更复杂，这种经济单位对访问"未观测金融"的敏感程度更高。对于住户中的"未观测金融"情况，可考虑在城乡住户调查中设计相关指标进行一次试点调查，调查住户中"未观测金融"的比重和构成。进一步研究各种经济单位中的分层特点，制定更科学的抽样方式，设计效度高的调查工具，利用更灵活的调查方法和访问技巧提高信度，从而让深圳"未观测金融"区间估计精度更高。

附录 10-1　深圳市"未观测金融"内部统计专项试点调查方案

一　调查背景

"未观测金融"是指存在于国民经济核算体系、金融统计监测体系与经济金融监管体系之外的金融组织及其活动，以及由此活动产生的货币金融资产价值形态，通常有民间非正规金融、地下金融和非法金融等称谓。未观测金融的存在影响货币当局对金融经济形势的判断，冲击政策实施的效果。要判断这种影响和冲击的大小，需要掌握"未观测金融"的规模。

深圳作为改革开放的前沿阵地，经济转型的典范城市，金融业是其重要的支柱产业。多年来传统金融活动规模巨大，近年来各类新兴金融业态也在蓬勃发展，各项金融指标保持着持续稳定的增长。调查深圳地区实体经济在运营过程中的未观测金融规模，进一步研究它对经济运行的扰动程度，为政府正确判断金融经济形势，准确实施各项金融政策提供决策支持。

二 调查目的、范围和对象

（一）调查目的

初步掌握深圳市游离于政府金融监管部门视野之外的"未观测金融"活动情况，尤其是在实体经济运营中非正规融资渠道及规模等情况，初步研判"未观测金融"活动对深圳市宏观调控决策和经济发展规划的影响。

（二）调查范围及对象

调查范围和对象为深圳市辖区内个体户的"未观测金融"借贷活动。"未观测金融"借贷活动是指经济单位通过商业信用（企业之间拆借、赊账）、民间借高利贷、社会集资和私人之间借款来筹集运营资金的行为。

三 调查内容、表式和时间

（一）调查内容和表式

调查内容为个体户的经营状况、融资渠道和规模，主要调查资金周转次数和"未观测金融"额占筹集运营资金比重。为了验证个体户回答问题的信度，选择水贝黄金珠宝首饰专业市场、花卉专业市场和华强北手机专业市场行业协会调查其会员规模、整体经营状况和有关经验数据。对个体户调查使用《个体户经营及融资情况调查表》，对行业协会调查使用《深圳市行业发展及金融活动调查问卷》。

（二）调查时间

调查时期指标为2015年，时点指标为2015年末。

四 调查设计

（一）设计思路

通过调查样本的对外融资、银行贷款、资金周转率等资料数据，结合统计部门已掌握的经营数据，测算样本通过"未观测金融"渠道进行资金往来的规模，进一步推算总体的地下金融规模。

（二）设计原则

为了工作的方便和研究目的的需要，同时满足在一定精度的要求下，减少样本的单位数以节约调查费用。本次抽样方案按照科学、便利、可操作、可测算原则，采用分层抽样。

（三）抽样总体

由于大个体和一般个体经营户两类市场主体在经营方式、资金来源等方面差异较大，故将调查对象分为大个体经营户和一般个体经营户两类总体分别进行抽样。样本量不低于50个。

（四）抽样类型和方法

先将总体的单位按所属不同行业分为L层（分层抽样）；在分好的层中采用系统抽样抽选出调查单位。

（五）系统抽样的具体操作方法

在各行业层中采用随机起点的等概率系统抽样抽出样本单位，具体操作步骤为：

第一步：按营业收入将层中的大个体经营户从大到小排列并从1开始相继编号（一般个体按三经普库的序列号从小到大排列编号）；

第二步：计算抽样距离 $K = N_h / n_h$，式中 N_h 为第 h 层单位总数，n_h 为 h 层样本数；

第三步：在1—K中抽一随机数 S（为了便于操作由计算机抽取），作为样本的第一个单位；

第四步：计算出样本的其他单位编号：$S+K$，$S+2K$，$S+3K$，…，直至抽够 n 个单位编号为止。

第五步：利用样本单位编号找出对应的单位。

（六）选取备用样本

考虑样本可能出现不应答情况，再选取相同数量的备用样本。抽样方法同上。

（七）目标量（总体参数）的估计及其方差估计

1. 点估计

个体户"未观测金融"总量按点估计取得，使用"大个体"层和"一般个体"层参数相加后数据，"大个体"层总量等于四个再分层参数相加。"大个体"下分层参数＝层内已知的"大个体"专业统计所得的营业收入总额×层内样本"未观测金融"统计量占营业收入统计量比重；"一般个体"参数＝一般个体户总量×（层内样本"未观测金融"统计量÷样本量）。具体的计算公式见下表。

"未观测金融"总体总值和各层参数计算公式

层内名称			计算公式	公式符号解释
合 计			$\widehat{Y}_{st} = \sum_{h=1}^{L} \widehat{Y}_h$	$\widehat{Y}_{st}$：" 未观测金融"总值 $\widehat{Y}_h$：分层参数 $\sum_{h=1}^{L}$：从第1分层参数累加到第L分层参数
个体户	一、大个体	1. 黄金珠宝批发 2. 花卉零售 3. 手机批发 4. 其他大个体	$\widehat{Y}_h = (\sum_{i=1}^{N_h} A_i) \cdot (\dfrac{\sum_{i=1}^{N_h} y_i}{\sum_{i=1}^{N_h} \alpha_i})$	A_i：总体单位营业收入 α_i：样本单位营业收入 y_i：样本单位"未观测金融"额
	二、一般个体		$\widehat{Y}_h = N_h \cdot \bar{Y}_h$	N_h：第h层的单位总数 $\bar{Y}_h$：第h层的样本均值

2. 区间估计

深圳个体户"未观测金融"额总量的区间估计（95%置信水平 Z 分布）计算公式为：

$$\widehat{Y}_{st} + u_{0.025} \cdot \sqrt{v(\widehat{Y}_{st})} \quad \widehat{Y}_{st} - u_{0.025} \cdot \sqrt{v(\widehat{Y}_{st})}$$

深圳个体户及"大个体""未观测金融"额总体方差的计算公式为：

$$v(\widehat{Y}_{st}) = \sum_{h=1}^{L} v(\widehat{Y}_h)$$

"黄金珠宝批发""花卉零售""手机批发"和"其他大个体""未观测金融"额层总体方差计算公式为：

$$v(\widehat{Y}_h) = \sum_{h=1}^{L} (\sum_{}^{N} A_i)^2 \cdot S_h^2 / n_h$$

"一般个体""未观测金融"额层总体方差计算公式为：

$$v(\widehat{Y}_h) = \sum_{h=1}^{L} N_h (N_h - n_h) S_h^2 / n_h$$

其中，N_h 表示 h 层的单位总数；n_h 表示第 h 层的样本数；S_h^2 表示第 h 层的总体方差。

"黄金珠宝批发""花卉零售""手机批发""其他大个体"和"一般个体"层内样本单位"未观测金融"额方差公式：

$$S^2 = \dfrac{\sum_{i=1}^{n_h} (y_{hi} - \bar{y}_h)^2}{n_h - 1} \cdot (1 - \dfrac{n}{N})$$

"黄金珠宝批发""花卉零售""手机批发"和"其他大个体"层内"未观测金融"额占筹集运营资金比重方差公式为：

$$S^2 = \frac{\sum_{i=1}^{n}(\frac{y_i}{\alpha_i} - \frac{\bar{y}_i}{\alpha_i})^2}{n-1} \cdot (1 - \frac{n}{N})$$

区间估计公式中，$(\sum_{i=1}^{N_n} A_i)$ 为层总体筹集运营资金数据（深圳市统计局贸易外经处正常统计报表数据营业收入÷资金周转次数）；$\frac{y_i}{\alpha_i}$ 为样本单位"未观测金融"额占筹集运营资金比重（本次调查推算数据）。

五 调查的组织实施与分工

本次调查由普查中心、核算处和贸易外经处共同组织实施，相关调查分工如下：

（一）制定本次调查方案、调查表表式等前期筹备工作。（普查中心）

（二）委托各行业协会，组织开展企业和个体经营户的抽样调查；采用座谈会或上门走访等形式，完成相关调查数据。（贸易外经处）

（三）根据调查取得的数据，结合统计调查资料，推算深圳市未观测金融（地下）规模相关数据。（核算处）

六、调查时间及进度安排

具体进度安排如下：

（一）9月1—30日，调查方案和问卷设计、审核、定稿，并报国家统计局批准通过。

（二）10月1—15日，完成调查对象抽样、调查员培训、调查前期准备等工作。

（三）10月下旬，完成调查对象数据采集工作。

（四）现场调查工作完成后，15个工作日内，完成数据审核录入及汇总，上报调查数据和调查报告。

七、工作要求

（一）严格执行调查方案，按照规定的方法进行抽样以确保调查样本的随机性和代表性；规范调查行为，保证调查数据客观、公正。

（二）所有参加调查的人员都要接受调查培训，要熟练掌握调查方案、调查内容、调查技巧和工作流程。

（三）此次调查属于内部调查，要求调查员对调查工作全程保密。

附录10-2 个体户经营及融资情况调查表

个体户经营及融资情况调查表如下所示。

个体户经营及融资情况调查表

《统计法》第三章第二十五条,"统计调查中获得的能够识别或者推断单个调查对象身份的资料,任何单位和个人不得对外提供、泄露,不得用于统计以外的目的。"	表　　号：临调03表 制表机关：深圳市统计局 批准文号： 有效期至：2016年11月

一、个体基本情况(此部分由统计机构填写)

个体编码：_____ 社会统一信用代码：□□□□□□□□□□□□□□□□□□ 个体经营户名称：	行业类别 主要业务活动(或主要产品) _____ 行业代码：□□□□

二、企业金融活动情况

1. 2015年底,贵户在经营中对外借款的总额占所需运营资金的比重为____%。
2. 2015年底,贵户在经营中从银行等正规机构贷款余额占所需运营资金比重为____%。
3. 2015年全年,贵户在经营中运营资金周转了____次。

填表人：　　　　联系电话：　　　　报送时间：

注：1. 被抽中个体经营户填报;

2. 报送时间及方式：统计机构按调查方案规定的时间进行现场采访、数据录入、审核、上报。

附录10-3 深圳市行业发展及金融活动调查问卷

深圳市行业发展及金融活动调查问卷如下所示。

深圳市行业发展及金融活动调查问卷

《统计法》第三章第二十五条,"统计调查中获得的能够识别或者推断单个调查对象身份的资料,任何单位和个人不得对外提供、泄露,不得用于统计以外的目的。"	表　　号:临调04表 制表机关:深圳市统计局 批准文号: 有效期至:2016年11月

第一部分　行业总体情况

1. 您所在的行业协会有会员单位____个。其中,企业____个,个体经营户____个,从业人员大约有____人。

2. 根据您掌握的数据,本行业协会会员单位2015年行业总销售额(或产值)大约为____亿元,占整个市场的比重为____%。

第二部分　行业企业(个体经营户)的金融活动情况

3. 根据您的了解,您所在的行业(个体经营户)主要依赖哪些途径融通资金?
□银行等正规金融机构借贷
□商业信用(企业之间拆借、赊账)
□民间借高利贷
□社会集资
□其他(请填写)_____

4. 您认为本行业(个体经营户)资金周转率平均____次/年。

5. 您认为本行业(个体经营户)"未观测金融"占所需运营资金比重为____%。

附录10-4 肯定评价

国家统计局收文批办单

来文单位、标题及文号	深圳市统计局关于"未观测金融"内部统计专项调查试点工作情况的报告（深统字[2016]30号）
收文日期	2016-10-27　份数 5　办理时限
领导批示	深圳经济局通过专门调查抓得很紧，抓得好，希推动实施。
办公室拟办意见	（手写批示）
承办情况	

登记人：文电机要处　周琪　　电话：2285　　审核人：（签名）

提示：需要办理的文件，请主办单位商会办单位按时限办理，并随办文存档；需要传阅的文件，请于2个工作日内传阅至下一阅文单位，由最后一个阅文单位将此件退办公室文电机要处箱。

收文[2016]第4192号

十一　深圳市社会性别统计报告

根据2013年1月实施的《深圳经济特区性别平等促进条例》"建立和完善社会性别统计制度""发布年度社会性别统计报告"等要求，我们开展了境内外调研和专项论证，并于2016年6月在全国首次制定了性别统计制度——《深圳市社会性别统计报表制度》，之后逐步建立了深圳市社会性别统计数据库。经过一段时间的酝酿筹备、搜集整理，我们联合编纂了《2015年深圳市社会性别统计报告》。这是建立完善性别平等基础制度的有益探索，是深圳制度创新的又一尝试，将为性别制度的体系建设提供科学依据、奠定基础。

男女平等是中国的基本国策，男女平等的实现程度是衡量社会文明进步的重要标志。市委、市政府一贯重视妇女事业发展，在2012年，制定了《深圳市妇女发展规划（2011—2020）》，为妇女事业发展提供了保障。在政府主导、妇儿工委各成员单位实施和社会各界共同参与和努力下，男女平等、共促和谐发展理念逐步成为社会共识，妇女工作社会化格局和长效机制逐步健全，各项规划目标基本完成，妇女事业得到了良好发展。

发布深圳市社会性别统计报告，既是对深圳妇女工作的客观回顾与总结，也是加强与改进新时期妇女工作的坚强保障。我们对平时的妇女工作、流程都比较熟悉，但是对妇女工作的认识理解以及对性别平等数据的采集、积累、分析、运用还有很大的提升空间。随着"大数据"时代的到来，为我们提供了更多"可视化""精确化"的技术与维度，加强数据的分析应用，已经成为推进妇女工作的重要方法。

《2015年深圳市社会性别统计报告》参照国际先进经验，结合深圳市实际，反映了全市男女两性在人口特征、婚姻和家庭、文化教育、就业与收入、社会保障、卫生与健康、参政议政、参与公共事务、法律保护等9个领域的情况，将为推进新时期的妇女工作提供重要的参考依据。

性别分类数据对制定切合实际需要的政策至为重要，也有助于监测和评估妇女在各方面的转变。我们希望通过本次调查能促进与妇女有关的调查研究工作上一个新台阶，推动深圳市妇女事业管理与发展上新水平。

（一）人口特征

1. 女性人口规模保持平稳增长

（1）女性常住人口增长相对平稳

截至 2015 年末，深圳市常住人口 1137.87 万人，同比增长 5.56%，较 2010 年末常住人口 1037.20 万人增长 9.71%，除 2015 年增速较快外，总体保持比较平稳的增长态势。2015 年末，男性常住人口 610 万人，占全市人口的 53.61%；女性常住人口 527.87 万人，占全市人口的 46.39%，常住人口性别比[①]为 115.56；从增长速度来看，女性常住人口保持相对平衡的增长速度，而男性常住人口增长速度波动幅度较大（详见图 11-1）。

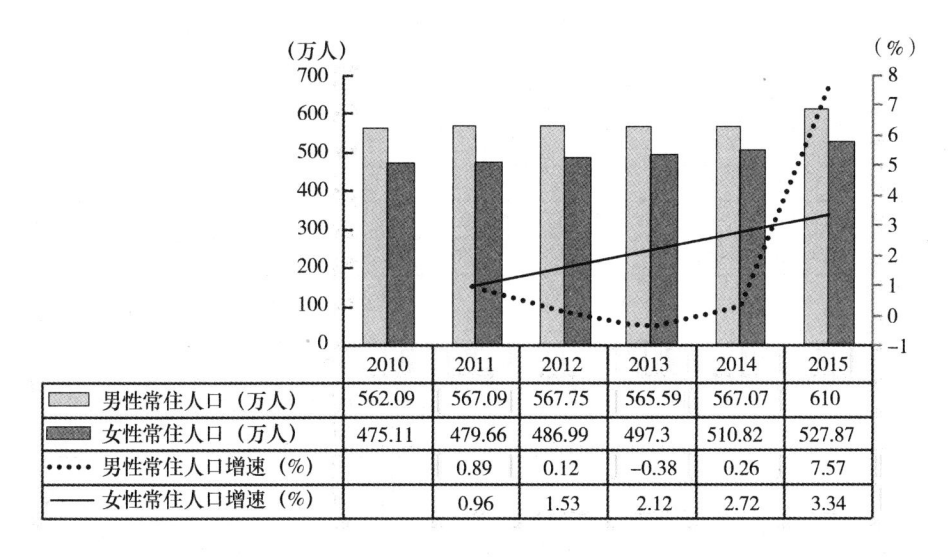

	2010	2011	2012	2013	2014	2015
男性常住人口（万人）	562.09	567.09	567.75	565.59	567.07	610
女性常住人口（万人）	475.11	479.66	486.99	497.3	510.82	527.87
男性常住人口增速（%）		0.89	0.12	-0.38	0.26	7.57
女性常住人口增速（%）		0.96	1.53	2.12	2.72	3.34

图 11-1　2010—2015 年深圳市男女常住人口规模及增速

---

① 指报告期末在所有人口中，男性人数与女性人数之比，通常用每 100 个女性人口相应有多少男性人口表示，下同。

(2) 女性户籍人口增长较快

截至2015年末,深圳市户籍人口为369.63万人,其中男性为190.46万人(详见图11-2),女性为179.17万人(占比48.47%)。与2010年的259.86万户籍人口相比,五年间增长了42.24%,增长幅度远超常住人口。这可能是受到深圳逐渐宽松的落户政策影响,越来越多的人落户深圳。对比近五年的深圳户籍人口增长情况数据,其中2013年增速最快,高达8.41%。

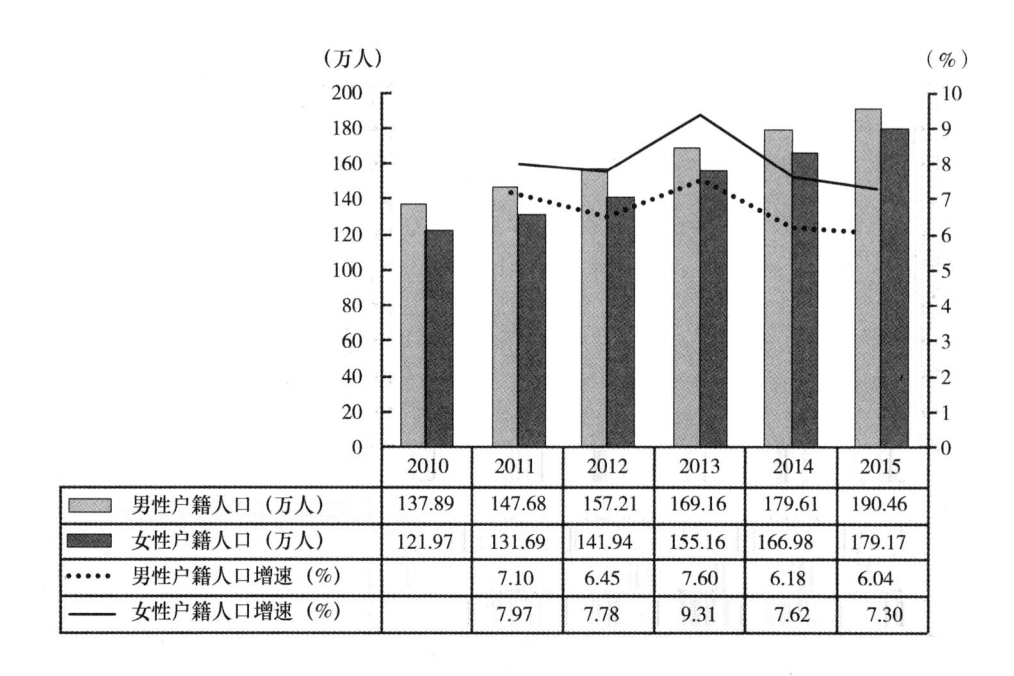

	2010	2011	2012	2013	2014	2015
男性户籍人口(万人)	137.89	147.68	157.21	169.16	179.61	190.46
女性户籍人口(万人)	121.97	131.69	141.94	155.16	166.98	179.17
······ 男性户籍人口增速(%)		7.10	6.45	7.60	6.18	6.04
—— 女性户籍人口增速(%)		7.97	7.78	9.31	7.62	7.30

图11-2 2010—2015年深圳市男女户籍人口规模及增速

(3) 总人口出生率和死亡率均有上升

2015年深圳市人口出生率和死亡率较2010年都有不同幅度的上升,出生率从2010年的14.5‰上升到2015年的19.64‰,死亡率从2010年的0.92‰上升到2015年的1.28‰。此外,人口自然增长率也出现了同步上升,2015年深圳市人口自然增长率达到18.36‰,较2010年上升4.78个千分点,比国内2015年的人口自然增长率要高出13.4个千分点(详见图11-3)。

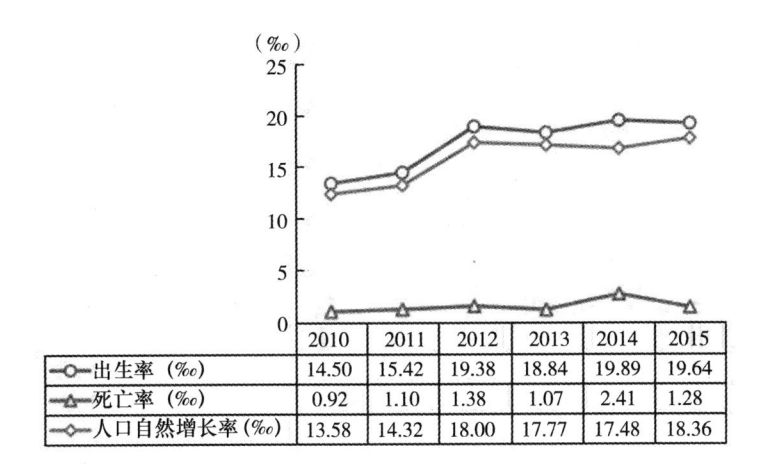

	2010	2011	2012	2013	2014	2015
出生率（‰）	14.50	15.42	19.38	18.84	19.89	19.64
死亡率（‰）	0.92	1.10	1.38	1.07	2.41	1.28
人口自然增长率（‰）	13.58	14.32	18.00	17.77	17.48	18.36

图 11-3　2010—2015 年深圳市人口出生率与死亡率情况

2. 总人口性别比依然偏高

（1）出生和常住人口性别比偏高

近年来，深圳市出生人口性别比和常住人口性别比逐渐下降，人口性别失衡现象有所改善。其中，出生人口性别比从 2010 年的 117.85 下降为 2015 年的 107.76；常住人口性别比从 2010 年的 118.31 下降为 2015 年的 115.56。但是，与全国 2015 年总常住人口性别比 105.02 相比，深圳人口性别比例依然偏高（详见图 11-4）。

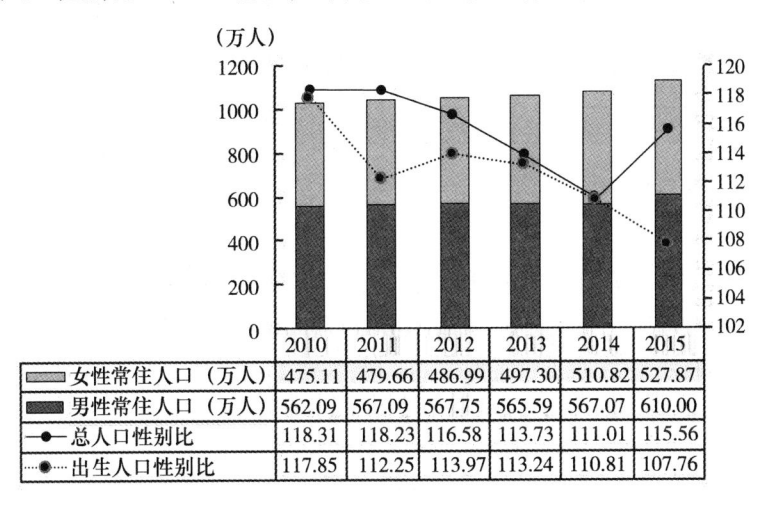

	2010	2011	2012	2013	2014	2015
女性常住人口（万人）	475.11	479.66	486.99	497.30	510.82	527.87
男性常住人口（万人）	562.09	567.09	567.75	565.59	567.07	610.00
总人口性别比	118.31	118.23	116.58	113.73	111.01	115.56
出生人口性别比	117.85	112.25	113.97	113.24	110.81	107.76

图 11-4　2010—2015 年深圳市常住人口、出生人口性别比

注：出生人口性别比 2010 年采用人口普查数据；2015 年采用 1% 人口抽样调查数据；2011—2014 年采用市卫生计生委年报数据。

(2) 各年龄段人口性别比偏高

从各年龄阶段来看，男女性别比虽有一定改善，但依然偏高。除 65 岁及以上①年龄组的常住人口性别比基本保持不变外，0—14 岁年龄组的常住人口性别比从 2010 年的 129.11 下降为 2015 年的 119.03，15—64 岁年龄组的常住人口性别比从 2010 年的 117.77 下降为 2015 年的 116.17（详见图 11-5）。

0—14 岁年龄阶段的性别比明显偏高，表明"男孩偏好"问题在深圳市突出，未来潜在社会问题的风险在增加。

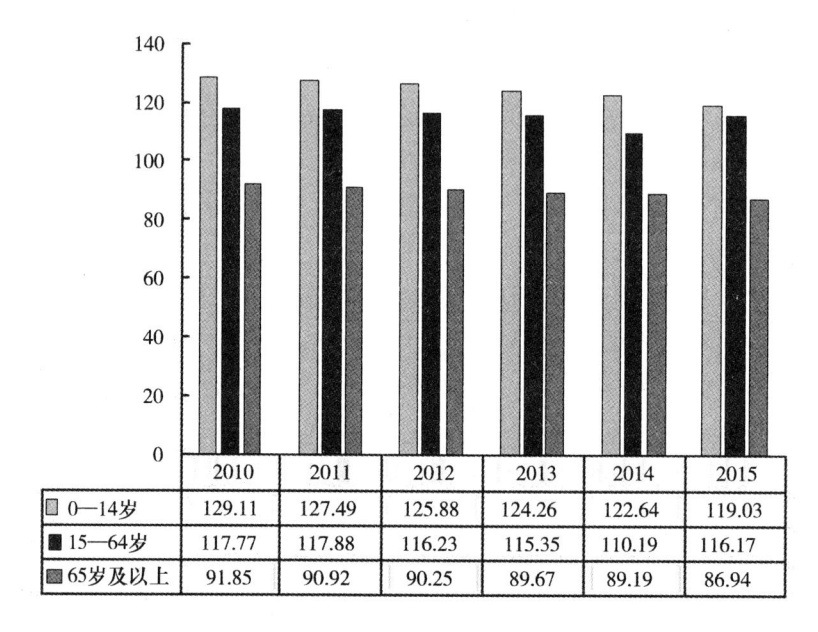

	2010	2011	2012	2013	2014	2015
0—14岁	129.11	127.49	125.88	124.26	122.64	119.03
15—64岁	117.77	117.88	116.23	115.35	110.19	116.17
65岁及以上	91.85	90.92	90.25	89.67	89.19	86.94

图 11-5　2010—2015 年深圳各年龄组常住人口性别比

(3) 户籍人口性别比相对合理

虽然深圳市常住人口性别比明显偏高，但户籍人口性别比相对合理。2015 年户籍人口总性别比为 106.29，其中，0—14 岁的人口性别比为 118.11，15—64 岁的人口性别比为 104.04，而 65 岁及以上的人口性别比为 94.76（详见图 11-6）。

---

① 按照联合国划分人口年龄结构类型的标准，将人口划分为 0—14 岁、15—64 岁、65 岁及以上 3 个组，即少年儿童组、成年组和老年组。

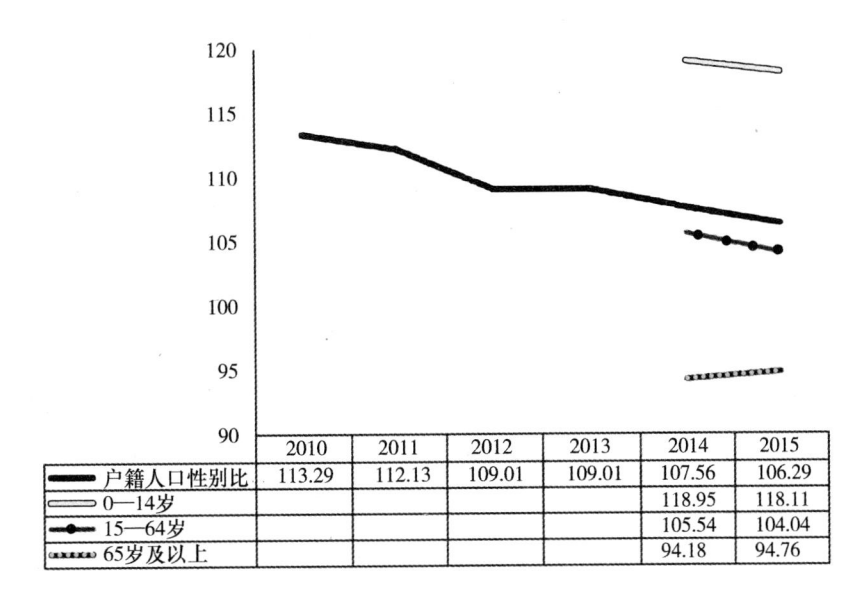

	2010	2011	2012	2013	2014	2015
户籍人口性别比	113.29	112.13	109.01	109.01	107.56	106.29
0—14岁					118.95	118.11
15—64岁					105.54	104.04
65岁及以上					94.18	94.76

图 11-6　2010—2015 年深圳各年龄组户籍人口性别比

3. 人口年龄结构属成年型

2015 年，18—64 岁的人口占总人口比重依然高达 81.58%，劳动力充足，处于人口红利期。与同期全国人口老龄化加速相比，深圳人口年龄结构相对稳定。近几年来深圳老年人口数有所增加，65 岁及以上人口占比由 2010 年的 1.79% 增加到 2015 年的 2.91%，但仍远低于 2015 年全国的 10.5%（详见图 11-7）。随着父母投靠子女落户政策的进一步宽松，未来深圳输入型老年人口数将进一步增加。

深圳人口年龄中位数从 2010 年的 28.83 岁增长到 2015 年的 31.21 岁，人口总体年龄有所提高。依据国际上通行的人口年龄构成类型标准，属于成年型[①]人口城市。2015 年，男性的年龄中位数为 31.08 岁，女性的年龄中位数为 31.36 岁（详见图 11-8）。

---

① 国际上通常用人口年龄构成类型划分的标准：年龄中位数在 20 岁以下、老龄人口 5% 以下、老少比 15% 以下为年轻型人口；年龄中位数在 20—30 岁之间、老龄人口 5%—10%、老少比 15%—30% 为成年型人口；年龄中位数在 30 岁以上、老龄人口 10% 以上、老少比 30% 以上为老年型人口。虽然深圳年龄中位数 31.21 岁，处于老年型，但老年人口比重仅 2.03%，老少比 18.09%，综合考虑确定为成年型人口结构。

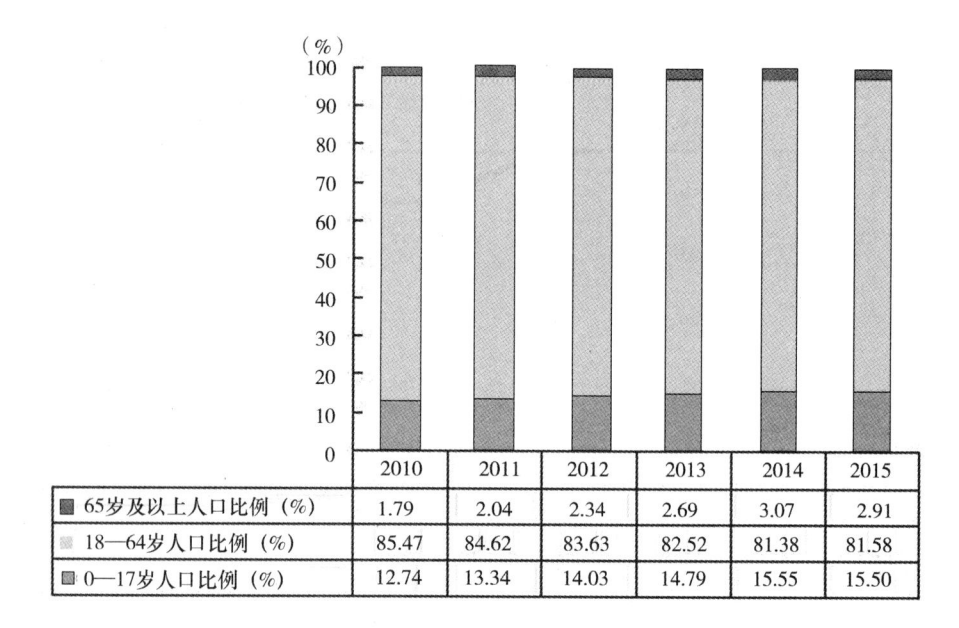

	2010	2011	2012	2013	2014	2015
65岁及以上人口比例（%）	1.79	2.04	2.34	2.69	3.07	2.91
18—64岁人口比例（%）	85.47	84.62	83.63	82.52	81.38	81.58
0—17岁人口比例（%）	12.74	13.34	14.03	14.79	15.55	15.50

图 11-7　2010—2015 年深圳市人口年龄结构

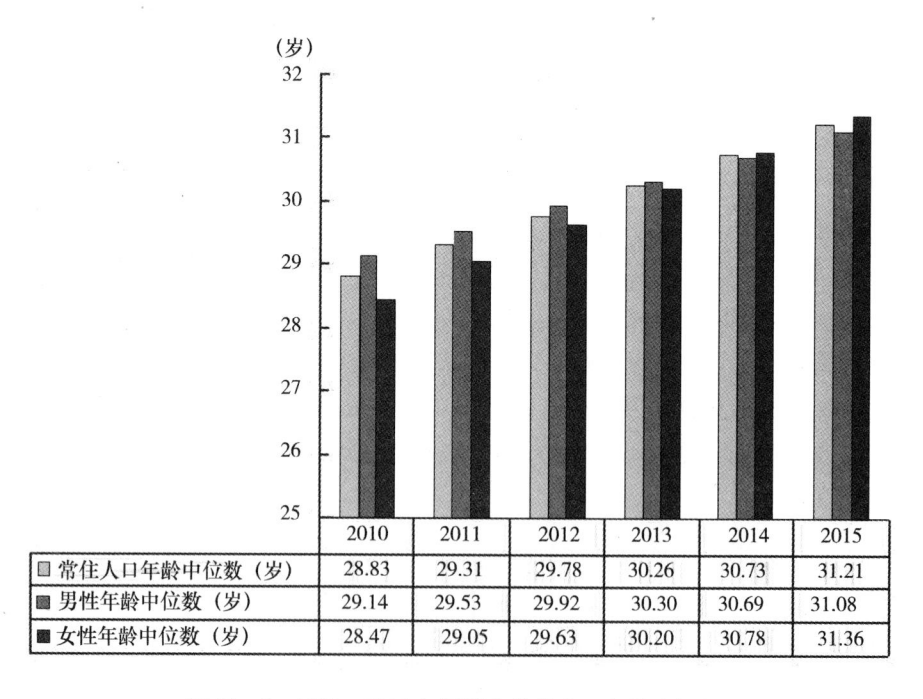

	2010	2011	2012	2013	2014	2015
常住人口年龄中位数（岁）	28.83	29.31	29.78	30.26	30.73	31.21
男性年龄中位数（岁）	29.14	29.53	29.92	30.30	30.69	31.08
女性年龄中位数（岁）	28.47	29.05	29.63	30.20	30.78	31.36

图 11-8　2010—2015 年深圳市常住人口年龄中位数

4. 女性预期寿命高于男性

随着生活水平的日益提高以及医疗服务技术的不断改进，深圳市民的平均预期寿命不断提高。人口预期寿命从 2010 年的 81.5 岁增长至 2015 年的 82.57 岁，其中男性平均预期寿命从 78.98 岁增长至 80 岁，女性平均预期寿命从 84.37 岁增长至 85.33 岁，女性相对男性更长寿（详见图 11-9）。

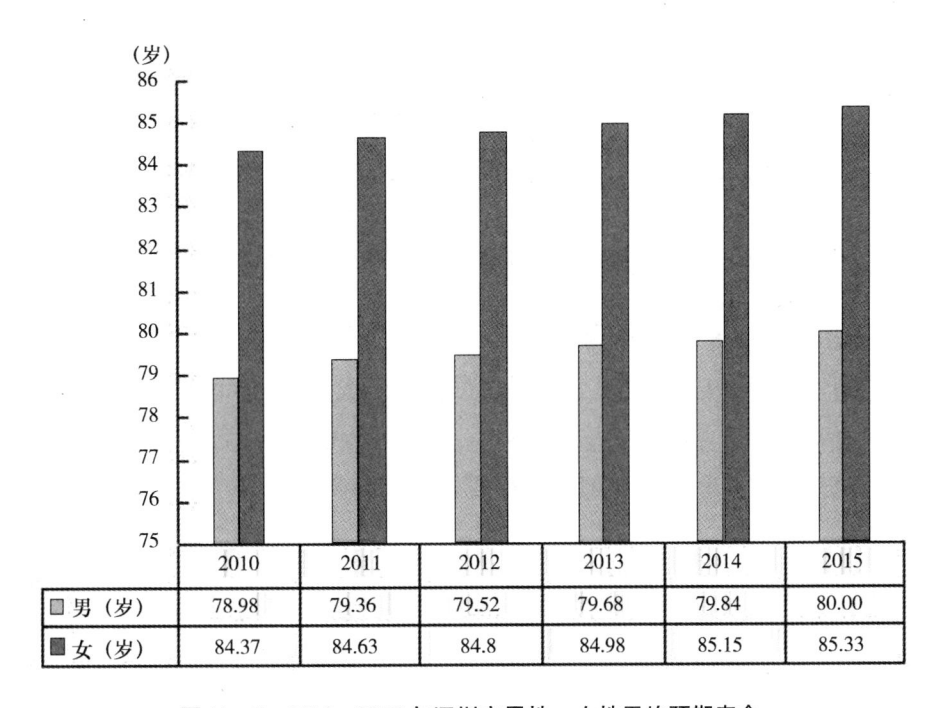

（岁）	2010	2011	2012	2013	2014	2015
男（岁）	78.98	79.36	79.52	79.68	79.84	80.00
女（岁）	84.37	84.63	84.8	84.98	85.15	85.33

图 11-9 2010—2015 年深圳市男性、女性平均预期寿命

（二）婚姻及家庭状况

1. 女性登记结婚和离婚人数有较大增长

2015 年全市共办理结婚登记 60091 对（其中内地居民登记结婚 59372 对，涉外及华侨、港澳台居民登记结婚 719 对），比 2010 年的 38223 对增长了 57.2%，远超人口增长速度。2015 年全市办理离婚登记 22664 对，比 2010 年的 8477 对增长了 167.36%，增速更快（详见图 11-10）。

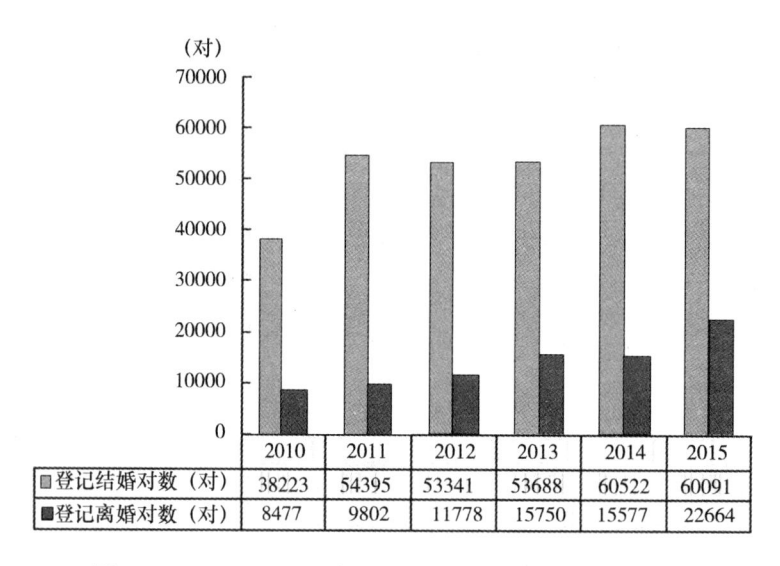

	2010	2011	2012	2013	2014	2015
登记结婚对数（对）	38223	54395	53341	53688	60522	60091
登记离婚对数（对）	8477	9802	11778	15750	15577	22664

图 11-10　2010—2015 年深圳市登记结婚及登记离婚情况

2. 再婚人数中的女性占比提升

近五年来，再婚人员增多。2010 年，仅有 9917 人在办理结婚时是以再婚的身份登记的。2015 年，这一人数已提高到 24084 人。办理再婚的女性人数占比出现了较大的提高，再婚性别比由 2010 年的 147.49 降为 2015 年的 120.31（详见图 11-11）。

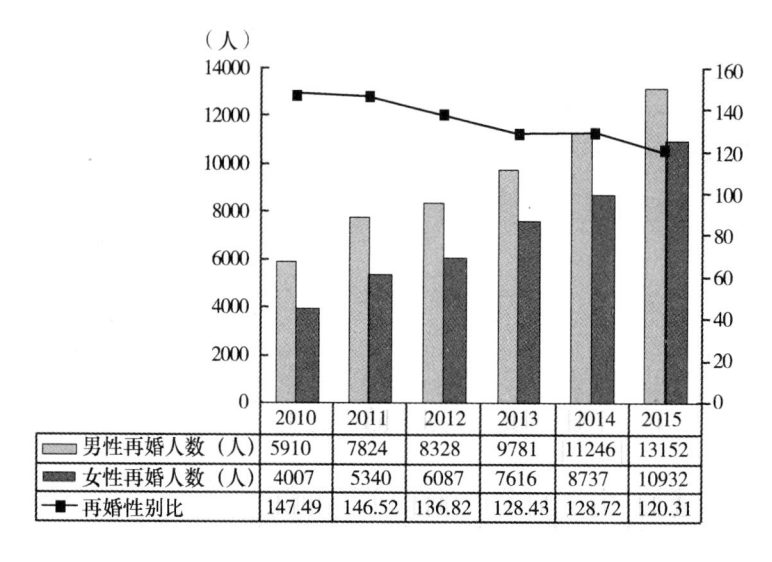

	2010	2011	2012	2013	2014	2015
男性再婚人数（人）	5910	7824	8328	9781	11246	13152
女性再婚人数（人）	4007	5340	6087	7616	8737	10932
再婚性别比	147.49	146.52	136.82	128.43	128.72	120.31

图 11-11　2010—2015 年深圳市再婚人数（左轴）及再婚性别比（右轴）

3. 已婚育龄妇女人数持续增加

2015年，全市已婚育龄妇女人数为412.07万人，较2010年增长了33.43%，相对于常住人口9.71%的增速，已婚育龄女性人口呈现持续增加、增速放缓的趋势，但仍处于生育加速期（详见图11-12）。

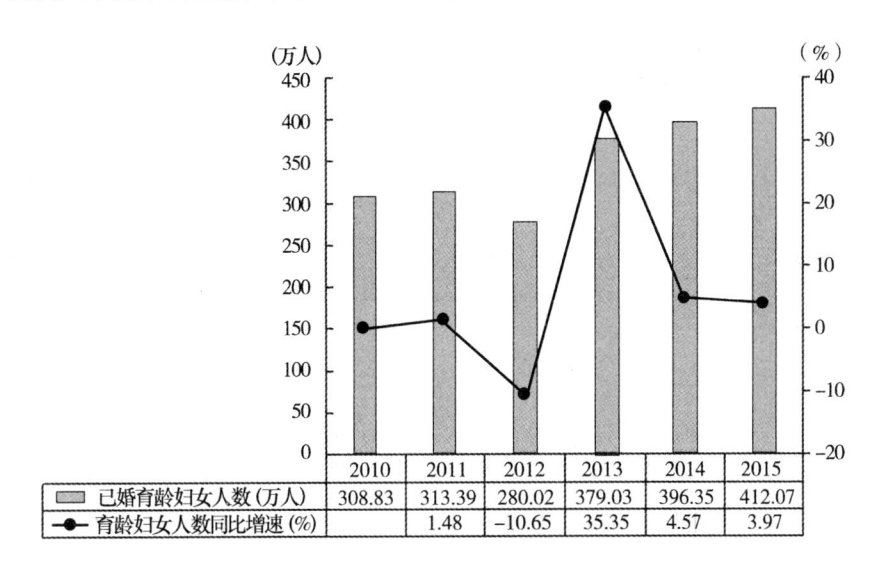

	2010	2011	2012	2013	2014	2015
已婚育龄妇女人数（万人）	308.83	313.39	280.02	379.03	396.35	412.07
育龄妇女人数同比增速（%）		1.48	-10.65	35.35	4.57	3.97

图11-12 2010—2015年深圳市已婚育龄妇女人数

4. 男女避孕节育责任趋于平等

2015年，深圳节育措施中的女性绝育措施占比已下降至6.53%，远远低于27.3%的全国水平。深圳在计划生育上的男女责任越来越均衡，不再是由女性作为弱势一方主要承担，在这一点上走在了全国前列。在各种节育措施中，以避孕套为主的药具成为最主要节育方法，2015年药具节育措施占比高达74.22%（详见图11-13）。

5. 女性作为房产户主占比增加

2010年，深圳女性房产户主有53812人，性别比为90.22。而2015年，女性房产户主增加到85364人，比2010年增长58.63%，性别比为93.85，也有一定提高，以女性作为房产户主在深圳比例较高（详见图11-14）。家庭中的女性作为户主持有房产，表明女性地位的提升，而且这样能让女性更有安全感，家庭更为和谐。

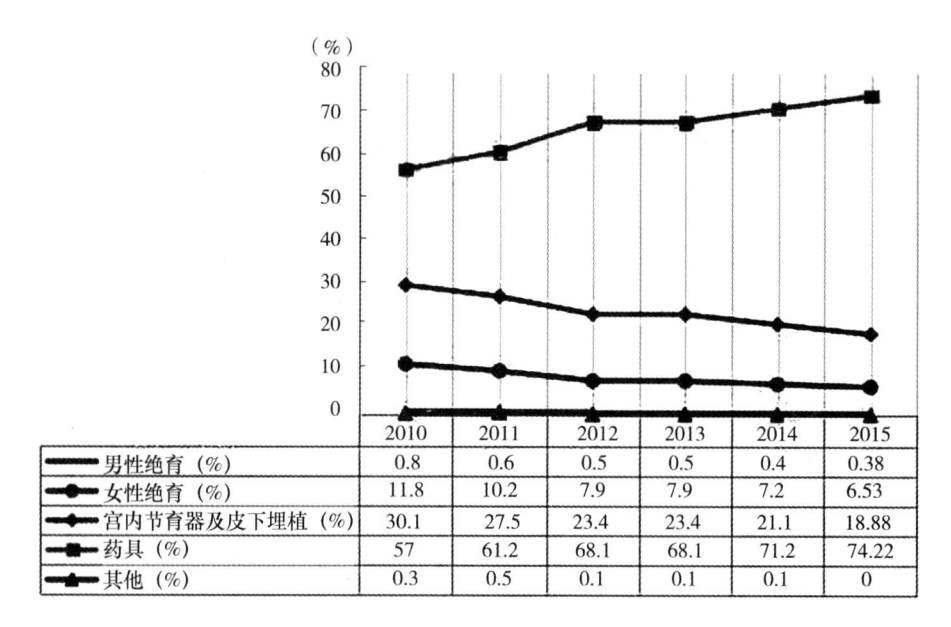

	2010	2011	2012	2013	2014	2015
——男性绝育（%）	0.8	0.6	0.5	0.5	0.4	0.38
——女性绝育（%）	11.8	10.2	7.9	7.9	7.2	6.53
——宫内节育器及皮下埋植（%）	30.1	27.5	23.4	23.4	21.1	18.88
——药具（%）	57	61.2	68.1	68.1	71.2	74.22
——其他（%）	0.3	0.5	0.1	0.1	0.1	0

图 11-13　2010—2015 年深圳市计划生育节育情况

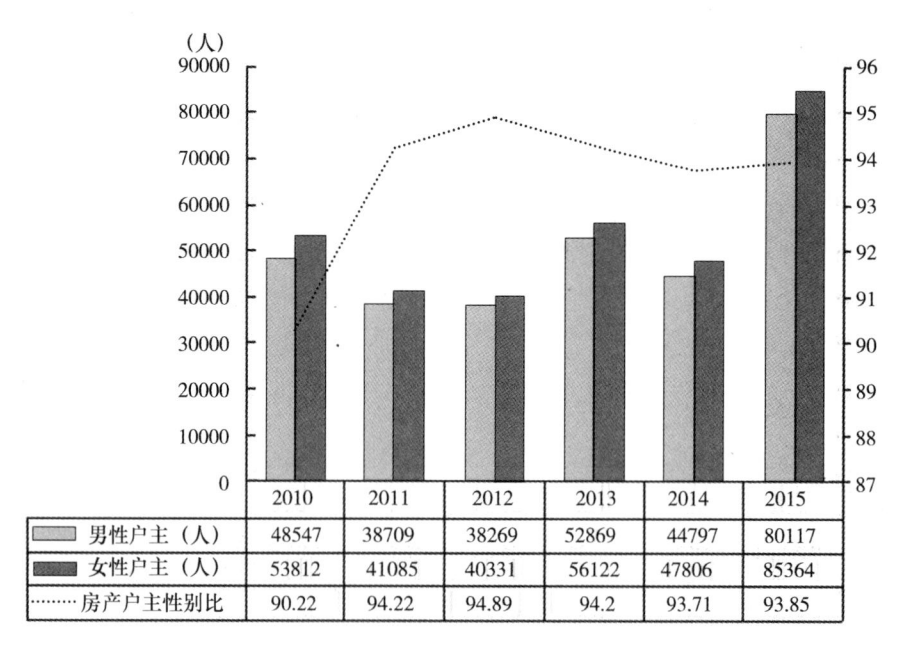

	2010	2011	2012	2013	2014	2015
男性户主（人）	48547	38709	38269	52869	44797	80117
女性户主（人）	53812	41085	40331	56122	47806	85364
......房产户主性别比	90.22	94.22	94.89	94.2	93.71	93.85

图 11-14　2010—2015 年深圳市房地产登记户主情况

（三）文化教育

1. 女性学龄儿童入学有保障

2015年全市教育经费总投入456.57亿元。教育改革创新持续推进，中小学教师职称制度改革试点全面实施，扩大了学校用人自主权；深入实施校长、教师轮岗交流，全市已有30%的中小学校长、12%的教师实现交流；启动中小学生综合素养提升100个实验项目，发布国内首个综合素养"阳光指数"测评报告；出台《关于全面深化中小学课程改革的指导意见》，面向社会评选300门"好课程"，初步建立了课程的"深圳标准"。在政府的持续关怀下，深圳市基础教育工作十分出色，学龄儿童净入学率都保持在100%（详见图11-15）。

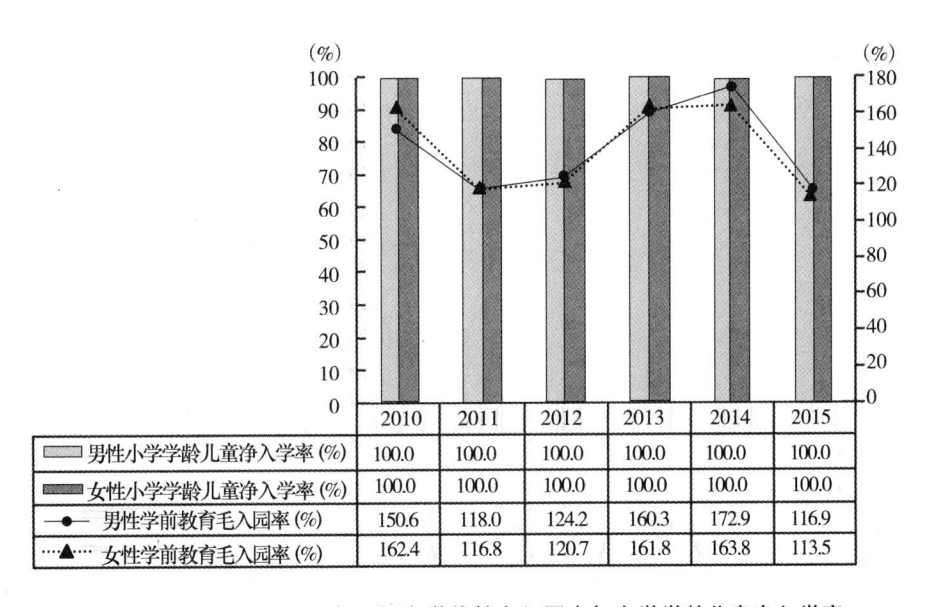

	2010	2011	2012	2013	2014	2015
男性小学学龄儿童净入学率(%)	100.0	100.0	100.0	100.0	100.0	100.0
女性小学学龄儿童净入学率(%)	100.0	100.0	100.0	100.0	100.0	100.0
男性学前教育毛入园率(%)	150.6	118.0	124.2	160.3	172.9	116.9
女性学前教育毛入园率(%)	162.4	116.8	120.7	161.8	163.8	113.5

图11-15 2010—2015年深圳市学前教育入园率与小学学龄儿童净入学率

2. 中等教育阶段女性受教育比率偏低

2015年，深圳市高中阶段在校学生性别比为122.54，普通高等院校（专本科）在校学生性别比为117.27，均高于常住人口性别比的115.56和出生人口性别比的107.76，其中的具体原因需要进一步调查确定（详见图11-16）。

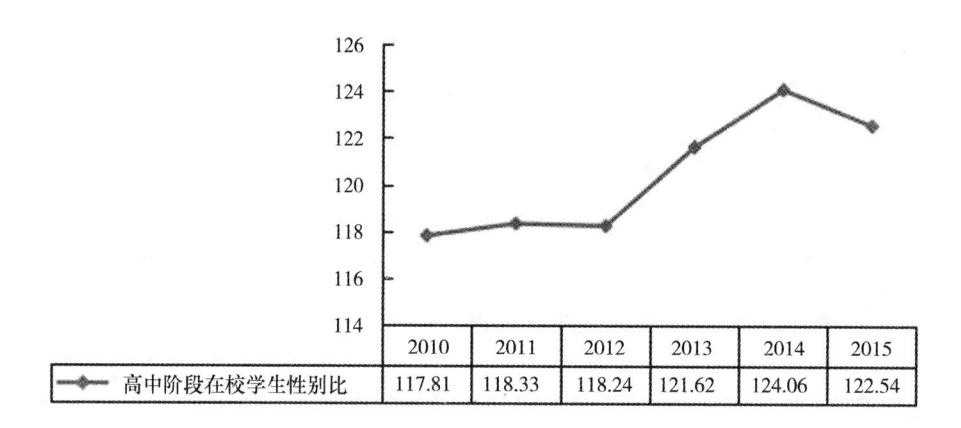

	2010	2011	2012	2013	2014	2015
高中阶段在校学生性别比	117.81	118.33	118.24	121.62	124.06	122.54

图 11-16　2010—2015 年深圳市高中阶段在校学生性别比

女性在中等职业教育上的比重低于男性。2010 年，深圳中等职业教育在校学生人数为 53962 人，到 2015 年，增长到 73309 人，提高了 35.85%，但性别比却从 128.54 提高到 141.55，表明女性的占比进一步下降（详见图 11-17）。

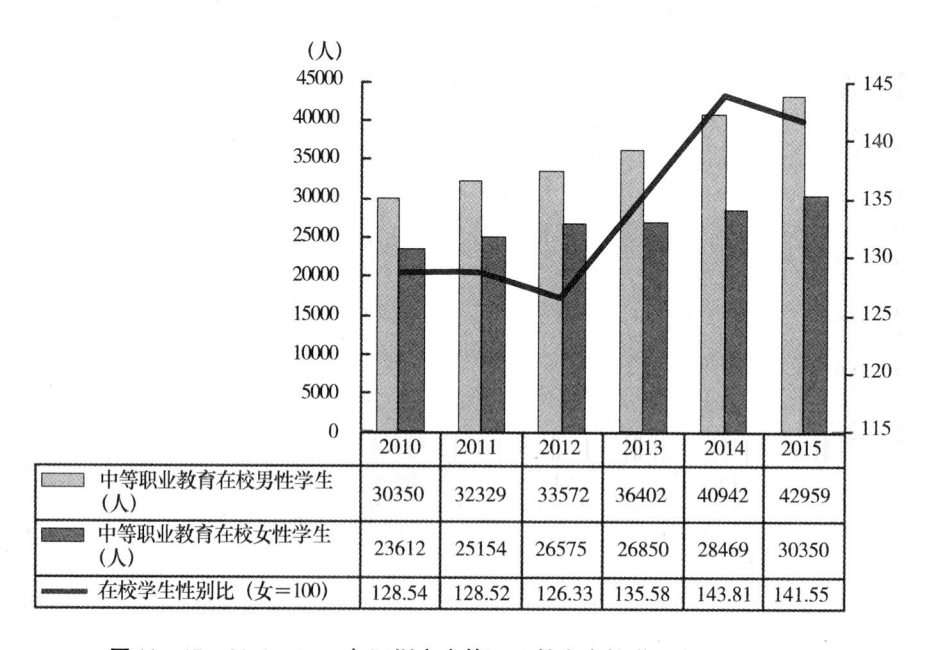

	2010	2011	2012	2013	2014	2015
中等职业教育在校男性学生（人）	30350	32329	33572	36402	40942	42959
中等职业教育在校女性学生（人）	23612	25154	26575	26850	28469	30350
在校学生性别比（女=100）	128.54	128.52	126.33	135.58	143.81	141.55

图 11-17　2010—2015 年深圳市中等职业教育在校学生人数及性别比

3. 基础教育女性教师比重高于男性

近年来深圳市各教育阶段的女性教师比重均有所上升。在幼师、小学教师以及初中教师中，女性教师的比重都远大于男性教师。2010年，幼儿园教师的性别比为2.06，小学教师的性别比为40.56，初中教师的性别比为80.96，高中教师的性别比为115.82[①]；而2015年，幼儿园教师性别比降至1.38，小学教师性别比降至33.46，初中教师性别比降至71.72，高中教师性别比降至98.93（详见图11-18）。

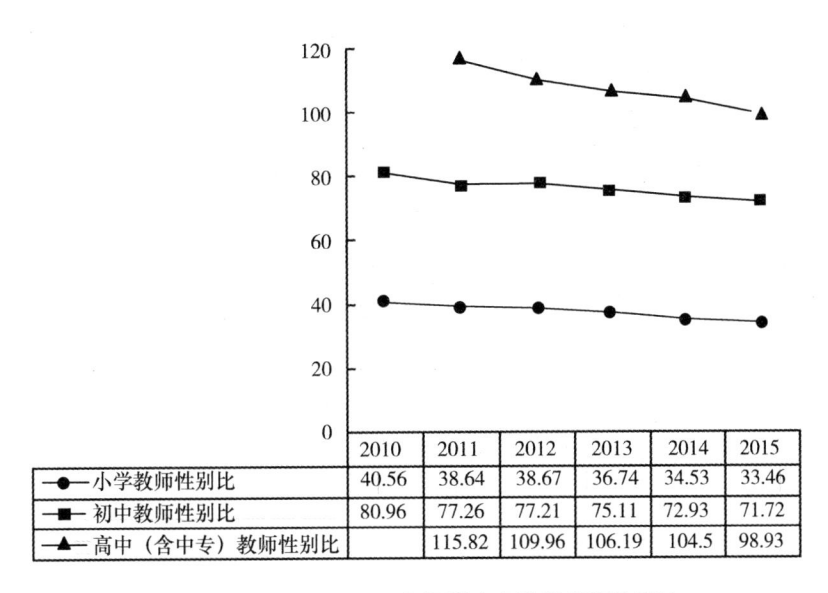

	2010	2011	2012	2013	2014	2015
─●─ 小学教师性别比	40.56	38.64	38.67	36.74	34.53	33.46
─■─ 初中教师性别比	80.96	77.26	77.21	75.11	72.93	71.72
─▲─ 高中（含中专）教师性别比		115.82	109.96	106.19	104.5	98.93

图11-18　2010—2015年深圳市各阶段教师性别比

4. 就业女性受教育程度呈不断提升趋势

2010年，深圳市具有高中文化程度的就业人口为193.71万人，2015年达到209.56万人。拥有大学文化程度的就业人口提升的幅度较大，由2010年的141.62万人提升到2015年的188.56万人。同时，大学文化就业人口的性别比由2010年的147.35降低到2015年的141.70，表明女性就业群体的学历呈不断提升趋势（详见图11-19）。

---

① 此数据为2011年数据，2010年数据无法获取。

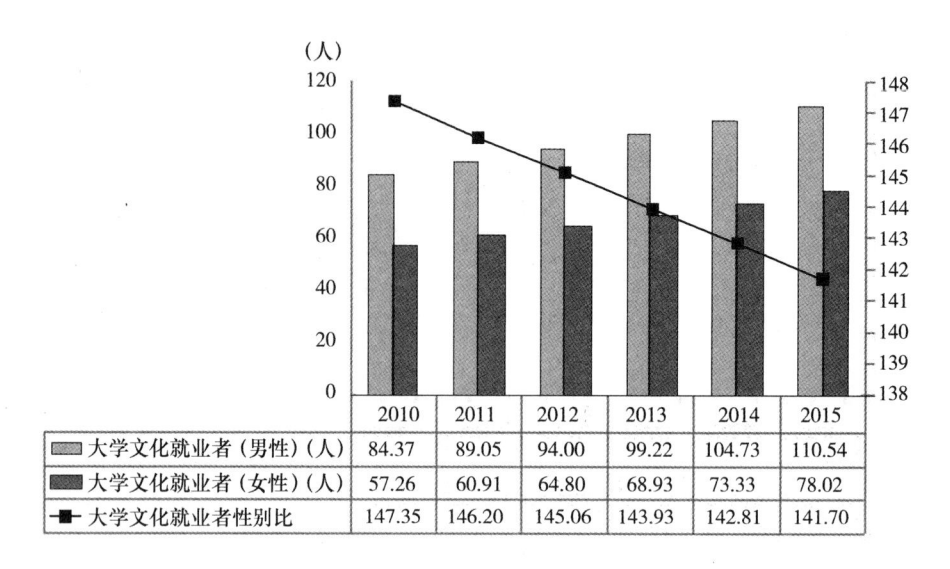

	2010	2011	2012	2013	2014	2015
大学文化就业者（男性）（人）	84.37	89.05	94.00	99.22	104.73	110.54
大学文化就业者（女性）（人）	57.26	60.91	64.80	68.93	73.33	78.02
大学文化就业者性别比	147.35	146.20	145.06	143.93	142.81	141.70

图 11 - 19　2010—2015 年深圳市大学文化就业者人数及性别比

（四）就业与收入

1. 女性就业率不及男性

深圳总体就业率处于较高水平，三次产业就业比重持续优化，第三产业尤其是现代服务业吸纳就业人数持续增长。2015 年，城镇非私营单位从业人员 459.96 万人，其中女性从业人员 183.55 万人，城镇单位从业人员性别比为 150.60，远高于深圳市常住人口性别比，表明女性就业程度不如男性（详见图 11 - 20）。

从就业人口的劳动参与率来看，从 2010 年的 83.62% 提高到 2015 年的 86.23%，但女性的劳动参与率一直保持在 75% 左右，并略有减少，而男性劳动参与率从 2010 年的 90.32% 提高到 2015 年的 95.59%（详见图 11 - 21）。

2. 女性主要就业于制造业和批发零售业

以常住人口的口径进行推算，从行业分布来看，深圳市女性从业人员主要分布在制造业和批发零售业。2015 年深圳市制造业的女性从业人员为 129.17 万人，占制造业从业人员总数的 40%；批发与零售业的女性从业人员有 62.85 万人，占批发与零售业从业人员总数的 44.3%。

截至 2015 年末，深圳市规模以上工业企业共有 R&D 人员 174953 人，比 2010 年末的 160148 人提高 9.24%，相对于同期深圳市从业人员 19.52% 的增幅而言，这一比例提高较慢。女性从事研发工作的占比也一直处于低位，2015 年占比仅为 19%（详见图 11-22）。

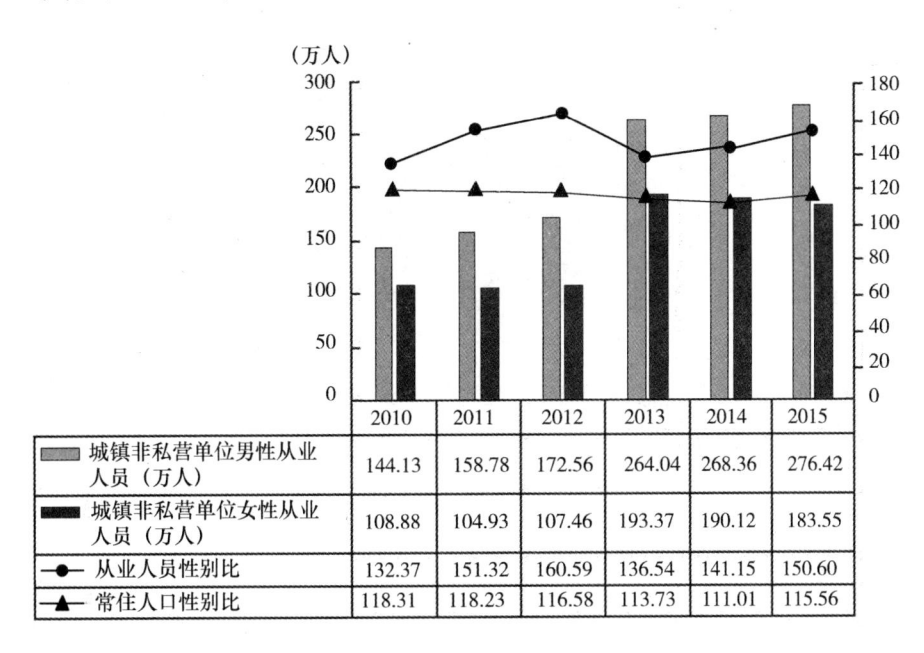

	2010	2011	2012	2013	2014	2015
城镇非私营单位男性从业人员（万人）	144.13	158.78	172.56	264.04	268.36	276.42
城镇非私营单位女性从业人员（万人）	108.88	104.93	107.46	193.37	190.12	183.55
●— 从业人员性别比	132.37	151.32	160.59	136.54	141.15	150.60
▲— 常住人口性别比	118.31	118.23	116.58	113.73	111.01	115.56

图 11-20　2010—2015 年深圳市城镇单位从业人员

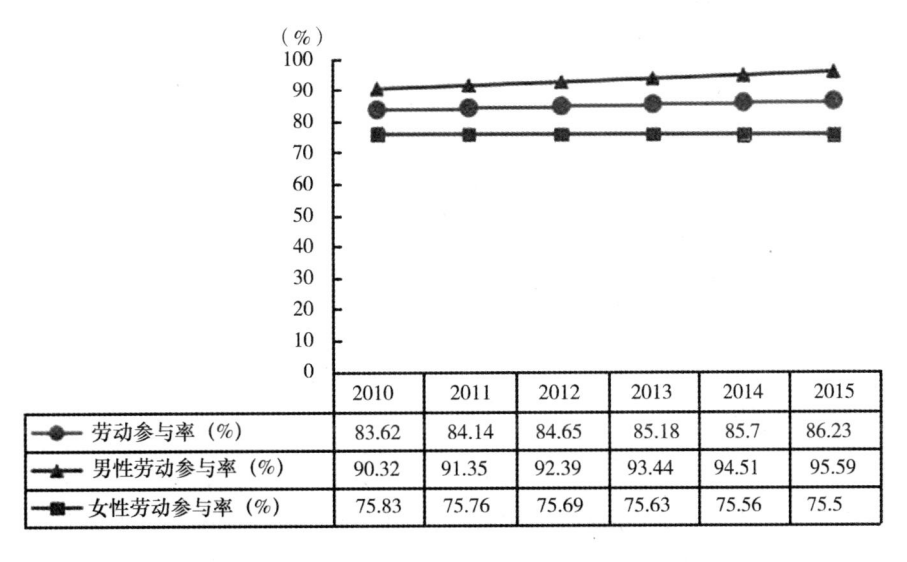

	2010	2011	2012	2013	2014	2015
●— 劳动参与率（%）	83.62	84.14	84.65	85.18	85.7	86.23
▲— 男性劳动参与率（%）	90.32	91.35	92.39	93.44	94.51	95.59
■— 女性劳动参与率（%）	75.83	75.76	75.69	75.63	75.56	75.5

图 11-21　2010—2015 年深圳市劳动参与率

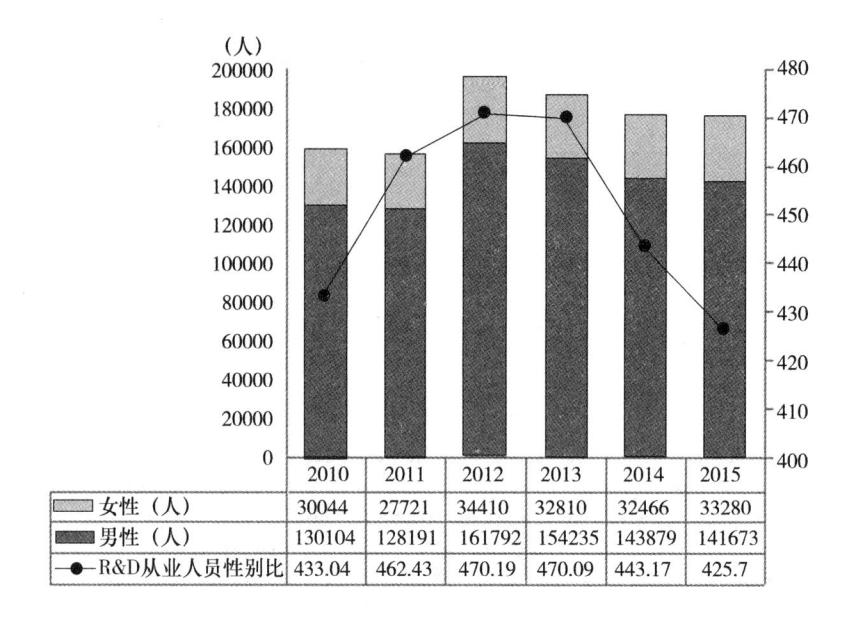

	2010	2011	2012	2013	2014	2015
女性（人）	30044	27721	34410	32810	32466	33280
男性（人）	130104	128191	161792	154235	143879	141673
R&D从业人员性别比	433.04	462.43	470.19	470.09	443.17	425.7

图 11-22　深圳市女性 R&D 从业人员情况

（五）社会保障

1. 各类保险参保的性别比呈上升趋势

全市各类险种参保的性别比整体上呈上升趋势，生育保险参保的性别比从 2010 年的 108.41 增长到 2015 年的 131.54，基本医疗保险参保的性别比从 2010 年的 121.24 增长到 2015 年的 127.42，基本养老保险参保的性别比从 2010 年的 115.40 增长到 2015 年的 129.71，工伤保险参保的性别比从 2010 年的 126.57 增长到 2015 年的 134.56，失业保险参保的性别比从 2010 年的 129.28 增长到 2015 年的 134.82，住房公积金缴存的性别比从 2011 年的 138.09 增长到 2015 年的 145.06（详见图 11-23 至图 11-28）。

2. 社会救助对象中女性占比低

2015 年，全市儿童福利机构数共 6 个，流浪儿童救助保护机构 1 个，残疾儿童康复率为 98.1%，贫困家庭儿童资助率达到 100%，散居孤儿月均最低养育标准、福利机构集中供养孤儿月均最低标准分别提高到 1150 元、1900 元。救助对象中男性占比较高，救助站救助对象性别比为 812.09，流浪儿童救助性别比为

191.59，福利机构集中供养的儿童性别比为 134.78，均高于深圳市常住人口性别比（详见图 11-29）。

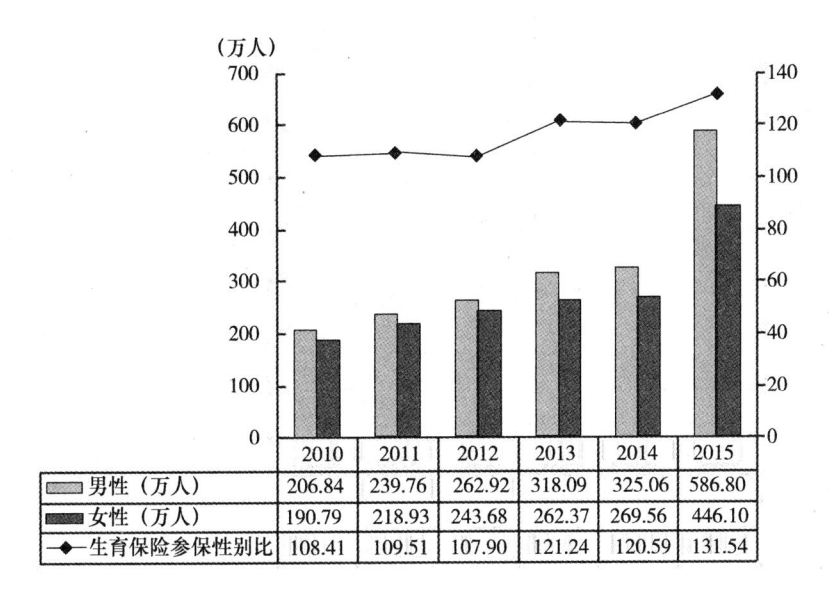

	2010	2011	2012	2013	2014	2015
男性（万人）	206.84	239.76	262.92	318.09	325.06	586.80
女性（万人）	190.79	218.93	243.68	262.37	269.56	446.10
生育保险参保性别比	108.41	109.51	107.90	121.24	120.59	131.54

图 11-23　2010—2015 年深圳市生育保险参保情况

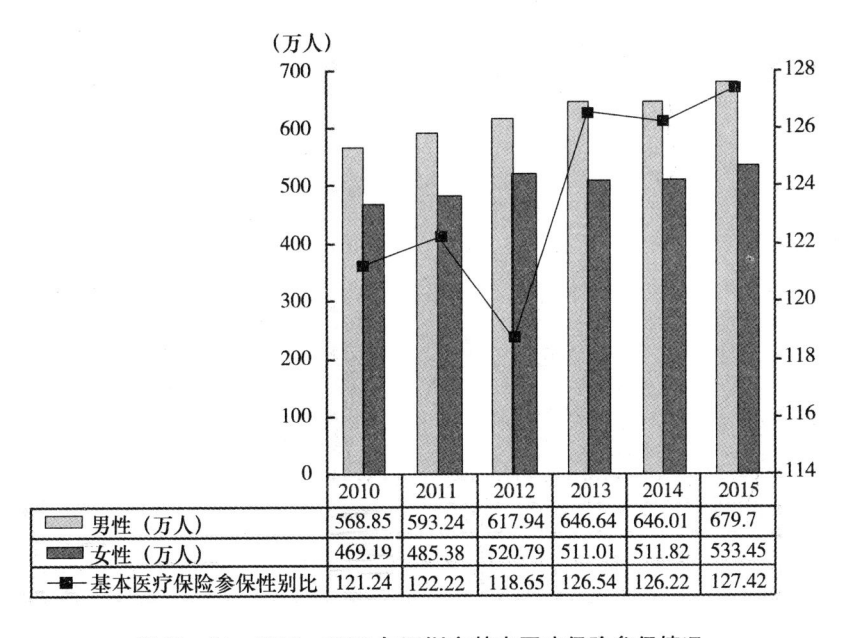

	2010	2011	2012	2013	2014	2015
男性（万人）	568.85	593.24	617.94	646.64	646.01	679.7
女性（万人）	469.19	485.38	520.79	511.01	511.82	533.45
基本医疗保险参保性别比	121.24	122.22	118.65	126.54	126.22	127.42

图 11-24　2010—2015 年深圳市基本医疗保险参保情况

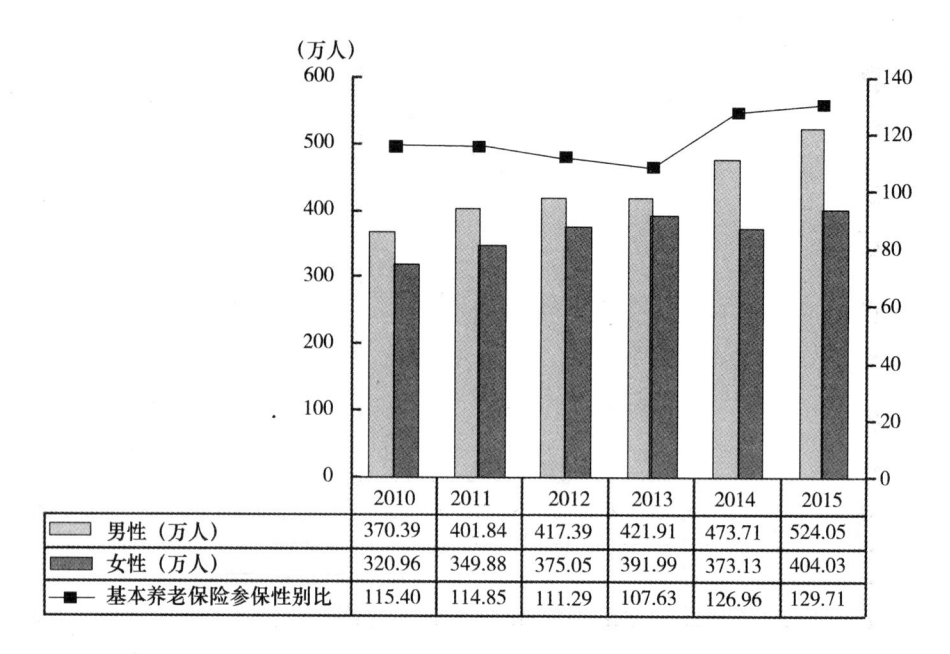

	2010	2011	2012	2013	2014	2015
男性（万人）	370.39	401.84	417.39	421.91	473.71	524.05
女性（万人）	320.96	349.88	375.05	391.99	373.13	404.03
■ 基本养老保险参保性别比	115.40	114.85	111.29	107.63	126.96	129.71

图 11－25　2010—2015 年深圳市基本养老保险参保情况

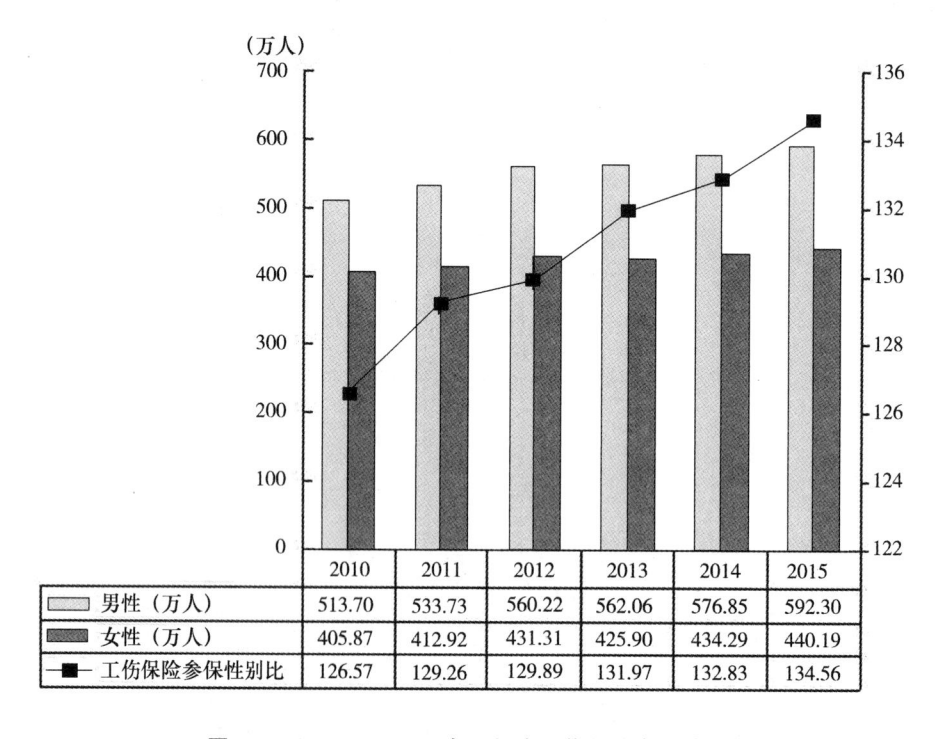

	2010	2011	2012	2013	2014	2015
男性（万人）	513.70	533.73	560.22	562.06	576.85	592.30
女性（万人）	405.87	412.92	431.31	425.90	434.29	440.19
■ 工伤保险参保性别比	126.57	129.26	129.89	131.97	132.83	134.56

图 11－26　2010—2015 年深圳市工伤保险参保情况

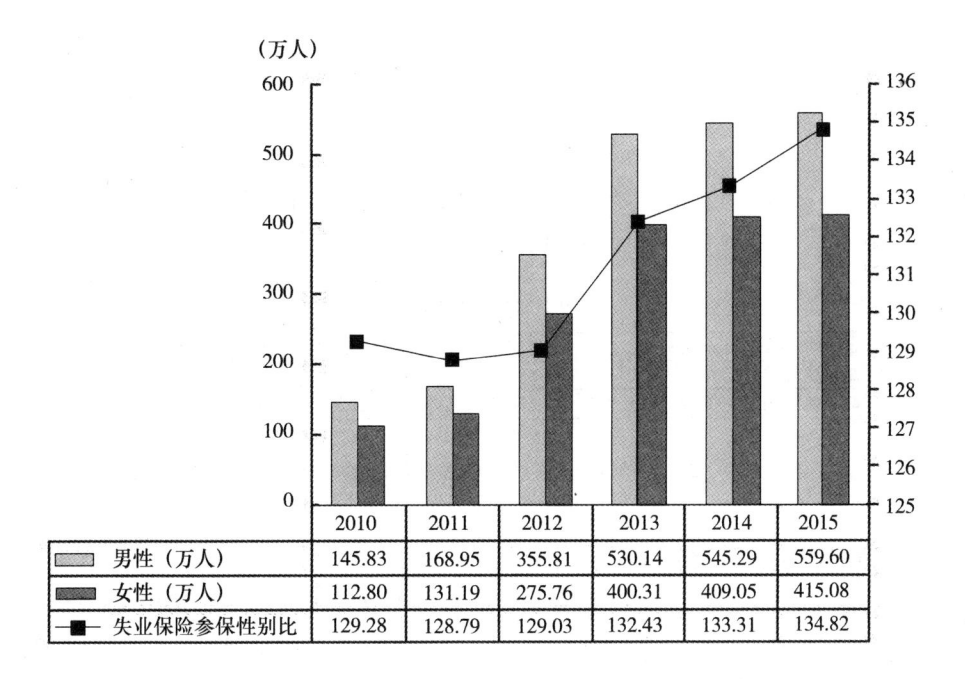

	2010	2011	2012	2013	2014	2015
男性（万人）	145.83	168.95	355.81	530.14	545.29	559.60
女性（万人）	112.80	131.19	275.76	400.31	409.05	415.08
失业保险参保性别比	129.28	128.79	129.03	132.43	133.31	134.82

图 11-27　2010—2015 年深圳市失业保险参保情况

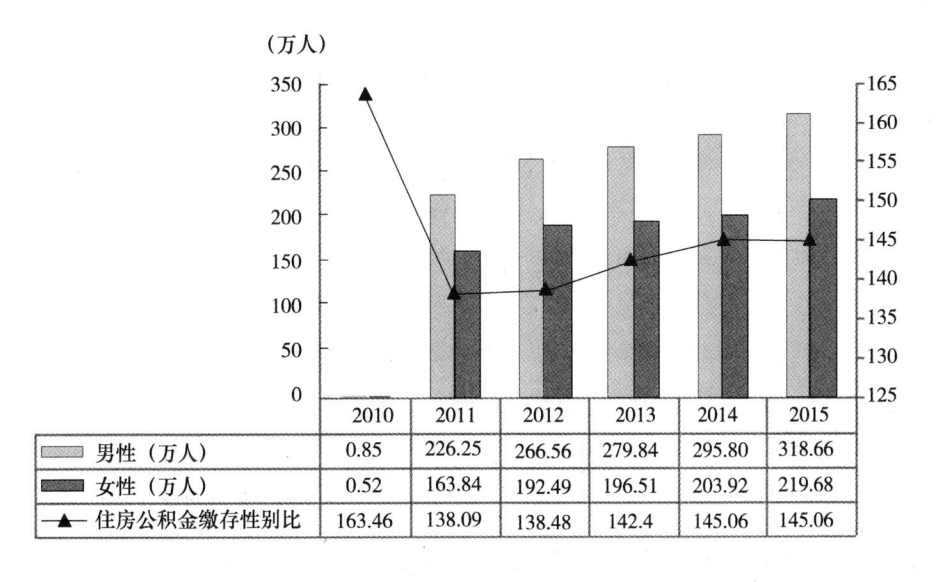

	2010	2011	2012	2013	2014	2015
男性（万人）	0.85	226.25	266.56	279.84	295.80	318.66
女性（万人）	0.52	163.84	192.49	196.51	203.92	219.68
住房公积金缴存性别比	163.46	138.09	138.48	142.4	145.06	145.06

图 11-28　2010—2015 年深圳市住房公积金缴存情况

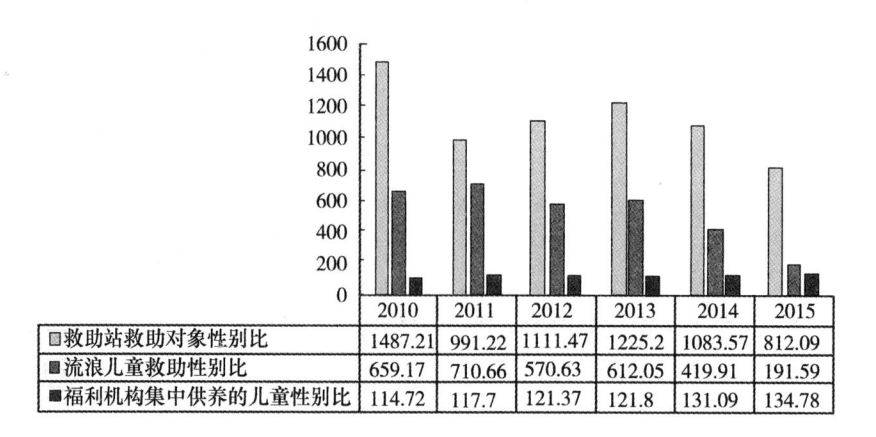

	2010	2011	2012	2013	2014	2015
救助站救助对象性别比	1487.21	991.22	1111.47	1225.2	1083.57	812.09
流浪儿童救助性别比	659.17	710.66	570.63	612.05	419.91	191.59
福利机构集中供养的儿童性别比	114.72	117.7	121.37	121.8	131.09	134.78

图 11-29 2010—2015 年深圳市各类福利救助机构救助对象性别比

3. 最低生活保障对象中男性占比高

2015 年深圳领取最低生活保障金的男性人数为 3504 人，较 2010 年减少 2929 人；领取最低生活保障金的女性人数为 2788 人，较 2010 年减少 2999 人。另一方面，伴随着领取最低生活保障金总人数的大幅减少，领取最低生活保障金的人员性别比却持续上升，从 2010 年的 111.16 上升至 2015 年的 125.68，高于深圳市常住人口性别比（详见图 11-30）。

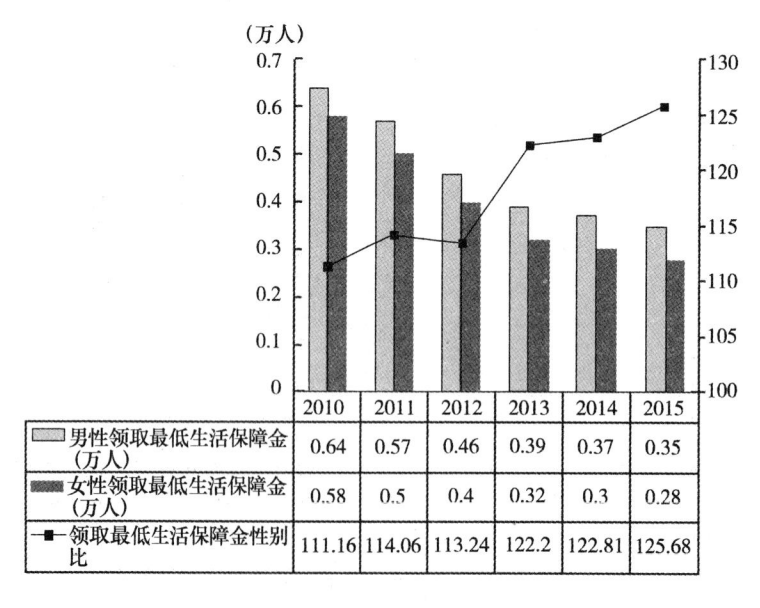

	2010	2011	2012	2013	2014	2015
男性领取最低生活保障金（万人）	0.64	0.57	0.46	0.39	0.37	0.35
女性领取最低生活保障金（万人）	0.58	0.5	0.4	0.32	0.3	0.28
领取最低生活保障金性别比	111.16	114.06	113.24	122.2	122.81	125.68

图 11-30 2010—2015 年深圳市领取最低生活保障金情况

十一 深圳市社会性别统计报告

4. 女性养老人口总数高于男性

截至 2015 年末,深圳共有 2794 人入住养老院,比 2010 年的 1765 人增长了 58.30%,其中女性约占 60.24%;共有 25.54 万人领取了养老金,比 2010 年的 16.33 万人增长了 56.40%,其中女性占 69.12%。这些比例中女性占比高,可能跟女性平均预期寿命高于男性有关(详见图 11-31 和图 11-32)。

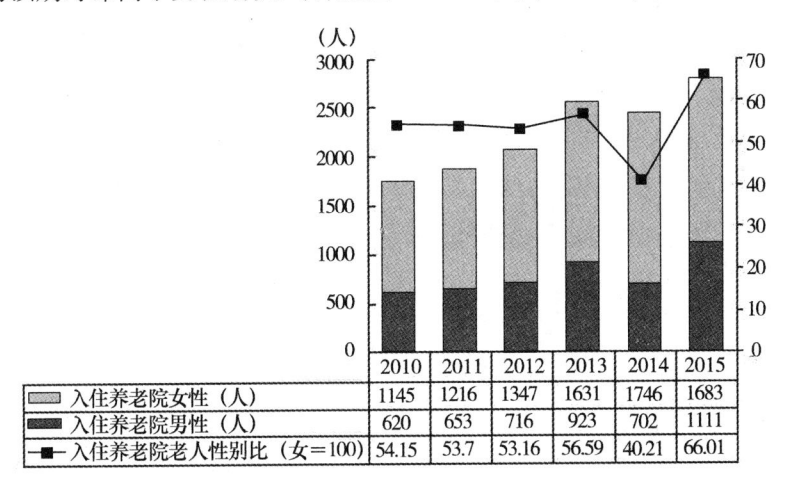

	2010	2011	2012	2013	2014	2015
入住养老院女性(人)	1145	1216	1347	1631	1746	1683
入住养老院男性(人)	620	653	716	923	702	1111
入住养老院老人性别比(女=100)	54.15	53.7	53.16	56.59	40.21	66.01

图 11-31 2010—2015 年深圳市入住养老院人员情况

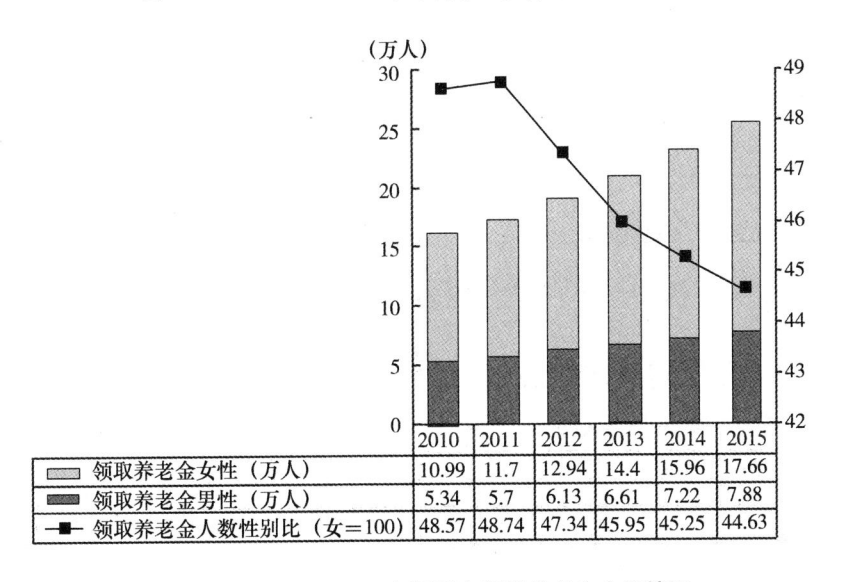

	2010	2011	2012	2013	2014	2015
领取养老金女性(万人)	10.99	11.7	12.94	14.4	15.96	17.66
领取养老金男性(万人)	5.34	5.7	6.13	6.61	7.22	7.88
领取养老金人数性别比(女=100)	48.57	48.74	47.34	45.95	45.25	44.63

图 11-32 2010—2015 年深圳市领取养老金人员情况

（六）卫生与健康

1. 女性的卫生与健康保障能力增强

深圳完善了孕产妇和新生儿死亡评审工作制度和全市急危重症孕产妇、新生儿转诊会诊机制，在市妇幼保健院设立哈佛—深圳自闭症诊疗中心。全面开展妇幼健康优质服务示范工程创建活动，福田区获国家级妇幼健康优质服务示范区。为76674人提供了免费孕前优生健康检查和风险评估，"两癌"筛查近15万人次。截至2015年末，深圳妇女健康档案建档率达95.0%，妇女档案使用率达85.0%，同比上升3.3个百分点；妇女体质监测达标率为90.0%，妇女常见病定期筛查率为77.8%（详见图11-33），各项指标呈逐年上升趋势。

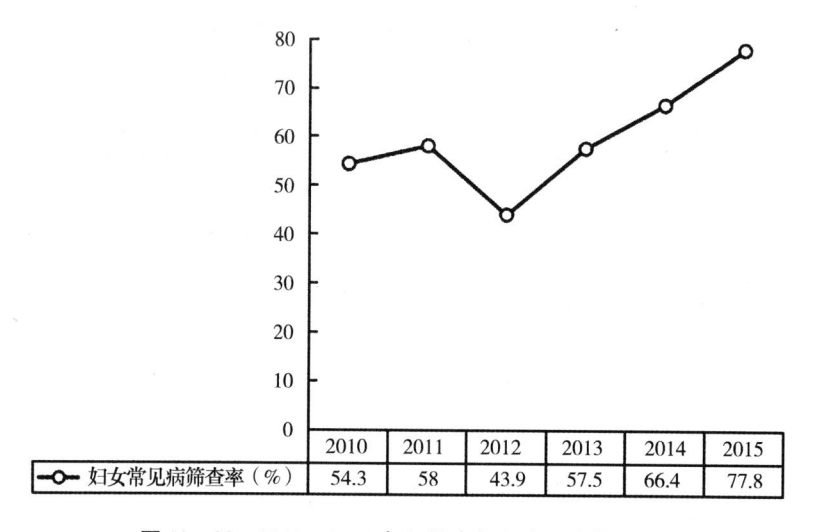

	2010	2011	2012	2013	2014	2015
妇女常见病筛查率（%）	54.3	58	43.9	57.5	66.4	77.8

图11-33　2010—2015年深圳市妇女常见病筛查率

2. 孕产妇医疗保健水平较高

孕产妇医疗保健处于较高水平。2015年孕产妇中，重度贫血患病率为0.98%，同比下降0.45个百分点；住院分娩率达到99.82%，连续五年保持在99%的较高水平；孕妇产前检查率达到98.59%，保持持续上升趋势；新法接生率达到99.88%（详见图11-34）。

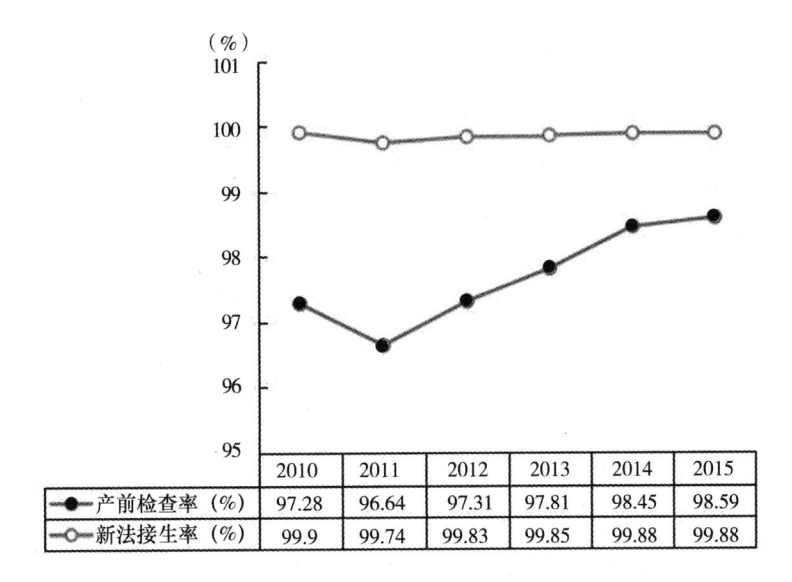

	2010	2011	2012	2013	2014	2015
产前检查率（%）	97.28	96.64	97.31	97.81	98.45	98.59
新法接生率（%）	99.9	99.74	99.83	99.85	99.88	99.88

图 11-34　2010—2015 年深圳市产前检查率和新法接生率

3. 新生儿中女性婴儿死亡率低于男性

新生儿中婴儿死亡率由 2010 年的 2.35‰下降到 2015 年的 2.10‰，低于全国 8.1‰的婴儿死亡率，其中女性婴儿死亡率近 6 年来连续低于男性婴儿死亡率（详见图 11-35）。

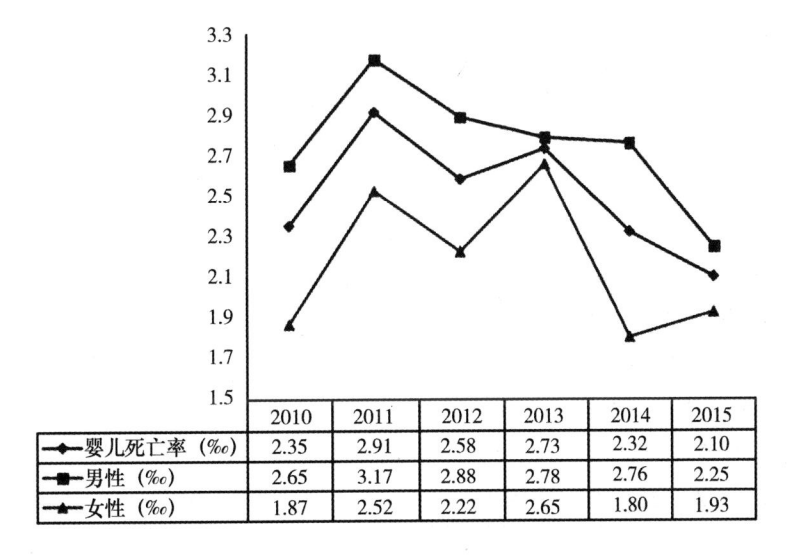

	2010	2011	2012	2013	2014	2015
婴儿死亡率（‰）	2.35	2.91	2.58	2.73	2.32	2.10
男性（‰）	2.65	3.17	2.88	2.78	2.76	2.25
女性（‰）	1.87	2.52	2.22	2.65	1.80	1.93

图 11-35　2010—2015 年深圳市婴儿死亡率

4. 五岁以下儿童死亡率女性低于男性

五岁以下男性儿童的死亡率从 2010 年的 3.94‰ 下降到 2015 年的 3.3‰；五岁以下女性儿童的死亡率则更低，从 2010 年的 2.86‰ 下降到 2015 年的 2.56‰。深圳五岁以下儿童死亡率远低于全国平均水平（2015 年全国五岁以下儿童死亡率为 10.7‰）（详见图 11-36）。

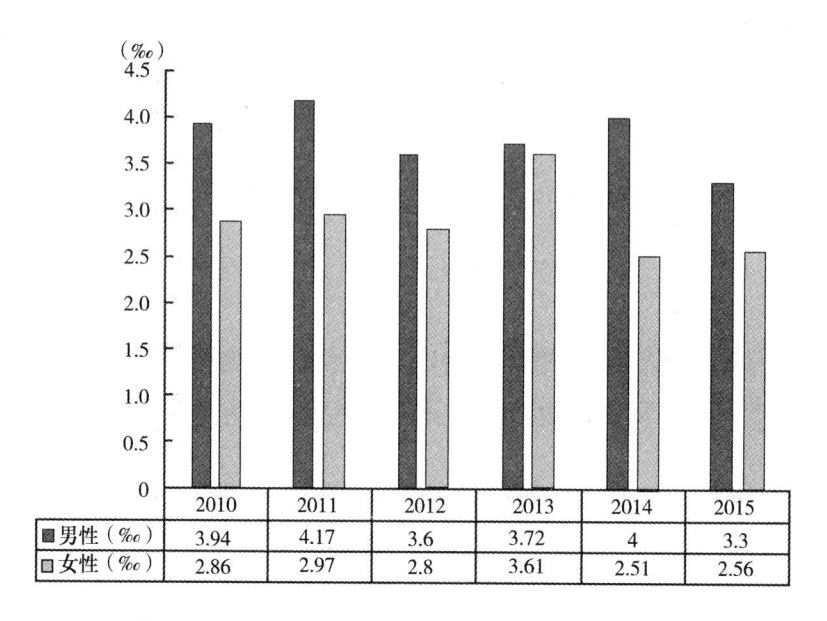

	2010	2011	2012	2013	2014	2015
男性（‰）	3.94	4.17	3.6	3.72	4	3.3
女性（‰）	2.86	2.97	2.8	3.61	2.51	2.56

图 11-36　2010—2015 年深圳市五岁以下儿童死亡率

（七）参政议政

1. 女性参政议政比例保持增长

2015 年，全市共有中国共产党党员 477099 人，其中女性党员 171433 人，占比 35.93%，较 2010 年上升 3.5 个百分点；2015 年妇女在各级人大、政协委员中的比例均比上年有所上升，市人大代表中女性占比为 26.09%，比 2010 年上升了 1.99 个百分点；市政协委员中女性代表比重为 20.4%，比 2010 年上升了 1.7 个百分点（详见图 11-37）。

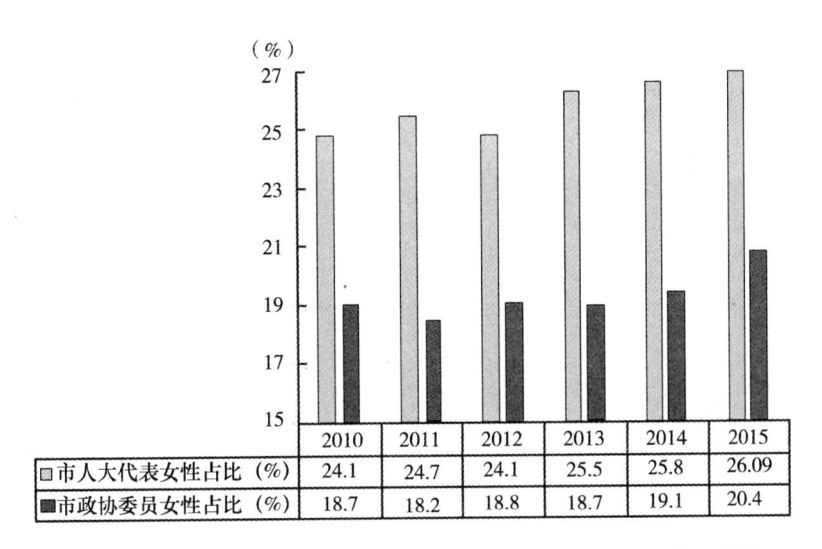

	2010	2011	2012	2013	2014	2015
市人大代表女性占比（%）	24.1	24.7	24.1	25.5	25.8	26.09
市政协委员女性占比（%）	18.7	18.2	18.8	18.7	19.1	20.4

图 11-37 2010—2015 年深圳市市人大代表及市政协委员中女性占比情况

2. 公务员队伍中女性占比较低

全市公务员队伍人数近年来保持稳定水平，2015 年共有公务员 46323 人，仅比 2010 年的 43407 人增长了 6.72%，而公务员中女性的占比一直稳定在 23% 左右，占比较低（详见图 11-38）。

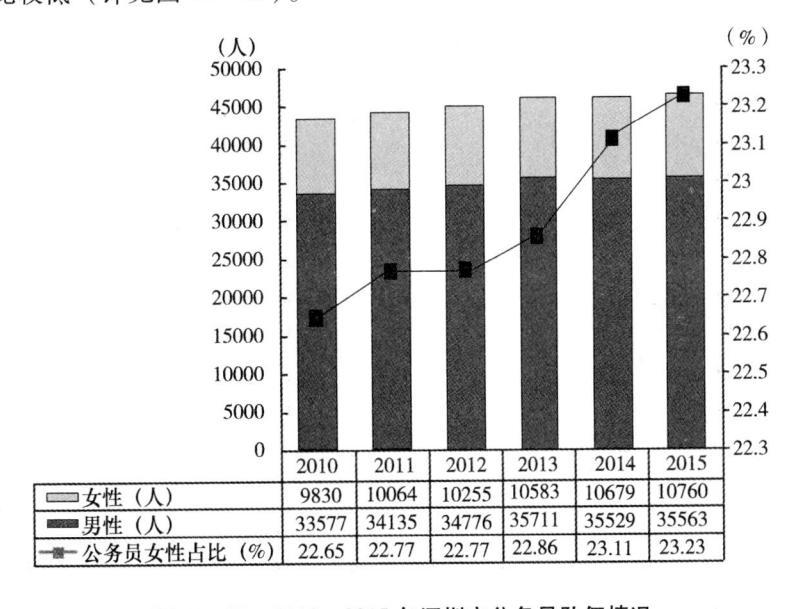

	2010	2011	2012	2013	2014	2015
女性（人）	9830	10064	10255	10583	10679	10760
男性（人）	33577	34135	34776	35711	35529	35563
公务员女性占比（%）	22.65	22.77	22.77	22.86	23.11	23.23

图 11-38 2010—2015 年深圳市公务员队伍情况

2015年，全市共有局级领导干部663人，其中女性占比16%；处级领导干部6730人，其中女性占比21%。2010年，全市局级领导干部有686人，其中女性占比16.2%；处级领导干部有6358人，其中女性占比20%（详见图11-39）。近六年来，女性公务员领导干部的占比一直处于较低水平，变动幅度不大。

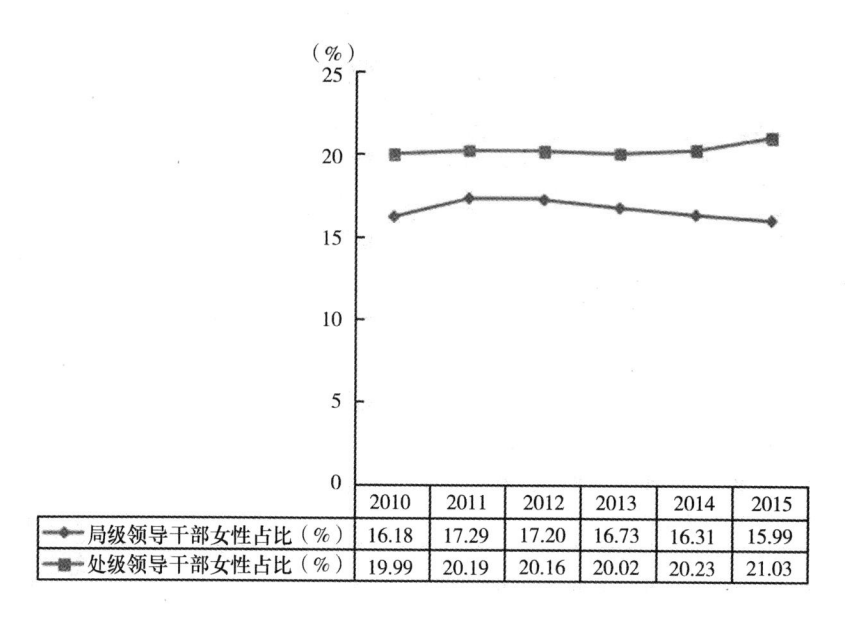

	2010	2011	2012	2013	2014	2015
局级领导干部女性占比（%）	16.18	17.29	17.20	16.73	16.31	15.99
处级领导干部女性占比（%）	19.99	20.19	20.16	20.02	20.23	21.03

图11-39 2010—2015年深圳市局级、处级领导干部中女性占比情况

（八）参与公共事务

1. 基层妇联组织建设进展较快

近年来，深圳市妇联组织建设取得重大进展，基层妇联组织个数大幅增长。2015年深圳市基层妇联组织达到702个，其中街道妇联组织59个，社区妇联组织643个（详见图11-40）。

2. 女性参与企业决策比例偏低

2015年，全市已建工会企业职工代表大会中女性比例为41.18%，较2010年的31.11%有显著的提高；全市已建工会企业董事中女性董事和企业监事中女性监事的比重较2010年同样有上升，前者从2010年的17.05%上升到2015年的17.92%，后者从2010年的24.33%上升到2015年的25.87%（详见图11-41）；2010年全市事

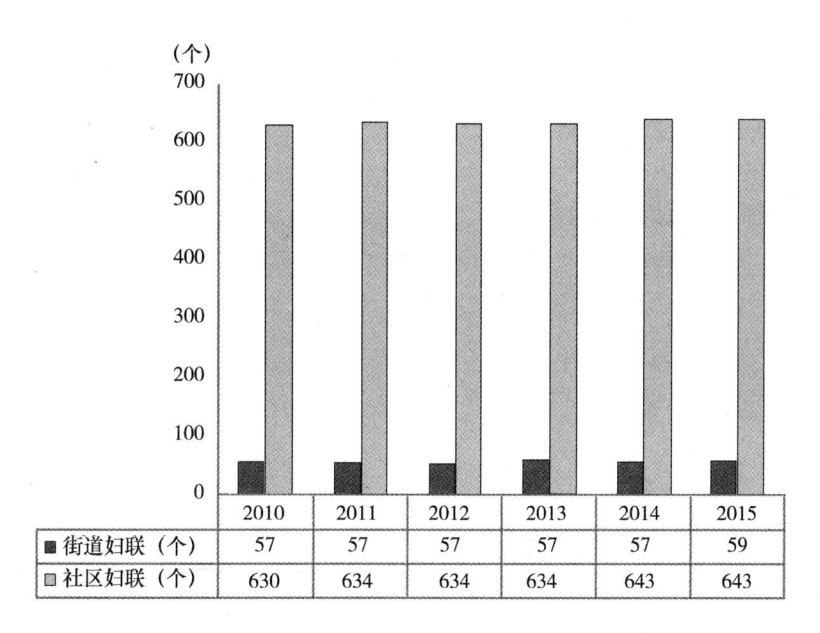

	2010	2011	2012	2013	2014	2015
街道妇联（个）	57	57	57	57	57	59
社区妇联（个）	630	634	634	634	643	643

图 11-40 2010—2015 年深圳市基层妇联组织情况

业单位总人数 76492 人，2015 年上升至 95194 人，增幅达 24.45%，而性别比却从 2010 年的 81.67% 降到 2015 年的 76.51%；2015 年，全市事业单位职员中女性占比为 56.7%。2015 年，深圳市居民委员会成员中女性占比为 39.5%。

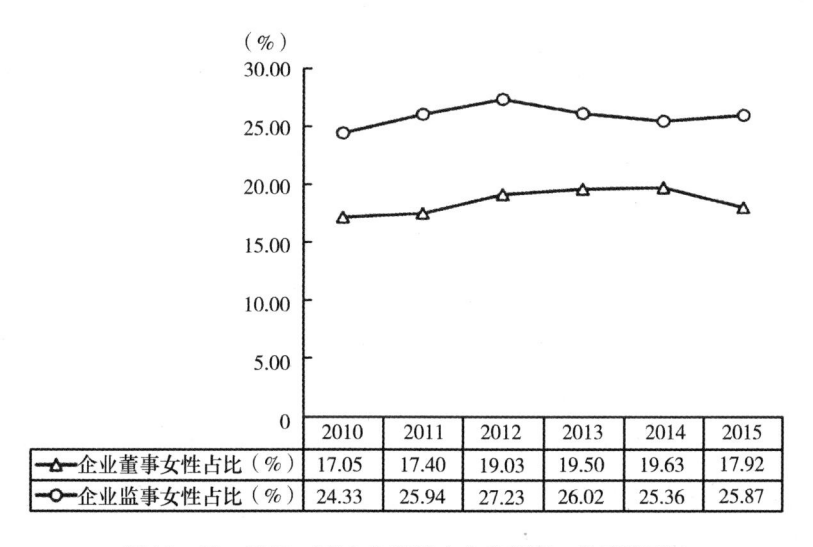

	2010	2011	2012	2013	2014	2015
企业董事女性占比（%）	17.05	17.40	19.03	19.50	19.63	17.92
企业监事女性占比（%）	24.33	25.94	27.23	26.02	25.36	25.87

图 11-41 2010—2015 年深圳市企业董事、监事性别比

（九）法律保护

1. 女性参与司法事务比例提升

2010—2015 年这六年间，深圳市律师中女性占比由 26.71% 提升到 32.14%，公证员女性占比由 36.96% 提升到 42.45%，人民陪审员中女性占比保持在 55% 左右（详见图 11-42）。

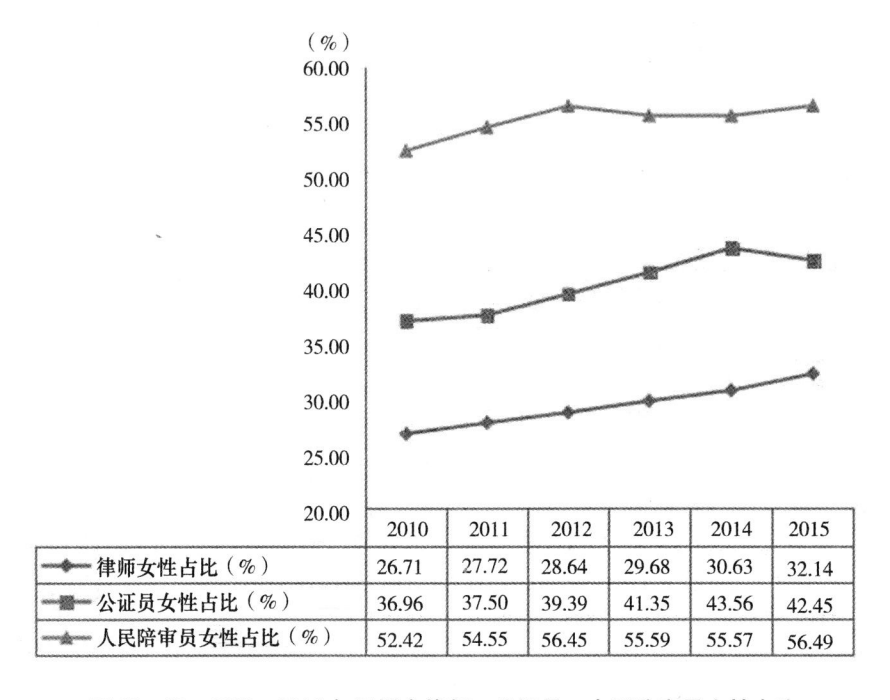

	2010	2011	2012	2013	2014	2015
律师女性占比（%）	26.71	27.72	28.64	29.68	30.63	32.14
公证员女性占比（%）	36.96	37.50	39.39	41.35	43.56	42.45
人民陪审员女性占比（%）	52.42	54.55	56.45	55.59	55.57	56.49

图 11-42　2010—2015 年深圳市律师、公证员、人民陪审员女性占比

2. 妇女权益保障能力持续增强

2015 年，全市妇女法律普及率为 96.7%，街道妇女维权工作站网络覆盖率达到 100%；侵害妇女刑事案件发案数 615 宗，破案率达到 86.5%（详见图 11-43）；家庭暴力案件受理率达 100%。

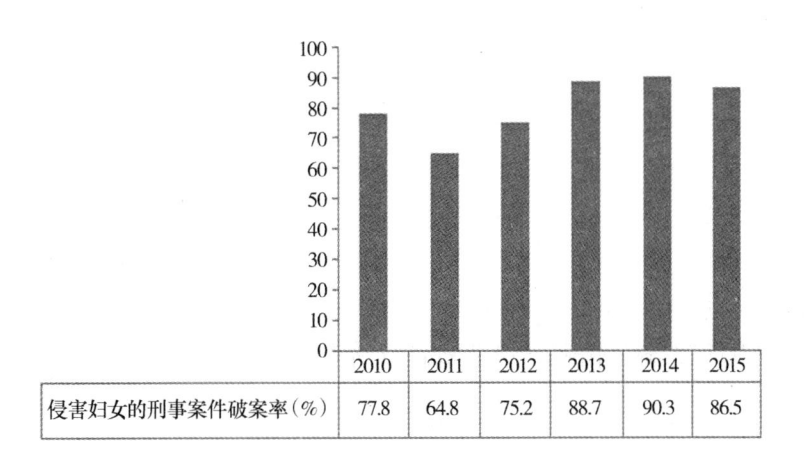

年份	2010	2011	2012	2013	2014	2015
侵害妇女的刑事案件破案率（%）	77.8	64.8	75.2	88.7	90.3	86.5

图 11-43　2010—2015 年深圳市侵害妇女的刑事案件破案率

附录 11-1　关于健全性别统计制度重要性的批示

附录 11 - 2　社会性别统计报告编制情况解释

一　编制背景

性别统计是从性别的视角进行描述、分析和研究，从而判断性别差异对社会经济发展所产生的影响及问题，通过男女两性差异在社会经济发展中地位、权利、作用和发展状况等方面的对比研究，找出解决男女不平等发展的方法、路径，使决策者们在城市规划和制定公共政策时，给予更科学、更合理的考量，以达到推动两性和谐发展、共同进步的目的。

2013年1月《深圳经济特区性别平等促进条例》（以下简称《条例》）正式出台实施，并要求"建立和完善社会性别统计制度"，发布年度社会性别统计报告，但由于目前国家尚未建立性别统计制度，深圳性别统计工作无先例可依，导致深圳《条例》提出的公共政策性别分析、行业性别平衡、性别预算、性别审计等其他制度无法建立，对《条例》的实施，产生巨大不良影响。为此，结合深圳实际，尽快开展社会性别统计分析研究工作，建立一套完整的性别统计指标体系，意义重大，迫在眉睫。

2015年，深圳市妇儿工委联合深圳市统计局，抓住全国1%抽样调查的契机，委托专业机构和深圳大学等相关领域专家成立课题组，开展社会性别统计分析项目研究。课题组依据《条例》，参考《深圳市妇女儿童发展规划（2011—2020年）》统计监测做法，学习借鉴国外及中国香港地区的先进经验，结合深圳实际情况研究制定了《深圳市社会性别统计指标体系》（以下简称《指标体系》）。《指标体系》经过多次征求意见，反复修改，并通过专家评审后，形成《深圳市社会性别统计报表制度（2015年年报）》（以下简称《制度》），在报广东省统计局审核批准后，由深圳市妇儿工委、深圳市统计局联合启动了深圳社会性别统计2015年年报工作，并组织撰写了《2015年深圳市社会性别统计分析报告》（以下简称《报告》）的送审稿。深圳的《指标体系》《制度》和《报告》的推出，在我国大陆尚属首创，是建立完善性别平等基础制度的有益探索，是深圳制度创新的又一尝试，将为下一步性别制度的体系建设，提供科学依据，奠定基础，将对全国性别统计制度体系建立有较好的借鉴作用，对深圳市建设法治城市、现代化国际化创新型城市具有重要意义。

二　编制目标

（一）建立深圳市社会性别统计制度。

（二）构建深圳市社会性别统计指标体系。

（三）收集、汇总2010—2015年的深圳市社会性别统计指标数据，并对数据的完整程度、数据来源以及数据频率等情况进行评估分析。

（四）确定非普查年份和抽样调查年份的数据衔接方法及手段。

（五）发布深圳市社会性别统计年度报告。

三　编制原则

（一）科学性原则。《报告》从深圳实际情况出发，所有指标的统计范围都是以深圳市为总体，按年度进行统计，时间跨度、计算方法、计量单位保持一致，确保了体系的科学性、合理性，有利于进行纵向比较。《报告》的研究是建立在前期收集的数据上，其结论的得出完全建立在对大量的材料进行科学研究和分析的基础之上。

（二）系统性原则。《报告》参照国际先进经验，结合深圳市实际，反映了全市男女两性在人口特征、婚姻和家庭、文化教育、就业与收入、社会保障、卫生与健康、参政议政、参与公共事务、法律保护等9个领域的情况，结构、框架完整，能满足实施《条例》的需要。

（三）循环渐进原则。目前国家和广东省都未正式发布相关性别统计分析报告，部分指标数据缺失等情况都会影响精准反映深圳男女两性发展特征。开展深圳性别平等工作，需要编制一份完整、规范的资料。《报告》阐述的观点由浅入深，从基础的人口特征到各项工作中的性别平等情况都有所涉及。

（四）可参考性原则。《报告》利用相关数据，展现了现实工作中的客观情况，并且《报告》观点鲜明、重点突出、意义深刻、反复论证，能够规范、谨慎地描述相关问题，对实际工作具备良好的可参考性。

（五）实事求是原则。《报告》的研究是建立在前期收集的数据上，数据来源真实可靠，并经过反复核对，其结论的得出完全建立在对大量的材料进行科学研究和分析的基础之上，实事求是地反映了深圳性别平等情况。

四　编制方法

（一）文献资料法：利用图书馆、档案馆、互联网等资源，广泛查询和阅读社会性别统计的相关理论和政策文件，并充分加以分析与研究，为深圳市社会性别统计项目奠定坚实的理论基础。

（二）访谈调研法：走访组织、统战、统计、卫生计生、规划国土、教育、公安、民政、人力资源和社会保障、司法、文体旅游、法院、检察院、工会、团委、妇联、残联等部门，以及相关领域的专家、学者，针对深圳市社会性别统计制度的建立进行调研访谈，听取大家的意见和建议。

（三）案例分析法：选取国内外性别统计制度较为完善、性别统计体系建设较为成熟的国家或地区的典型案例进行深入分析研究，为深圳市性别统计体系的建立提供参考。

（四）数据推算方法：使用指数平滑法、移动平均法来合理推算非人口普查年份无法获得的指标数据，并与其他数据进行相关度佐证，提高推算数据与实际数据吻合度，确保统计数据的完整性、连续性，使报告的分析结果更为科学、更有说服力。

（五）数据收集方法：建立深圳市社会性别统计数据库，实现数据网上填报、传输、审核、汇总、逻辑纠错、数据校对、图表分析等功能，提高了社会性别统计工作效率，确保了工作质量。

五　编制过程

第一阶段（2015年2月—2016年1月）：开展课题研究，建立《指标体系》。

（一）资料收集和理论研究阶段（2015年2—4月）

组织召开开题会，启动课题研究确定研究方案、工作计划、目标要求等，并对《香港的女性及男性主要统计数据》等社会性别统计案例进行了重点研讨。

（二）课题讨论和组织撰写阶段（2015年5—6月）

组织两次《指标体系》撰写思路研讨会，确定基本指标框架、撰写原则等，并组织撰写《指标体系》初稿。

（三）征求意见和修改完善阶段（2015年6—9月）

市妇儿工委先后牵头组织了四轮征求意见。第一轮是书面征求市妇儿工委各成员单位和各区（新区）妇儿工委对《指标体系》初稿的修改意见，并结合各区

（新区）、各单位反馈情况，修改完善形成《指标体系》第一次修改稿。第二轮是组织《指标体系》中涉及的责任单位召开座谈会，征求各单位对《指标体系》第一次修改稿的意见和建议。第三轮是先后到承担统计指标任务较多的卫生计生、公安局、市教育等部门进行现场调研，征求意见。并根据第二、三轮征求意见反馈情况，修改完善形成《指标体系》第二次修改稿。第四轮是再次书面征求相关单位意见，并根据反馈情况修改完善形成了《指标体系》专家评审稿。

（四）数据搜集和汇总分析阶段（2015年10月至今）

在《指标体系》征求意见的同时，与相关单位协商报送2010—2015年统计指标数据事宜，并初步建立了深圳市社会性别统计基础数据库。

第一阶段（2016年1月）：市妇儿工委组织召开专用评审会，《指标体系》顺利通过了专家评审。

第二阶段（2016年2—6月）：调研成果转化，制定《制度》。

深圳市妇儿工委、深圳市统计局联合，将深圳市社会性别统计分析项目课题研究成果《指标体系》修改完善，并转化为《制度》，广东省统计局对《制度》进行了审核，并正式批复同意深圳市具体组织实施。

第三阶段（2016年7月至今）：全面启动年报，《报告》通过专家评审。

市妇儿工委、深圳市统计局联合，组织研发了深圳市社会性别统计数据库系统，组建了信息员队伍，开展了年报专题业务培训，启动了数据报送工作，并联合会审各单位数据，组织撰写了《报告》。12月，《报告》通过专家评审。2017年，将再次征求各相关单位意见后正式报市政府批准后，依据《条例》相关规定正式发布。

六 工作展望

（一）厘清数据来源单位，逐步完善性别统计数据库。性别统计工作涉及部门多、跨度大。利用本次编制性别统计指标体系的契机，理清相关数据来源单位，逐步完善性别统计数据库，为以后的调查研究提供数据支持。

（二）建立性别指标的统计和报送机制，提高数据质量。我国的性别统计由于缺乏制度保障，没有建立一套完善的统计和报送机制，导致数据质量不高，缺乏代表性。利用本次编制性别统计指标体系的契机，促进性别统计制度的建立和完善，逐步形成流畅的统计和报送通道，以保证性别统计数据的代表性，提高性别统计数据的公开和可利用程度。

（三）根据妇女和儿童发展中出现的新情况，适时调整相关指标体系，更好地反映妇女儿童的发展状况，更好地保障妇女和儿童的权益，促进社会和谐发展。

（四）加快性别统计的立法，使性别统计更具强制性、严肃性和规范性，从而更好地推动我国社会性别统计工作。

附录 11-3 相关表格

主要统计指标概览总表

指标名称	计量单位	2010	2011	2012	2013	2014	2015
一、人口特征							
常住人口	万人	1037.20	1046.74	1054.74	1062.89	1077.89	1137.87
常住人口性别比	女=100	118.31	118.23	116.58	113.73	111.01	115.56
常住人口年龄中位数	岁	28.83	29.31	29.78	30.26	30.73	31.21
儿童人口	万人	132.13	139.59	147.93	157.24	167.62	176.39
儿童人口性别比	女=100	125.45	125.31	124.95	124.38	123.61	120.68
老年人口	万人	18.57	21.39	24.70	28.56	33.08	33.15
老年人口性别比	女=100	91.85	90.92	90.25	89.67	89.19	86.94
平均预期寿命	岁	81.5	81.86	82.05	82.22	82.4	82.57
出生人口性别比	女=100	117.85	112.25	113.97	113.24	110.81	107.76
少数民族人口	万人	43.7	43.98	44.27	44.56	44.85	45.15
少数民族人口性别比	女=100	117.59	133.79	152.22	173.19	197.05	224.20
婴儿死亡率	‰	2.35	2.91	2.58	2.73	2.32	2.10
出生率	‰	14.5	15.42	19.38	18.84	19.89	19.64
死亡率	‰	0.92	1.1	1.38	1.07	2.41	1.28
二、婚姻及家庭状况							
已婚人数	人	78796	108468	106686	107376	121042	120182
初婚人数	人	68871	95298	92265	89979	101059	96098
离婚人数	人	16954	19604	23556	31500	31154	45328
再婚性别比	女=100	147.49	146.52	136.82	128.43	128.72	120.31
平均初婚年龄	岁	28	28	28	28	28	28
家庭户数	万户	358.71	358.06	358.65	360.58	363.96	368.96
房产户主性别比	女=100	90.22	94.22	94.89	94.2	93.71	93.85
三、文化教育							
女童学前教育毛入园率	%	162.4	116.82	120.72	161.79	163.82	113.45

续表

指标名称	计量单位	2010	2011	2012	2013	2014	2015
女童小学学龄儿童净入学率	%	100	100	100	100	100	100
女童初中阶段毛入学率	%	183.65	115.26	149.93	150.34	139.62	125.88
女童高中阶段毛入学率	%	104.3	98	96.54	100.4	114.98	117.07
高中阶段在校学生性别比	女=100	117.81	118.33	118.24	121.62	124.06	122.54
普通高等院校在校学生性别比	女=100						117.27
成人高等学校在校学生性别比	女=100		59.2	57.27	55.8	56.21	56.15
幼儿园教师性别比	女=100	2.06	1.97	1.82	1.64	1.52	1.38
小学教师性别比	女=100	40.56	38.64	38.67	36.74	34.53	33.46
初中教师性别比	女=100	80.96	77.26	77.21	75.11	72.93	71.72
高中（含中专）教师性别比	女=100		115.82	109.95	106.19	104.5	98.93
残疾妇女职业技能培训率	%	89.8	90	90	90.2	90.2	90.1
残疾职业技能培训性别比	女=100	140.31	122.43	108.36	117.16	132.43	127.01
四、就业与收入							
经济活动人口	万人	776.69	789.60	802.74	816.12	829.73	843.59
劳动参与率	%	83.62	84.14	84.65	85.18	85.70	86.23
城镇非私营单位从业人员	万人	253.02	263.71	280.01	457.41	458.48	459.96
城镇非私营单位从业人员性别比	女=100	132.37	151.32	160.59	136.54	141.15	150.6
企业女职工劳动合同签订率	%		85.8	90.1	92	93.1	94.1
五、社会保障							
基本医疗保险参保人数	万人	1038.04	1078.62	1138.74	1157.65	1157.83	1213.16
基本养老保险参保人数	万人	691.35	751.72	792.44	813.9	846.84	928.08
生育保险参保人数	万人	397.63	458.69	506.61	580.46	594.61	1032.90
工伤保险参保人数	万人	919.57	946.64	991.53	987.96	1011.14	1032.49
失业保险参保人数	万人	258.62	300.13	631.56	930.45	954.34	974.69
救助站救助对象性别比	女=100	1487.21	991.22	1111.47	1225.20	1083.57	812.09
流浪儿童救助性别比	女=100	659.17	710.66	570.63	612.05	419.91	191.59
残疾人康复机构服务对象性别比	女=100	148.07	176.06	152.74	168.57	186.73	183.30
福利机构集中供养的儿童性别比	女=100	114.72	117.7	121.37	121.8	131.09	134.78
入住养老院老人性别比	女=100	54.15	53.7	53.16	56.59	40.21	66.01
领取最低生活保障金总人数	万人	1.22	1.07	0.86	0.71	0.67	0.63
领取最低生活保障金人数性别比	女=100	111.16	114.06	113.24	122.2	122.81	125.68

续表

指标名称	计量单位	2010	2011	2012	2013	2014	2015
六、卫生与健康							
住院率	%	8.6	9.2	10	10.3	11.1	10.9
艾滋病新发病例数	例	569	1083	1346	1659	1958	2049
每十万人患有性病人数	例	297.08	317	335.5	368.83	367.11	358.21
已婚育龄妇女人数	万人	308.83	313.39	280.02	379.03	396.35	412.07
孕产妇死亡率	十万分之一	15.41	8.96	6.19	3.33	6.58	4.04
住院分娩率	%	99.82	99.67	99.73	99.76	99.8	99.82
剖宫产率	%	45.95	37.67	37.77	37.84	36.55	34.1
新法接生率	%	99.9	99.74	99.83	99.85	99.88	99.88
产前检查率	%	97.28	96.64	97.31	97.81	98.45	98.59
孕产期中重度贫血率	%	3.56	4.35	4.85	4.08	1.43	0.98
七、参政议政							
中国共产党党员数	人	346947	368490	404537	428099	451751	477099
中国共产党党员性别比	女=100	208.1	198.56	191.43	186.68	181.72	178.3
民主党派成员性别比	女=100	134.96	132.54	132.38	132.43	132.45	133.55
市委领导班子	人	13	13	13	13	13	13
其中：女性	人	1	1	1	0	1	1
市人大领导班子	人	6	6	6	6	6	6
其中：女性	人	1	1	1	1	1	1
市政府领导班子	人	7	7	7	7	7	7
其中：女性	人	1	1	1	1	1	1
市政协领导班子	人	9	9	9	9	9	9
其中：女性	人	1	1	1	2	2	3
市纪委领导班子	人	4	4	4	4	4	4
其中：女性	人	0	0	0	0	0	1
局级领导干部人数	人	686	700	744	747	705	663
其中：男性	人	575	579	616	622	590	557
其中：女性	人	111	121	128	125	115	106
局级领导干部性别比	女=100	518.02	478.51	481.25	497.6	513.04	525.47
处级领导干部人数	人	6358	6132	6548	6867	6634	6730
其中：男性	人	5087	4894	5228	5492	5292	5315

续表

指标名称	计量单位	2010	2011	2012	2013	2014	2015
其中：女性	人	1271	1238	1320	1375	1342	1415
处级领导干部性别比	女=100	400.24	395.32	396.06	399.42	394.34	375.62
八、参与公共管理							
居民委员会成员性别比	女=100	143.94	135.15	135.23	137.55	149.25	153.28
企业职工代表性别比	女=100	221.4	228.91	199.56	204.26	265.67	142.85
企业董事性别比	女=100	486.59	474.85	425.38	412.7	409.52	458.12
企业监事性别比	女=100	310.97	285.51	267.19	284.39	294.37	286.48
事业单位职员性别比	女=100	81.67	80.94	80.14	79.67	78.92	76.51
九、法律保护							
法官人数	人	270	294	319	312	305	294
法官性别比	女=100	175.51	155.65	141.67	147.62	131.06	129.69
律师人数	人	6248	6794	7253	7892	8561	9353
律师性别比	女=100	274.36	260.81	249.21	236.98	226.51	211.14
检察官人数	人	1236	1220	1201	1307	1305	806
检察官性别比	女=100	192.89	193.98	174.20	170.60	167.42	139.17
警察人数	人	20500	20899	20492	21338	22516	20857
警察性别比	女=100	730.97	750.94	750.64	702.18	844.46	756.20
人民陪审员人数	人	269	308	310	367	772	809
人民陪审员性别比	女=100	90.78	83.33	77.14	79.90	79.95	77.02
人民调解员人数	人	20517	19842	15536	13128	12737	12958
人民调解员性别比	女=100	399.2	400.05	400.03	399.92	400.08	156.44
被判刑人数（14—18岁）	人	1639	1994	1751	1303	1731	771
被判刑人员性别比（14—18岁）	女=100	2826.79	4331.11	6153.57	9923.08	3582.98	4718.75

按年龄组别及性别划分的期末常住人口   单位：万人

年龄组别	性别	2010	2011	2012	2013	2014	2015
0—17	男	73.52	77.64	82.17	87.16	92.66	96.46
	女	58.61	61.96	65.76	70.08	74.96	79.93
18—64	男	479.68	479.26	473.86	464.93	458.81	498.12
	女	406.82	406.5	408.25	412.16	418.37	430.21

续表

年龄组别	性别\年份	2010	2011	2012	2013	2014	2015
65岁及以上	男	8.89	10.19	11.72	13.50	15.60	15.42
	女	9.68	11.20	12.98	15.06	17.49	17.73
合计	男	562.09	567.09	567.75	565.59	567.07	610.00
	女	475.11	479.66	486.99	497.30	510.82	527.87

注：2010年为人口普查数据，2015年为1%人口抽样调查数据，中间年份为深圳市统计局推算数据。

按年龄组别划分的常住人口性别比

相对于每100名女性的男性人数

年龄组别\年份	2010	2011	2012	2013	2014	2015
0—14岁	129.11	127.49	125.88	124.26	122.64	119.03
15—64岁	117.77	117.88	116.23	115.35	110.19	116.17
65岁及以上	91.85	90.92	90.25	89.67	89.19	86.94

注：2010年为人口普查数据，2015年为1%人口抽样调查数据，中间年份为深圳市统计局推算数据。

按性别划分的常住人口年龄中位数

单位：岁

性别\年份	2010	2011	2012	2013	2014	2015
男	29.14	29.53	29.92	30.30	30.69	31.08
女	28.47	29.05	29.63	30.20	30.78	31.36
年龄中位数	28.83	29.31	29.78	30.26	30.73	31.21

注：2010年为人口普查数据，2015年为1%人口抽样调查数据，中间年份为深圳市统计局推算数据。

按性别划分的平均预期寿命

单位：岁

性别\年份	2010	2011	2012	2013	2014	2015
男	78.98	79.36	79.52	79.68	79.84	80.00
女	84.37	84.63	84.8	84.98	85.15	85.33
平均预期寿命	81.5	81.86	82.05	82.22	82.4	82.57

注：2010年为人口普查数据，2015年为1%人口抽样调查数据，中间年份为深圳市统计局推算数据。

历年年末户籍人口及未成年户籍人口

单位：万人

年龄组别	性别\年份	2010	2011	2012	2013	2014	2015
0—17岁	男					41.66	44.52
	女					34.66	37.35
合计	男	137.89	147.68	157.21	169.16	179.61	190.46
	女	121.97	131.69	141.94	155.16	166.98	179.17

注：数据来自市公安局户籍人口数据库（由于市公安局数据库更新，2010—2013年部分数据空缺）。

按年龄组别及性别划分的户籍人口平均数

单位：万人

年龄组别	性别\年份	2010	2011	2012	2013	2014	2015
合计	男	134.34	142.78	152.45	163.18	174.38	185.04
	女	118.57	126.83	136.81	148.55	161.07	173.07

注：数据来自市公安局户籍人口数据库（由于市公安局数据库更新，2010—2013年部分数据空缺）。

按年龄组别划分的户籍人口性别比

相对于每100名女性的男性人数

年龄组别\年份	2010	2011	2012	2013	2014	2015
0—14岁					118.95	118.11
15—64岁					105.54	104.04
65岁及以上					94.18	94.76

注：数据来自市公安局户籍人口数据库（由于市公安局数据库更新，2010—2013年部分数据空缺）。

按性别划分的户籍人口年龄中位数

单位：岁

性别\年份	2010	2011	2012	2013	2014	2015
男					32.56	32.76
女					33.35	33.52
年龄中位数					32.94	33.13

注：数据来自市公安局户籍人口数据库（由于市公安局数据库更新，2010—2013年部分数据空缺）。

按性别划分的户籍迁入人口

单位：万人

性别 \ 年份	2010	2011	2012	2013	2014	2015
男					9.33	9.15
女					10.26	10.19
合计					19.60	19.34

注：数据来自市公安局户籍人口数据库（由于市公安局数据库更新，2010—2013年部分数据空缺）。

户籍迁入人口性别比

相对于每100名女性的男性人数

指标 \ 年份	2010	2011	2012	2013	2014	2015
户籍迁入人口性别比					90.93	89.69

注：数据来自市公安局户籍人口数据库（由于市公安局数据库更新，2010—2013年部分数据空缺）。

按性别划分的户籍迁出人口

单位：万人

性别 \ 年份	2010	2011	2012	2013	2014	2015
男					1.31	1.32
女					0.77	0.81
合计					2.08	2.13

注：数据来自市公安局户籍人口数据库（由于市公安局数据库更新，2010—2013年部分数据空缺）。

户籍迁出人口性别比

相对于每100名女性的男性人数

指标 \ 年份	2010	2011	2012	2013	2014	2015
户籍迁出人口性别比					168.83	161.72

注：数据来自市公安局户籍人口数据库（由于市公安局数据库更新，2010—2013年部分数据空缺）。

按性别划分的港澳台人口

单位：万人

性别 \ 年份	2010	2011	2012	2013	2014	2015
男	7.31					
女	3.95					
合计	11.26					
港澳台人口性别比	185.14					

注：2010年为人口普查数据。

十一 深圳市社会性别统计报告

按性别划分的少数民族人口　　　　　　　　　　　　　　　　单位：万人

性别＼年份	2010	2011	2012	2013	2014	2015
男	23.62	24.97	26.41	27.92	29.52	31.22
女	20.08	18.66	17.35	16.12	14.98	13.93
合计	43.70	43.98	44.27	44.56	44.85	45.15

注：2010年为人口普查数据，2015年为1%人口抽样调查数据，中间年份为深圳市统计局推算数据。

少数民族人口性别比　　　　　　　　　　相对于每100名女性的男性人数

指标＼年份	2010	2011	2012	2013	2014	2015
少数民族人口性别比	117.59	133.79	152.22	173.19	197.05	224.20

注：2010年为人口普查数据，2015年为1%人口抽样调查数据，中间年份为深圳市统计局推算数据。

按性别划分的残疾人口　　　　　　　　　　　　　　　　单位：万人

性别＼年份	2010	2011	2012	2013	2014	2015
男	0.57	0.64	0.73	0.85	0.99	1.13
女	0.4	0.45	0.52	0.61	0.71	0.8
合计	0.97	1.09	1.25	1.46	1.7	1.93

注：数据为市残联根据实际登记情况提供。

残疾人口性别比　　　　　　　　　　相对于每100名女性的男性人数

指标＼年份	2010	2011	2012	2013	2014	2015
残疾人口性别比	142.5	142.22	140.38	139.34	139.44	141.25

注：数据为市残联根据实际登记情况提供。

按性别划分的婴儿死亡率　　　　　　　　　　　　　　　　单位：‰

性别＼年份	2010	2011	2012	2013	2014	2015
男	2.65	3.17	2.88	2.78	2.76	2.25
女	1.87	2.52	2.22	2.65	1.80	1.93
婴儿死亡率	2.35	2.91	2.58	2.73	2.32	2.10

注：数据为市卫计委根据实际调查情况提供。

出生率与死亡率 单位：‰

年龄组别＼年份	2010	2011	2012	2013	2014	2015
出生率	14.5	15.42	19.38	18.84	19.89	19.64
死亡率	0.92	1.1	1.38	1.07	2.41	1.28

注：数据为深圳市统计局根据实际调查情况提供。

按年龄组别划分的有配偶人口性别比 相对于每100名女性的男性人数

年龄组别＼年份	2010	2011	2012	2013	2014	2015
15—19 岁	24.19	28.75	34.16	40.59	48.24	57.32
20—24 岁	47.69	47.50	47.31	47.12	46.93	46.75
25—29 岁	85.39	85.48	85.57	85.66	85.75	85.84
30—34 岁	116.69	115.29	113.90	112.53	111.18	109.84
35—39 岁	125.57	124.97	124.37	123.77	123.18	122.59
40—44 岁	126.18	125.95	125.72	125.49	125.26	125.04
45—49 岁	129.34	127.35	125.38	123.44	121.54	119.66
50—54 岁	132.07	129.87	127.70	125.57	123.48	121.42
55—59 岁	110.39	108.90	107.42	105.97	104.54	103.12
60—64 岁	105.41	103.10	100.84	98.63	96.46	94.35
65 岁及以上	124.67	122.17	119.72	117.32	114.97	112.67

注：2010 年为人口普查数据，2015 年为 1% 人口抽样调查数据，中间年份为深圳市统计局推算数据。

按年龄组别划分的未婚人口性别比 相对于每100名女性的男性人数

年龄组别＼年份	2010	2011	2012	2013	2014	2015
15—19 岁	101.98	106.95	112.17	117.64	123.38	129.40
20—24 岁	119.80	121.20	122.62	124.06	125.51	126.97
25—29 岁	183.27	178.40	173.66	169.05	164.57	160.20
30—34 岁	202.43	193.52	185.01	176.87	169.09	161.65
35—39 岁	197.40	182.67	169.04	156.42	144.75	133.94
40—44 岁	173.83	157.46	142.64	129.21	117.04	106.02
45—49 岁	175.67	156.59	139.59	124.43	110.92	98.88
50—54 岁	222.61	195.84	172.29	151.57	133.34	117.31
55—59 岁	230.14	234.69	239.34	244.08	248.92	253.85
60—64 岁	259.38	310.08	370.69	443.15	529.78	633.33
65 岁及以上	102.38	111.31	121.03	131.59	143.07	155.56

注：2010 年为人口普查数据，2015 年为 1% 人口抽样调查数据，中间年份为深圳市统计局推算数据。

按家庭规模划分的家庭户数

单位：万户

家庭规模＼年份	2010	2011	2012	2013	2014	2015
一人户	133.59	128.67	123.93	119.36	114.96	110.73
二人户	120.31	115.91	111.67	107.59	103.66	99.87
三人户	61.10	64.16	67.37	70.74	74.28	78.00
四人户	27.02	29.99	33.29	36.94	41.00	45.51
五人户	11.74	13.51	15.54	17.88	20.58	23.68
六人户	3.09	3.67	4.36	5.18	6.15	7.30
七人户	1.07	1.24	1.43	1.66	1.92	2.22
八人户	0.44	0.51	0.59	0.68	0.79	0.92
九人户	0.18	0.21	0.25	0.29	0.35	0.41
十人及以上	0.17	0.19	0.22	0.25	0.28	0.32

注：2010年为人口普查数据，2015年为1%人口抽样调查数据，中间年份为深圳市统计局推算数据。

按性别划分的初婚人数

单位：人

性别＼年份	2010	2011	2012	2013	2014	2015
男	33484	46407	45011	43645	49275	46938
女	35387	48891	47254	46334	51784	49160
初婚人数	68871	95298	92265	89979	101059	96098

注：数据为市民政局根据实际登记情况提供。

已婚人数

单位：人

指标＼年份	2010	2011	2012	2013	2014	2015
已婚人数	78796	108468	106686	107376	121042	120182

注：数据为市民政局根据实际登记情况提供。

按性别划分的离婚人数

单位：人

性别＼年份	2010	2011	2012	2013	2014	2015
男	8477	9802	11778	15750	15577	22664
女	8477	9802	11778	15750	15577	22664
离婚人数	16954	19604	23556	31500	31154	45328

注：数据为市民政局根据实际登记情况提供（不包含由法院判决离婚的情况）。

按性别划分的再婚人数　　　　　　　　　　　　　　　　　　　　　　　　单位：人

性别＼年份	2010	2011	2012	2013	2014	2015
男	5910	7824	8328	9781	11246	13152
女	4007	5340	6087	7616	8737	10932
再婚人数	9917	13164	14415	17397	19983	24084

注：数据为市民政局根据实际登记情况提供。

按性别划分的平均初婚年龄　　　　　　　　　　　　　　　　　　　　　　　　单位：岁

性别＼年份	2010	2011	2012	2013	2014	2015
男	29	29	29	29	29	29
女	27	27	27	27	27	27
平均初婚年龄	28	28	28	28	28	28

注：数据为市民政局根据实际登记情况提供。

按性别划分的房产户主人数　　　　　　　　　　　　　　　　　　　　　　　　单位：人

性别＼年份	2010	2011	2012	2013	2014	2015
男	48547	38709	38269	52869	44797	80117
女	53812	41085	40331	56122	47806	85364
房产户主人数	102359	79794	78600	108991	92603	165481

注：数据为市国土局根据实际登记情况提供。

按性别划分的各受教育阶段的入学比率　　　　　　　　　　　　　　　　　　　单位：%

指标	性别＼年份	2010	2011	2012	2013	2014	2015
学前三年毛入园率	男	150.64	118.01	124.15	160.25	172.9	116.88
	女	162.4	116.82	120.72	161.79	163.82	113.45
小学学龄儿童净入学率	男	100	100	100	100	100	100
	女	100	100	100	100	100	100
初中阶段毛入学率	男	173.59	116.37	144.51	146.32	157.73	136.02
	女	183.65	115.26	149.93	150.34	139.62	125.88
高中阶段毛入学率	男	104.3	98	96.54	100.4	103.88	104.03
	女	104.3	98	96.54	100.4	114.98	117.07

注：数据为市教育局根据实际情况统计得出。

按性别划分的各教育阶段的在校学生性别比

相对于每100名女性的男性人数

受教育程度 \ 年份	2010	2011	2012	2013	2014	2015
高中	117.81	118.33	118.24	121.62	124.06	122.54
普通高等院校在校（专本科）	—	—	—	—	—	117.27
成人高等学校	—	59.2	57.27	55.8	56.21	56.15
中等职业教育	128.54	128.52	126.33	135.58	143.81	141.55
高等职业教育	—	124.7	122.43	120.48	118.02	117.11

注：数据为市教育局根据实际情况统计得出。

按性别划分的各教育阶段的教师人数

单位：人

受教育程度	性别	2010	2011	2012	2013	2014	2015
小学	男	8590	8692	9341	9551	10040	10688
	女	21179	22494	24155	25995	29075	31942
初中	男	6736	7023	7521	7718	7958	8155
	女	8320	9090	9741	10276	10912	11370
高中（含中专）	男		5616	6053	6264	6602	6662
	女		4849	5505	5899	6318	6734
大学（大专以上）	男						
	女						

注：数据为市教育局根据实际情况统计得出。

按性别划分的各教育阶段的教师性别比

相对于每100名女性的男性人数

受教育程度 \ 年份	2010	2011	2012	2013	2014	2015
幼儿园	2.06	1.97	1.82	1.64	1.52	1.38
小学	40.56	38.64	38.67	36.74	34.53	33.46
初中	80.96	77.26	77.21	75.11	72.93	71.72
高中（含中专）		115.82	109.95	106.19	104.5	98.93
大学（大专以上）						

注：数据为市教育局根据实际情况统计得出。

按性别划分的平均受教育年限　　　　　　　　　　　　　　　　　　　　单位：年

年份 性别	2010	2011	2012	2013	2014	2015
男	10.86	11.07	11.02	11.18	11.09	11.19
女	10.53	10.73	10.70	10.86	10.75	10.87
平均受教育年限	10.71	10.78	10.89	10.96	10.99	11.04

注：2010年为人口普查数据，2015年为1%人口抽样调查数据，中间年份为深圳市统计局推算数据，2014年已根据2015年数据进行了调整。

按性别划分的文盲率　　　　　　　　　　　　　　　　　　　　　　　　单位：%

年份 性别	2010	2011	2012	2013	2014	2015
男	0.19	0.21	0.23	0.26	0.29	0.32
女	0.95	1.02	1.10	1.18	1.27	1.37
文盲率	0.54	0.59	0.64	0.69	0.75	0.81

注：2010年为人口普查数据，2015年为1%人口抽样调查数据，中间年份为深圳市统计局推算数据。

按文化程度及性别划分的常住人口　　　　　　　　　　　　　　　　　单位：万人

受教育程度	年份 性别	2010	2011	2012	2013	2014	2015
小学	男	44.51	46.47	46.20	50.32	64.33	63.33
小学	女	47.73	49.94	49.76	54.33	69.61	68.50
初中	男	244.64	212.84	231.53	203.96	190.59	220.71
初中	女	212.04	183.81	199.23	174.87	162.81	187.32
高中	男	139.47	164.33	150.81	163.32	158.34	155.47
高中	女	108.12	127.97	117.96	128.31	124.95	121.96
大学	男	103.52	108.56	113.70	122.54	122.68	128.48
大学	女	79.24	84.58	90.16	98.90	100.78	107.69

注：2010年为人口普查数据，2015年为1%人口抽样调查数据，中间年份为深圳市统计局推算数据。

按文化程度划分的常住人口性别比　　相对于每100名女性的男性人数

受教育程度	年份	2010	2011	2012	2013	2014	2015
小学		93.26	93.05	92.84	92.63	92.42	92.45
初中		115.37	115.79	116.21	116.64	117.06	117.82
高中		128.99	128.42	127.85	127.28	126.72	127.48
大学		130.64	128.36	126.11	123.90	121.73	119.31

注：2010年为人口普查数据，2015年为1%人口抽样调查数据，中间年份为深圳市统计局推算数据。

按性别划分的残疾职业技能培训人数

单位：人

性别\年份	2010	2011	2012	2013	2014	2015
男	456	453	415	437	486	489
女	325	370	383	373	367	385
合计	781	823	798	810	853	874

注：数据为市残联根据实际情况统计得出。

按性别划分的残疾职业技能培训性别比

相对于每100名女性的男性人数

指标\年份	2010	2011	2012	2013	2014	2015
接受残疾职业技能培训性别比	140.31	122.43	108.36	117.16	132.43	127.01

注：数据为市残联根据实际情况统计得出。

按性别划分的经济活动人口

单位：万人

性别\年份	2010	2011	2012	2013	2014	2015
男	451.21	460.47	469.91	479.54	489.38	499.41
女	325.48	329.14	332.83	336.57	340.35	344.18
合计	776.69	789.60	802.74	816.12	829.73	843.59

注：2010年为人口普查数据，2015年为1%人口抽样调查数据，中间年份为深圳市统计局推算数据。

按性别划分的劳动参与率

单位：%

性别\年份	2010	2011	2012	2013	2014	2015
男	90.32	91.35	92.39	93.44	94.51	95.59
女	75.83	75.76	75.69	75.63	75.56	75.50
劳动参与率	83.62	84.14	84.65	85.18	85.70	86.23

注：2010年为人口普查数据，2015年为1%人口抽样调查数据，中间年份为深圳市统计局推算数据。

按性别划分的从业人员

单位：万人

性别\年份	2010	2011	2012	2013	2014	2015
男	442.53	460.62	479.45	499.05	519.46	540.69
女	315.61	303.92	291.75	400.19	380.20	365.45
合计	758.14	764.54	771.20	899.24	899.66	906.14

注：2010年为人口普查数据，2015年为1%人口抽样调查数据，中间年份为深圳市统计局推算数据。

从业人员性别比

相对于每100名女性的男性人数

指标\年份	2010	2011	2012	2013	2014	2015
从业人员性别比	140.21	151.56	164.34	124.70	136.63	147.95

注：2010年为人口普查数据，2015年为1%人口抽样调查数据，中间年份为深圳市统计局推算数据。

按性别划分的城镇非私营单位从业人员

单位：万人

性别\年份	2010	2011	2012	2013	2014	2015
男	144.13	158.78	172.56	264.04	268.36	276.42
女	108.88	104.93	107.46	193.37	190.12	183.55
合计	253.02	263.71	280.01	457.41	458.48	459.96

注：2010年为人口普查数据，2015年为1%人口抽样调查数据，中间年份为深圳市统计局推算数据。

城镇非私营单位从业人员性别比

相对于每100名女性的男性人数

指标\年份	2010	2011	2012	2013	2014	2015
城镇非私营单位从业人员性别比	132.37	151.32	160.59	136.54	141.15	150.6

注：2010年为人口普查数据，2015年为1%人口抽样调查数据，中间年份为深圳市统计局推算数据。

按职业及性别划分的就业人口

单位：万人

职业	性别	2010	2011	2012	2013	2014	2015
党的机关、国家机关、群团和社会组织、企事业单位负责人	男	21.25	21.55	21.86	22.18	22.50	20.2
	女	7.97	8.10	8.24	8.38	8.52	7.28
专业技术人员	男	41.45	41.51	41.56	41.62	41.68	40.84
	女	34.21	35.35	36.53	37.74	38.99	37.35
办事人员和有关人员	男	47.87	43.32	39.20	35.47	32.10	26.13
	女	33.45	30.83	28.42	26.20	24.15	21.17
社会生产服务和社会生活服务人员	男	108.82	122.38	137.64	154.80	174.10	179.01
	女	95.16	102.00	109.34	117.21	125.64	120.66
农、林、牧、渔业生产及辅助人员	男	1.57	1.56	1.56	1.55	1.55	1.37
	女	0.85	0.82	0.79	0.76	0.74	0.72
生产制造及有关人员	男	216.59	206.37	196.62	187.34	178.50	170.07
	女	140.46	132.15	124.33	116.97	110.05	103.54
不便分类的其他从业人员	男	0.27	0.42	0.64	0.98	1.49	2.28
	女	0.16	0.23	0.35	0.51	0.76	1.13

注：2010年为人口普查数据，2015年为1%人口抽样调查数据，中间年份为深圳市统计局推算数据。

按职业划分的就业人口性别比 相对于每100名女性的男性人数

职业 \ 年份	2010	2011	2012	2013	2014	2015
党的机关、国家机关、群团和社会组织、企事业单位负责人	266.71	266.05	265.40	264.75	264.10	277.44
专业技术人员	121.14	117.41	113.79	110.29	106.89	109.35
办事人员和有关人员	143.14	140.51	137.92	135.39	132.90	123.39
社会生产服务和社会生活服务人员	114.35	119.98	125.88	132.07	138.57	148.36
农、林、牧、渔业生产及辅助人员	184.21	190.45	196.89	203.56	210.44	190.24
生产制造及有关人员	154.21	156.16	158.15	160.16	162.19	164.25
不便分类的其他从业人员	174.05	179.27	184.65	190.19	195.89	202.57

注：2010年为人口普查数据，2015年为1%人口抽样调查数据，中间年份为深圳市统计局推算数据。

按年龄组别及性别划分的就业人口 单位：万人

年龄组别	性别	2010	2011	2012	2013	2014	2015
16—19岁	男	26.64	24.22	22.02	20.02	18.21	16.55
	女	28.62	24.78	21.45	18.57	16.08	13.92
20—24岁	男	95.04	86.89	79.44	72.62	66.40	60.70
	女	85.54	77.35	69.94	63.25	57.19	51.72
25—29岁	男	93.84	93.70	93.56	93.42	93.28	93.15
	女	65.73	66.02	66.32	66.62	66.91	67.21
30—34岁	男	70.83	71.84	72.85	73.89	74.93	75.99
	女	44.73	45.97	47.25	48.56	49.91	51.30
35—39岁	男	62.42	61.56	60.72	59.88	59.06	58.25
	女	38.89	38.47	38.06	37.65	37.24	36.84
40—44岁	男	46.88	48.16	49.47	50.81	52.20	53.62
	女	30.03	30.89	31.77	32.68	33.62	34.58
45—54岁	男	39.67	43.82	48.46	53.66	59.49	66.04
	女	20.56	23.02	25.80	28.97	32.57	36.68
55—59岁	男	5.95	6.45	6.99	7.57	8.20	8.88
	女	1.45	1.55	1.64	1.75	1.86	1.98
60—64岁	男	1.38	1.56	1.77	2.00	2.26	2.55
	女	0.33	0.38	0.44	0.51	0.59	0.68
65岁及以上	男	0.61	0.66	0.71	0.76	0.83	0.89
	女	0.20	0.20	0.21	0.21	0.22	0.22

注：2010年为人口普查数据，2015年为1%人口抽样调查数据，中间年份为深圳市统计局推算数据。

按年龄组别划分的就业人口性别比　　相对于每100名女性的男性人数

年龄组别＼年份	2010	2011	2012	2013	2014	2015
16—19 岁	93.05	97.74	102.65	107.82	113.25	118.94
20—24 岁	111.10	112.33	113.57	114.82	116.09	117.38
25—29 岁	142.76	141.91	141.08	140.24	139.41	138.59
30—34 岁	158.36	156.26	154.19	152.15	150.13	148.14
35—39 岁	160.49	160.01	159.53	159.05	158.58	158.10
40—44 岁	156.12	155.91	155.70	155.49	155.28	155.06
45—54 岁	192.90	190.37	187.82	185.25	182.66	180.03
55—59 岁	409.41	417.11	424.97	432.97	441.12	449.42
60—64 岁	418.57	409.99	401.59	393.35	385.29	377.39
65 岁及以上	305.49	323.14	341.82	361.57	382.46	404.56

注：2010 年为人口普查数据，2015 年为 1% 人口抽样调查数据，中间年份为深圳市统计局推算数据。

按婚姻状况及性别划分的就业人口　　单位：万人

婚姻状况	性别	2010	2011	2012	2013	2014	2015
未婚	男	181.38	171.51	162.18	153.36	145.02	137.13
	女	132.86	124.47	116.61	109.25	102.35	95.88
有配偶	男	254.11	261.94	270.01	278.33	286.91	295.75
	女	176.35	179.72	183.16	186.66	190.23	193.87
离婚	男	2.05	2.28	2.53	2.81	3.11	3.46
	女	2.59	2.92	3.29	3.70	4.17	4.70
丧偶	男	0.28	0.28	0.28	0.28	0.28	0.28
	女	0.44	0.48	0.53	0.58	0.63	0.69

注：2010 年为人口普查数据，2015 年为 1% 人口抽样调查数据，中间年份为深圳市统计局推算数据。

按婚姻状况划分的就业人口性别比　　相对于每100名女性的男性人数

婚姻状况＼年份	2010	2011	2012	2013	2014	2015
未婚	136.51	137.79	139.08	140.38	141.69	143.02
有配偶	144.09	145.75	147.42	149.11	150.82	152.55
离婚	79.13	78.00	76.87	75.77	74.68	73.61
丧偶	64.13	58.62	53.59	48.99	44.79	40.94

注：2010 年为人口普查数据，2015 年为 1% 人口抽样调查数据，中间年份为深圳市统计局推算数据。

十一 深圳市社会性别统计报告

按文化程度及性别划分的就业人口

单位：万人

婚姻状况 \ 性别 \ 年份	性别	2010	2011	2012	2013	2014	2015
小学	男	18.87	19.01	19.16	19.31	19.45	19.60
小学	女	19.44	18.97	18.52	18.08	17.65	17.23
初中	男	214.02	206.06	198.40	191.02	183.92	177.08
初中	女	159.67	150.22	141.32	132.95	125.08	117.67
高中	男	119.36	121.77	124.22	126.72	129.27	131.87
高中	女	74.35	75.00	75.67	76.34	77.01	77.69
大学	男	84.37	89.05	94.00	99.22	104.73	110.54
大学	女	57.26	60.91	64.80	68.93	73.33	78.02

注：2010年为人口普查数据，2015年为1%人口抽样调查数据，中间年份为深圳市统计局推算数据。

按文化程度划分的就业人口性别比

相对于每100名女性的男性人数

年龄组别 \ 年份	2010	2011	2012	2013	2014	2015
小学	97.07	100.21	103.44	106.78	110.23	113.79
初中	134.04	137.18	140.39	143.68	147.05	150.49
高中	160.55	162.35	164.16	166.00	167.85	169.73
大学	147.35	146.20	145.06	143.93	142.81	141.70

注：2010年为人口普查数据，2015年为1%人口抽样调查数据，中间年份为深圳市统计局推算数据。

按行业及性别划分的就业人口

单位：万人

行业	性别	2010	2011	2012	2013	2014	2015
农、林、牧、渔业	男	1.32	1.33	1.34	1.34	1.35	1.23
农、林、牧、渔业	女	0.81	0.77	0.73	0.70	0.67	0.66
采矿业	男	0.32	0.31	0.30	0.29	0.27	0.2
采矿业	女	0.13	0.12	0.10	0.09	0.08	0.05
制造业	男	237.49	220.08	203.94	188.99	175.13	193.52
制造业	女	176.85	160.88	146.35	133.14	121.11	129.17
电力、热力、燃气及水生产和供应业	男	1.97	2.01	2.04	2.08	2.12	1.83
电力、热力、燃气及水生产和供应业	女	0.77	0.79	0.81	0.83	0.85	0.75
建筑业	男	18.78	19.83	20.93	22.10	23.33	24.43
建筑业	女	2.53	2.85	3.21	3.62	4.08	4.5

续表

行业 \ 年份 \ 性别		2010	2011	2012	2013	2014	2015
批发和零售业	男	67.51	70.66	73.95	77.40	81.02	78.95
	女	55.51	58.19	60.99	63.93	67.01	62.85
交通运输、仓储和邮政业	男	21.65	19.52	17.59	15.86	14.30	11.4
	女	6.75	6.65	6.55	6.45	6.35	5.46
住宿和餐饮业	男	17.68	19.63	21.79	24.19	26.86	24.8
	女	14.58	13.45	12.40	11.44	10.56	8.17
信息传输、软件和信息技术服务业	男	7.39	9.58	12.43	16.12	20.90	23.16
	女	4.07	5.64	7.82	10.84	15.03	17.64
金融业	男	6.28	7.47	8.88	10.56	12.56	13.8
	女	5.91	6.20	6.50	6.82	7.16	6.68
房地产业	男	12.48	12.15	11.83	11.52	11.21	9.32
	女	5.62	6.36	7.20	8.15	9.23	8.62
租赁和商务服务业	男	8.60	7.72	6.94	6.23	5.59	4.42
	女	5.36	6.07	6.87	7.77	8.80	9.16
科学研究和技术服务业	男	3.75	3.71	3.66	3.61	3.57	3.18
	女	2.04	2.52	3.12	3.87	4.79	5.36
水利、环境和公共设施管理业	男	1.75	2.12	2.56	3.10	3.76	3.93
	女	1.01	1.30	1.66	2.13	2.73	2.96
居民服务、修理和其他服务业	男	10.08	11.25	12.56	14.01	15.64	15.07
	女	10.81	10.06	9.37	8.73	8.13	6.6
教育	男	4.22	5.29	6.65	8.34	10.47	11.16
	女	6.44	6.70	6.97	7.26	7.55	6.75
卫生和社会工作	男	2.36	2.82	3.37	4.02	4.81	4.96
	女	3.92	3.91	3.89	3.88	3.87	3.1
文化、体育和娱乐业	男	3.66	3.68	3.69	3.71	3.73	2.88
	女	3.98	3.29	2.72	2.25	1.86	1.11
公共管理、社会保障和社会组织	男	9.86	10.30	10.76	11.25	11.75	11.67
	女	4.67	5.78	7.14	8.83	10.92	12.25

注：2010年为人口普查数据，2015年为1%人口抽样调查数据，中间年份为深圳市统计局推算数据，统计口径为常住人口。

按行业划分的就业人口性别比　　相对于每100名女性的男性人数

行业＼年份	2010	2011	2012	2013	2014	2015
农、林、牧、渔业	164.04	172.68	181.77	191.35	201.42	185.75
采矿业	238.52	263.55	291.21	321.77	355.54	406.19
制造业	134.29	136.80	139.35	141.95	144.60	149.82
电力、热力、燃气及水的生产和供应业	254.88	253.23	251.58	249.94	248.32	244.41
建筑业	741.15	694.64	651.05	610.19	571.90	542.95
批发和零售业	121.62	121.44	121.26	121.08	120.90	125.62
交通运输、仓储和邮政业	320.81	293.58	268.67	245.86	225.00	208.77
住宿和餐饮业	121.31	145.99	175.69	211.43	254.44	303.47
信息传输、软件和信息技术服务业	181.67	169.93	158.95	148.68	139.07	131.25
金融业	106.24	120.45	136.57	154.84	175.55	206.51
房地产业	222.06	190.97	164.23	141.23	121.46	108.02
租赁和商务服务业	160.47	127.29	100.98	80.11	63.55	48.20
科学研究和技术服务业	184.24	146.92	117.16	93.43	74.51	59.31
水利、环境和公共设施管理业	172.62	163.10	154.11	145.61	137.59	132.87
居民服务、修理和其他服务业	93.31	111.82	134.00	160.58	192.44	228.27
教育	65.51	79.02	95.31	114.96	138.65	165.31
卫生和社会工作	60.20	72.15	86.46	103.62	124.18	160.29
文化、体育和娱乐业	91.98	111.80	135.90	165.19	200.79	258.81
公共管理、社会保障和社会组织	211.04	178.33	150.68	127.33	107.59	95.23

注：2010年为人口普查数据，2015年为1%人口抽样调查数据，中间年份为深圳市统计局推算数据，统计口径为常住人口。

按行业划分的城镇非私营单位从业人员平均工资　　单位：元/年

行业＼年份	2010	2011	2012	2013	2014	2015
农、林、牧、渔业	33700	38678	40470	44869	49559	60986
采矿业	129800	176271	160999	143138	159594	186086
制造业	37761	41154	46149	51305	62399	69846
电力、热力、燃气及水的生产和供应业	85833	95854	143288	155758	157549	168529
建筑业	40941	43811	46643	45359	55038	60645

续表

行业＼年份	2010	2011	2012	2013	2014	2015
批发和零售业	47163	51008	54467	62574	67815	74626
交通运输、仓储和邮政业	54025	59861	60234	69820	80366	89717
住宿和餐饮业	29575	32407	33141	41251	42431	47634
信息传输、软件和信息技术服务业	83323	83450	92908	121550	132999	161453
金融业	131465	136015	137718	193199	214059	232876
房地产业	41456	45663	49481	56110	62661	67728
租赁和商务服务业	45242	50833	50228	66181	68330	70355
科学研究和技术服务业	83123	93886	104574	120460	132544	129832
水利、环境和公共设施管理业	49840	58725	70978	77324	81909	83813
居民服务、修理和其他服务业	28160	35006	34478	48320	49511	50455
教育	88860	90692	92776	92770	99153	113116
卫生和社会工作	93707	100799	113274	120611	136539	126728
文化、体育和娱乐业	54813	59801	58303	74937	86858	106945
公共管理、社会保障和社会组织	88954	87558	92165	93094	99258	115600

注：数据来源为劳资统计。

按行业及性别划分的平均每周工作时长　　　　　单位：小时/周

行业＼年份	性别	2010	2011	2012	2013	2014	2015
农、林、牧、渔业	男	52.37	50.48	48.65	46.89	44.18	56.50
	女	53.43	50.08	46.95	44.01	48.00	60.00
采矿业	男	43.67	44.56	45.47	46.40	45.81	41.40
	女	42.79	42.52	42.25	41.98	42.67	43.33
制造业	男	48.82	49.00	49.17	49.35	49.28	45.63
	女	48.85	48.91	48.96	49.02	48.56	45.62
电力、热力、燃气及水的生产和供应业	男	44.36	43.08	41.84	40.63	40.95	45.71
	女	42.76	43.65	44.57	45.50	40.89	44.40
建筑业	男	48.92	48.74	48.57	48.39	48.18	46.37
	女	45.71	45.47	45.22	44.98	44.93	41.63
批发和零售业	男	50.73	50.71	50.68	50.66	48.82	45.07
	女	49.98	49.63	49.29	48.95	47.64	46.16

续表

行业	性别\年份	2010	2011	2012	2013	2014	2015
交通运输、仓储和邮政业	男	49.53	48.44	47.38	46.34	48.02	47.80
	女	44.63	44.49	44.36	44.22	44.66	44.05
住宿和餐饮业	男	51.67	52.10	52.53	52.96	49.34	45.89
	女	50.95	50.34	49.74	49.14	47.40	45.66
信息传输、软件和信息技术服务业	男	43.77	44.25	44.74	45.24	45.25	39.70
	女	43.25	44.42	45.61	46.84	46.04	40.61
金融业	男	42.13	43.24	44.38	45.55	42.19	40.13
	女	41.57	42.26	42.97	43.69	42.10	40.93
房地产业	男	46.56	46.08	45.61	45.14	46.47	43.91
	女	44.58	43.73	42.90	42.09	47.30	40.57
租赁和商务服务业	男	45.02	44.81	44.61	44.40	45.43	44.95
	女	42.99	42.75	42.51	42.27	43.65	44.04
科学研究和技术服务业	男	43.10	43.21	43.32	43.43	40.77	37.51
	女	42.13	42.70	43.28	43.87	38.95	35.25
水利、环境和公共设施管理业	男	46.35	44.82	43.33	41.90	43.89	43.42
	女	44.86	44.36	43.87	43.39	42.31	45.40
居民服务、修理和其他服务业	男	51.72	49.82	47.99	46.23	46.59	46.69
	女	50.55	50.10	49.66	49.22	45.62	47.85
教育	男	42.30	43.78	45.31	46.90	43.27	43.61
	女	41.62	41.97	42.32	42.67	41.92	42.34
卫生和社会工作	男	44.17	44.76	45.36	45.96	44.43	43.04
	女	43.13	42.49	41.87	41.25	40.32	41.49
文化、体育和娱乐业	男	47.05	46.07	45.11	44.17	45.53	43.39
	女	47.35	47.56	47.76	47.97	51.22	47.50
公共管理、社会保障和社会组织	男	42.43	42.14	41.85	41.57	41.40	41.52
	女	40.80	41.08	41.36	41.65	40.71	40.19

注：2010年为人口普查数据，2015年为1%人口抽样调查数据，中间年份为深圳市统计局推算数据。

按性别划分的R&D从业人员数

单位：人

性别 \ 年份	2010	2011	2012	2013	2014	2015
男	130104	128191	161792	154235	143879	141673
女	30044	27721	34410	32810	32466	33280
合计	160148	155912	196202	187045	176345	174953

注：R&D从业人员统计范围为规模以上工业企业。

R&D从业人员性别比

相对于每100名女性的男性人数

指标 \ 年份	2010	2011	2012	2013	2014	2015
R&D从业人员性别比	433.04	462.43	470.19	470.09	443.17	425.70

注：R&D从业人员统计范围为规模以上工业企业。

城镇登记失业率与城镇登记失业人数

指标 \ 年份	2010	2011	2012	2013	2014	2015
城镇登记失业率（%）	2.45	2.2	2.42	2.35	2.26	2.34
城镇登记失业人口（人）			28974	41950	81421	87130

注：数据来源为市人社局官方网站的公开信息。

按性别划分的基本医疗保险参保人数

单位：万人

性别 \ 年份	2010	2011	2012	2013	2014	2015
男	568.85	593.24	617.94	646.64	646.01	679.7
女	469.19	485.38	520.79	511.01	511.82	533.45
合计	1038.04	1078.62	1138.74	1157.65	1157.83	1213.16

注：数据为市人社局根据实际情况统计得出。

基本医疗保险参保性别比

相对于每100名女性的男性人数

指标 \ 年份	2010	2011	2012	2013	2014	2015
基本医疗保险参保性别比	121.24	122.22	118.65	126.54	126.22	127.42

注：数据为市人社局根据实际情况统计得出。

十一 深圳市社会性别统计报告

按性别划分的基本养老保险参保人数　　　　　　　　　　　　单位：万人

性别＼年份	2010	2011	2012	2013	2014	2015
男	370.39	401.84	417.39	421.91	473.71	524.05
女	320.96	349.88	375.05	391.99	373.13	404.03
合计	691.35	751.72	792.44	813.9	846.84	928.08

注：数据为市人社局根据实际情况统计得出。

基本养老保险参保性别比　　　　　　　　　　相对于每100名女性的男性人数

指标＼年份	2010	2011	2012	2013	2014	2015
基本养老保险参保性别比	115.40	114.85	111.29	107.63	126.96	129.71

注：数据为市人社局根据实际情况统计得出。

按性别划分的工伤保险参保人数　　　　　　　　　　　　单位：万人

性别＼年份	2010	2011	2012	2013	2014	2015
男	513.70	533.73	560.22	562.06	576.85	592.30
女	405.87	412.92	431.31	425.90	434.29	440.19
合计	919.57	946.64	991.53	987.96	1011.14	1032.49

注：数据为市人社局根据实际情况统计得出。

工伤保险参保性别比　　　　　　　　　　　相对于每100名女性的男性人数

指标＼年份	2010	2011	2012	2013	2014	2015
工伤保险参保性别比	126.57	129.26	129.89	131.97	132.83	134.56

注：数据为市人社局根据实际情况统计得出。

按性别划分的失业保险参保人数　　　　　　　　　　　　单位：万人

性别＼年份	2010	2011	2012	2013	2014	2015
男	145.83	168.95	355.81	530.14	545.29	559.60
女	112.80	131.19	275.76	400.31	409.05	415.08
合计	258.62	300.13	631.56	930.45	954.34	974.69

注：数据为市人社局根据实际情况统计得出。

失业保险参保性别比　　　　　　　　　　　　　　　　相对于每100名女性的男性人数

指标＼年份	2010	2011	2012	2013	2014	2015
失业保险参保性别比	129.28	128.79	129.03	132.43	133.31	134.82

注：数据为市人社局根据实际情况统计得出。

按性别划分的生育保险参保人数　　　　　　　　　　　　　　　　单位：万人

性别＼年份	2010	2011	2012	2013	2014	2015
男	206.84	239.76	262.92	318.09	325.06	586.80
女	190.79	218.93	243.68	262.37	269.56	446.10
合计	397.63	458.69	506.61	580.46	594.61	1032.90

注：数据为市人社局根据实际情况统计得出。

生育保险参保性别比　　　　　　　　　　　　　　　　相对于每100名女性的男性人数

指标＼年份	2010	2011	2012	2013	2014	2015
生育保险参保性别比	108.41	109.51	107.90	121.24	120.59	131.54

注：数据为市人社局根据实际情况统计得出。

按性别划分的领取养老金人数　　　　　　　　　　　　　　　　单位：万人

性别＼年份	2010	2011	2012	2013	2014	2015
男	5.34	5.7	6.13	6.61	7.22	7.88
女	10.99	11.7	12.94	14.4	15.96	17.66
合计	16.33	17.4	19.07	21.01	23.18	25.55

注：数据为市人社局根据实际情况统计得出。

领取养老金人数性别比　　　　　　　　　　　　　　　　相对于每100名女性的男性人数

指标＼年份	2010	2011	2012	2013	2014	2015
领取养老金人数性别比	48.57	48.74	47.34	45.95	45.25	44.63

注：数据为市人社局根据实际情况统计得出。

按性别划分的救助站救助对象总人次数

单位：人次

性别 \ 年份	2010	2011	2012	2013	2014	2015
男	26978	21787	21618	23144	21043	19742
女	1814	2198	1945	1889	1942	2431
合计	28792	23940	23563	25033	22985	22173

注：数据为市民政局根据实际情况统计得出。

救助站救助对象性别比

相对于每100名女性的男性人数

指标 \ 年份	2010	2011	2012	2013	2014	2015
救助站救助对象性别比	1487.21	991.22	1111.47	1225.20	1083.57	812.09

注：数据为市民政局根据实际情况统计得出。

按性别划分的流浪儿童救助人次数

单位：人次

性别 \ 年份	2010	2011	2012	2013	2014	2015
男	791	867	913	1016	907	433
女	120	122	160	166	216	226
合计	911	989	1073	1182	1123	659

注：数据为市民政局根据实际情况统计得出。

流浪儿童救助人数性别比

相对于每100名女性的男性人数

指标 \ 年份	2010	2011	2012	2013	2014	2015
流浪儿童救助人数性别比	659.17	710.66	570.63	612.05	419.91	191.59

注：数据为市民政局根据实际情况统计得出。

按性别划分的福利机构集中供养儿童人数

单位：人

性别 \ 年份	2010	2011	2012	2013	2014	2015
男	639	758	778	771	780	744
女	557	644	641	633	595	552
合计	1196	1402	1419	1404	1375	1296

注：数据为市民政局根据实际情况统计得出。

福利机构集中供养儿童人数性别比　　相对于每100名女性的男性人数

指标＼年份	2010	2011	2012	2013	2014	2015
福利机构集中供养儿童人数性别比	114.52	117.7	121.37	121.8	131.09	134.78

注：数据为市民政局根据实际情况统计得出。

按性别划分的入住养老院老人数　　单位：人

性别＼年份	2010	2011	2012	2013	2014	2015
男	620	653	716	923	702	1111
女	1145	1216	1347	1631	1746	1683
合计	1765	1869	2063	2554	2448	2794

注：数据为市民政局根据实际情况统计得出。

入住养老院老人性别比　　相对于每100名女性的男性人数

指标＼年份	2010	2011	2012	2013	2014	2015
入住养老院老人性别比	54.15	53.7	53.16	56.59	40.21	66.01

注：数据为市民政局根据实际情况统计得出。

按性别划分的领取最低生活保障金总人数　　单位：万人

性别＼年份	2010	2011	2012	2013	2014	2015
男	0.64	0.57	0.46	0.39	0.37	0.35
女	0.58	0.50	0.40	0.32	0.30	0.28
合计	1.22	1.07	0.86	0.71	0.67	0.63

注：数据为市民政局根据实际情况统计得出。

领取最低生活保障金总人数性别比　　相对于每100名女性的男性人数

指标＼年份	2010	2011	2012	2013	2014	2015
领取最低生活保障金总人数性别比	111.16	114.06	113.24	122.2	122.81	125.68

注：数据为市民政局根据实际情况统计得出。

按性别划分的领取老年人补贴总人数

单位：万人

性别\年份	2010	2011	2012	2013	2014	2015
男				1.62	3.95	4.07
女				2.15	4.69	4.58
合计		2.38	2.77	3.77	8.64	8.65

注：数据为市民政局根据实际情况统计得出。

领取老年人补贴总人数性别比

相对于每100名女性的男性人数

指标\年份	2010	2011	2012	2013	2014	2015
领取老年人补贴总人数性别比				75.44	84.39	88.68

注：数据为市民政局根据实际情况统计得出。

按性别划分的残疾人康复机构服务对象总人数

单位：人

性别\年份	2010	2011	2012	2013	2014	2015
男	1571	1743	1642	2392	2842	3206
女	1061	990	1075	1419	1522	1749
合计	2632	2733	2717	3811	4364	4955

注：数据为市残联根据实际情况统计得出。

残疾人康复机构服务对象总人数性别比

相对于每100名女性的男性人数

指标\年份	2010	2011	2012	2013	2014	2015
残疾人康复机构服务对象总人数性别比	148.07	176.06	152.74	168.57	186.73	183.30

注：数据为市残联根据实际情况统计得出。

按性别划分的住房公积金缴存人数

单位：万人

性别\年份	2010	2011	2012	2013	2014	2015
男	0.85	226.25	266.56	279.84	295.8	318.66
女	0.52	163.84	192.49	196.51	203.92	219.68
合计	1.37	390.09	459.05	476.35	499.72	538.34

注：数据为市住建局根据实际情况统计得出。

住房公积金缴存人数性别比　　　　　　　相对于每100名女性的男性人数

指标＼年份	2010	2011	2012	2013	2014	2015
住房公积金缴存人数性别比	163.46	138.09	138.48	142.4	145.06	145.06

注：数据为市住建局根据实际情况统计得出。

按性别划分的住院率　　　　　　　　　　　　　　　　　　　　单位：%

性别＼年份	2010	2011	2012	2013	2014	2015
男	6.7	7.1	7.5	8.0	8.7	8.4
女	10.8	11.6	12.9	12.9	13.8	12.8
住院率	8.6	9.2	10.0	10.3	11.1	10.9

注：数据为市卫计委根据实际情况统计得出。

按性别划分的主要疾病死亡率　　　　　　　　　　　　　　　单位：1/10万

性别＼年份	2010	2011	2012	2013	2014	2015
男	69.22	72.83	74.59	74.20	75.10	77.90
女	46.75	48.47	46.99	57.03	57.51	54.79
主要疾病死亡率	58.93	61.67	61.95	66.32	66.91	67.18

注：数据为市卫计委根据实际情况统计得出。

按性别划分的艾滋病新发病例数　　　　　　　　　　　　　　　单位：例

性别＼年份	2010	2011	2012	2013	2014	2015
男	469	913	1173	1455	1763	1862
女	100	170	173	204	195	187
合计	569	1083	1346	1659	1958	2049

注：数据为市卫计委根据实际情况统计得出。

按性别划分的每十万人患有性病人数　　　　　　　　　　　　单位：1/10万

性别＼年份	2010	2011	2012	2013	2014	2015
男	284.51	308.27	327.86	354.03	342.55	333.77
女	311.94	327.31	344.43	386.15	395.59	386.45
每十万人患有性病人数	297.08	317	335.5	368.83	367.11	358.21

注：数据为市卫计委根据实际情况统计得出。

孕产妇死亡率

单位：1/10万

指标＼年份	2010	2011	2012	2013	2014	2015
孕产妇死亡率	15.41	8.96	6.19	3.33	6.58	4.04

注：数据为市卫计委根据实际情况统计得出。

产妇分娩相关指标

单位：%

指标＼年份	2010	2011	2012	2013	2014	2015
住院分娩率	99.82	99.67	99.73	99.76	99.80	99.82
剖宫产率	45.95	37.67	37.77	37.84	36.55	34.1
新法接生率	99.9	99.74	99.83	99.85	99.88	99.88
产科出血占孕产妇死亡百分比	36.36	28.57	33.33	0	33.33	25

注：数据为市卫计委根据实际情况统计得出。

孕产妇医疗保健情况

单位：%

指标＼年份	2010	2011	2012	2013	2014	2015
产前检查率	97.28	96.64	97.31	97.81	98.45	98.59
孕产期中重度贫血率	3.56	4.35	4.85	4.08	1.43	0.98

注：数据为市卫计委根据实际情况统计得出。

按性别划分的低体重发生率

单位：%

性别＼年份	2010	2011	2012	2013	2014	2015
男	3.92	5.25	4.92	5.05	5.22	5.07
女	4.74	6.32	6.14	5.09	6.03	5.86
低体重发生率	4.3	5.74	5.48	5.07	5.59	5.43

注：数据为市卫计委根据实际情况统计得出。

新生儿破伤风发病率

单位：‰

指标＼年份	2010	2011	2012	2013	2014	2015
新生婴儿破伤风发病率	0	0.1	0.03	0.01	0.01	0.01

注：数据为市卫计委根据实际情况统计得出。

新生婴儿窒息死亡率

单位：‰

指标＼年份	2010	2011	2012	2013	2014	2015
新生婴儿窒息死亡率	0.41	0.24	0.17	0.2	0.15	0.18

注：数据为市卫计委根据实际情况统计得出。

按性别划分的五岁以下儿童死亡率

单位：‰

性别＼年份	2010	2011	2012	2013	2014	2015
男	3.94	4.17	3.6	3.72	4	3.3
女	2.86	2.97	2.8	3.61	2.51	2.56
五岁以下儿童死亡率	3.5	3.66	3.23	3.68	3.31	2.96

注：数据为市卫计委根据实际情况统计得出。

婴儿死亡率（婴儿出生后不满周岁）

单位：‰

性别＼年份	2010	2011	2012	2013	2014	2015
男	2.65	3.17	2.88	2.78	2.76	2.25
女	1.87	2.52	2.22	2.65	1.80	1.93
婴儿死亡率	2.35	2.91	2.58	2.73	2.32	2.10

注：数据为市卫计委根据实际情况统计得出。

按性别划分的中小学生健康保健情况

单位：%

指标	性别	2010	2011	2012	2013	2014	2015
中小学生超重/肥胖率	男	15.64	16.35	17.21	17.64	16.27	15.04
	女	9.9	10.21	10.87	10.85	10.39	10.74
中小学生视力不良率	男	57.48	57.63	60.2	60.75	58.23	56.82
	女	65.44	66.52	67.13	67.22	64.65	63.74
中小学生龋齿发生率	男	30.89	19.21	26.37	30.79	31.1	24.38
	女	34.53	22.37	30.82	34.14	32.91	26.46
中小学生营养不良发生率	男	7.62	9.62	7.06	6.82	6.79	7.46
	女	5.67	7.58	4.84	5.11	6.05	5.27

注：数据为市卫计委根据实际情况统计得出。

《国家学生体质健康标准》达标率

单位：%

指标 \ 年份	2010	2011	2012	2013	2014	2015
《国家学生体质健康标准》达标率	88.35	88.95	88.69	87.32	90.64	90.27

注：数据为市教育局提供。

按性别划分的中国共产党党员人数

单位：人

性别 \ 年份	2010	2011	2012	2013	2014	2015
男	234337	245066	265725	278767	291397	305666
女	112610	123424	138812	149332	160354	171433
合计	346947	368490	404537	428099	451751	477099

注：数据由市委组织部填报。

按性别划分的市级主要领导班子人数

单位：人

指标	性别	2010	2011	2012	2013	2014	2015
市委领导班子成员数	男	12	12	12	13	12	12
	女	1	1	1	0	1	1
市人大领导班子成员数	男	5	5	5	5	5	5
	女	1	1	1	1	1	1
市政府领导班子成员数	男	6	6	6	6	6	6
	女	1	1	1	1	1	1
市政协领导班子成员数	男	8	8	8	7	7	6
	女	1	1	1	2	2	3
市纪委领导班子成员数	男	4	4	4	4	4	3
	女	0	0	0	0	0	1

注：数据由市委组织部填报。

按性别划分的市级委员代表人数

单位：人

指标	性别	2010	2011	2012	2013	2014	2015
市委委员	男	65	65	65	65	65	64
	女	10	10	10	10	10	11

续表

指标 \ 性别 \ 年份		2010	2011	2012	2013	2014	2015
市委候补委员	男	14	10	10	8	1	13
	女	0	0	0	0	0	1
市党代会代表	男	350	350	344	343	335	360
	女	130	130	129	128	123	120
市人大常委	男	37	34	35	33	31	35
	女	8	9	10	10	10	13
市人大代表	男	311	311	312	309	299	374
	女	99	102	99	106	104	132
市政协常委	男	82	84	87	87	87	79
	女	15	15	15	16	15	19
市政协委员	男	405	416	418	417	414	398
	女	93	93	97	96	98	102
市纪委常委	男	8	8	8	8	7	8
	女	1	1	1	1	1	1
市纪委委员	男	34	33	33	33	32	34
	女	5	5	5	5	5	5

注：数据由市委组织部填报。

按性别划分的区级主要领导班子人数

单位：人

指标 \ 性别 \ 年份		2010	2011	2012	2013	2014	2015
区委领导班子成员数	男	57	55	58	58	57	54
	女	7	8	8	8	8	8
区人大领导班子成员数	男	28	27	28	27	25	27
	女	7	7	8	9	9	7
区政府领导班子成员数	男	38	34	32	32	30	30
	女	8	8	10	10	10	9
区政协领导班子成员数	男	38	35	35	36	35	38
	女	8	9	11	10	9	8
区纪委领导班子成员数	男	35	31	34	33	36	36
	女	7	10	10	11	10	9

注：数据由各区委组织部填报。

按性别划分的区级委员代表人数 单位：人

指标	性别	2010	2011	2012	2013	2014	2015
区委委员	男	230	259	255	248	247	239
	女	32	41	42	43	41	45
区委候补委员	男	46	44	40	30	28	27
	女	2	10	8	5	5	4
区党代会代表	男	1110	1092	1094	1068	1056	1024
	女	436	471	464	455	441	435
区人大常委	男	108	120	126	124	119	118
	女	20	23	27	28	29	27
区人大代表	男	721	949	981	981	964	956
	女	236	355	386	388	388	389
区政协常委	男	124	122	167	167	173	175
	女	25	25	43	42	43	42
区政协委员	男	806	801	930	958	1002	1016
	女	190	192	295	295	300	306
区纪委常委	男	34	31	34	32	35	35
	女	6	8	9	9	7	6
区纪委委员	男	106	129	131	131	130	128
	女	14	14	13	13	12	11

注：数据由各区委组织部填报。

按性别划分的局级、处级领导干部人数 单位：人

级别	性别	2010	2011	2012	2013	2014	2015
局级领导干部人数	男	575	579	616	622	590	557
	女	111	121	128	125	115	106
处级领导干部人数	男	5087	4894	5228	5492	5292	5315
	女	1271	1238	1320	1375	1342	1415

注：数据由市委组织部填报。

按性别划分的局级、处级领导干部性别比

相对于每100名女性的男性人数

级别＼年份	2010	2011	2012	2013	2014	2015
局级领导干部性别比	518.02	478.51	481.25	497.6	513.04	525.47
处级领导干部性别比	400.24	395.32	396.06	399.42	394.34	375.62

注：数据由市委组织部填报。

按性别划分的公务员人数　　　　　　　　　　　单位：人

指标	性别＼年份	2010	2011	2012	2013	2014	2015
公务员人数	男	33577	34135	34776	35711	35529	35563
	女	9830	10064	10255	10583	10679	10760
	合计	43407	44199	45031	46294	46208	46323

注：数据由市委组织部填报。

公务员性别比　　　　　　　相对于每100名女性的男性人数

指标＼年份	2010	2011	2012	2013	2014	2015
公务员性别比	341.58	339.18	339.11	337.44	332.7	330.51

注：数据由市委组织部填报。

按性别划分的新增公务员人数　　　　　　　　单位：人

指标	性别＼年份	2010	2011	2012	2013	2014	2015
新增公务员人数	男						962
	女						273
	合计						1235

注：数据由市委组织部填报。

新增公务员性别比　　　　　相对于每100名女性的男性人数

指标＼年份	2010	2011	2012	2013	2014	2015
新增公务员性别比						352.38

注：数据由市委组织部填报。

民主党派成员性别比
相对于每100名女性的男性人数

指标 \ 年份	2010	2011	2012	2013	2014	2015
民主党派成员性别比	134.96	132.54	132.38	132.43	132.45	133.55

注：数据由市委统战部填报。

按性别划分的事业单位职员
单位：人

指标	性别 \ 年份	2010	2011	2012	2013	2014	2015
事业单位职员人数	男	34387	35566	36866	38239	39497	41262
	女	42105	43942	46000	47998	50048	53932
	合计	76492	79508	82866	86237	89545	95194

注：数据由市人社局填报。

事业单位职员性别比
相对于每100名女性的男性人数

指标 \ 年份	2010	2011	2012	2013	2014	2015
事业单位职员性别比	81.67	80.94	80.14	79.67	78.92	76.51

注：数据由市人社局填报。

按性别划分的事业单位主要负责人
单位：人

指标	性别 \ 年份	2010	2011	2012	2013	2014	2015
事业单位主要负责人	男	569	817	916	1006	1055	1099
	女	114	160	197	214	225	228
	合计	683	977	1113	1220	1280	1327

注：数据由市人社局填报。

事业单位主要负责人性别比
相对于每100名女性的男性人数

指标 \ 年份	2010	2011	2012	2013	2014	2015
事业单位主要负责人性别比	499.12	510.63	464.97	470.09	468.89	482.02

注：数据由市人社局填报。

按性别划分的参与企业事务情况　　　　　　　　　　　　　　　　　　　　　单位：人

指标	性别\年份	2010	2011	2012	2013	2014	2015
企业职工代表人数	男	56321	45641	50435	69235	120693	245842
	女	25439	19938	25273	33896	45430	172094
企业董事人数	男	2939	2455	2531	2567	1634	1750
	女	604	517	595	622	399	382
企业监事人数	男	964	788	855	856	836	911
	女	310	276	320	301	284	318

注：数据由市总工会填报。

参与企业事务情况性别比　　　　　　　　　　　　　　　　相对于每100名女性的男性人数

指标\年份	2010	2011	2012	2013	2014	2015
企业职工代表性别比	221.4	228.91	199.56	204.26	265.67	142.85
企业董事性别比	486.59	474.85	425.38	412.7	409.52	458.12
企业监事性别比	310.97	285.51	267.19	284.39	294.37	286.48

注：数据由市总工会填报。

按性别划分的居委会成员数　　　　　　　　　　　　　　　　　　　　　　单位：人

指标	性别\年份	2010	2011	2012	2013	2014	2015
居委会成员数	男	2470	2476	2476	2480	2888	2920
	女	1716	1832	1831	1803	1935	1905
	合计	4186	4308	4307	4283	4823	4825

注：数据由市民政局填报。

居委会成员性别比　　　　　　　　　　　　　　　　　　　相对于每100名女性的男性人数

指标\年份	2010	2011	2012	2013	2014	2015
居委会成员性别比	143.94	135.15	135.23	137.55	149.25	153.28

注：数据由市民政局填报。

按性别划分的社会组织工作人员数 单位：人

指标	年份 性别	2010	2011	2012	2013	2014	2015
社会组织工作人员数	男					30819	26418
	女					18995	18623
	合计					49814	45041

注：数据由市民政局填报。

社会组织工作人员性别比 相对于每100名女性的男性人数

指标 年份	2010	2011	2012	2013	2014	2015
社会组织工作人员性别比					162.25	141.86

注：数据由市民政局填报。

按性别划分的法官人数 单位：人

指标	年份 性别	2010	2011	2012	2013	2014	2015
法官人数	男	172	179	187	186	173	166
	女	98	115	132	126	132	128
	合计	270	294	319	312	305	294

注：数据由市中级人民法院填报，表中数据仅为市中级人民法院的法官人数。

法官性别比 相对于每100名女性的男性人数

指标 年份	2010	2011	2012	2013	2014	2015
法官性别比	175.51	155.65	141.67	147.62	131.06	129.69

注：数据由市中级人民法院填报。

按性别划分的人民陪审员 单位：人

指标	年份 性别	2010	2011	2012	2013	2014	2015
人民陪审员	男	128	140	135	163	343	352
	女	141	168	175	204	429	457
	合计	269	308	310	367	772	809

注：数据由市中级人民法院填报。

人民陪审员性别比

相对于每100名女性的男性人数

指标 \ 年份	2010	2011	2012	2013	2014	2015
人民陪审员性别比	90.78	83.33	77.14	79.90	79.95	77.02

注：数据由市中级人民法院填报。

按性别划分的14—18岁被判刑人数

单位：人

指标	性别 \ 年份	2010	2011	2012	2013	2014	2015
14—18岁被判刑人数	男	1583	1949	1723	1290	1684	755
	女	56	45	28	13	47	16
	合计	1639	1994	1751	1303	1731	771

注：数据由市中级人民法院填报，2015年由于信息保密，数据大幅减少且无法分性别统计。

14—18岁被判刑人数女性占比

单位：%

指标 \ 年份	2010	2011	2012	2013	2014	2015
14—18岁被判刑人员女性占比	3.42	2.26	1.60	1.00	2.72	2.08

注：数据由市中级人民法院填报。

按性别划分的各类罪犯人数

单位：人

指标	性别 \ 年份	2010	2011	2012	2013	2014	2015
各类罪犯人数	男	19625	23028	27655	22647	29860	19673
	女	983	1141	737	480	1198	1119
	合计	20608	24169	28392	23127	31058	20792

注：数据由市中级人民法院填报。

各类罪犯人数女性占比

单位：%

指标 \ 年份	2010	2011	2012	2013	2014	2015
各类罪犯人数女性占比	4.77	4.72	2.60	2.08	3.86	5.38

注：数据由市中级人民法院填报。

按性别划分的警察人数
（含市公安局、司法局、中级人民法院、检察院） 单位：人

指标	年份 性别	2010	2011	2012	2013	2014	2015
警察人数	男	18033	18443	18083	18678	20132	18421
	女	2467	2456	2409	2660	2384	2436
	合计	20500	20899	20492	21338	22516	20857

注：由市公安局、司法局、中级人民法院、检察院的数据汇总得到。

警察人数女性占比（含市公安局、司法局、中级人民法院、检察院） 单位：%

指标 年份	2010	2011	2012	2013	2014	2015
警察人数女性占比	12.0	11.8	11.8	12.5	10.6	11.7

注：由市公安局、司法局、中级人民法院、检察院的数据汇总得到。

按性别划分的公安机关提请逮捕的人数 单位：人

指标	年份 性别	2010	2011	2012	2013	2014	2015
公安机关提请逮捕的人数	男	10818	20431	23500	20647	20947	23720
	女	1144	1900	2136	1918	2305	2677
	合计	11962	22331	25636	22565	23252	26397

注：数据由市公安局填报。

按年龄组别划分的公安机关提请逮捕人员性别比

相对于每100名女性的男性人数

年龄组别 年份	2010	2011	2012	2013	2014	2015
0—14岁	15	27	1300	1100	3	4
15—64岁	944.9	1074	1099.9	1077.8	908.9	886.4
65岁及以上	300	7	1500	425	733.3	620

注：数据由市公安局填报。

按性别划分的未成年人犯罪嫌疑人人数 单位：人

指标	年份 性别	2010	2011	2012	2013	2014	2015
未成年人犯罪嫌疑人人数	男	540	1014	989	660	533	536
	女	31	41	65	38	37	45
	合计	571	1055	1054	698	570	581

注：数据由市公安局填报。

未成年人犯罪嫌疑人女性占比

单位：%

指标＼年份	2010	2011	2012	2013	2014	2015
未成年人犯罪嫌疑人女性占比	5.43	3.89	6.17	5.44	6.49	7.75

注：数据由市公安局填报。

按性别划分的在强制（隔离）戒毒所强制（隔离）戒毒人数

单位：人

指标	性别＼年份	2010	2011	2012	2013	2014	2015
在强制（隔离）戒毒所强制（隔离）戒毒人数	男	4539	2928	2233	3101	4247	4277
	女	335	162	100	100	167	163
	合计	4874	3090	2333	3201	4414	4440

注：数据由市公安局、司法局填报。

在强制（隔离）戒毒所强制（隔离）戒毒人员中女性比例

单位：%

指标＼年份	2010	2011	2012	2013	2014	2015
在强制（隔离）戒毒所强制（隔离）戒毒人员中女性比例	6.87	5.24	4.29	3.12	3.78	3.67

注：数据由市公安局、司法局填报。

治安管理中各类受虐待人员数

单位：人

指标	性别＼年份	2010	2011	2012	2013	2014	2015
治安管理中各类受虐待人员数	男	2	1	2	0	1	0
	女	6	9	7	3	1	1
	合计	8	10	9	3	2	1

注：数据由市公安局填报。

治安管理中各类受虐待人员性别比

相对于每100名女性的男性人数

指标＼年份	2010	2011	2012	2013	2014	2015
治安管理中各类受虐待人员性别比	33.3	11.1	28.6	0	100	0

注：数据由市公安局填报。

各年龄阶段的自杀个案报警数

单位：宗

指标	性别	2010	2011	2012	2013	2014	2015
0—14 岁	男	3	1	2	7	11	5
	女	3	2	2	2	0	6
15—64 岁	男	325	333	381	528	529	497
	女	362	457	475	548	637	590
65 岁及以上	男	5	6	6	8	18	15
	女	0	6	9	10	18	10
合计		698	805	875	1103	1213	1123

注：数据由市公安局填报。

按性别划分的司法有关人员人数

单位：人

指标	性别	2010	2011	2012	2013	2014	2015
律师人数	男	4579	4911	5176	5550	5939	6347
	女	1669	1883	2077	2342	2622	3006
人民调解员人数	男	16407	15874	12429	10502	10190	7905
	女	4110	3968	3107	2626	2547	5053
公证员人数	男	58	60	60	61	57	61
	女	34	36	39	43	44	45
司法鉴定人员数	男	271	273	282	289	302	303
	女	94	93	96	93	93	98
检察官人数	男	814	805	763	824	817	469
	女	422	415	438	483	488	337

注：数据由市司法局、市检察院填报。表中检察官人数仅为市检察院的人员数，且2010—2014年数据为市检察院的在编干部人数，2015年为市检察院的检察官序列的人员数。

司法有关人员女性占比

单位：%

指标	2010	2011	2012	2013	2014	2015
律师	26.71	27.72	28.64	29.68	30.63	32.14
人民调解员	20.03	20.00	20.00	20.00	20.00	39
公证员	36.96	37.50	39.39	41.35	43.56	42.45
司法鉴定人员	25.75	25.41	25.40	24.35	23.54	24.44
检察官	34.14	34.02	36.47	36.95	37.39	41.81

注：数据由市司法局、市检察院填报。

附录 11-4 主要指标诠释

一 人口特征

1. *常住人口①

概念：指实际经常居住在某地区一定时间（半年以上）的人口。年度统计的年末人口数指 12 月 31 日 24 时的人口数。年度统计的全国人口总数内未包括中国香港、澳门特别行政区和台湾省以及海外华侨人数。

数据来源：深圳市统计局

2. *常住人口平均数

概念：指报告期初常住人口数和报告期末常住人口数的平均数。

计算方法：

常住人口平均数 =（报告期初常住人口 + 报告期末常住人口）/2

数据来源：深圳市统计局

3. 常住人口性别比

概念：指报告期末在所有常住人口中，男性人数与女性人数之比。通常用每 100 个女性人口相应有多少男性人口表示。

计算方法：

常住人口性别比 = 男性常住人口/女性常住人口 ×100

数据来源：深圳市统计局

4. 各年龄组常住人口性别比

概念：报告期末，各年龄组的常住人口性别比例。年龄组段分别为 0—14 岁（少年儿童）、15—64 岁（劳动力）、65 岁及以上（老年人）。

计算方法：

某年龄组常住人口性别比 = 某年龄组男性常住人口/该年龄组女性常住人口 ×100

数据来源：深圳市统计局

5. *常住人口年龄中位数

概念：报告期末，将全体常住人口按年龄大小的自然顺序排列时，居于中间位

---

① 前面加 * 的指标，指进一步分男、女性别进行了统计的指标。

置的年龄数值。

数据来源：深圳市统计局

6. *0—17岁常住人口中男性、女性人数及性别比（女=100）

概念：指一定时点、一定地区范围内0—17岁人口中男性、女性人数及性别比例。

数据来源：深圳市统计局

7. *老年人口中男性、女性人数及性别比（女=100）

概念：报告期末，常住人口中老年人口（65岁及以上）的男性、女性人数及性别比例。

数据来源：深圳市统计局

8. *户籍人口

概念：报告期末，依照《中华人民共和国户口登记条例》，在深圳市公安户籍管理机关登记了常住户口的人，这类人口不管其是否外出，也不管外出时间长短，只要在某地注册有常住户口，则为该地区的户籍人口。

数据来源：深圳市公安局

9. *户籍人口平均数

概念：指期初户籍人口数和期末户籍人口数的平均数。

计算方法：

户籍人口平均数 =（期初户籍人口 + 期末户籍人口）/2

数据来源：深圳市公安局

10. 户籍人口性别比

概念：指在报告期末所有户籍人口中，男性人数与女性人数之比。通常用每100个女性人口相应有多少男性人口表示。

计算方法：

户籍人口性别比 = 男性户籍人口/女性户籍人口×100

数据来源：深圳市公安局

11. 各年龄组户籍人口性别比

概念：报告期末各年龄组的户籍人口性别比例。年龄组段分别为0—14岁（少年儿童）、15—64岁（劳动力）、65岁及以上（老年人）。

计算方法：

某年龄组户籍人口性别比 = 某年龄组男性户籍人口/该年龄组女性户籍人

口 ×100

数据来源：深圳市公安局

12. *户籍人口年龄中位数

概念：报告期末将全体户籍人口按年龄大小的自然顺序排列时，居于中间位置的年龄数值。

数据来源：深圳市公安局

13. *0—17 岁户籍人口

概念：户籍人口中 0—17 岁的未成年人数。

数据来源：深圳市公安局

14. *平均预期寿命

概念：假若当前分年龄死亡率保持不变，同一时期出生的人预期能继续生存的平均年数。

数据来源：深圳市统计局

15. 出生人口性别比

概念：出生人口中男性与女性人口之比（以女性人口为 100）。

数据来源：深圳市统计局

16. *户籍迁入人口中男性、女性人数及性别比

概念：报告期内辖区迁入人口中男性迁入人口与女性迁入人口之比。

计算方法：

户籍迁入人口性别比 = 男性迁入人口／女性迁入人口 ×100

数据来源：深圳市公安局

17. *户籍迁出人口中男性、女性人数及性别比

概念：报告期内辖区迁出人口中男性迁出人口与女性迁出人口之比。

计算方法：

户籍迁出人口性别比 = 男性迁出人口／女性迁出人口 ×100

数据来源：深圳市公安局

18. *港澳台人口数

概念：报告期末，在深圳居住三个月以上的港澳台人口数。

数据来源：深圳市统计局人口普查数据

19. 港澳台人口性别比

概念：指报告期末，在深圳居住三个月以上的港澳台人群中，男性人数与女性

人数之比。

计算方法：

港澳台人口性别比 = 男性港澳台人口/女性港澳台人口 × 100

数据来源：深圳市统计局人口普查数据

20. *少数民族人口

概念：报告期末，常住人口中少数民族的人口数。

数据来源：深圳市统计局人口普查数据

21. 少数民族性别比

概念：在报告期末常住人口中的少数民族里，男性人数与女性人数之比。

计算方法：

少数民族性别比 = 男性少数民族人口/女性少数民族人口 × 100

数据来源：深圳市统计局人口普查数据

22. 汉族和少数民族人口比

概念：报告期末，汉族人口数与少数民族人口数之比。

计算方法：

汉族和少数民族人口比 = 汉族人口数/少数民族人口数 × 100

数据来源：深圳市统计局人口普查数据

23. *残疾人口

概念：报告期末，常住人口中，在心理、生理、人体结构上，某种组织、功能丧失或者不正常，全部或者部分丧失以正常方式从事某种活动能力的人口。

数据来源：深圳市残联

24. 残疾人口性别比

概念：报告期末，在常住人口中残疾人口里，男性人数与女性人数之比。

计算方法：

残疾人口性别比 = 男性残疾人口/女性残疾人口 × 100

数据来源：深圳市残联

25. 出生率

概念：指在报告期内辖区出生（活产婴儿）人数与同期内平均人口数之比，用千分率表示。

计算方法：

出生率 = 出生人数/同期平均总人口数 × 1000‰

数据来源：深圳市统计局

26. 死亡率

概念：指报告期内辖区死亡人数与同期内平均人口数之比，用千分率表示。

计算方法：

死亡率 = 死亡人数/同期平均总人口数 ×1000‰

数据来源：深圳市统计局

27. *婴儿死亡率

概念：指年内出生至不满1周岁的活产婴儿死亡数与活产数之比。一般用千分率表示。

计算方法：

婴儿死亡率 = 该年该地婴儿死亡数/某年某地活产数 ×1000‰

数据来源：深圳市卫生计生委

二　婚姻及家庭状况

1. 已婚人数

概念：报告期末，辖区内按《婚姻法》要求在民政部门已登记结婚并领取《结婚证》的人数。

数据来源：深圳市民政局

2. *初婚人数

概念：是指报告期内符合《婚姻法》相关要求，初次在民政部门登记结婚的人数。

数据来源：深圳市民政局

备注：将根据市民政局的初婚及再婚人数和深圳市统计局、市公安局提供的人口数来计算"粗结婚率"。

3. *离婚人数

概念：是指报告期内在民政部门登记离婚的人数。

数据来源：深圳市民政局

备注：将根据市民政局的离婚人数和深圳市统计局、市公安局提供的人口数来计算"离婚率"。

4. 再婚性别比

概念：在报告期内，再婚人员中男性与女性人数比。

计算方法：

再婚性别比 = 再婚人员中男性人数/再婚女性人数 × 100

数据来源：深圳市民政局

5. *平均初婚年龄

概念：在报告期内初次结婚者的平均年龄。

计算方法：简单算术平均

数据来源：深圳市民政局

6. 有配偶各年龄组性别比

概念：报告期末，有配偶人群中各年龄组的性别比。其中，年龄组段分别为 15—19 岁、20—24 岁、25—29 岁、30—34 岁、35—39 岁、40—44 岁、45—49 岁、50—54 岁、55—59 岁、60—64 岁、65 岁及以上。

计算方法：

有配偶各年龄组性别比 = 某年龄组有配偶男性人口/该年龄组有配偶女性人口 × 100

数据来源：深圳市统计局人口普查数据

7. 未婚各年龄组性别比

概念：报告期末，未婚人群中各年龄组的性别比。其中，年龄组段分别为 15—19 岁、20—24 岁、25—29 岁、30—34 岁、35—39 岁、40—44 岁、45—49 岁、50—54 岁、55—59 岁、60—64 岁、65 岁及以上。

计算方法：

未婚各年龄组性别比 = 某年龄组未婚男性人口/该年龄组未婚女性人口 × 100

数据来源：深圳市统计局人口普查数据

8. 家庭户数

概念：常住人口中户别登记为家庭户总数。

数据来源：深圳市统计局人口普查数据

9. 按户籍划分的家庭户数

概念：按户籍进行划分的深圳户籍家庭户数和非深圳户籍家庭户数。

数据来源：深圳市统计局

10. 家庭户规模情况

概念：辖区所有家庭户中的家庭规模分布情况。

数据来源：深圳市统计局人口普查数据

11. *房产户主人数及性别比

概念：报告期末，在辖区房地产权登记中心登记的房产户主中，男性作为单独户主的人数与女性作为单独户主的人数之比。该指标计算需去除共有房产情况的干扰。

计算方法：

房产户主性别比 = 男性作为房产单独户主人数/女性作为房产单独户主人数 ×100

数据来源：深圳市规划国土委

三 文化教育

1. *学前三年毛入园率

概念：指某地区学前儿童中进入各类学前教育机构学习的人数占同年龄组人口总数的比重。一般学前教育学龄人口统计为3—5岁或4—6岁人口数。学前教育机构年注册入园儿童人数又称在园儿童数，是指在单独设立的幼儿园、小学附设的学前班、幼儿班及托儿所附设的幼儿班的幼儿数。

计算方法：

学前三年毛入园率 = 学前教育机构年注册入园儿童人数/本市学前教育学龄人口数 ×100%

数据来源：深圳市教育局

2. *学前教育毛入园率

概念：报告期末，学前教育在园人数占国家规定的年龄组人口数的比重。

计算方法：

学前教育毛入园率 = 在园儿童数/学前教育学龄人口总数 ×100%

数据来源：深圳市教育局

3. *小学学龄儿童净入学率

概念：指报告期末，小学学龄人口中正在接受小学教育人数所占比重。

计算方法：

小学学龄儿童净入学率 = 小学学龄人口中已进入小学学习的在校学生总数/小学学龄人口数 ×100%

数据来源：深圳市教育局

4. *初中阶段毛入学率

概念：报告期末，初中阶段在校学生总数与12—14岁学龄组人口数的比重。

计算方法：

初中阶段毛入学率＝初中阶段在校学生数/12—14岁学龄组人口数×100%

数据来源：深圳市教育局

5. *高中阶段毛入学率

概念：报告期末，高中阶段（包括普通高中、职业高中、中等专业学校、技术学校、成人中等专业学校、成人高中）在校生总数与高中学龄（15—17岁或16—18岁）人口数的比重。

计算方法：

高中阶段毛入学率＝高中阶段在校学生数/高中学龄人口数×100%

数据来源：深圳市教育局

6. 高中阶段在校学生性别比

概念：报告期末，高中阶段（包括普通高中、职业高中、中等专业学校、技术学校、成人中等专业学校、成人高中）在校生中男性人数与女性人数之比。

计算方法：

高中阶段在校学生性别比＝高中阶段在校男性人数/高中阶段在校女性人数×100

数据来源：深圳市教育局

7. 普通高等学校在校（专本科）学生性别比

概念：报告期末，普通高等学校（专本科，不包括研究生阶段）在校生中男性人数与女性人数之比。

计算方法：

普通高等学校在校（专本科）学生性别比＝在校男性人数/在校女性人数×100

数据来源：深圳市教育局

8. 成人高等学校在校学生性别比

概念：报告期末，成人高等学校在校生中男性人数与女性人数之比。

计算方法：

成人高等学校在校学生性别比＝在校男性人数/在校女性人数×100

数据来源：深圳市教育局

9. 中等职业教育在校学生性别比

概念：报告期末，中等职业教育学校在校生中男性人数与女性人数之比。

计算方法：

中等职业教育在校学生性别比＝在校男性人数/在校女性人数×100

数据来源：深圳市教育局

10. 高等职业教育在校学生性别比

概念：报告期末，高等职业学校在校生中男性人数与女性人数之比。

计算方法：

高等职业教育在校学生性别比＝在校男性人数/在校女性人数×100

数据来源：深圳市教育局

11. *平均受教育年限

概念：指报告期末某一年龄段人口群体接受学历教育（包括普通教育和成人学历教育，不包括各种非学历培训）的年数。

计算方法：

平均受教育年限＝某一特定年龄段人群中每个人的受教育年限之和/该年龄段人群总数

数据来源：深圳市统计局

12. *文盲率

概念：报告期末，15岁及以上文盲人口总数占总人口比重。

计算方法：

文盲率＝15岁及以上文盲人口数/总人口数×100%

数据来源：深圳市统计局人口普查数据

13. *小学文化程度人口数

概念：报告期末，常住人口中拥有小学文化程度的人口数。

数据来源：深圳市统计局人口普查数据

14. 小学文化程度人口性别比

概念：报告期末，常住人口中拥有小学文化程度的人群里，男性人数与女性人数之比。

计算方法：

小学文化程度人口性别比＝小学文化程度男性人数/小学文化程度女性人数×100

数据来源：深圳市统计局人口普查数据

15. *初中文化程度人口数

概念：报告期末，在常住人口中拥有初中文化程度的人口数。

数据来源：深圳市统计局人口普查数据

16. 初中文化程度人口性别比

概念：报告期末，常住人口中拥有初中文化程度的人群里，男性人数与女性人数之比。

计算方法：

初中文化程度人口性别比 = 初中文化程度男性人数/初中文化程度女性人数×100

数据来源：深圳市统计局人口普查数据

17. *高中（含中专）文化程度人口数

概念：报告期末，常住人口中拥有高中（含中专）文化程度的人口数。

数据来源：深圳市统计局人口普查数据

18. 高中（含中专）文化程度人口性别比

概念：报告期末，常住人口中拥有高中（包括普通高中、职业高中、中等专业学校、技术学校、成人中等专业学校、成人高中）文化程度的人群里，男性人数与女性人数之比。

计算方法：

高中文化程度人口性别比 = 高中文化程度男性人数/高中文化程度女性人数×100

数据来源：深圳市统计局人口普查数据

19. *大学（大专及以上）文化程度人口数

概念：报告期末，在常住人口中拥有大学（包括国家承认学历的各类高等教育：普通高校本专科、成人高校本专科、高等学历文凭考试、电视大学注册视听生、自学考试本专科、军事院校本专科和研究生教育）文化程度的人口数。

数据来源：深圳市统计局人口普查数据

20. 大学（大专及以上）文化程度人口性别比

概念：报告期末，常住人口中拥有大学（包括国家承认学历的各类高等教育：普通高校本专科、成人高校本专科、高等学历文凭考试、电视大学注册视听生、自学考试本专科、军事院校本专科和研究生教育）文化程度的人群里，男性人数与女性人数之比。

计算方法：

大学文化程度人口性别比＝大学文化程度男性人数/大学文化程度女性人数×100

数据来源：深圳市统计局人口普查数据

21. 幼儿园教师性别比

概念：报告期末，幼儿园教育层次中男性教师人数与女性教师人数之比。

计算方法：

幼儿园教师性别比＝幼儿园男性教师人数/幼儿园女性教师人数×100

数据来源：深圳市教育局

22. 小学教师性别比

概念：报告期末，小学教育层次中男性教师人数与女性教师人数之比。

计算方法：

小学教师性别比＝小学男性教师人数/小学女性教师人数×100

数据来源：深圳市教育局

23. 初中教师性别比

概念：报告期末，初中教育层次中男性教师人数与女性教师人数之比。

计算方法：

初中教师性别比＝初中男性教师人数/初中女性教师人数×100

数据来源：深圳市教育局

24. 高中教师性别比

概念：报告期末，高中（包括普通高中、职业高中、中等专业学校、技术学校、成人中等专业学校、成人高中）教育层次中男性教师人数与女性教师人数之比。

计算方法：

高中教师性别比＝高中男性教师人数/高中女性教师人数×100

数据来源：深圳市教育局

25. 大学（大专及以上）教师性别比

概念：报告期末，大学（包括国家承认学历的各类高等教育：普通高校本专科、成人高校本专科、高等学历文凭考试、电视大学注册视听生、自学考试本专科、军事院校本专科和研究生教育）教育层次中男性教师人数与女性教师人数之比。

计算方法：

大学教师性别比＝大学男性教师人数/大学女性教师人数×100

数据来源：深圳市教育局

26. 残疾妇女职业技能培训率

概念：报告期末，残疾妇女中接受过职业技能培训的比重。

计算方法：

残疾妇女职业技能培训率＝接受过职业技能培训的残疾妇女/残疾妇女总数×100%

数据来源：深圳市残联

27. 残疾职业技能培训性别比

概念：报告期末，辖区接受残疾职业技能培训的人员中，男性人数与女性人数之比。

计算方法：

残疾职业技能培训性别比＝接受培训的男性人数/接受培训的女性人数×100

数据来源：深圳市残联

四 就业与收入

1. *经济活动人口

概念：指报告期末，在16周岁及以上，有劳动能力，参加或要求参加社会经济活动的人口。包括就业人员和失业人员。

数据来源：深圳市统计局人口普查数据

2. *劳动参与率

概念：报告期末，经济活动人口（包括就业人员和失业人员）占劳动年龄人口的比率。

计算方法：

劳动参与率＝（有工作人数＋目前正在找工作人数）/（16岁以上人口）×100%

数据来源：深圳市统计局人口普查数据

3. *从业人员

概念：报告期末最后一日24时在本单位工作，并取得工资或其他形式劳动报酬的人员数。

数据来源：深圳市统计局

4. 从业人员性别比

概念：报告期内，从业人员中男性从业人员与女性从业人员之比。

计算方法：

从业人员性别比 = 男性从业人员/女性从业人员 ×100

数据来源：深圳市统计局

5. *城镇非私营单位从业人员

概念：指报告期末，在各级国家机关、政党机关、社会团体、事业单位以及城镇范围内的各类非私营独资、私营合伙、私营有限股份及私营有限责任企业中工作，并取得劳动报酬的全部人员。

数据来源：深圳市统计局

6. 城镇非私营单位从业人员性别比

概念：报告期末，城镇非私营单位从业人员中男性从业人员与女性从业人员之比。

计算方法：

城镇非私营单位从业人员性别比 = 男性城镇非私营单位从业人员/女性城镇非私营单位从业人员 ×100

数据来源：深圳市统计局

7. *分职业就业人口性别特征

概念：报告期末，分职业的就业人口中男女构成。

数据来源：深圳市统计局人口普查数据

8. 各职业的就业人口性别比

概念：报告期末，某种职业的就业人口中男性就业人口与女性就业人口之比。

计算方法：

各职业的就业人口性别比 = 某职业的男性就业人口/该职业女性就业人口 ×100

数据来源：深圳市统计局人口普查数据

9. *分性别就业人口年龄构成

概念：报告期末，分性别的就业人口在各年龄组的人口分布。年龄组段分别为 16—19 岁、20—24 岁、25—29 岁、30—34 岁、35—39 岁、40—44 岁、45—54 岁、55—59 岁、60—64 岁、65 岁及以上。

数据来源：深圳市统计局人口普查数据

10. 各年龄组就业人口性别比

概念：报告期末，某年龄组男性就业人口与女性就业人口之比。年龄组段分别为16—19岁、20—24岁、25—29岁、30—34岁、35—39岁、40—44岁、45—54岁、55—59岁、60—64岁、65岁及以上。

计算方法：

某年龄组就业人口性别比＝某年龄组的男性就业人口/该年龄组女性就业人口×100

数据来源：深圳市统计局人口普查数据

11. *分性别就业人口婚姻状况

概念：报告期末，不同性别的就业人口的婚姻状况分布情况。

数据来源：深圳市统计局人口普查数据

12. 不同婚姻状况的就业人口性别比

概念：报告期末，某种婚姻状况男性就业人口与女性就业人口之比。

计算方法：

某婚姻状况组就业人口比＝某婚姻状况的男性就业人口/该婚姻状况女性就业人口×100

数据来源：深圳市统计局人口普查数据

13. *分性别就业人口受教育情况

概念：报告期末，不同性别的就业人口的受教育程度分布情况。

数据来源：深圳市统计局人口普查数据

14. 不同受教育程度就业人口性别比

概念：报告期末，某种受教育程度的男性就业人口与女性就业人口之比。

计算方法：

某受教育程度就业人口比＝某受教育程度的男性就业人口/该受教育程度女性就业人口×100

数据来源：深圳市统计局人口普查数据

15. *分性别就业人口的行业分布

概念：报告期末，分性别的就业人口的行业分布情况。

数据来源：深圳市统计局人口普查数据

16. 不同行业就业人口性别比

概念：报告期末，国民经济行业分类中某行业的男性就业人口与女性就业人口之比。

计算方法：

某行业就业人口比＝该行业的男性就业人口/该行业女性就业人口×100

数据来源：深圳市统计局人口普查数据

17. 城镇非私营单位各行业从业人员平均工资

概念：报告期内，城镇非私营单位各行业从业人员在一定时期内平均每人所得的工资额。

计算方法：

某行业从业人员平均工资＝某行业报告期实际支付的全部从业人员工资总额/该行业报告期全部从业人员平均人数

数据来源：深圳市统计局

18. *各行业平均每周工作时长

概念：报告期内，各行业职工平均每周的工作时间长度。

数据来源：深圳市统计局人口普查数据

19. 企业男职工劳动合同签订率

概念：报告期末按照《劳动合同法》签订劳动合同的男职工人数占全部应签订劳动合同的企业男职工人数的百分比。

计算方法：

企业男职工劳动合同签订率＝企业签订劳动合同的男职工人数/应签订劳动合同的男职工人数×100%

数据来源：深圳市人力资源保障局

20. 企业女职工劳动合同签订率

概念：报告期末按照《劳动合同法》签订劳动合同的女职工人数占全部应签订劳动合同的企业女职工人数的百分比。

计算方法：

企业女职工劳动合同签订率＝企业签订劳动合同的女职工人数/应签订劳动合同的女职工人数×100%

数据来源：深圳市人力资源保障局

21. *城镇登记失业率

概念：指在报告期末城镇登记失业人数占城镇从业人员总数与实有城镇登记失业人数之和的比重。

数据来源：深圳市人力资源保障局

22. 登记失业人口性别比

概念：报告期末，登记失业人口中男性登记失业人数与女性登记失业人数之比。

计算方法：

登记失业人口性别比＝男性登记失业人数/女性登记失业人数×100

数据来源：深圳市人力资源保障局

23. R&D 从业人员性别比

概念：报告期内，规模以上工业企业中 R&D 从业人员中性别比情况。

数据来源：深圳市统计局

五　社会保障

1. *基本医疗保险参保人数

概念：报告期末按照规定实际参加基本医疗保险人数。

数据来源：深圳市人力资源保障局

2. 基本医疗保险参保性别比

概念：报告期末按照规定实际参加基本医疗保险人数中，男性人数与女性人数之比。

计算方法：

基本医疗保险参保性别比＝报告期末参保基本医疗保险男性人数/报告期末参保基本医疗保险女性人数×100

数据来源：深圳市人力资源保障局

3. *基本养老保险参保人数

概念：报告期末按照规定实际参加基本养老保险人数。

数据来源：深圳市人力资源保障局

4. 基本养老保险参保性别比

概念：报告期末按照规定实际参加基本养老保险人数中，男性人数与女性人数之比。

计算方法：

基本养老保险参保性别比＝报告期末参保基本养老保险男性人数/报告期末参保基本养老保险女性人数×100

数据来源：深圳市人力资源保障局

5. *工伤保险参保人数及性别比

概念：报告期末依照有关规定实际参加工伤保险的人数及男女性别比。

数据来源：深圳市人力资源保障局

6. *生育保险参保人数及性别比

概念：报告期末依照有关规定实际参加生育保险的人数及男女性别比。

数据来源：深圳市人力资源保障局

7. *失业保险参保人数及性别比

概念：报告期末依照有关规定实际参加失业保险的人数及男女性别比。

数据来源：深圳市人力资源保障局

8. *住房公积金缴存人数

概念：指当年缴存过住房公积金的职工人数，当年多次缴存不能重复计算。

数据来源：深圳市住房建设局

9. 救助站救助对象性别比

概念：报告期内辖区所有救助站救助过的对象中，被救助的男性人员数与被救助的女性人员数之比。

计算方法：

救助站救助对象性别比＝被救助的男性人员数／被救助的女性人员数×100

数据来源：深圳市民政局

10. 流浪儿童救助性别比

概念：报告期内辖区内所有救助站救助过的流浪儿童中，被救助的男性流浪儿童数与被救助的女性流浪儿童数之比。

计算方法：

流浪儿童救助性别比＝被救助的男性流浪儿童数／被救助的女性流浪儿童数×100

数据来源：深圳市民政局

11. 残疾人康复机构服务对象性别比

概念：报告期内辖区内所有残疾人康复机构服务过的对象中，被服务的男性残疾人员数与被服务的女性残疾人员数之比。

计算方法：

残疾人康复机构服务对象性别比 = 被服务的男性残疾人员数/被服务的女性残疾人员数 × 100

数据来源：深圳市残联

12. 福利机构集中供养的儿童性别比

概念：报告期内辖区内的福利中心等福利机构供养过的儿童中，供养的男性儿童数与供养的女性儿童数之比。

计算方法：

福利机构集中供养的儿童性别比 = 供养的男性儿童数/供养的女性儿童数 × 100

数据来源：深圳市民政局

13. 入住养老院老人性别比

概念：报告期内辖区内所有养老院入住过的老人中，男性老人数与女性老人数之比。

计算方法：

入住养老院老人性别比 = 入住的男性老人数/入住的女性老人数 × 100

数据来源：深圳市民政局

14. *领取最低生活保障金人数

概念：报告期内，全市领取过最低生活保障金的人数。

数据来源：深圳市民政局

15. 领取最低生活保障金人数性别比

概念：报告期内全市领取过最低生活保障金的人员中，男性人数与女性人数之比。

计算方法：

领取最低生活保障金人数性别比 = 领取最低生活保障金的男性人数/领取最低生活保障金的女性人数 × 100

数据来源：深圳市民政局

16. *领取养老金人数

概念：报告期内，全市领取过养老金的人数。

数据来源：深圳市人力资源保障局

17. 领取养老金人数性别比

概念：在报告期内全市领取过养老金的所有人员中，男性人数与女性人数之比。

计算方法：

领取养老金人数性别比 = 领取养老金的男性人数/领取养老金的女性人数 × 100

数据来源：深圳市人力资源保障局

18. *领取老年人补贴总人数

概念：报告期内，全市领取过老年人补贴的总人数。

数据来源：深圳市民政局

19. 领取老年人补贴人数性别比

概念：在报告期内全市领取过老年人补贴的人员中，男性人数与女性人数之比。

计算方法：

领取老年人补贴人数性别比 = 领取老年人补贴的男性人数/领取老年人补贴的女性人数 × 100

数据来源：深圳市民政局

六 卫生与健康

1. *住院率

概念：年内居民因病住院人次数与常住人口之比。

计算方法：

住院率 = 总出院人次数/常住人口数 × 100%

数据来源：深圳市卫生计生委

2. *主要疾病死亡率

概念：报告期内因某种疾病死亡的人数与同期平均人口数之比。

计算方法：

主要疾病死亡率 = 某疾病死亡人数/平均人口数 × 100000/10万

数据来源：深圳市卫生计生委

3. *艾滋病新发病例数

概念：报告期内，常住人口中新发现艾滋病病毒检测阳性的病例数。

数据来源：深圳市卫生计生委

4. *每十万人患有性病人数

概念：报告期内，每十万常住人口中新发现患有性病的人数。

数据来源：深圳市卫生计生委

5. 已婚育龄妇女人数

概念：指已婚且年龄在 15 至 49 周岁的妇女人数之和，含离婚、丧偶、未办理结婚登记但已生育（含收养等）的妇女。

数据来源：深圳市卫生计生委

6. 孕产妇死亡率

概念：指年内孕产妇死亡人数与活产数之比。孕产妇死亡一般指妇女在妊娠期至妊娠结束后 42 天以内，由于任何与妊娠或妊娠处理有关的或由此而加重了的原因导致的死亡，但不包括意外事故死亡。

计算方法：

孕产妇死亡率 = 该年该地区孕产妇死亡数/某年某地区活产数 × 100000/10 万

数据来源：深圳市卫生计生委

7. 住院分娩率

概念：指某地区年内在取得助产技术资质的机构分娩的活产数与活产数之比。

计算方法：

住院分娩率 = 该年该地区住院分娩活产数/某年某地区活产数 × 100%

数据来源：深圳市卫生计生委

8. 剖宫产率

概念：报告期内辖区剖宫产活产数与活产数之比。

计算方法：

剖宫产率 = 该年该地区剖宫产活产数/某年某地区活产数 × 100%

数据来源：深圳市卫生计生委

9. 新法接生率

概念：报告期内辖区新法接生活产数与活产数之比。

计算方法：

新法接生率 = 该年该地区新法接生活产数/某年某地区活产数 × 100%

数据来源：深圳市卫生计生委

10. 产科出血占孕产妇死亡百分比

概念：报告期内辖区孕产妇产科出血死亡人数与孕产妇死亡人数之比。

计算方法：

产科出血占孕产妇死亡百分比 = 该地区孕产妇产科出血死亡人数/某年某地区孕产妇死亡人数 × 100%

数据来源：深圳市卫生计生委

11. 产前检查率

概念：报告期内辖区产前接受过一次及以上产前检查的产妇人数占活产数的比重。

计算方法：

产前检查率 = 该年该地区产前检查的产妇人数/某年某地区活产数 ×100%

数据来源：深圳市卫生计生委

12. 孕产妇中重度贫血患病率

概念：指某地区统计年度内孕期和产后 42 天内至少一次检查发现患有中重度贫血的产妇数占同期产妇数比例。

计算方法：

孕产妇中重度贫血患病率 = 统计年度内产妇孕产期中重度贫血人数/同期产妇孕产期血红蛋白检测人数 ×100%

数据来源：深圳市卫生计生委

13. *低出生体重发生率

概念：指某地区年内出生体重低于 2500 克的活产数与活产数之比。

计算方法：

低出生体重发生率 = 该年该地区低出生体重儿数/某年某地区活产数 ×100%

数据来源：深圳市卫生计生委

14. 新生儿破伤风发病率

概念：报告期内，辖区患新生儿破伤风的人数与当年活产数之比。

计算方法：

新生儿破伤风发病率 = 该年该地区新生儿破伤风发病数/某年某地区活产数 ×1000‰

数据来源：深圳市卫生计生委

15. 新生儿窒息死亡率

概念：指某地区年内因新生儿窒息死亡人数与活产数之比。

计算方法：

新生儿窒息死亡率 = 该年该地区新生儿窒息死亡人数/某年某地区活产数 ×1000‰

数据来源：深圳市卫生计生委

16. *5 岁以下儿童死亡率

概念：指年内出生至不满 5 周岁的儿童死亡人数与活产数之比。

计算方法：

5 岁以下儿童死亡率 = 该年该地 5 岁以下儿童死亡数/某年某地活产数 ×1000‰

数据来源：深圳市卫生计生委

17. *中小学生超重/肥胖率

概念：报告期内，抽查中小学生超重/肥胖症患者占总抽查中小学生的百分比。

计算方法：

中小学生超重/肥胖率 = 抽查中小学生超重（肥胖）症患者人数/总抽查中小学生人数 ×100%

数据来源：深圳市卫生计生委

18. *中小学生视力不良率

概念：报告期内，抽查中小学生视力不良患者占总抽查中小学生的百分比。

计算方法：

中小学生视力不良率 = 抽查中小学生视力不良患者人数/总抽查中小学生人数 ×100%

数据来源：深圳市卫生计生委

19. *中小学生龋齿发生率

概念：报告期内辖区中小学生中龋齿发生者的百分比。

计算方法：

中小学生龋齿发生率 = 中小学生中龋齿学生数/中小学生人数 ×100%

数据来源：深圳市卫生计生委

20. *中小学生营养不良发生率

概念：报告期内辖区内中小学生中营养不良发生者的百分比。

计算方法：

中小学生营养不良发生率 = 辖区内中小学生中营养不良学生数/同期辖区内中小学生人数 ×100%

数据来源：深圳市卫生计生委

21. 《国家学生体质健康标准》达标率

概念：上学年某一级教育学生体质健康达标学生人数占该级教育上学年参加国家学生体质健康标准测试总人数的百分比。学生体质健康达标学生数界定为上学年参加国家学生体质健康标准测试成绩为优秀、良好和及格的人数之和。

计算方法：

《国家学生体质健康标准》达标率＝上学年某一级教育学生体质健康达标学生数/上学年该级教育参加国家学生体质达标测试人数×100%

数据来源：深圳市教育局

七 参政议政

1. *中国共产党党员数

概念：报告期末，辖区中国共产党党员人数。

数据来源：深圳市委组织部

2. 中国共产党党员性别比

概念：报告期末，中国共产党男性党员人数与女性党员人数之比。

计算方法：

中国共产党党员性别比＝男性党员人数/女性党员人数×100

数据来源：深圳市委组织部

3. 民主党派成员性别比

概念：报告期末，民主党派中男性成员人数与女性成员人数之比。

计算方法：民主党派成员性别比＝民主党派男性成员人数/女性成员人数×100

数据来源：深圳市委统战部

4. 女性参政情况（市级）

概念：报告期末，市委、市人大、市政府、市政协、市纪委领导班子，市委委员、市委候补委员、市党代会代表，市人大常委、市人大代表，市政协常委、市政协委员，市纪委常委、市纪委委员中女性干部的配备情况。

数据来源：深圳市委组织部

5. 女性参政情况（区级）

概念：报告期末，区委、区人大、区政府、区政协、区纪委领导班子，区委委员、区委候补委员、区党代会代表，区人大常委、区人大代表，区政协常委、区政协委员，区纪委常委、区纪委委员中女性干部的配备情况。

数据来源：深圳市各区妇儿工委

6. *局级领导干部人数

概念：报告期末，辖区局级领导干部的总人数。

数据来源：深圳市委组织部

7. 局级领导干部性别比

概念：报告期末，辖区局级领导干部中，男性局级干部人数与女性局级干部人数之比。

计算方法：

局级领导干部性别比＝男性局级领导干部人数/女性局级领导干部人数×100

数据来源：深圳市委组织部

8. *处级领导干部人数

概念：报告期末，辖区处级领导干部的总人数。

数据来源：深圳市委组织部

9. 处级领导干部性别比

概念：报告期末，辖区处级领导干部中，男性处级干部人数与女性处级干部人数之比。

计算方法：

处级领导干部性别比＝男性处级领导干部人数/女性处级领导干部人数×100

数据来源：深圳市委组织部

10. 公务员性别比

概念：报告期末，辖区所有公务员中，男性公务员人数与女性公务员人数之比。

计算方法：

公务员性别比＝辖区内所有男性公务员人数/辖区内所有女性公务员人数×100

数据来源：深圳市人力资源保障局

11. *新增公务员数

概念：报告期内，辖区新增公务员的总人数。

数据来源：深圳市人力资源保障局

12. 新增公务员性别比

概念：报告期内，辖区新增公务员中，新增男性人数与新增女性人数之比。

计算方法：

新增公务员性别比＝新增男性公务员人数/新增女性公务员人数×100

数据来源：深圳市人力资源保障局

八 参与公共事务

1. 企业职工代表性别比

概念：指报告期末，在辖区已建工会的企业中，职工代表大会的男性代表人数与女性代表人数之比。

计算方法：

企业职工代表性别比 = 企业职代会中男性代表人数/企业职代会中女性代表人数 ×100

数据来源：深圳市总工会

2. 企业董事性别比

概念：指报告期末，在辖区已建工会企业的董事会中，男性董事人数与女性董事人数之比。

计算方法：

企业董事性别比 = 企业董事会中男性董事人数/企业董事中女性董事人数 ×100

数据来源：深圳市总工会

3. 企业监事性别比

概念：指报告期末，在辖区已建工会企业的监事会中，男性监事人数与女性监事人数之比。

计算方法：

企业监事的性别比 = 企业监事会中男性监事人数/企业监事会中女性监事人数 ×100

数据来源：深圳市总工会

4. 事业单位职员性别比

概念：报告期末，辖区所有事业单位职员中，男性职员与女性职员之比。

计算方法：

事业单位职员性别比 = 辖区内所有事业单位的男性职员数/辖区内所有事业单位的女性职员数 ×100

数据来源：深圳市人力资源保障局

5. 事业单位主要负责人性别比

概念：报告期末，辖区所有事业单位的主要负责人中，男性负责人总数与女性负责人总数之比。

计算方法：

事业单位主要负责人性别比＝辖区内所有事业单位的男性负责人总数/女性负责人总数×100

数据来源：深圳市人力资源保障局

6. 居民委员会成员性别比

概念：报告期末，辖区所有居民委员会的成员中，男性居委会成员数与女性居委会成员数之比。

计算方法：

居民委员会成员性别比＝男性居民委员会成员数/女性居民委员会成员数×100

数据来源：深圳市民政局

7. 社会组织工作人员性别比

概念：报告期末，辖区各类社会组织的工作人员中，男性工作人员与女性工作人员之比。

计算方法：

社会组织工作人员性别比＝社会组织男性工作人员总数/社会组织女性工作人员总数×100

数据来源：深圳市民政局

九 法律保护

1. *法官人数

概念：报告期末，辖区各级人民法院的法官人数。

数据来源：深圳市、区两级人民法院

2. 法官性别比

概念：报告期末，辖区所有法官中男性法官人数与女性法官人数之比。

计算方法：

法官性别比＝男性法官人数/女性法官人数×100

数据来源：深圳市、区两级人民法院

3. *检察官人数

概念：报告期末，辖区各级检察院的检察官人数。

数据来源：深圳市检察院

4. 检察官性别比

概念：报告期末，辖区所有检察官中男性检察官人数与女性检察官人数之比。

计算方法：

检察官性别比 = 男性检察官人数/女性检察官人数 ×100

数据来源：深圳市检察院

5. *律师人数

概念：报告期末，辖区拥有的律师总人数。

数据来源：深圳市司法局

6. 律师性别比

概念：报告期末，辖区所有律师中，男性律师人数与女性律师人数之比。

计算方法：

律师性别比 = 男性律师人数/女性律师人数 ×100

数据来源：深圳市司法局

7. *警察人数

概念：报告期末，辖区公安部门的警察人数。

数据来源：深圳市公安局

8. 警察性别比

概念：报告期末，辖区所有警察中，男性警察人数与女性警察人数之比。

计算方法：

警察性别比 = 男性警察人数/女性警察人数 ×100

数据来源：深圳市公安局

9. *人民陪审员人数

概念：报告期末，辖区拥有的所有人民陪审员的人数。

数据来源：深圳市、区两级人民法院

10. 人民陪审员性别比

概念：报告期末，辖区所有人民陪审员中，男性陪审员人数与女性陪审员人数之比。

计算方法：

人民陪审员性别比 = 男性人民陪审员人数/女性人民陪审员人数 ×100

数据来源：深圳市、区两级人民法院

11. *人民调解员人数

概念：报告期末，辖区拥有的所有人民调解员的人数。

数据来源：深圳市司法局

12. 人民调解员性别比

概念：报告期末，辖区所有人民调解员中，男性调解员人数与女性调解员人数之比。

计算方法：

人民调解员性别比 = 男性人民调解员人数/女性人民调解员人数 × 100

数据来源：深圳市司法局

13. *公证员人数

概念：报告期末，辖区拥有的所有公证员的总人数。

数据来源：深圳市司法局

14. 公证员性别比

概念：报告期末，辖区所有公证员中，男性公证员人数与女性公证员人数之比。

计算方法：

公证员性别比 = 男性公证员人数/女性公证员人数 × 100

数据来源：深圳市司法局

15. *司法鉴定人员数

概念：报告期末，辖区拥有的所有司法鉴定人员的总人数。

数据来源：深圳市司法局

16. 司法鉴定人员性别比

概念：报告期末，辖区所有司法鉴定人员中，男性司法鉴定人员数与女性司法鉴定人员数之比。

计算方法：

司法鉴定人员性别比 = 男性司法鉴定人员数/女性司法鉴定人员数 × 100

数据来源：深圳市司法局

17. *公安机关提请逮捕的人数

概念：报告期内，辖区公安机关依法提请逮捕的人数。

数据来源：深圳市公安局

18. 各年龄阶段被公安机关提请逮捕人员性别比

概念：在报告期内辖区某年龄阶段的被依法提请逮捕的人员中，被提请逮捕男性人数与被提请逮捕女性人数之比。

计算方法：

某年龄阶段公安机关提请逮捕的人员性别比 = 某年龄阶段被提请逮捕男性人数/该年龄阶段被提请逮捕女性人数 ×100

数据来源：深圳市公安局

19. *未成年人犯罪嫌疑人数

概念：在报告期内未成年（18岁以下）犯罪嫌疑人的人数。

数据来源：深圳市公安局

20. 未成年人犯罪嫌疑人性别比

概念：在报告期内辖区未成年（18岁以下）犯罪嫌疑人中，男性嫌疑人人数与女性嫌疑人人数之比。

计算方法：

未成年人犯罪嫌疑人性别比 = 男性未成年犯罪嫌疑人人数/女性未成年犯罪嫌疑人人数 ×100

数据来源：深圳市公安局

21. *14—18岁被判刑人数

概念：报告期内，辖区14—18岁被依法判刑的人数。

数据来源：深圳市、区两级人民法院

22. 14—18岁被判刑人员性别比

概念：在报告期内辖区14—18岁被依法判刑的人员中，男性被判刑人数与女性被判刑人数之比。

计算方法：

14—18岁被判刑人员性别比 = 14—18岁男性被判刑人数/该年龄阶段女性被判刑人数 ×100

数据来源：深圳市、区两级人民法院

23. 在强制（隔离）戒毒所强制（隔离）戒毒的人员性别比

概念：报告期内，辖区内的强制戒毒所收治的强制戒毒人员中男性人员数与女性人员数之比。

计算方法：

强制（隔离）戒毒所强制（隔离）戒毒的人员性别比 = 强制（隔离）戒毒的男性人员数/强制（隔离）戒毒的女性人员数 ×100

数据来源：深圳市公安局

24. 治安管理中各类受虐待人员性别比

概念：在报告期内辖区公安机关进行治安处罚中涉及的各类受虐待人群里，男性被虐待人数与女性被虐待人数之比。

某类受虐待人员性别比 = 某类男性被虐待人数/女性被虐待人数 ×100

数据来源：深圳市公安局

25. 各类罪犯性别比

概念：在报告期内辖区各类罪犯中全部男性人数与全部女性人数之比。

计算方法：

各类罪犯性别比 = 全部男性罪犯人数/全部女性罪犯人数 ×100

数据来源：深圳市、区两级人民法院

26. 刑事犯罪被害人性别比

概念：在报告期内辖区刑事案件被害人中男性被害者人数与女性被害者人数之比。

计算方法：

刑事案件被害人性别比 = 刑事案件男性被害者人数/女性被害者人数 ×100

数据来源：深圳市、区两级人民法院

27. 强奸案件受害人占刑事犯罪受害人的比重

概念：在报告期内辖区所有刑事案件受害人中，强奸案件受害人数占所有刑事案件受害人数的比重。

计算方法：

强奸案件受害人占刑事案件受害人的比重 = 强奸案件受害人数/刑事案件受害人总人数 ×100%

数据来源：深圳市、区两级人民法院

28. 拐卖妇女犯罪受害人占刑事犯罪受害人的比重

概念：在报告期内辖区所有刑事案件受害人中，拐卖妇女案件受害人数占所有刑事案件受害人数的比重。

计算方法：

拐卖妇女案件受害人占刑事案件受害人的比重 = 拐卖妇女案件受害人数/刑事案件受害人总人数 ×100%

数据来源：深圳市、区两级人民法院

29. *各年龄阶段的自杀个案报警数

概念：报告期内，辖区不同年龄阶段的自杀个案报警数量。

数据来源：深圳市公安局

十 待发展指标

1. 女性家庭责任分担比率

概念：在报告期内，女性对家庭责任的分担占全部家庭责任的比例。

数据来源：通过抽样调查获取

2. 家有"0—6岁孩童"女性就业率

概念：报告期内，当家庭有0—6岁孩童时妇女的就业率。

数据来源：通过抽样调查获取

3. 平均初育年龄

概念：在报告期内首次生育小孩的女性的平均年龄。

计算方法：简单算术平均

数据来源：深圳市卫生计生委

4. 总和生育率

概念：总和生育率也称总生育率，是指深圳地区妇女在育龄期间，平均每个妇女生育的子女数。

计算方法：

总和生育率＝活产婴儿数/平均育龄妇女数×1000‰

数据来源：深圳市卫生计生委

5. 各年龄组生育率

概念：报告期内，各年龄组的育龄妇女中，每1000人的全年活产婴儿数，年龄组段为15—19岁、20—24岁、25—29岁、30—34岁、35—39岁、40—44岁、45—49岁。

计算方法：

某年龄组生育率＝某年龄组妇女的活产婴儿数/该年龄组常住人口中女性人口×1000‰

数据来源：深圳市卫生计生委

6. 业主委员会成员性别比

概念：报告期内，深圳市的住宅小区中，业主委员会成员的性别比。

数据来源：深圳市住房建设局